Halka ve Devlete Çökme Hikayesi

Özgeçmiş

Hakim Albay Cemil Çelik 1970 yılında Erzurum'un İspir ilçesinde doğdu.

1980 yılında Ailesiyle İstanbul'a göç etti. İstanbul Kocamustafapaşa Vedide Baha Pars Orta Okulunu, Şehremini Lisesini bitirdi.

1989 yılında İstanbul Üniversitesi Hukuk Fakültesine girdi. 1993 yılında Hukuk Fakültesinde TSK adına okumaya devam etti.

1995 yılında Hakim Teğmen olarak Malatya'ya atandı.

1995-2002 yılları arasında askeri hakim olarak Malatya 2. Ordu Komutanlığı Askeri Mahkemesinde,

2002-2005 yılları arasında yardımcı askeri savcı olarak Erzincan 3. Ordu Komutanlığı Askeri Savcılığında,

2005-2011 yılları arasında askeri hakim olarak Genelkurmay Askeri Mahkemesinde görev yaptı.

Ankara'da görev yaparken o dönem itibariyle Türkiye gündemine bomba gibi düşen bir çok önemli davaya baktı.

Sauna, Atabeyler, Zir Vadisi gibi adlarla bilinen davaların heyet başkanlığını yaptı.

2011 yılında Askeri Yüksek İdare Mahkemesine üye seçildi.

2016 yılındaki 15 Temmuz olayı üzerine, kurulan kumpas sonrasında 20 Temmuzda gözaltına alınıp 24 Temmuz 2016 tarihinde tutuklandı. Yaklaşık üç buçuk sene Ankara Sincan Cezaevlerinde tutuklu kaldı. 3 Ekim 2019 tarihinde tahliye oldu.

Kamu hukuku ve özel hukuk alanlarında yüksek lisans, Gazi Üniversitesinde Doktora yaptı.

Dr. Hakim Albay Cemil Çelik'in yayınlanmış bir çok makalesi bulunmaktadır. Doktora tezi de kitap olarak yayınlanmıştır. Evli üç çocuk babasıdır.

Genelkurmay'ın Hâkimi Yaşadıklarını Anlatıyor

15 TEMMUZ HALKA VE DEVLETE ÇÖKME HİKAYESİ

- Hukuk Açısından Silahlı Terör Örgütü
- 15 Temmuz Öncesi Dönemde Neler Oldu?
- Sauna, Atabeyler ve Zir Vadisi Davaları
- Tayyip Erdoğan'ın Faaliyetleri
- 15 Temmuza Giden Süreçte Yaşananlar
- 15 Temmuz ve Yargının Felç Edilmesi
- Yüksek Yargıda Yaşananlar
- Askeri Yargıda Yaşananlar
- Fişleme listeleri ve Yapanlar
- Kendi Yargılamam ve Yaşadıklarım

Dr. Cemil Çelik

© 2021, Dr. Cemil Celik
Herstellung und Verlag: BoD – Books on Demand,
Norderstedt
ISBN: 9783755733980

İthaf

Öncelikle sayın Avukatım Muhammet Akçay'a teşekkür ediyorum. Aklımda hiç yokken bir duruşmada "bu zamanın hikayesini Cemil Çelik'ten dinleyeceğiz" diyerek, kitap yazma fikrinin ilk kıvılcımını attığı için.

Eşime ve Çocuklarıma teşekkür ediyorum. Zor zamanlarımda tüm güçlükleri göze alarak Sincan yollarına düşüp, demir parmaklıklardan geçerek, beni görmeye gelip, tüm zorluklara katlandıkları için.

Gerçek anlamdaki dostlarıma ve akrabalarıma teşekkür ediyorum. Tutuklandıktan sonra da tüm riskleri göze alarak ailemi yalnız bırakmadıkları, maddi ve manevi destek oldukları için.

Atina'daki birkaç dostuma teşekkür ediyorum. Bu kitabın ortaya çıkması için Atina'da bana gerekli ortamı sağladıkları için.

Atinalılara teşekkür ediyorum. Beklemediğim ölçüde Türk dostu oldukları ve benim gibi insanlara yardımcı oldukları için.

Bu kitabı ise bu sürecin tüm mağdurlarına ve özellikle hapishanelerde doğan bebelere, oralarda büyüyen çocuklara armağan ediyorum.

İçindekiler

Giriş

Tutukluyken zaman zaman düşünürdüm ve kendi kendime sorardım. 15 Temmuz günü ne oldu? Zira bildiğim bir şey vardı; ben işin içinde değildim. Bunu net biliyordum. Peki o gün ne oldu? Kim veya kimler ne yaptı? Bu sorunun cevabını ister istemez aramaya başladım. Ancak çevreme pek yorum yapmadım. Bilmediğim mevzularda, yüzeysel yorumlama dahi olsa konuşmak istemedim. Gözlemlerimle olayı çözmeye çalıştım. Zira bana isnat edilen suç, öncelikle "Anayasal Düzeni Devirmeye Teşebbüs" suçuydu ve bu suçtan tutuklanmıştım. 15 Temmuz günü ise ben sokaklarda veya meydanlarda değil, evimdeydim.

Peki o gün ne oldu? Bunu gözlemlerimle tespit etmek için oldukça fazla bir çaba sarf ettim. Kimsenin hakkına da girmek istemedim. Zira bir insan hakkında yapılacak yanlış yorumlamadan meydana gelecek iftiranın telafisinin olmadığının farkındaydım. Cezaevine girmeden önce de dine karşı meylim vardı. Bu nedenle de "Muhafazakâr ve milliyetçi" diye fişlenmiştim. Böyle fişlendiğimi bir arkadaşım bana 2010 yılında söylemişti.

Genelkurmay Başkanlığının güney nizamiyesinde meşhur kapalı üst geçitte güzel bir söz cama yapıştırılmıştı: "Bilgi sahibi olunmadan fikir sahibi olunmaz." Bu söz çok hoşuma gitmişti. Zira bizim toplumumuzdaki en önemli hastalıklarından birisi mesnetsiz olarak, rahat bir şekilde konuşabilmektir. Halbuki dinimiz hem koğuculuğu hem de dedikoduyu yasaklıyordu. Bunları bildiğim için cezaevinde uzun bir süre bu konularla ilgili konuşmadım. Ama aynı zamanda gözlemlerime de devam ettim. Bilgisi olabilecek kişilerle zaman zaman koyu sohbetlere daldım.

Cezaevi süreci benim için tam anlamıyla hayatı ve insanları tanıdığım bir okul, bir üniversite gibi oldu. Her görüşten insan tanıdım. Cezaevi jargonuna yeni giren tabirle, sosyal bir hayatı tercih ettim. Yani cezaevinin her imkânından yararlanarak koğuş dışına çıkmaya çalıştım. Hastane, spor salonu, müdür görüşü, savunma yazma için bilgisayar dershanesine gitme gibi imkanları kullandım. Cezaevi yolculuğum önce Sincan F Tipinde[1] başladı. İlk koğuşta 6 kişiydik. Yaklaşık bir hafta sonra üç arkadaşımızla ayrı bir koğuşa nakledildik. Bir ay sonra da Sincan T Tipi Cezaevine[2] gönderildik. Sincan T Tipinde önce B-7 koğuşuna, sonra da Meşhur C-5 koğuşuna yerleştirildik. T Tipinde bulunduğum C-5 koğuşunda toplamda 150'ye yakın insan tanıdım. Bizden sonra koğuşa gelip tahliye olanlar oluyordu. Onların yerine yenileri geliyordu. Dolayısıyla sirkülasyon fazlaydı.

Yaklaşık iki buçuk sene sonra T Tipinden B-8 koğuşuna geçtim. B-8 koğuşunun ilk tutuklusu oldum. O esnada koğuşta kimse yoktu. İlk beni götürmüşlerdi. Aynı gün içinde yarım saat sonra YARSAV Başkanı, arkasından bir Yargıtay üyesi, arkasından bir emniyet müdürü, sonra bir bakanlıkta daire başkanı, akabinde bir kurmay binbaşı ve bir askeri doktor binbaşı getirdiler. Koğuşta sekiz kişi olduk. B-8 koğuşunda dokuz ay kaldıktan sonra tahliye edildim. Dışarıda bir sene kadar kaldıktan sonra yurt dışına çıkma gereğini hissettim. Zira çocuklarım bile fişlendi. Avukatlık yapmama izin verilmiyordu. Daha da önemlisi ailemi güven içinde görmüyordum. Bu nedenlerle Türkiye'den ayrılmaya karar verdim.

Peki giriş bölümünde şahsi hikayeni niye anlatıyorsun gibi bir soru akla gelebilir. Bunları anlatmakla kitabı yazan kişinin neler yaşadığını, gözlemlerinin nelere dayandığını göstermek istedim.

Gelelim bu kitabı niye yazma gereği duydum konusuna.

Cezaevinden hiç çıkamayacağımı düşündüğüm, hatta zaman zaman cezaevinde öldürüleceğimi sandığım bir sırada tahliye oldum. "Bunda da vardır bir hikmet, ona göre davranmak gerekir" diyerek günümü dolu dolu geçirmeye, Cezaevinde alışkanlık

---

1 F Tipi normalde terör suçlularının kaldığı cezaeviydi. Terör suçu işleyenlerden eylem yapmış, azılı olanları buralarda kalıyordu. 15 Temmuzdan sonra ise buralar boşaltılarak tutuklanan üst rütbeli subaylar buralara konuldu. Normalde üç kişilik koğuşların yer aldığı cezaeviydi.

2 T Tipi ise; normalde 3 ve 8 kişilik koğuşlar olarak planlanmış. 3 kişilik koğuşta ortalama 7 kişi, 8 kişilik koğuşta ise ortalama 22 kişi kaldık. 8 kişilik koğuş zaman zaman 27 kişiye de çıkıyordu.

haline getirdiğim yürüyüşleri, kitap okumaları dışarıda da yapmaya başladım. Ancak yaptıklarım yetersiz geliyordu. Her gün operasyon haberleriyle uyanmaktan rahatsızlık duymaya başladım. Masum insanlara sahip çıkan da yoktu. Yapılanları engellemek için elimden bir şey de gelmiyordu. Ahmet Altan gibi bir yazarı cezaevinden çıktıktan sonra yazdığı bir makale yüzünden hemen tutuklayan yapı elbette beni hemen içeri alırdı. Bunun farkındaydım. Dolayısıyla başka bir yol bulmak zorundaydım.

Tahliye olduktan sonra toplumda şunları gözlemledim: İnsanların büyük çoğunluğu benim gibi insanların terörist olmadığına inanıyordu. Buna karşın Fethullah Gülen Cemaatini[3] bir terör örgütü olarak görüyordu. Tutuklanmış ve tahliye olmuş kim var ise şunu söylüyorlardı; "Çevremdekilerin çoğunluğu sen suçsuzsun, seni tanıyoruz amma... O Cemaat var ya..." Tabi bunlar AKP'nin masum, aynı zamanda biraz da cahil kesimiydi. AKP'nin başka bir kesimi ise akrabasını dahi ihbar eden, ama bunu açık yapmaya da cesaret gösteremeyen bir güruhtu. Bunlarla ilgili konuşmaya bile gerek görmüyorum. Marjinal olsun veya olmasın diğer kesimler de yaşananların farkındaydı ama Cemaate yapılanları engellemek istemiyorlardı. Zira yaşananlar işlerine geliyordu. Hatta olanlardan onlar da memnundu.

Hapishaneye girmeden önce de belirli bir kariyerim vardı. Önemli davaların hâkimi oldum. Bunları ben söylemiyorum. Bazıları yazdılar; Sauna, Atabeyler, Zir Vadisi gibi birçok davaya baktım. Ankara'da yaklaşık 11 yıl görev yaptım. Hiç kimsenin bilmediği bilgilere vakıf oldum. Ankara'da akademik çalışma da yaptım. Gazi Üniversitesinde kamu hukuku alanında doktora derecesi aldım. Doktora tezim kitap olarak yayınlandı. Tezimin konusu da kaderin garip tecellisi, "Olağanüstü hallerde temel hak ve hürriyetlerin sınırlandırılması" idi.

Tüm bunları üst üste koyunca tanıdığım insanların

---

3   Fethullah Gülen Cemaatini bu kitapta halk arasında bilinen ismiyle kısaca "Cemaat" olarak ifade edeceğim.

mağduriyetlerine çare olmayı vicdanı bir sorumluluk olarak his-settim. Zira terörist denen kişilerle 3 buçuk yıl cezaevinde beraber kaldım. Onlara söylenen bana da söyleniyordu. Bana da terörist ithamı yapılıyordu. Ahmet Altan bana bu noktada önemli bir örnek oldu. Ahmet Altan'ın fikirlerinden katılmadığım noktalar var ama duruşu ve olaylara bakışı beni etkiledi. "Haksızlık karşısında susan dilsiz şeytandır", bunu iyi biliyordum. Ömrümün son virajına girdiğimin de farkındaydım. Bunu da biliyordum. Diğer yandan gördüğüm ve yaşadıklarımla halk arasında konuşulanlar birbiriyle uyuşmuyordu. Bunu çevremde zaman zaman dile getiriyordum ama yetersiz kalıyordum. Vicdanım beni mağduriyetleri giderme adına bir şeyler yapmaya zorluyordu.

Ayrıca, Türkiye'de terörün yoğun olduğu zamanlarda 2. Ordu Askeri Mahkemesinde askeri hâkim, akabinde 3. Ordu Askeri Savcılığında yardımcı askeri savcı, akabinde Türkiye'nin o dönem itibarıyla en özel ve en kritik mahkemesi olan Genelkurmay Askeri Mahkemesinde altı sene askeri hâkim olarak çalış, doktora tezin temel hak ve hürriyetlerle ilgili olsun, arkasından Askeri Yüksek İdare Mahkemesinde üye olarak beş yıl kritik davalara bak, akabinde bir darbe girişimi iddiası ile hapse atıl ve 3 buçuk yıl sonra çık. Ama bir şey yapamadan sonunu öylece bekle. Bu hayat tarzı benim karakterime uymadı.

Cezaevinde ayakta kalabilmek için devamlı mealiyle birlikte Kur'an okudum. Diğer zamanlarda da yine cezaevinde bulunan dini kitapların neredeyse tamamını okudum. Dini literatüre de hâkim olmaya başladım. Okuduğum kitaplarda beni en çok korkutan şu ikaz oldu: Yaptıklarınızdan ve yapma yeteneğiniz varken yapmadıklarınızdan da hesaba çekileceksiniz. Hesap zamanı bana; "Sen buralarda çalıştın, bu ilimlere ulaştın, bunları niye kullanmadın? Niye iftiralar atılırken sadece kendini düşündün?" diye sorulduğunda ne cevap verecektim? İşte bir nebze olsun, bu suale cevap verebilmek için, "Şunu şunu...yaptım" diyebilmek için, en azından sessiz kalmamak için bu kitabı kaleme almaya karar verdim.

Yaşadıklarımı, gördüklerimi, duyduklarımı ve tecrübelerimi Ülkemin insanları ile paylaşmaya karar verdim. Kitabım bu duygularımın bir yansımasıdır. Kim ne kadar alır, kim ne kadar üzerinde düşünür, kim ne sonuca varır; artık o da kitabı okuyacakların izanına ve takdirine kalmış.

Kitap yayınlandığında isimlerine yer verdiklerimle birlikte, Nedim Şener, Mustafa Önsel, Aytunç Erkin... ve onlarla aynı gruptan olan bazı kişiler aşırı tepki göstereceklerdir. Ama bu insanlar, ideolojik anlamda toplumun yüzde biri bile değiller. Bu yüzden onların tepkisi benim için hiçbir anlam ifade etmeyecek. Kitabımı yazma sebebim ve hedef kitlem, "Cemaat söylendiği gibi terör örgütü mü?", "15 Temmuz'a giden süreçte ve 15 Temmuz'da ne oldu?" gibi soruların cevabını gerçekten merak edenler. Toplumun çoğunluğunu onlar oluşturuyor.

Hapse girdiğimde eşimle ilk telefon görüşmemizde şunları istedim; "Hanım bana bir mealli Kur'an, bir de kalın seccade, mümkünse halı seccade getir" dedim. Telefonları zaten dinliyorlardı. Bu cümleler orada kayıtlıdır. Zira cezaevinde, hayatta kalma yolunun, yıkılmadan dik durma yolunun Kur'an ve seccade olacağını düşündüm. Bu minvalde yaşamaya başladım. Eşim ilk kapalı görüşte ikisini de getirdi. Ancak seccadeyi almamışlar. Herhalde "bunlar hain, bunlara Kur'an da vermeyin", emri henüz ulaşmamış olacak ki Hayrettin Karaman'ın yazdığı mealli Kur'an'ı aldılar. O Kur'an benim hayatımı değiştirdi. Olaylara bakışımı geliştirdi. Günlük hayatta kullanılan bazı sözlerin Kuran kaynaklı olduğunu, yıllar sonra yorumla vardığım bazı hususların aslında Kuran'da bizzat yer aldığını gördüm. Aynı zamanda bana gerçekten huzur ve sükunet kaynağı oldu. Bu hususları da yeri geldiğinde anlatacağım.

Ancak o meali kaleme alan kişi yazdıklarından farklı bir hayat tarzını seçti. Bu kitabı yazarken basından duyduğuma göre, mağdur olan insanlardan helallik istemiş. Ama sosyal medyaya yansıyanlardan gördüğüm kadarıyla kimse hakkını helal etmiyordu. Öbür tarafta onunla hesaplaşacağız diyorlardı. Ne acı bir tablo.

Artık dünya onun olsa neye yarar. Belki zamanında yazdıklarıyla çok hayırlara vesile oldu ama 15 Temmuz sürecinde yazdığı yazılar ve verdiği fetvalar ile binlerce insanın mağdur olmasının sebebidir. Tayyip Erdoğan'ın fetvacısı, yani masum insanlara yapılan haksızlıkların, zulümlerin manevi azmettiricisi olarak tarihe geçti Karaman. Yapılan haksızlıklardan, hem bu dünyada hem de öbür alemde kendi yapmış gibi mesul olacak. Onun hayatına ve geldiği hazin duruma bakınca "Allah bizlere güzel bir son nasip etsin" demekten kendimi alamıyorum.

Bu kitapta bazı konuları zaman zaman tekrar tekrar ele aldım. Bazı mevzuları, ilgili bölümler içinde tekrar yazma zorunluluğu hissettim. Zira kitabı herkesin baştan sona okuyamayacağını, zaman zaman bölümler halinde faydalanabileceklerini düşündüğüm için söz konusu tekrarları yapma gereği duydum.

Kitabın ne tam bir akademik, ne de tamamen anı tarzı bir kitap olmasını istedim. Tarzına "sentez" diyebiliriz. Kendi bilgilerim ve duyduklarım çerçevesinde yazmak istedim. Bununla beraber zorunlu hallerde bazı dipnotlara da yer verdim. Ama kitabın genel iskeletini bozmaması için yazım aşamasında fazla bir araştırma yapmadım. Kendimde olan bilgilerle yazmayı uygun buldum ve yazım aşamasında da bu stratejiden ayrılmadım. Zira cezaevinden çıktıktan sonra gözlemlerimden birisi de insanların kitap okumadan iyice uzaklaştıkları yönündeydi. Kitap okumadan ziyade tweet okumak daha kolaylarına geliyordu. Ayrıca olayları anlatırken de, okuyucuyu sıkmamak açısından hikâye tarzında bir anlatım tarzı seçtim.

Gelelim kitabın içeriğine;

Birinci Bölümde "Terör nedir, uluslararası hukukta terör örgütü nasıl değerlendiriliyor?" sorularına kısa cevap vermek istedim. Zira anlatacağım hususların anlaşılabilmesi için bu mevzuyu da akademik olmayacak şekilde kısaca anlatmak gerekti. Kitabın hedef kitlesini düşünerek mümkün oldukça akademik yazım tarzından uzak durdum. Teorik bilgi olan bu kısmı basit bir şekilde anlatmaya çalıştım.

İkinci Bölümde, Gülen Cemaatinin genel durumunu yazdım. "Gülen Cemaati gerçekten bir terör örgütü mü?" sorusuna cevap verebilmek için bu gerekliydi. "Bir subay ve askeri hâkim olarak bunları nasıl biliyorsun?" diye haklı bir soru yöneltebilirsiniz bana. Öncelikle, bir Erzurumlu olarak bu konularda genel bilgim vardı. Ancak Genelkurmay Mahkemesinde hâkimken neredeyse haftada bir veya iki kez Cemaat dosyalarına ara kararı veriyordum. 2006-2011 yılları arasında zamanımın bir kısmı bu dosyalara bakmakla geçti. Genelkurmay Askeri Savcılığı zaman zaman bizden ara kararı istiyordu. Onların talepleri hakkında karar vermek için araştırma süreci içine girdim. Cemaati ayrıntılı olarak bu dönemde öğrendim. Cemaat dosyasını incelerken edindiğim bilgileri ve Cezaevindeyken yaptığım araştırmaları bu bölümde aktarmaya çalıştım. Tabi bu aktarımları yaparken, terör suçuyla yaşanan olayları karşılaştırdım. Devamlı bir sonuç çıkarma gayreti içinde oldum. Zira Cemaat terör örgütü ise muhakkak bir yerlerde bir delil ya da emare bulunması gerekirdi.

Üçüncü Bölümde; 15 Temmuza giden süreç ve 15 Temmuz gecesi üzerinde durdum. Özellikle görev yaptığım yerdeki bizzat şahit olduğum olayları ve diğer kurumlarda ve birliklerde yaşananları anlattım. Bunları anlatırken genel bilgilerden ziyade cezaevinde tanıştığım kişilerden ve dosyalardan edindiğim bilgileri yansıttım. Daha sonra kamuoyunca bilinen önemli yargılamalardan örnekler verdim. Tabi bu arada kendi yargılandığım davadaki yaşananlardan da bahsettim. "Kendi davanı neden anlatıyorsun?" gibi bir soru da akıllara gelebilir. Dokunulmazlığı olan Askeri Yüksek İdare Mahkemesi üyesi bir hâkim olarak hakkımdaki soruşturmanın, yargılamanın ve tanıkların durumunun; diğer yargılamaların nasıl yapıldığına ışık tutacağı kanısına vardığım için kendi davamı biraz detaylı anlattım. Sonuç kısmında ise tüm anlatımlardan çıkarılması gereken sonucu ortaya koymaya çalıştım.

Tabi olayları açıklarken, kamuoyunca tanınan kişilerle ilgili gerçek isimleri kullandım. Ancak münferit bazı olayları; kişilerin rızasını alamadığımdan dolayı isim belirtmeksizin aktarmaya çalıştım. Bu durumu gözeterek bizzat şahit olduğum olaylara daha çok yer verdim. Yorum yapmayı gerek gördüğüm noktalarda bu durumu açık olarak belirttim. Bizzat baktığım davalarda; benimle ilgili şikayetçi olan veya müşteki olarak yargılandığım davaya katılmak isteyenlerle ilgili olarak biraz detaylı durdum. Duyum olan noktalarda ise birinci ağızdan mı yoksa ikinci ağızdan mı duyduğumu açık olarak yazmaya çalıştım.

Belki gün gelir, rızasını alamadığım kişilerin rızasını da alarak bu kitaba isimlerini eklerim. İnşallah o günler çok yakındır. Bu duayla kitaba başlıyorum.

Atina 2020-2021

BİRİNCİ BÖLÜM
HUKUK AÇISINDAN SİLAHLI TERÖR ÖRGÜTÜ

Temel soruyu sormakla işe başlayalım. Bir grup, yapı, örgüt, sivil toplum kuruluşu, ajans, dernek gibi yapılara ne zaman "terör örgütü" denebilir? Bunun kıstasları nelerdir? Hangi aşamada bir kişi terörist olabilir veya bir yapı ne zaman terör örgütü olabilir. Öncelikle bu hususların açıklanması gerekir. Olayın içine girmeden önce bu hususları kısa ama net bir şekilde ortaya koyalım. Konunun farklı boyutları olduğu için öncelikle terör kavramı üzerinde duralım.

Terör Kavramı

Maalesef terör veya terörizmin tarifi bugüne kadar net olarak yapılamadı[4]. Zira ülkeler bu kavramın tanımı üzerinde uyuşamadılar, mutabakata varamadılar. Bir devlet için terör kabul edilen bir yapı başka bir devlette yasal bir kurum olarak görüldü. Bir devlet kendi ülkesi için tehlike gördüğü bir yapıyı başka bir devlet veya devletler sivil toplum kuruluşu olarak gördüler. Dolayısıyla uluslararası alanda terörün ve terörizmin ne olduğu hususlarında uyuşma olmadı.

Terörizmin tanımı Avrupa İnsan Hakları Sözleşmesinde de yapılmadı. Aynı şekilde Avrupa İnsan Hakları Mahkemesi kararlarında terörizmi tanımlama gereği duymadı[5].

Uluslararası kurumlardan bazıları da konuya farklı açılardan baktılar.

Avrupa Konseyi Terörizmin Önlenmesi Sözleşmesi'nin "terminoloji" başlıklı 1. Maddesinde; terör suçu sözleşmenin ekinde sıralanan antlaşmalardan birinin kapsamına giren ve bu antlaşmalarda tanımlanan suçları ifade ettiği belirtildi. Ancak bir tarif yapılmadı.

Bazı uluslararası kurumlar terörün tarifini yapma ihtiyacı duydular;

Milletlerarası Ceza Hukukunun Birleştirilmesi Konferanslarından altıncısında terör kavramı; ''Bir devlet başkanı ya da eşinin veya devlet başkanı ayrıcalığına sahip bulunan kişi veya eşlerinin, hükümet üyelerinin diplomasi muafiyetlerinden yararlananların, anayasal kuruluşların, yasama ve yargı organları mensuplarının hayat, beden tamamiyeti ve sağlıklarına yönelmiş kasti hareketler'' olarak nitelendirildi. "Bir felaketi tahrik etme, içme sularını

---

4   Terör, Latince "terrere" kelimesinden türeyen terör kelimesinin Türkçe'deki karşılığı "yıldırı/yıldırma/korku(tma)" dır. Bkz. Halis Ayhan, Terör Kavramı, Güvenlik Konseyi ve Genel Kurul Özelinde Birleşmiş Milletler'in 2001 Sonrası Terör Yaklaşımı, https://dergipark.org.tr/tr/download/article-file/84596, erişim tarihi; 22.12.2020,s.2.

5   Vahit Bıçak, Avrupa İnsan Hakları Mahkemesi Kararlarında Terörizm, http://webftp.gazi.edu.tr/hukuk/dergi/3_10.pdf, erişim tarihi; 24.12.2020, s.3.

zehirleme, kirletme, sari hastalıkları yayma, kamu hizmetleri veren tesisleri tahrip etme, kamuya açık yerlerde patlayıcı maddeler kullanma" gibi hareketler terör eylemi olarak kabul edildi[6].

16 Kasım 1937 tarihli Cenevre Sözleşmesinde terör; "diplomatik misyona sahip kişilere karşı yapılan eylemler" olarak nitelendirildi[7]. Terörün ne olduğu konusunda Birleşmiş Milletler bir karar veremedi. Bu konuda 1937 tarihli Cenevre Sözleşmesi'ne atıfta bulundu[8].

En geniş tanımlardan biri olarak, İslam Konferansı Örgütü terörizmi şu şekilde tanımladı;

"Terörizm" saik ve kastına bakılmaksızın halkı terörize etmek veya ona zarar verme tehdidinde bulunmak veya halkın yaşamları, onurları, özgürlükleri, güvenlikleri veya haklarını tehlikeye atmak veya çerçeveyi, bir kamu hizmetini veya kamu veya özel mülkü zarara maruz bırakma veya onları işgal etme veya onlara el koyma veya bir ulusal kaynağı veya uluslararası hizmetleri tehlikeye atma, ya da bağımsız devletlerin istikrar, ülke bütünlüğü, siyasal birliği veya egemenliklerini tehdit etme amacıyla bir bireysel veya toplu suç planını gerçekleştirmek için işlenen her türlü şiddet eylemi ile bu tür eylem tehdidinde bulunmadır" [9]

Esasında terörün ne olduğunu normal bir vatandaş genel bilgileriyle rahat bir şekilde anlayabilir. Bunun için özel metinler incelemeye de gerek yok. Önemli olan bakış şeklidir. Terör fiili aynı zamanda ahlaki olmayan bir durumdur. Yani ilk aşamada terör fiili normal insanı rahatsız eden etik olmayan bir fiil taşır. Terör fiili aynı zamanda bir suçtur. Suçu da normal bir vatandaşın bilmemesi mümkün değildir. Zaten kanunlarda da kanunu "bilmemek mazeret sayılmaz" şeklinde genel bir prensip bu anlayışın sonucudur. O

---

6   Hasan Tahsin Fendoğlu, Uluslararası Belgelerde Terörizm, http://hasantahsinfendoglu.com/dokumanlar/akademik/ULUSLAR_ARASI_DOKUMANLARDA_TERORIZM.pdf, erişim tarihi, 14.05.2021. s.4.

7   Bkz. Fendoğlu, s.4.

8   Fendoğlu, s.6.

9   İbrahim Kaya, Terörle Mücadele ve Uluslararası Hukuk, Ankara, 2005, s.10.

yüzden suç işleyen kişinin, "Ben bunun suç olduğunu bilmiyordum" şeklindeki savunmalarına itibar edilmez. Her ne kadar uluslararası metinlerde terör tarif edilmek istenmese de, gerçek anlamda teröristin ve terör eyleminin bilinmemesi gibi bir durum yoktur. Ancak bazı gelişmemiş devletler ve bazı çıkarcı gruplar işlerine geldiği şekilde terör nitelendirmesi yapabilmektedirler.

Kast Unsuru

Öncelikle bir yapının veya kişinin terör faaliyetiyle veya terörizmle ilişkilendirilmesi için kast unsurunun bulunması gerekir. Yani böyle bir yapının veya örgütünün liderinin ve üst seviye yöneticilerinin muhakkak terör veya terörizm hedefiyle hareket etmesi, faaliyetlerini bu temel üzerine oturtması lazımdır[10]. Aynı şekilde bu tür yapılara üye olanların da bu terör eylemlerini bilerek ve sonuçlarını isteyerek bu faaliyetlerine devam etmeleri şartı aranır.

Terörizme dair bu hususlardan şunu anlamamız gerekiyor: Bir insan bir yapı içine girdiğinde, o kişinin durumunu tespit etmek için öncelikle, bu yapının faaliyetlerine, liderinin faaliyetlerine bakmalıyız. Eğer her iki durumda, yani yapının ve liderinin yasal olmayan bir faaliyeti yok ise ve bu da bariz anlaşılıyorsa; kişiye suç isnat etmek mümkün değildir. Bununla beraber bir yapının veya liderinin yasa dışı faaliyetleri olmakla beraber, üye kişinin bundan haberi yok ise yine kişiye suç isnat edilemeyecektir. Zira kişinin suç işleme kastı yoktur. Yani kişi suçu bilmemektedir.

Diğer yandan açık olarak yasaklanmadığı müddetçe, bir kişiye, devlet düzeni içerisinde yasal koşullarda faaliyet gösteren bir gruba niye üye oldun diye sorulamaz. Bu bağlamda bir kişiye "Niye sen şu tarikata girdin?", "Neden şu cemaate dahil oldun?", "Niye kanarya sevenler derneğine üyesin?", "TÜSİAD'a neden üye oldun?", "MÜSİAD'a üye olma amacın nedir?", "Niye TUSKON'a üye oldun?" diye sorulamaz. Zira Anayasada örgütlenme özgürlüğü bulunmaktadır. Herkes bir derneğe, vakfa, siyasi partiye veya sivil toplum örgütüne üye olabilir[11]. Örgütün yasal olmayan bir durumu var ise kolluk güçlerinin zaman geçirmeksizin müdahale etmesi gerekir.

---

10 Terör suçlarında kast unsu için bkz. Osman Yaşar, Hasan Tahsin Gökcan, Mustafa Artuç, Türk Ceza Kanunu, Yorumlu-Uygulamalı, Cilt 6, 2. Baskı, Adalet Yayınevi, Ankara 2014, s.8914-8915.

11 Anayasa 33 ve 34. maddeler

Bunların yanında özgürlük ancak yasa ile sınırlandırabilir. Bunun da koşulları vardır; özgürlükle ilgili sınırlandırma yapılırken demokratik toplum gereklerine uygun sınırlandırma yapmak ve hakkın özüne dokunmamak gerekir[12]. Dediğimiz gibi bu çalışma akademik bir çalışma tarzında olmadığı için bu konuların detayına girmiyorum.

Tabi kişi bir yapıya üye olurken o yapıda herhangi bir suç teşkil eden eylem görmemekle beraber, sonradan bu grubun liderinin veya üst seviye yöneticilerinin suç teşkil eden eylemlerine şahit olabilir. Yasal olmayan eylemlerde kullanıldığını fark edebilir. Bu durumda ceza hukuku açısından, kişinin fiillerini o durumu fark ettikten sonraki aşamada değerlendirmek gerekir. Eğer kişi o faaliyetleri gördükten sonra ayrılmayıp, onlarla beraber aynı faaliyetleri işlemeye devam ederse o tarihten itibaren fillerinden tabiki sorumlu tutulur. Zira artık kastını ortaya koymuş demektir. Ancak kişinin bu durumu fark etmeden önceki fiillerini suç saymak, modern ceza hukuku bağlamında mümkün değildir. Zira suçun ve cezanın geçmişe yürütülmesi yasağı vardır. Bu yasak tüm evrensel hukuk ilkelerinde ve ülke mevzuatlarında yer almaktadır.

Peki bir yapının veya grubun liderinin veya yöneticilerinin faaliyetleri ne zaman suç olacaktır? Eylemleri ne zaman terör eylemi sayılacaktır. Bu hususu Terörle Mücadele Kanunu hükümlerine bakarken kısaca açıklayacağız.

---

12 Cemil Çelik, Olağanüstü Hal ve Temel Hak ve Hürriyetler, Seçkin Yayınevi, Ankara 2010, s. 77 vd.

Terörle Mücadele Kanunundan Önceki Dönem

B enim yaş grubum Terörle Mücadele Kanunu'ndan (TMK) önceki süreci, ortasından yaşamaya başladı. Ancak gençler yani 1990 ve sonrası doğumlular bu süreçteki gelişmeleri bilmiyorlar. Esasında bu kanunların nasıl kötüye kullanıldığının anlaşılması açısından kısaca bu gelişmelere bakmak gerekir. Türkiye'de 1991 yılına kadar Terörle Mücadele Kanunu yoktu. Hemen akla gelir, peki o zaman bu tür eylemler olduğunda bunlar nasıl takip edildi? Yoksa savcılık doğrudan olayları takipsiz mi bıraktı? Tabi ki hayır. Türk Ceza Kanununda; yasal olmayan silah bulundurma, yasa dışı şiddet kullanma gibi filler zaten suç olarak kabul ediliyordu. 1991 yılına kadar Türk Ceza Kanununda meşhur 141, 142 ve 163'üncü maddeler vardı. Bu maddeler ile devlet muhalif grupları bir şekilde yıldırıyordu. Örneğin sol faaliyetler arttığında, sol kesimden fikir yürüten herkesi 143. madde ile hapse atıyordu. Sağ kesimden bir kişi yazı yazdığı zaman veya üç yada beş kişi bir araya gelip dini kitap okuduğu zaman veya bir zikir yaptığı zaman bu sefer devlet 163. madde ile o kişileri veya grubu hapse atıyordu. Esasında geçmişte yaşananlara baktığınız zaman eskiden yapılanlarla şimdi yaşananlar arasında büyük bir fark olmadığını görürüz. Farklar ise, yapanların kişiliği/karakteri, yöntem ve verdikleri zarar açısından ortaya çıkıyor.

Bahsettiğim eski kanun metinlerini okuyunca ne demek istediğimi daha iyi anlayacaksınız.

1991 yılında Turgut Özal tarafından kaldırtılan 141 ve 142. Maddelerinin ilgili fıkraları şöyleydi;

Madde 141/1. fıkra: *sosyal bir sınıfın diğer sosyal sınıflar üzerinde tahakkümünü tesis etmeye veya sosyal bir sınıfı ortadan kaldırmaya veya memleket içinde müesses iktisadi veya sosyal temel nizamlardan herhangi birini devirmeye matuf cemiyetleri her ne suret ve nam altında olursa olsun kurmaya tevessül edenler veya kuranlar veya bunların faaliyetlerini tanzim veya sevk ve idare edenler veya bu hususta yol gösterenler sekiz yıldan onbeş yıla kadar ağır hapis cezası ile cezalandırılırlar. Bu kabil cemiyetlerin birkaçını veya hepsini sevk ve idare edenler hakkında ölüm cezası hükmolunur.*

Madde 142/1. *fıkra: Sosyal bir sınıfın diğer sosyal sınıflar üzerinde tahakkümünü tesis etmeye veya sosyal bir sınıfı ortadan kaldırmaya veya memleket içinde müesses iktisadi veya sosyal temel nizamlardan herhangi birini devirmek veya devlet siyasi ve hukuki nizamlarını topyekun yok etmek için her ne suretle olursa olsun propaganda yapan kimse beş yıldan on yıla kadar ağır hapis cezası ile cezalandırılır.*

163. madde de şöyleydi;

Madde 163/1. *fıkra: Laikliğe aykırı olarak, Devletin sosyal veya ekonomik veya siyasi veya hukuki temel düzenini, kısmen de olsa dini esas ve inançlara uydurmak amacıyla cemiyet tesis, teşkil, tanzim veya sevk ve idare eden kimse sekiz yıldan on beş yıla kadar ağır hapis cezası ile cezalandırılır. Böyle cemiyetlere girenler veya girmek için başkalarına yol gösterenlere beş yıldan on iki yıla kadar ağır hapis cezası verilir. Laikliğe aykırı olarak, Devletin sosyal veya ekonomik veya siyasi veya hukuki temel düzenini, kısmen de olsa dini esas ve inançlara uydurmak amacıyla veya siyasi amaçla veya siyasi menfaat temin ve tesis eylemek maksadıyla dini veya dini hissiyatı veya dince mukaddes tanınan şeyleri alet ederek her ne suretle olursa olsun propaganda yapan veya telkinde bulunan kimse beş yıldan on yıla kadar ağır hapis cezası ile cezalandırılır.*

Bu maddelerden açık olarak gördüğümüz üzere, eylemin cezalandırılması için cebir ve şiddet aranmıyordu. Bu dönemde cebir, şiddet, tehdit ve baskı gibi zorlayıcı hiçbir yönteme başvurmayan örgütsel yapılar sadece amacı nedeniyle suç örgütü kabul ediliyordu.

Ancak Turgut Özal 1991 yılında bu düzenlemeleri kaldırttı.

Kaldırtmaktaki hedefi ise; amaçlarına şiddet ile başvurmak isteyen örgütler ile amacına ulaşmak için şiddeti benimsemeyen örgütleri ayırmaktı. Esasında bu düzenleme ile meşru dairede faaliyet gösteren ve yasal yöntemleri kullanarak faaliyetlerini yürüten örgütlerin faaliyetleri suç olmaktan çıkarılmak istendi. Anayasamız da örgütlenme özgürlüğü başlığı altında bu tür faaliyetlere zaten izin veriyordu.

Bu maddeleri yani 141, 142 ve 163. maddeleri Turgut Özal kaldırttığı zaman, sol kesim ülkenin şeriatla yönetileceği korkusunu taşıdı. Sağ kesim ise ülkeye komünizmin geleceğini düşündü. Ama ikisi de yaşanmadı. Sonrasında ise "Siyasal İslam" denen bir ucube yapı ortaya çıktı[13].

Terörle Mücadele Kanunu Hükümleri

Turgut Özal tarafından eski TCK'nın 141, 142 ve 163. Maddeleri kaldırılınca, yasada boşluk oluştu. Bu boşluğu gidermek için 1991 yılında Terörle Mücadele Kanunu kabul edildi. Bu Kanunun son halini, yani 15 Temmuz'dan önceki halini de maddeler halinde kısaca görelim:

Bu Kanunun 1. Maddesi;

"Terör tanımı

Madde 1 (Değişik birinci fıkra: 15/7/2003-4928/20 md.) *Terör;*

---

13 "Siyasal İslam" tabirinin kullanılmasından rahatsızlık duyanlardanım. Zira İslam, dinimizin adıdır. Kirli işlere karıştırmamak gerekir. Başka bir isim bulmak daha faydalı olur diye düşünüyorum. "İslam'ı araç kılanlar", "İslam'ı kendi menfaatlerine kullananlar", "Dindar görünümlüler" gibi adlar kullanılabilir. Ben bunlara "dini kullananlar" demenin daha uygun olacağını düşünüyorum. Maalesef bu "Dini kullananlar" ülkeye iki grubun veremedikleri zararları verdiler. Bunlar kendilerinden olmayanı hemen terörist ilan etmeye başladılar. Bu satırları 23.12.2020 tarihinde yazdım. Zira ülkemizde öyle gelişmeler oluyor ki yarın ne tür bir zamana uyanacağımızı bile tahmin edemez olduk. Tam bu sıralarda bu dini kullananların Meclisteki grup başkan vekili Özlem Zengin, hayatı insan hakları savunuculuğuna adayan Ömer Faruk Gergerlioğlu'nu terörist ilan etti, daha da ileri gidip "Meclisi terörize ediyor" dedi. Bu kadın başörtülü ve aynı zamanda geçmişte başörtüsünden dolayı mağduriyet yaşadığını söyleyen bir kişidir.

cebir ve şiddet kullanarak; baskı, korkutma, yıldırma, sindirme veya tehdit yöntemlerinden biriyle, Anayasada belirtilen Cumhuriyetin niteliklerini, siyasî, hukukî, sosyal, laik, ekonomik düzeni değiştirmek, Devletin ülkesi ve milletiyle bölünmez bütünlüğünü bozmak, Türk Devletinin ve Cumhuriyetin varlığını tehlikeye düşürmek, Devlet otoritesini zaafa uğratmak veya yıkmak veya ele geçirmek, temel hak ve hürriyetleri yok etmek, Devletin iç ve dış güvenliğini, kamu düzenini veya genel sağlığı bozmak amacıyla bir örgüte mensup kişi veya kişiler tarafından girişilecek her türlü suç teşkil eden eylemlerdir."

Bu Kanunun 7. maddesi;

"Terör örgütleri

Madde 7 – (Değişik: 29/6/2006-5532/6 md.)

Cebir ve şiddet kullanılarak; baskı, korkutma, yıldırma, sindirme veya tehdit yöntemleriyle, 1 inci maddede belirtilen amaçlara yönelik olarak suç işlemek üzere, terör örgütü kuranlar, yönetenler ile bu örgüte üye olanlar Türk Ceza Kanununun 314 üncü maddesi hükümlerine göre cezalandırılır. Örgütün faaliyetini düzenleyenler de örgütün yöneticisi olarak cezalandırılır." şeklindedir.

Görüldüğü üzere, bir eylemin terör eylemi kabul edilebilmesi için mutlak TCK'da veya ceza hükmü içeren diğer yasalarda "suç" olarak düzenlenmesi gerekir. Buradan çıkan sonuç; eğer bir fiil Türk Ceza Kanununda veya herhangi bir yasada suç olarak düzenlenmemiş ise o eyleme terör eylemi diyemeyiz. Yani kısaca şunu anlamamız gerekiyor; suçlara ilişkin eylemler ya TCK da ya da başka özel kanunlarda bulunması gerekir. TMK da ise ayrı olarak yeni bir suç ihdas edilmedi. Yalnızca orada bazı suçlar tek tek sayılarak, bunların terör maksatlı işlenmesi halinde terör suçu olarak kabul edileceği belirtildi.

Diğer yandan bu yeni düzenleme ile suçun işlenmesi için ayrıca **cebir ve şiddet kullanma** suçun unsuru haline getirildi. Yani cebir ve şiddet bulunmadığı zaman bir kişiyi bu madde hükümleriyle cezalandırmak mümkün değildir. Turgut Özal'ın yapmak istediği tam da buydu. Yani eski düzenlemede yer alan ve kötüye kullanılan hususu kaldırttı. Suçun oluşması için "Cebir ve şiddet" şartını getirtti.

Bu anlattığım çerçevede Cemaatin liderinin ve üyelerinin eylemlerini de gözden geçirmemiz gerekecek.

Devlet Terörü Olur mu?

B öyle bir soru ilk başta garip gelebilir. "Devlet terörü mü olur?" diye düşünülebilir. Ancak geçmişte yaşanmış vakalar var. Bu husus hukuk alanında da araştırma konusu oldu. Devlet terörü, kavram olarak hukuk literatürüne de girdi.

Terör denince hemen hemen herkes terörü doğal olarak kişiler veya gruplardan bekler. Devlet hiç akla gelmez. Ancak devlet yönetimini yasal yollarla ele geçiren kişi ya da gruplar, zamanla yetkilerinin vermiş olduğu kolaylıkla yasal yetkilerini, yasal olmayan amaca yönelik kullanabilirler. Bunun örnekleri de bulunmaktadır. 20. yüzyılın ilk yarısında bilhassa devlet terörü en sık uygulanan yöntemlerden biri oldu. I. ve II. Dünya Savaşları sırasında geniş çaplı ve etkili terör eylemleri gerçekleştirildi. İki dünya savaşı arası dönemde Almanya, İtalya ve Rusya gibi devletlerdeki ırkçı yönetimler devlet terörizmini zirve yaptırdılar[14]. Tabi bu ülkelerde o malum hadiseler yaşandığı dönemde muhtemelen kimse cesaret edip karşı çıkamadı. Karşı çıkanlar da hain ilan edildi. Binlerce insan idam edildi.

Günümüzde Türkiye'ye de yaşanan olayları bir de bu açıdan değerlendirmemiz gerekir. Zira tam bu satırları yazarken 25 Aralık 2020 tarihi itibarıyla Türkiye'de iktidar muhalefetin de millileştirilmesinden bahsetmeye başladı. Bu cümle esasında olayların hangi noktaya varacağının da bir işaretidir.

---

14 Bkz. Ayhan, s.8.

İKİNCİ BÖLÜM

CEMAAT ÖRGÜT MÜ? (15 TEMMUZ ÖNCESİ DÖNEM)

1. Giriş

Baştada belirttim; amacım, ne Cemaati örgüt değil diye savunmak, ne de bir sivil toplum kuruluşu, diğer tabirle uluslararası bağlamda bir sivil toplum kuruluşu haline getirmek. Derdim problemi çözmek. Çözümü de topluma göstermek. Üç buçuk sene kadar hapishanede kaldım. Cemaate mensup birçok insan tanıdım, tanıştım. 24 saat birlikte yaşama durumunda kaldım onlarla. Beraber yaşamak benim talebim ya da tercihim değildi.

Hapishane yolculuğunda bana isnat edilen suçlardan biri, örgüt üyeliğiydi. Böyle olunca mecburen savunmalarımda bu hususlara da girmem gerekti. Diğer yandan girişte belirttiğim gibi gerek cezaevlerinde gerekse dışarıda marjinal grup yanlısı bazı insanların bu yapı mensuplarına acımasız bir saldırısı vardı. Tabi benim de gördüğüm ve yaşadığım olaylar olmuştu. Bunlara sessiz kalmak ve bu insanların linç edilmesine göz yummak, benim karakterime uygun değildi. "Acaba ne yapabilirim?" diye düşünüyordum. Tabi söylediğim gibi beni tanıyan hemen hemen tüm çevrem, dostlarım bana bu isnadı, yani "terör örgütü üyeliği" suçlamasını yakıştırmıyordu. Zaman zaman latife yapıyordum; "Bakın şimdi bir terörist ile oturuyorsunuz" diye. Hemen "Geç bunları" şeklinde karşılık veriyorlardı.

Aynı kişiler Cemaat ve başka şahıslar hakkında konuşurken ise zaman zaman "FETÖ" ve "FETÖ"cü diyorlardı.

Gördüğüm kadarıyla içerde muhatap olduğum Cemaat mensubu insanların da olaylara bakışlarında farklılıklar vardı. Bir kısmı "Ben niye buraya geldim?" ve "Ben ne yaptım?" gibi soruları devamlı çevresine sorup yakınıyordu. Bir kısmı "kader" deyip geçiyordu. Bir kısmı da "Has olanla has olmayan ayrılmaya başladı" diyordu. Bazıları da "Kimin ne olduğu şimdi açıkça olarak ortaya çıktı?" diyordu. Bir itirafçı vardı. O da kendi masumiyetini anlatıyordu. Bizim koğuştaydı. Düşünün bir kere; öyle bir örgüt ki olaya "Kader" diyenler ve "Ham ile has birbirinden ayrıldı" diyenlerle "itirafçı" olanlar aynı koğuşta kalıyordu ve birbirleriyle geçinip gidiyorlardı. Ne demek istediğimi DHKPC'yi ve PKK'yı bilen hâkim ve savcılar hemen anlamışlardır.

Bir gün koğuşumuza daha önce Balyoz'dan yargılanmış bir kurmay albay geldi. Koğuş iki katlıydı. Çoğunlukla giriş kattaki bölümde kaldı. Dokuz ay kadar sürdü aynı koğuştaki beraberliğimiz. Bahçe dediğimiz havalandırmada birlikte çok yürüyüş yaptık. Karşılıklı dosyalarımızı konuştuk. Koğuşa gelip ilk oturduğunda bize şunu söyledi; "Arkadaşlar, ben burada kalırken kurallar ne ise ona uyuyacağım" dedi. Zaman geçtikçe de dediğini yaptığını gördük. Hatta koğuşa o kadar uyum sağladı ki, koğuşun kantin işlerini kendisine havale ettik. Koğuşta biz bir sistem kurmuştuk. Kantinden koğuşun ortak gider malzemelerini almak ve bunların harcanmasını takip etmek için iki arkadaş görevlendirmiştik. Asker tabiriyle kantin başkanı ve yardımcısı gibi bir kadro oluşturduk. Oldukça güzel işliyordu. Yani bir koğuş ağası, bir meydancı, ...gibi kişiler yoktu. Meydancının ne demek olduğunu da bir adi hükümlü ile hastanede karşılaşınca öğrendim.

İşte bu albayımız bizimle beraber kalmaya başlayınca, bir ya da iki ay sonra kantin sorumlusu olarak görevlendirdik. Kendisi de tahliye oluncaya kadar tam bir kurmay albay sorumluluğu ile bu işi yaptı. Bu iş onun için vakit geçirecek bir meşgale oldu. Ondan önce de kantin başkanı bir tabip albaydı. Yardımcısı da bir hâkim yarbaydı.

Tahliye olup giderken kendisini uğurlamak üzere alt kata indik. Toplu olarak oturuyorduk. Kendisine şu soruyu sordum; "Buraya geldiğinde ne düşünüyordun, şimdi giderken ne düşünüyorsun?" Verdiği cevap çok kısa ve özdü; "Hiçbir şey göründüğü gibi değil" dedi. Fazla detaya girmedi. Tabii ben buradan ne söylemek istediğini iyi anladım. Kendisinin bireysel dostlukları da oldu. Sevdiğim bir insandı. Kendisinden izin almadığım için ismini vermiyorum. Onun bu cümlesi beni etkiledi.

Bu yapının ne olduğunu anlatmak gerekir diye ta o zaman düşünmeye başladım. Zira bu yapı ile ilgili anlatılanlar ile yaşadıklarım ve gördüklerim uyuşmuyordu. Bunu net olarak tespit ettim. Balyozdan yargılanmış albayımın bu tespiti benim fikrimi netleştiren etkenlerden biri oldu. Bu tespitlerimi paylaşmamam halinde sorumlu olacağımı düşündüm. Girişte bu düşüncelerimden bahsettim.

Esasında şu an yapıyor olduğum şey, cezaevlerinde tanıdığım insanları sizlere anlatma çabasıdır.

Hapishanedeyken birçok kişinin cevap aradığı bir soru vardı: "Bu işin sonu ne olacak? Bu iş bitecek mi? Bitecekse nasıl bitecek?" Hemen hemen herkesin zihnini kurcalayan sorulardı bunlar. Sincan T Tipindeki C-5 koğuşunda ilk günümüzdü. Askeri doktorları ve askeri hâkimleri aynı koğuşa koymuşlardı. Avluda doktorlar bir kenarda oturuyorlardı. Aralarında yüksek sesle de konuşuyorlardı. "Bu işin sonu ne olacak? Bize ne olacak?" diye soruyor ve fikir yürütüyorlardı. Haklı olarak endişeleri vardı. Dayanamayıp yanlarına gittim. Ayakta iken onlara hatırladığım kadarıyla şunları söyledim; "Bakın, sizler üyelikten yargılanıyorsunuz. Avrupa İnsan Hakları Mahkemesinin kararlarına baktım, burada hepimiz aynı zamanda terör örgütü üyeliğinden de yargılanıyoruz. İçimizde var mı terör örgütü üyesi? Yok! Bu bir gerçek ve er geç ortaya çıkacak. Normal hukuk düzeninde ortaya da çıkabilir, ön göremeyeceğimiz bir takım gelişmeler üzerine de ortaya çıkabilir. AİHM de muhakkak karar verecek. Kendi içtihatları doğrultusunda karar verir ise bizleri terör örgütü üyesi olarak kabul etmesi mümkün değildir. AİHM, vermiş olduğu kararlarını tekrar ettiğinde Türkiye'deki tüm davaların altı çökecek. Dolayısıyla sizin davalar da çökecek. Hepimiz ileride, cezaevinde kaldığımız günlerin karşılığı olarak devletten tazminat alacağız. Sonu bu olacak" diyerek arkadaşları teselli ettim.

Bu görüşlerimden ayrılmış değilim. Yeri gelmişken şunu söyleyeyim; örgütün silahlı kanadı olarak askerleri ve polisleri görüyorlar. İddianamelerde bunu açık olarak yazıyorlar ama bir vaka var. Bahsedeceğim bu vakadan önce kendi yapmış olduğum bir soruşturmadan bahsetmek istiyorum. Erzincan'da yardımcı askeri savcıydım. 2004 yılı olabilir. Bir ara Ordu Komutanlığından beni aradılar. Yangın çıktığını, Ordu Komutanının soruşturma izni verdiğini söylediler. Bunun üzerine yangın ile ilgili soruşturmaya başladım. Karargâh binasına vardığımda karargâh binasının yan tarafında bulunan karargâh bölüğünün askerlerinin koğuşunun üst katındaki bir koğuşun yandığını gördüm. Vardığımda yangın sönmüştü. Olay yeri inceleme ekibini çağırdım. Gerekli incelemeleri ve araştırmaları yaptık. Olay yerini kameraya aldık. Bir yan koğuşta ise çakmak ve tutuşturulmaya çalışılan bir kâğıt gördük. Buradan şunu anladık; fail olan asker, koğuşu ateşe verdikten sonra diğer koğuşa geçmiş, orayı da yakmaya çalışmış. Ancak yaktığı koğuşun alevleri nedeniyle korkmuş olacak ki, ikinci koğuşu yakamadan oradan ayrılmış.

Günümüzdeki gibi her yerde kamera yoktu. Bu yüzden görüntü elde edemedik. O gece bölükteki tüm askerleri sorguya çektik. Fakat koğuşu yakan kişiyi bulamadık. Ordu Komutanı ve Kurmay Başkanı bir an önce koğuşu yakan kişinin bulunmasını istiyordu. Ancak bulamadık. Ordu'da tabii büyük bir tedirginlik vardı. Şimdi ne olacak diye korkuyorlardı. Hatırladığım kadarıyla koğuşta bulunan ve Güneydoğu kökenli olan tüm Kürt askerleri karargâhtan alıp bağlı birliklere tayin ettiler. Yasal imkân olsa o gece terhis edeceklerdi. Ancak ben bu uygulamayı doğru bulmadım. Zira Kürtleri bu Ülkenin asıl unsurlarından biri olarak görüyorum ve bir Türk'ten ayırt etmiyorum. Bir kişinin yaptığı eylemi tüm gruba teşmil edemeyiz.

Yangını çıkaran kişi kalkıp bir gece tekrar koğuş yakabilirdi. Ya da bir askeri aracı alıp başka bir felakete yol açabilirdi veya yemeklere zehir katabilirdi. Yani çok büyük bir tehlike vardı. Bu bahsettiğim vakalar da birkaç yerde yaşandı. Anlattığım bu olayda; bir terör örgütü üyesi olma ihtimali bulunan bir kişinin ne kadar büyük bir tehlike arz ettiğini görmüş olduk. Şimdi gelelim bizim olaylara; Hava Kuvvetleri Komutanlığı'nda "Ankesör soruşturması" kapsamında bir sıralama yapılmış. T.C. kimlik numarasına göre soruşturma sırası belirlemişler. Bu sıralamaya göre de soruşturma başlatıyorlar. Kişileri gözaltına alıyorlar. Bu durum tüm kuvvetlerde var. Hatta Kara Kuvvetleri'nde, Güneydoğu'da ya da sınır dışında Afrin gibi yerlerde görev yapan bir kısım askerlerin de buralarda görevlerini bitirip dönmelerini bekliyorlar. Döndükten sonra soruşturmaları başlatıyorlar.

Şimdi gelelim çok kritik olan soruya: Terör örgütü üyesi olan bir askerin başka koğuşları yakma ihtimaline binaen toptancılık yaparak Kürt olan tüm askerleri başka yerlere tayin eden bir anlayış, neden başka bir terör örgütü üyesi olduğunu iddia ettikleri kişilerin F-16 uçağını kullanmasına, tank taburunu yönetmesine, jandarma birliklerini idare etmesine müsaade ediyor?

Demek ki bu insanlardan bir zarar gelmeyeceğine yüzde yüz eminler. Yüzde bir ihtimal zarar vereceklerini düşünseler, listedeki kişileri o gün açığa alırlar ve sonra hepsini hemen atarlar. Peki bunu niye yapmıyorlar? Çünkü biliyorlar ki bu insanlar terörist değil. Anlattığım bu durum yorum değil bir realite.

AKP'nin üst yapısı da çok iyi biliyor ki bunlar terörist değil. Bu kişiler terörist olsaydı kızlarını bu kişilerle evlendirmezlerdi. AKP üst yapısı 15 Temmuz öncesinde Cemaat mensubu kişilerle kızlarını evlendirmiş. Bülent Arınç da, İsmail Kahraman da evlendirmiş, Ahmet Davutoğlu da evlendirmiş, daha kimler kimler...

Bütün bunları şu hususa işaret etmek için yazıyorum; yukarıda adlarını saydığım AKP yöneticileri ve onlar gibi olanlar Cemaatin üyelerinin terör örgütü üyesi olmadığını çok iyi biliyorlar. Terör eyleminde de bulunmadığını da biliyorlar. "Peki bu olanlara niye sessiz kalıyorlar?" diye bir soru akla gelebilir. Bu soruya verilecek cevap da ayrı bir tartışma konusu olur.

Bir akrabam var. Halen AKP teşkilatlarında çalışıyor. "Çocukların nasıl?" diye sordum. Beni şaşırtan bir cevap verdi. "Abi çok iyiler. Onlar sağlam bir eğitim aldılar. Temelleri sağlam" dedi. Şaşırdım. Zira tüm çocuklarını Cemaat okullarına okuttu. Ama herhalde bulunduğu AKP teşkilatında "Bunlar terörist" söylemlerine ya sessiz kalıyordur ya da o da aynı söylemleri kendisi de tekrarlıyordur.

Çevremde de bu insanlardan çok var. Bana terörist demezler. Hatta onu hiç kondurmazlar. Ama beni terörist diye içeri atıp üç buçuk sene hapis yatmama neden olan kişileri de desteklemekten geri durmazlar.

Tabii uzak çevremde düşmanlıkta aşırıya gidenler de var. Kendi dosyamda bir imam vakası var. Uzak bir akrabam ve akrabamın bir eşi var. Bunları isim isim olarak anlatacağım. Çünkü dosyamda yer alıyorlar ve dava konusu da oldular. Bunları kendi dosyamı anlatmak için değil, diğer davalarda tanıkların durumunun ne olduğunun görülmesi açısından anlatacağım.

Diğer yandan, Cemaatin terör örgütü olup olmadığını vakalar ile ortaya koymak için Cemaatin faaliyetlerine ilk başladığı günden itibaren bakmak gerekir elbette. Zira mahkemeler değerlendirmelerini 15 Temmuz tarihi itibarıyla yapmıyorlar.[15] Bazı iddianamelerde suçun başlangıcını 1960'lı yıllara kadar götürüyorlar. Bu nedenle sorunun cevabını sağlıklı verebilmek için Cemaatin faaliyetlerinin başladığı tarihe gitmek gerekir. Akabinde, Cemaatin eylemlerinin örgüt bağlamında olup olmadığını değerlendirmek lazımdır.

---

15 Diğer yandan Mahkemeler 15 Temmuz 2016 tarihi itibarıyla suçun başlangıcını esas almaları halinde ise hem 15 Temmuz'u, hem de Cemaat mensuplarının 15 Temmuz'daki fiili durumlarını araştırmaları gerekecek. Bu durum yargılamaların çökmesi anlamına geleceği için bilerek bu yola girmiyorlar.

2. Cemaat

C emaatin faaliyetlerini anlatmadan önce, bu bilgilere nasıl ulaştığımı açıklayayım. 2006 yılıydı. Zaman zaman internette ve bazı yayın organlarında TSK mensupları ile ilgili bilgiler yayılmaya başladı. Bazı gizli bilgiler hiç olmadık yerlerde ortaya çıkıyordu. Ben de bu sıralarda Genelkurmay Askeri Mahkemesinde askeri hâkim olarak görev yapıyordum. Bir gün akşam üzeri Genelkurmay Askeri Savcılığından bir dosya geldi. Kıdemli Hâkim dosyayı bana verdi. Dosya TSK'dan gizli bilgilerin dışarıya sızdırılmasına ilişkindi. Dosyayı inceledim. Benden önce mahkemedeki başka bir heyet dosyaya dair bazı kararlar vermiş. O kararlara da baktım. Dosya, bir belgenin karargâhtan veya başka bir yerden sızdırılmasıyla alakalıydı. Belgenin yayınlandığı internet sitesi ile ilgili dinleme ya da takip kararı isteniyordu. Bu siteler yolsuzluk. com., paşakeyfi.com., ...gibi sitelerdi. Daha sonra bu dosya ile ilgili belki 20'ye yakın karar verdim. Sayısını tam hatırlamıyorum. Tabii dosya ilk geldiğinde tek klasördü. Bir veya iki internet sitesinden bahsediliyordu. Ayrıca internet sitesi ile ilgili sivil kişilerden bahsediliyordu. Ancak dosyayla ilgili karar istenirken Gülen Cemaatinin ismi yazılıyordu. Yani Cemaat mensubu kişilerin bu işi yapmış olabileceği şüphesi vardı. Mahkemeden de bu bağlamda kararlar isteniyordu. İsnat edilen suç ise Askeri Ceza Kanununda yer alan astlık ve üstlük nüfuzunu zedelemek şeklindeydi[16]. Aynı zamanda Türk Ceza Kanunda yer alan suç örgütü maddesi de yazılıyordu. Yani özetle bir grubun, elemanları aracılığıyla bunu yaptığı iddia ediliyordu.

---

16 Madde 95: "...

   4. Astlık–üstlük münasebetlerini zedelemeye, amir veya komutanlara karşı güven hissini yok etmeye matuf olarak alenen tahkir veya tezyif edici fiil ve harekette bulunanlar altı aydan üç seneye kadar hapsolunur.

   5. Bu maddede yazılı suçların basın yoliyle işlenmesi halinde ceza artırılarak verilir.

   6. Bu maddenin 3 ve 4 üncü fıkralarında yazılı suçlar hakkındaki soruşturma icrası Milli Savunma Bakanının iznine tabidir..."

Tabii böyle bir dosya gelince, dosyayı inceleyerek talep doğrultusunda, araştırılması yönünde karar verdik. Bu kararı verdikten sonra dosya tekrar gelmeye başlayınca, bu sefer bu grup ile ilgili olarak mecburen dosya dışı da incelemelere de başladım. Herhangi bir yerde bu grup ile ilgili bir haber ya da yazı gördüğümde hemen okuyor, dişe dokunur bir şey varsa bunu bir kenara not ediyordum. Tabii bu dosya zamanla kabarmaya başladı. Klasörler arttı. Her geldiğinde hacmi biraz daha artıyordu. O dönem Cemaatle ilgili ne haber çıksa, Cemaate isnat edilecek ne olsa hemen bir soruşturma numarası verilerek, soruşturmaya başlanıyor, sonra da bu ana dosyayla birleştiriliyordu.

Savcılığın elinde ceza hukuku anlamında net bir delil de yoktu. Şüphe üzerine inceleme ve araştırma yapılıyordu. Biz de Savcının araştırdığı hususları bulabilmesi için talepleri doğrultusunda, hukuk çerçevesinde kararlar veriyorduk. Tabi sonuç ne olacak ben de merak ediyordum. Kısaca Cemaatle ilgili olarak ayrıntılı ve net bilgi sahibi olmam bu şekilde başladı. Ondan önceki bilgim, çevremdeki konuşmalar, basında yer alan bilgiler, zaman zamanda Cemaat mensuplarının televizyonlara yansıyan konuşmaları kaynaklıydı. Baktığım dosya üzerine bilgilerim artık dayanağı olan bir hale gelmişti.

Diğer yandan hiçbir dosyada, inceleme yapmadan gelişigüzel karar vermedim. Araya yine bir anekdot gireyim; yargılandığım dosya, diğer dosyalarla birlikte Yargıtay Başsavcılığına gönderilmişti. Henüz hakkımda dava açılmamıştı. Askeri Yargıtay ve AYİM üyesi 12 kişinin dosyası birlikte soruşturuluyordu. Yargıtay Başsavcılığı, tutuklulukla ilgili kararları Yargıtay 10. Dairesi Başkanlığından istiyordu. Soruşturmalar yürürken tabii hâkim ilkesi altüst edilerek yargı mercileri de değiştirildi. O da ayrı bir araştırma konusudur. Ne hikmetse hiçbir dosyada savcılığın talebi aksine bir karar çıkmıyordu. İtiraza da Yargıtay 11. Ceza Daire Başkanı bakıyordu. Orada da tüm itirazlar reddediliyordu. Tutuklu olan bir üye, hakkında tutukluluğun devamı kararı verilince, daire başkanının itiraz dilekçesini okumadan karar verdiğini ispatlamak maksadıyla hakkındaki verilen karar için "İtiraz etmiyorum." diye dilekçe vermiş. Normalde bu talep üzerine dosyaya hiçbir işlem yapılmaması gerekirdi. Ama Yargıtay Başsavcılığı dosyayı itiraz varmış gibi itirazı inceleyecek ilgili daireye göndermiş. Daire başkanı ise sanki itiraz edilmiş gibi itirazın reddine karar vermiş. Bu kararı, davanın sanığı olan ilgili askeri hâkim almıştı. Bunları yapan ise yüksek yargı organı mensubu hâkimlerdi.

Genelkurmay Askeri Mahkemesi'nde, basına yansıyan birçok karar verdim. Bu kararlardan bir kısmı benim yargılanmam esnasında gündeme geldi. Savunmalarımda şunları söyledim: "O kararları bugün olsa yine veririm. Kararlarımın arkasındayım. Halen öyle düşünüyorum. Anayasa Mahkemesi'nin kararlarına katılmadığım dosyalarım vardı. Anayasa Mahkemesi kararına uymak ile beraber farklı gerekçe yazarak "Benim görüşüm bu. Ancak Anayasa Mahkemesi kararı doğrultusunda karar vermek zorundayım" diyerek Anayasa Mahkemesi kararı doğrultusunda karar veriyordum."

Bunları anlattıktan sonra bahsettiğim dosyadan ve bilinen ve meşhur hale gelmiş olaylardan Cemaati, silahlı örgüt kriterleriyle gözden geçirerek anlatmaya başlayalım.

3. Gülen Cemaatinin Faaliyetleri

a. Fethullah Gülen'in Bilinen Hayatı

Türkiye'deki tarikatların kökleri genellikle çok öncelere dayanır. Nakşilik, Kadirilik, ..gibi tarikatların geçmişi 1200'lü yıllara kadar gider. Ancak Gülen Cemaati olarak adlandırılan yapı ise başlangıç noktası açısından diğer gruplardan farklılık gösterir. Cemaatin Fethullah Gülen[17] ile başladığını söyleyebiliriz. Dolayısıyla Gülen Cemaatini anlayabilmek için başındaki insanın hayatına da özetle bakmak gerekir. Zira iddianamelerde terör eylemlerinin başlangıcını, Fethullah Gülen'in İzmir'e atandığı 1966 yılına kadar uzatan savcılar da var. Tabi tüm iddianameleri görmedim. Buna imkânım ve vaktim yoktu.

Diğer yandan bir insanın hayatında hedefleri noktasında muhakkak ipuçları vardır. Eğer gizli ajandası var ise bir yerlerde muhakkak bundan bahseder. Zira insan bir ömür boyu hedeflerini gizleyemez. Bu nedenle Gülen Cemaatinin liderinin kısa hayatını da bakmak gerekir. Anlatacağım bilgiler özel araştırma gerektirmeyen, kamuoyunda bilinen hususlardır. Bu bilgileri elde etme noktasında Cemaat dosyasına baktığımı söylemiştim. Zaman zaman hapishanedeki arkadaşlara sordum. Tabi çıktıktan sonra da araştırmalarıma devam ettim.

Cemaatin lideri Fethullah Gülen Erzurum'da doğuyor. İlkokula gidiyor. Ancak ilkokulu bitirmiyor. İlk eğitim ve öğrenimini köyün imamlığını da yapan babasından alıyor. Sonra civar illerdeki medrese türü yerlere gidiyor. Belirli bir yaşa gelince de vaizlik imtihanını giriyor. Vaizlik imtihanını kazanınca önce Edirne›ye tayini çıkıyor. Askerliğini İskenderun'da yaptıktan sonra İzmir›e tayin ediliyor. Kendi ifadesine göre de İzmir›e tayinini o dönem Diyanet

---

17 Fethullah Gülen'in hayatı için bkz. https://tr.wikipedia.org/wiki/Fethullah_G%C3%BClen.

İşleri Başkanı vekili olarak görev yapan Yaşar Tunagör yaptırıyor. Vaizlik yanında İzmir'de Kestane Pazarı Kur'an kursunda hocalık da yapıyor. Kur'an kursunda öğrenciler var. İzmir'de görev yaparken aynı zamanda çevre illerde vaazlar veriyor. Bu vaazları kasetlere kaydediliyor. Bu faaliyet uzun bir müddet sürüyor. 12 Mart 1971 muhtırasında hapse giriyor. Giriş gerekçesi ise eski "TCK'nın 163. maddesine muhalefet etmek." Askeri cezaevinde 6 ay kadar kalıyor. Daha sonra vaazlarına yeniden başlıyor. Görevine devam ediyor. 12 Eylül 1980 darbesinin ardından ismi arananlar listesinde yer alıyor. Yaklaşık 6 sene takip ediliyor. Ancak yakalanmıyor. Arandığı dönemde Suriye üzerinden hacca gidiyor. Dönüşte Güneydoğu tarafından illegal yollardan Türkiye'ye giriş yapıyor. Türkiye'de 1986 yılına kadar bu şekilde hem aranıyor hem de faaliyetlerini devam ediyor. Ta ki İzmir'e giderken Burdur'da yakalanıncaya kadar. Yakalanmasından sonra Turgut Özal'ın devreye girmesiyle serbest bırakılıyor ve bu tarihten sonra faaliyetlerine aleni devam ediyor.

Tansu Çiller ve Bülent Ecevit döneminde de aynı faaliyetlerini sürdürüyor. SSCB'nin yıkılmasıyla Orta Asya cumhuriyetlerine açılıyor. Arkasından arkadaşlarını dünyanın değişik ülkelerine gönderiyor. 28 Şubat süreci başlayınca, bir anda hakkında aleyhe yayınlar yapılmaya başlanıyor. Geçmişteki vaazları ve sohbetleri televizyonlarda yayınlanıyor. 1999 yılında sağlık sorunları nedenleriyle Amerika'ya gidiyor. Halen de orada yaşıyor. En özet haliyle Fethullah Gülen'in hayatı bu şeklide.

Genele baktığımızda ülkemizde bu yapıdaki insanların ilk yaptıkları şey, siyasete atılıp, bir partiye girip veya parti kurup, devleti yönetmeye kalkmaktır. Yaşar Nuri Öztürk, Haydar Baş, Necmettin Erbakan gibi politikacılar bu yolu denediler ancak Fethullah Gülen siyasete girmiyor.

Devleti ele geçirmek, her ne maksatla olursa olsun devleti yönetmek isteyen kişi veya gruplar genelde siyasete girerler. Gülen

Cemaati ile ilgili ise farklı bir iddia var; Devleti, bürokrasi yoluyla, öğrenci yetiştirerek ele geçirmek.

Devleti ele geçirme yolları olarak kabul edilen iki yolu karşılaştıralım ve sonuçlarını birlikte görelim; birincisi alttan gelerek Devleti ele geçirmek. Bu yola göre; önce öğrenci bulacaksın, sonra yurtlar açacaksın, sonra bu çocuklar üniversiteye gidecekler, mezun olacaklar, akabinde bunlar Türkiye'ye dağılacak. Aynı metodu onlar da deneyecekler, arkasından yetiştirilen çocuklar kamu kurumlarında görev almasıyla devlet kurumları ele geçirilecek, akabinde de bir gecede darbe yapacaksın ve ülke senin olacak.

İkincisi yol; siyaset yoluyla ülkeye ele geçirmek. Kuracaksın bir parti, sonra ekibini oluşturacaksın, temiz insan ve temiz siyaset olarak başlayacaksın, akabinde hitabetinle iktidar olacaksın, sonra iktidarını sağlamlaştıracaksın. Devleti yöneteceksin.

Nereden bakarsanız bakın; Devleti ele geçirme noktasında siyaset yolu hem kolay hem de daha karlı görünüyor. Zira devamlı makam var. El üstünde tutulma var. Alkışlanma var. Övülme var. Öbür yol ise çok zahmetli ve uzun.

Hastanede karşılaştığım Din öğretmeni anlatmıştı; Fethullah Gülen İzmir'de görev yaparken Necmettin Erbakan tarafından kendisine milletvekili olması yönünde teklif yapılıyor. Gülen kabul etmiyor. Necmettin Erbakan'da tepki gösteriyor. "Çoluk çocukla uğraşarak bu iş olmaz" diyor.

Mantıkla ve realist açıdan baktığımızda, bir ülkeyi ele geçirmek istiyorsa bir insan; en kestirme, en kısa ve en kolay yolu tercih etmelidir. Yani siyaset yolunu tercih etmelidir. Öbür yolu kullanarak ülke ele geçirmek ise insanın hafızasını dahi allak bullak edecek şekilde çok uzun bir yol. Diğer yandan o kadar uzun ömürlü olacağını kim garanti edebilir. Ayrıca diğer devletler sana bu noktada müsaade ederler mi? Kendi Ülkende bu faaliyetleri yürütürken insanlar sana ne kadar yardım eder? Bunları karşılaştırdığımızda; ikinci yolun, yani öğrenci faaliyetleri ile bir ülke ele geçirme yolunun başarılı olma ihtimali milyonda bir ihtimal olarak görünüyor.

Peki, Fethullah Gülen'in hedefi, söylendiği gibi 1960'lı yıllardan itibaren ülkeyi ele geçirmek miydi? Faaliyetleri örgütsel bir faaliyet miydi? Faaliyetlerine ve konuşmalarına bakmadan bu sorunun cevabını veremeyiz. Bu konuda bizim yine güzel bir atasözümüz var; "Ayinesi iştir kişinin lafa bakılmaz." Acaba Fethullah Gülen yaptığı faaliyetleri ile neyi hedefliyordu? Kendisini bir terör örgütü lideri olarak mı görüyordu? Şartları oluştuğunda silah kullanmak suretiyle ülkeyi ele geçirmek maksadıyla mı faaliyet yürütüyordu? Faaliyetlerine bakmadan, detaylı incelemeden bu sorulara cevap vermek mümkün görünmüyor.

Ancak bu aşamada şu kadarını söyleyeyim; Fethullah Gülen'in anlattığım bu kısa hayatında bir terör faaliyeti göremedim. Yeraltına inme veya herhangi bir yere gidip gizli yerlerde silahlı eğitim verme gibi bir faaliyetine rastlamadım. İddianamelerde de böyle bir tespit yoktu. Benimle ilgili iddianamede de böyle bir tespit yoktur. Dinlediğim konuşmalarında ve Genelkurmay Askeri Mahkemesinde baktığım dosyada hedefinin ülkeyi ele geçirmek olduğu yönünde hiçbir beyanına rastlamadım. İddianame yazan savcılar da açık olarak böyle bir beyan ortaya koymadılar. Bazı alıntılar yaparak bu minvalde dolaylı sonuçlar çıkarmışlar ama o beyanlar tek başına yeterli görünmüyor. Konuşmaların bütünü dikkate alındığında, savcıların belirttikleri gibi bir sonuç ortaya çıkmıyor.

Kaldığım koğuşlarda böyle bir konuşmaya hiç şahit olmadım. Ayrıca Fethullah Gülen'in basında çıkan sohbetlerinde de böyle bir hedefini ortaya koyacak açık bir konuşma görmedim.

Fethullah Gülen'in hayatıyla ilgili bu tespiti yaptıktan sonra faaliyetlerine de özet olarak kısa kısa bakmak gerekir.

b. Yurtlar ve Kolejler

Özellikle iddianamelerde göze çarpan ve terör faaliyeti olarak belirtilen faaliyetlerden ilki yurtlar ve kolejlerdir.

Fethullah Gülen'in öğrencileri, ilk önce yurtlar açmaya başlıyor, akabinde kolejler açıyorlar. Kaynağını da kendi aralarında topladığı paralarla oluşturuyorlar. Bu konuda aksine bir iddia da yoktur. İktidar tarafından "Ne istendi de vermedik?" dendi ise de, hangi yurt veya hangi okul için para verildiği açıklanmadı. Yani bu iddia havada kaldı.

Bu yurtlar ve okullar önce büyük illerde sonra da diğer illerde açılıyor. Cezaevinde bulunurken tanıştığım öğretmenler vardı. Numune Hastanesinde, muayene sırası beklerken tutuklu koğuşunda karşılaştığımız öğretmenler vardı. Bunlardan biri Ankara Samanyolu Koleji'nde öğretmenlik yapmış. Bir diğeri Ankara İncek'de Gülen Cemaatine ait bir okulda öğretmenlik yapmış. Adını söylemişti ama belirttiğim gibi izin alma imkanım olmadığı için yazmayacağım. Çocuklarını bu okul ve dershanelere gönderen öyle isimlerden bahsettiler ki duyunca çok şaşırdım. Mesela 17/25 Aralık sürecinden sonra İbrahim Kalın ve birçok bakan çocuklarını oralara göndermeye devam etmişler. Hatta okullara gidip veli toplantıları sırasında öğretmenlere müthiş iltifatlar da bulunmuşlar.

Şimdi bu minvalde baktığımızda; Fethullah Gülen'in bu yurtların ve okulların öğrencileri ile ülkeyi ele geçirmek istediğini söylemek, pek akla yatkın görünmüyor. Kaldı ki bu ülkede MİT var, değişik istihbarat kaynakları var. Eğer böyle hedefleri olsa, okullardan mezun olmuş çocuklarda bu tür hedefleri görmemiz mümkün olurdu. Ancak iddianamelerde böyle bir iddiaya rastlamadım. Savcılar bunu gözden kaçırmış olamazlar. Yani çocukların, okurken hedeflerinin Ülkeyi ele geçirme yönünde olduğunu ortaya koyacak beyanlarını tespit etmeleri gerekirdi. Ancak böyle bir tespit yoktur. Çocukların terör faaliyeti anlamında eylemlerini ortaya koyan tespit de yoktur. Gülen'in böyle bir hedefi var ise pekâlâ çocuklarda bunu görmemiz gerekmez mi?

c. Dershanelerin ve Evlerin Açılması

Bilindiği gibi Cemaat ile Tayyip Erdoğan arasındaki kavga ilk olarak kamuoyuna dershanelerin kapatılması olayı ile yansıdı. Dolayısıyla bu dershanelere ve üniversite evlerine de göz atmak gerekir. Dershaneleri az çok biliyoruz, hemen hemen Türkiye'nin her ilinde hatta her ilçesinde açıldı. Buralarda görev yapanların Cemaat mensubu öğretmenler olduğu kamuoyunca da bilindi. Halk da biliyordu. Cemaat Dershanesi diye adları ayyuka çıkmıştı. Dershaneler mevzusu kamuoyunda yeterince bilindiği için bu konulara fazla girmiyorum.

Üniversite öğrencisi evlerinin mahiyeti neydi? Buralarda ne yapılıyordu? Cezaevinde bulunan sivil kişilere bu konuları detaylı sordum. Tespit ettiğim şu; Fethullah Gülen›in İzmir›de yetiştirdiği öğrenciler mezun olmaya başladıktan sonra üniversitelere gidiyor. Aynı şekilde yurtlarda ve kolejlerde okuyan öğrenciler üniversitelere gitmeye başlıyor. Tabi bu öğrenciler bulundukları yerlerde ya yurtlarda kalıyorlar ya da üçü beşi bir araya gelerek evler tutuyorlar. Çoğunlukla da evlerde kalıyorlar. Üniversite öğrencileri bu evlerde boş durmuyorlar. Üniversitelere gitmenin yanında civarlarındaki ortaokul ve lise öğrencilerine evlerde ders veriyorlar. Onlara Fethullah Gülen›in kasetlerini izletiyorlar. Onlara aynı zamanda derslerinde yardımcı oluyorlar. Bu evler o kadar bilinen ve meşhur bir hale geliyor ki mahallelerdeki muhafazakâr aileler çocuklarını buralara vermek için özel araştırma yapıyorlar. "Acaba bu evlerden var mı? Ben de çocuğumu oralara verebilir miyim?" diye araştırma içine giriyorlar. Bir kısım itirafçıların beyanlarında da bu hususları detaylı görüyoruz.

Toplumda bu evlerle ilgili olarak şu olgu da yayılmaya başlıyor: "Bu evlere giden çocuklar üniversiteleri daha kolay kazanıyor, ayrıca ahlaklı yetişiyor. Yabancı madde alışkanlığı gibi şeylerden uzak duruyor." Tabii bu sonuç ailelerin hoşuna gidiyor. Kısaca bu evlere gidenler hem iyi bir üniversiteye gitme şansını yakalıyorlar hem de olumsuz alışkanlıklardan uzak duruyorlar. Normalde baktığımızda her ailenin istediği bir sonuç. Hatta AKP'nin üst kesiminin çocuklarını bu okullara göndermelerinin belki bir nedeni de bu olsa gerek. Çocuklarının olumsuz alışkanlıklardan uzak durmalarını sağlamak. Dolayısıyla bahsettiğimiz gerekçelerle bu evler Türkiye'de kısa bir sürede yaygınlaşıyor.

Zaman ilerledikçe hem okulların sayısı artıyor, hem de mezun olan öğrencilerin sayısı artıyor. Dolayısıyla üniversitelere giden, oralarda okuyan öğrenci sayısı da artıyor. Bunun sonucu olarak da evler artıyor. Bu evleri ve burada bulunan öğrencilerin kim olduğunu bilmeyen kalmıyor.

Peki bu evler MİT ve devletin diğer istihbarat organları tarafından takip edilmedi mi? Aksinin olması mümkün değil! Peki buralarda terörist bir faaliyet var mıydı? Böyle bir faaliyet devlet kayıtlarında yer almadı. Devletin resmi kaynaklarında da aleyhte bir durum tespiti yapılmadı. Ama şimdiki soruşturmalarda şu soruları görüyoruz: "Bu evlere gittin mi? Buralarda kimler vardı? Buralarda hangi esnafları tanıdın?"

Cezaevinde avukat görüşmesi beklerken yeni tutuklanmış bir öğretmen ile tanıştım. Elleri yanmıştı. "Hayrola ne oldu?" diye sorduğumda doğruyu tam söyleyemedi. Muhtemelen işkence yapmışlardı. Sonra sohbet ederken kendisine ne iş yaptığını sordum. Öğretmen olduğunu, Samanyolu Koleji'nde öğretmenlik yaptığını söyledi. "Öğrenci olarak kimler vardı?" diye sordum. Öğrenci kaynağını tespit etmek istiyordum. Hangi bakan çocukları vardı diye sorduğumda; "Hangisinin yok ki?" diye cevap verdi. Devam etti: "Savcı bana 'Ne iş yapıyorsun? kimlerin çocuklarını orada okuttun?

Çocuklar nerelere gitti?' diye sorduğunda ben de Bakan çocuklarını anlatmaya başladım. Bana, 'Geç bunları, başkalarını söyle' dedi. Ben de dedim ki 'Çoğunluk bunlar; siz sordunuz ben de söyledim' dedim. Dediklerimi tutanağa kaydetmedi. Kendi işine yarayan şeyleri tutanağa kaydetti. Sonra da dedi ki, 'Kardeşim, bunları buralarda söyleme, söyleyeceksen yaz kendin, dilekçe ver' dedi."

Ben de sivil öğretmen kişiye bazı açıklamalarda bulundum. "Hukukta bir kaide vardır; eylem suç ise o eylemi yapan herkes suç işlemiştir. Eşitlik prensibi bunu gerektirir. Anayasada eşitlik prensibi var" dedim.

Şimdi gelelim olayın vahametine; savcılar iddianamelerde bunları yazıyorlar, bu evlere ve kolejlere gidenleri tespit etmeye çalışıyorlar. Şimdi bu evlerde terörist bir faaliyet var ise başta Berat Albayrak olmak üzere, Sümeyye Erdoğan ve diğer bakan çocuklarını da soruşturmak gerekmez mi? Bunların diğerlerinden nasıl farkı olabilir? Yine Ceza Muhakemesi Kanununda ve Türk Ceza Kanununda etkin pişmanlıkla ilgili hükümler var. Madem yaptıkları soruşturmalar hukuki ise bahsettiğim bakan çocuklarına itirafçılık ve etkin pişmanlık hükümlerini niye uygulamıyorlar?

Kanundaki etkin pişmanlığın maksadı şudur: "Kişi terörist olduğunu kabul etsin; ondan sonra nedamet getirsin. Ayrıca birkaç örgüt üyesi ismi versin. Biz de hapse girmeyecek kadar ceza verelim." Savcılar iddianamelere Cemaat üyelerinin gittikleri yurtları, evleri, buralarda kimleri gördüklerini yazıyorlar, sonra o evlere gitti diye insanları hapse tıkıyorlar. Ama aynı eylemleri yapan bakan, AKP'nin il başkanı, ilçe başkanı, milletvekilleri ve diğer üst bürokratların çocukları olunca onlara dokunmuyorlar. Madem terörist faaliyet vardı, herkesin eşit soruşturulması gerekmez mi?

Savcıların bu uygulaması şunu gösteriyor: Bir kere 15 Temmuz'a kadar Cemaatin faaliyetlerinin terör örgütü faaliyeti olmadığını biliyorlar. Bu şekilde de kabul ediyorlar. Ancak birileri kendilerine "Kardeşim bunları terörist kabul edeceksiniz, yaptıklarını terör faaliyeti sayacaksınız" dedikleri için bu soruşturmaları yapmaya devam ediyorlar.

15 Temmuz olayını ve 15 Temmuz yargılamalarını anlatırken bu konulara detaylı değineceğim için, şimdilik bunlara kısaca değinerek geçiyorum. Dershanelerin ve üniversite evlerinin durumu budur. "Buralarda terör faaliyeti var mı?" şeklindeki soruya o dönem itibarıyla cevap verdiğimizde; rahatlıkla "Yok!" diyebiliyoruz. Ayrıca o dönem itibarıyla buralarla ilgili herhangi bir soruşturma da yapılmadı.

ç. Cemaatin Kamu Kurumlarıyla İlişkileri

Şimdi gelelim asıl çözülmesi gereken probleme. TSK, Emniyet, MİT ve diğer kamu kurumları içerisinde Cemaat mensubu kişiler var mı? Bu kişilerin durumları nedir? Bunların eylemleri hangi aşamada idare hukuku anlamında disiplin suçu olur? Hangi aşamada ceza hukuku anlamında suç teşkil eder? Hangi aşamada terör eylemi olur? Bunlara bakalım.

Esasında bu tam anlamıyla hukukun çözmesi gereken bir problem. Zira çok ince noktalar var. Yapılması gereken çok ince ayrımlar var. Ancak hem ceza yargısında hem de idari yargıda görev yapmış birisi olarak, bu hususu rahat çözeceğime inanıyorum. Şimdi çözülmesi gereken noktalara sırasıyla bakalım: Kolejlerden ve yurtlardan bahsettik. Buralarda okuyan öğrenciler mezun oldular ve doğal olarak üniversiteye gittiler. Üniversiteyi bitirdikten sonra da tabiatıyla mesleklerini icra edecekler. Bir kişiye "Sen şuradan mezun oldun, dolayısıyla kamuya giremezsin" denebilir mi? Anayasa açısından baktığımızda; kamuya girme yani devlet memuru olma ilkelere bağlanmış. Türk vatandaşı olmak, mesleğin gerektirdiği koşullara sahip olmak gibi. Bu şartları sağlayan kişinin kamuya girmesine engel olunamaz[18]. Aynı zamanda Devlet Memurları Kanunu'nda da bu hükümler var. Bazen de yapılacak kamu görevinin niteliklerine has olarak özel kanunlarda ek koşullar var. Doğal olarak bu düzenlemelerin hiçbirisinde şu okuldan mezun olmamak ya da bu okuldan mezun olmamak gibi bir koşul, mesleğe girmek için bir engel olarak aranmadı. Arandığı zaman zaten Anayasadaki eşitlik prensibine aykırı olur.

Anayasa Mahkemesi, Anayasadaki eşitlik prensibini 15 Temmuz öncesi kararlarında açıkladı. Aynı statüde bulunanlar arasında eşitliği kabul etti. Anlayacağımız şekliyle şöyle örneklendirebiliriz: Elmalar kendi aralarında eşit olmalı, patatesler kendi aralarında eşit olmalı. Elma ile patatesi bir arada kabul edip, ikisi de eşit olması gerekir diyemeyiz. Doğal olarak bir mesleğin gerektirdiği şartlar dışında eşitliği bozacak koşullar arayamayız. Şöyle diyelim: Harp okuluna girecek öğrenciler için normal liseden mezun olmak şartı yazılabilir. Meslek liseleri bunun dışında tutulabilir. İmam hatibi meslek lisesi olarak kabul ettiğiniz takdirde harp okuluna girecek öğrenciler arasına imam hatip mezunlarını alamazsınız. Bu Anayasaya aykırı olmaz. Zira burada İmam Hatip okulu, imam hatip olma statüsü ile değil, meslek lisesi olma statüsüyle değerlendirilmektedir. Ama kalkıp imam hatip liselerini meslek lisesi statüsünden çıkarıp düz lise haline getirirseniz, o zaman imam hatip liselilerin harp okullarına girişlerine engel olamazsınız. Engel olma, hem eşitlik prensibi açısından hem de hizmete girmede eşitlik prensibi açısından Anayasaya aykırılık teşkil eder.

Bu bağlamda baktığımızda, Gülen Cemaati okulundan mezun olmuş bir kişiye; "Şu okula yani harp okuluna girme" diyemezsiniz. "Polis kolejine gitme" diyemezsiniz. Yasal olarak bunu demek mümkün değildir. Çünkü bu okullar Milli Eğitim Bakanlığı mevzuatına

---

18 Anayasa Madde 70: Her Türk, kamu hizmetlerine girme hakkına sahiptir.
Hizmete alınmada, görevin gerektirdiği niteliklerden başka hiçbir ayrım gözetilemez.

göre normal lise veya okulun niteliğine göre Fen Lisesi veya Anadolu Lisesi sayıldılar.

Cemaat okulundan mezun olup da üniversiteye giden, sonra da üniversiteyi bitirdikten sonra kamu personeli olarak görev yapmak isteyen bir kişiye, müracaat ettiğinde, kamu personeli olarak atanmak için gerekli şartları sağladıktan sonra "Dışişlerinde çalışamazsın. Maliye Bakanlığında çalışamazsın" veya "Herhangi bir bakanlıkta çalışamazsın" denebilir mi? Anlattığım mevzuat çerçevesinde hayır. Belirttiğimiz gibi kanunda sayılan özel nitelikleri sağladıktan sonra bu kişilerin kamuda çalışmalarına mevcut anayasal mevzuat ve bağlı diğer mevzuat engel koymuyor.

Peki, bu insanlar kamuya girdiler, Dışişleri Bakanlığında çalışıyorlar, İçişleri Bakanlığı'nda çalışıyorlar, Diyanet İşleri Başkanlığı'nda çalışıyorlar veya herhangi bir kamu kurumunda çalışıyorlar. Bu durumda siz bu insanlara, "Sen şu cemaat mensubusun, burada çalışamazsın" diyebilir misiniz? İşte hassas olan nokta burasıdır. Bir kişi herhangi bir kamu kurumunda çalışmaya başladıktan sonra mesleğinin gereklerini yapıyorsa bu kişiye herhangi bir şey yapamazsınız. O kişileri varsayımlarla kamudan çıkaramazsınız. Ancak böyle bir kişi örneğin mesleki faaliyetini yürütürken bir cemaat mensubu kişiyle başka bir kişi arasında ayrım yaparak iş yapıyor ise bu doğrudan anayasadaki eşitlik prensibine aykırılık teşkil eder. Devlet Memurları Kanunu'ndaki kamudan çıkarma nedenlerinden birine de uyabilir.[19] Yani hem Anayasa hükmünü hem de kanun hükmünü ihlal ettiği için kişinin çalıştığı kurumun mevzuatına göre ya da Devlet Memurları Kanunu'nda yer alan çıkarma koşullarına göre ya da özel kanununa göre bu kişiyi bulunduğu kurumdan çıkarabilirsiniz. Bunda herhangi bir problem yoktur. Ayrıca bu kişinin yaptığı eylem Türk Ceza Kanunu'nda yer alan herhangi bir suça uyuyorsa, bu kişi hakkında da o suçtan da adli soruşturma yapabilirsiniz.

---

19 Bkz.Devlet Memurları Kanunu madde 125

Bu söylediğim kriterler yalnızca Cemaat mensubu kişilerin faaliyetler için geçerli değildir. Aynı şekilde, mesela bir Alevi vatandaşı görev yaparken faaliyetlerinde Alevi-Sünni ayrımına giriyor ve Alevi vatandaşı ayırarak, onu kayıracak şekilde iş yapıyorsa, aynı soruşturmalar bu kişi içinde yapılır. Yine aynı şekilde, kişi ideolojik olarak AKP'ye yakınsa veya CHP'ye yakınsa ve faaliyetlerinde de bahsettiğim şekilde AKP'lileri veya CHP'lileri kayırarak ayrım yapıyorsa, bu kişi hakkında da yine belirttiğim mevzuat hükümleri çok rahat uygulanır. Yani yeri gelirse ceza soruşturması da yapılabilir.

Bu anlattıklarım kamu personelinin kamudan çıkarılması noktasında genel kriterlerdir. Bir ara Amerika'daki kamu personeli içerisinde açık olarak belli tarikatlara mensup olan kişilerin olduğunu ve bunların kendilerini gizlemediklerini, devletin de bunları rahat bir şekilde istihdam ettiğini duydum. Tabii Türkiye'deki yetişme tarzım gereği buna çok şaşırdım. "Nasıl olur?" dedim. Hatta şunu bile duydum: "Korgeneral seviyesinde bazı tarikatlara mensup insanlar var. Açık olarak o tarikatın faaliyetine katılıyorlarmış." Kendi mesleğimle ilgili yetişme sürecine baktığımda bunu kafamda bir yere oturtamadım.

Kamu hukukunda mastır yaptım. Doktoraya başladığımda 40'lı yaşlardaydım. Dersler de genellikle Avrupa mevzuatı, Uluslararası hukuk, insan hakları konuları ile ilgiliydi. Tezimi de yazdıktan sonra Avrupa ve Amerika'daki kamu personeli içerisindeki bu ayrımların neden bir problem olmadığını daha iyi anladım. Zira, Amerika'daki herhangi bir tarikata bağlı korgeneral mesleğini ifa ederken, herhangi bir subaya kendi tarikatından diye farklı bir muamele yapmıyor. Yapmaya kalktığında hemen yaptırıma maruz kalıyor. Onlar zaten yetişme tarzı gereği kayırmacılığa meyleden insanlar değiller. Böyle olunca da Amerika'daki korgeneral bir tarikat mensubu olsa da problem teşkil etmiyor. Tarikat üyeliği o kişinin dini anlayışı, dini özgürlüğü olarak kabul ediliyor. Dolayısıyla da Amerika'da bu tür şeyler problem olmuyor. Maalesef ülkemizde çok hatalı bir anlayış var. Bunun önüne de bir türlü geçilemiyor. Örneklerini bizzat bildiğim ve yaşadığım için söylüyorum; kamuda aşırı sol düşünceli bir insan atama dairesinde göreve başladığı an hemen bunu ideolojik çevresine yansıtabiliyor. Yaptığı atamalarda kendi düşüncesindeki insanı kollayabiliyor. Öyle ki, böyle bir kişinin oraya gelmesi durumunda, yaptığı atamalarda kimin nereye hangi özelliği nedeniyle gittiğini fark edebiliyorsunuz. Aynı şekilde, sağ görüşlü bir kişi de oraya atandığında bu sefer onun kimleri nerelere atayacaklarını bilebiliyorsunuz. Beraber çalıştığım aşırı sol görüşlü bir kişi namaz kılan subayları kastederek: "Bunları kritik yerlere yaklaştırmayacaksın, kenar yerlerde basit işleri yaptıracaksın" diyordu. Hâkim olan bu kişi bir problemi nedeniyle avukat tutması gerekti. Bu sefer gidip sağ görüşlü bir avukata vekâlet verdi. Bu da ayrı bir çelişkisiydi.

Bugün ise artık kayırmacılık ayyuka çıktı. Fazla da bir şey söylemeye gerek yok. Hatta neredeyse kayırmacılık mevzuata bile yazılacak duruma geldi. Kamu personeli olarak artık atanmak için AKP'ye bağlı olmak bile yetmiyor. Muhakkak AKP'li yöneticilerden referans alınması gerekiyor. Şimdi bunları anlatmakla hangi sonuca varmak istediğimi ortaya koyayım: Evet kulağa ilk başta hoş gelmiyor ama devlet kademesi içerisinde Alevi bir insan "Ben Aleviyim" diyerek çok rahat görev yapmalı. "Ben CHP fikirlerini savunuyorum" diyerek korkusuz bir şekilde rahatlıkla bulunduğu görevine devam etmeli. "Ben Menzil Cemaati mensubuyum" deyip görevini çok rahat yapabilmeli. "Ben Şiiliğin şu kolundanım" deyip görevine devam edebilmeli. Bunların sayısını arttırabilirsiniz.

Bu kişilere, "Sen böylesin, niye kamu görevi yapıyorsun" diye de sorulmamalıdır. Bu özellikleri nedeniyle soruşturmaya da tabi tutulmamalıdır. Olması gereken budur. Ama bu kişiler belirttiğim bu özelliklerini ön plana çıkarıp da görevlilerinde ayrımcılık yaptıkları zaman hemen müeyyideye maruz kalmalılar. Bu kişiler de ayrımcılık, kayırmacılık yaptıklarında neyle karşılaşacaklarını bilmeliler. İşte bu durumda tam anlamıyla özgür bir toplum oluşabilir. Bu satırları yazarken Amerikan seçimleri sonuçlanmak üzereydi. Ancak Trump ekibi bazı yerlerde seçime itiraz etti. İtiraz kabul edilmeyince, konu üst mahkemelere gitti. Oralar da itirazı reddetti. Ancak itirazı reddeden hâkimlerden biri karara şu gerekçeyi de yazdı; "Amerikan başkanını avukatlar değil, halk seçer". Cümle çok güzel. Ama orijinal olan şu; bu gerekçeyi yazan Trump'ın atadığı bir hâkim. Biz de olsa hemen "Tayyip'in atadığı hâkim, farklı bir karar çıkması imkansız" dersiniz. O hâkim de bizi şaşırtmaz. Herhalde asıl mesele bu.[20]

Özgürlüklerle ilgili olarak çok önemli birkaç prensip vardır: Birincisi, özgürlük, başka bir kişinin özgürlüğünü engelleyecek bir şekilde genişletilemez. İkincisi, özgürlüğü sınırlandırırken muhakkak yasa ile yapmak gerekir. Yani yetki Meclise ait olmalıdır. İdari kararlarla özgürlük sınırlandırılamaz. Yasa ile sınırlama yapılırken de "öz" dediğimiz hak ve hürriyetin çekirdek yapısına dokunulamaz. Demokratik toplum gereklerine aykırı kısıtlamaya gidilemez. Üçüncüsü, özgürlük ne kadar genişlerse, özgürlük kötüye kullanıldığında müeyyidelerde de o kadar artış olur.

Bu ilkelerle şunu söylemek istiyorum; bu ilkeler bağlamında bir kişi rahat bir şekilde kamuda "Ben Aleviyim, Aleviliğin şu koluna mensubum" diyebilmelidir. Bu onun özgürlüğüdür. Bir kişi "Ben Diyarbakır'ın şurasındanım ve Kürt'üm" diyebilmelidir. Bir kişi "Ben Menzil Tarikatının şu koluna mensubum" diyebilmelidir. Bir kişi "Ben Nakşi tarikatındanım" diyebilmelidir. Aynı şekilde bir

---

20 Yargı bağımsızlığı ile ilgili bir makale yazdım. Orada şunu gördüm. Evet hâkim bağımsızlığında asıl olması gereken sübjektif bağımsızlıktır. Yani hâkimin kendisini o şekilde yetiştirmesi ve ne şart altında olursa olsun, tarafsız bir şekilde karar vermeye kendisini hedeflemesidir. Sahir Erman hoca bu ayırımı çok güzel dile getirmiş, "Bu hal hâkimin yetişme tarzına bağlıdır" demiş. Detay için bkz. Cemil Çelik, Yunus Yılmaz, Fransa'da Yargı Bağımsızlığı ve Hâkim Teminatı, e-akademi internet dergisi, Hukuk, Ekonomi ve Siyasal Bilimler Aylık İnternet Dergisi, Temmuz 2006, Sayı 53, s. 1 ve dv.

kişi "Ben ateistim" diyebilmelidir. Bunları söylerken de herhangi bir korkusu olmamalıdır. Ama aynı anda bunları söylerken ayrımcılık yapacak şekilde bu özelliklerini başkalarına yansıttığında hemen müeyyide ile karşılaşmalıdır. O kişi de bunu bilmelidir. Hukuki tabirle bir kişi görevini kötüye kullandığında veya ayrımcılık yapacak şekilde görevini ihmal ettiğinde, yani kendi ideolojisindeki birisinin işini çabuk yaparken diğerinin işini ikinci plana ittiğinde hemen cezayla karşılaşmalıdır.

Şimdi bu açıdan baktığımızda "TSK'da niye Cemaatçi var? Poliste niye Cemaatçi var? Başka yerlerde niye Cemaatçi var?" diyemeyiz. "Şuradaki Cemaat mensubu kişi ayrımcılık yapıyor?" dediğimiz zaman hemen o kişi ile ilgili müeyyideyi uygulamamız gerekir. Yine aynı şekilde herhangi bir yapıya mensup kişi hakkında da ayrımcılık yaptığını gördüğümüz an müeyyideyi uygulamak gerekir. Kriterler bunlardır. Bunlar uygulanınca problem de çözülür.

Devlet 15 Temmuz'a kadar dünya kadar bu okullara müsaade etmişken, bir anda karar değiştirip "Bu okullardan mezun kişilerin doğrudan Cemaatle bağlantıları var" diye, sırf bu nedene dayalı olarak bu kişilere dokunamaz. Kamudan atamaz. Attığında ne olur?

Yarın başka bir yapı iktidara geldiğinde, görevini iyi yapıp yapmadığına bakmaksızın, tüm AKP'li memurları kararnameler ile kamu kurumlarından uzaklaştırabilir. Bunu CHP yapar ise, başka bir iktidar geldiğinde tüm CHP'lileri bir kararname ile kamudan uzaklaştırabilir. Bu böyle sürüp gider. Fasit daire denen şeye girilir. İnsanlar huzur görmez. Mağduriyet üzerine huzur bina edilmez.

Toplumun huzursuzluğunun kaynağı esasında bu uygulamalardır. 500 bine yakın insanı, görevini iyi yapıp yapmadığına bakmaksızın, gerçek anlamda bir suçu olup olmadığına bakmaksızın, "bir Cemaate bağlı" diye işinden atamazsınız.

Tabi şuna da değinmek istiyorum: Bir asker, bir hâkim, bir savcı ve bir polis memuru görevini kötüye kullandıysa, bunların cezasız bırakılması mümkün değildir.

Yaşar Büyükanıt ile ilgili soruşturma yapan Savcı ile cezaevinde hastane sıramı beklerken tutuklu koğuşunda karşılaştım. 6 ya da 7 kişi vardık. Kendisini tanıttı. Ancak yüzüne bile bakmadım. Konuşma gereği dahi duymadım. Çünkü o insan mesleğinin onurunu satmıştı. Ona savcı da denmez zaten. Benim bu tür insanlara bakışım hep aynı oldu. Herhangi bir yerden talimat alarak iş yapmış ise eylemlerinin cezası neyse görmeliler. Buna müsamaha göstermek ilk başta o mesleğe ihanet olur. Bu konudaki fikirlerim hep böyle oldu. Ama bir insana da sırf mensubiyeti gereği farklı muamele edemezsiniz.

Kısaca şunu söylemek istiyorum: Cemaat sempatisi bağlamında ayrımcılık yapıp, kayırmacılık yapıp, iş yapmış kim var ise, polis olsun, asker olsun, bürokrat olsun, mesleği ne olursa olsun; kanunlarda yer alan gerek idari gerek cezai yaptırıma tabi tutulmalılar. Ancak hukuk devleti olmanın bir gereği de var; Suç ve cezalar şahsidir. Bu ilke Kur'an-ı Kerim'de bir ayet olarak bulunmaktadır[21]. Ama maalesef şu dönemde hukuk fakültesinde birinci sınıfta öğretilen cezaların şahsiliği prensibini, bu dönemin meşhur savcı ve hâkimleri uygulamamaktadır. Onlardan güç alan emniyet teşkilatı da yeri geldiğince işkenceye varan eylemler içine girmektedir. Elit kesimden kimse de sormamaktadır; darbe girişimi var diyorsunuz ama bu girişime –rejim mahkemelerinin tespitiyle–toplamda 3000 kadar asker katıldı. Niye 100 bin kadar insanı tutukladınız? Niye 500 bin kadar insanı işinden ettiniz? AKP ile Cemaat arasında kavga başlamadan önce, bir Savcı Fatih Altaylı'ya verdiği mülakatta 500 bin kişinin tutuklanmasından bahsediyor. Hatırladığım kadarıyla Fatih Altaylı da bunu köşesinde kaleme aldı[22]. Ortada

---

21 Fatır Suresi 18. Ayet; "Hiç kimse bir başkasının günahını yüklenemez..."; Bkz. Enam Suresi 164. Ayet.

22 Fatih Altaylı'nın 03.08.2014 tarihli yazısı; "12 Eylül'ü hatırlayın" dedi savcı, "O zaman 500 bin kişi gözaltına alınmıştı. Binlerce kişi mahkeme karşısına çıkarıldı. Gerekirse bu devlet bunu yine yapar kendini korumak için". Bkz.

fol yok yumurta yok. Bu sayıyı olağan bir dönemde nasıl telaffuz edersiniz? Demek ki olağan dışı bir dönem bekliyorlar.

Tabii burada asıl problem şu; zaten kitabın yazılmasının nedenlerinden bir tanesi de bu: Acaba Cemaat mensubu olan veya Fethullah Gülen›in tabiri ile Cemaati seven, kendisini seven insanlar böyle bir darbe girişimine talimatla katıldılar mı?

Bu konuyu kendi bilgilerim, cezaevindeki duyduklarım, iddianamelerde gördüklerim ve dosyalardaki beyanlar doğrultusunda değerlendireceğim. Burada şu kadarını söyleyeyim: Eğer Cemaatin mensuplarından bir kısım, kendilerine verilen emir doğrultusunda böyle bir girişime katılmışlar ise bu noktada yine ceza hukukunun genel ilkeleri uygulanmalıdır.

Ceza hukuku açısından şu detaylar ortaya çıkmaktadır; AİHM'nin bu mevzu ile ilgili kararları bulunmaktadır. Ayrıca dört darbe geçirmiş bir ülke olarak bizim Yargıtay'ın uygulamaları bulunmaktadır. Diğer yerel mahkeme kararları bulunmaktadır. Bunları da gözden geçirmek gerekir.

Şu kadarını söyleyelim; Hulusi Akar 1980 ihtilalinde üsteğmenmiş; şu anda Milli Savunma Bakanı. Bir önceki görevi ise Genelkurmay Başkanlığı. Şu andaki savcı ve hâkimlerin soruşturma mantığıyla olaya bakarsak, bu kişiyi hemen görevinden alıp, rütbesini söküp, devletten ihraç etmek gerekir. Zira darbe teşebbüsü suçu işlemiş. *"Ama aradan zaman geçti. Zamanaşımı var. Ceza hukuku anlamında dava zamanaşımı var. Ceza zamanaşımı süreleri dolduğu için şu aşamada cezalandırmayız"* denebilir. Bunlar doğrudur. Cezalandırılması mümkün değildir. Ancak idare hukuku anlamında; darbe yapmış bir kişinin kamu personeli olarak çalıştırılması hukuka uygun değildir. Kamu hizmeti görecek personelin en azından güvenilir biri olması gerekir. Yaptığı iş ile 1980 yılındaki darbe faaliyeti bağdaşmamaktadır. Bulunduğu meslekten atılması gerekir. Aynı şekilde 1980 döneminde sıkıyönetim mahkemelerinde çalışmış tüm askeri hâkim ve savcıların, sivil hâkim ve savcıların, o dönem darbe eyleminde görev yapmış tüm subayların ve astsubayların kamudan atılmaları, rütbelerinin geri alınması gerekir. Tabi bu çıkarım, şu anki mahkemelerin uygulamaları gereği bir değerlendirmedir. Benim fikrim değildir. Doğrusu ise; TSK'nın emir komuta zincirine bakılarak, askeri ceza yargısı içerisinde bulunur. TSK Mesaj ve Evrak Dağıtım Sistemine kim tarafından konulduğu tam olarak tespit edilemeyen emirlere dayanılarak, on binlerce insanı bir anda darbe girişimi iddiası ile kamudan atamazsınız. Atarsanız yukarıda bahsettiğim 1980 ihtilalinde görev almış kamu personelinin kamudan çıkarma işlemlerini de yapmanız gerekir.

Aynı şekilde Binali Yıldırım 1980 darbe döneminde Asteğmenmiş. Fiilen darbeye katılmış. Onun da rütbesinin alınması gerekir. Asteğmenlik rütbesinin alınması gerekir.

Buradan şuraya gelmek istiyorum: Bir darbe girişimi var ise bunun planını yapan, bu emirleri veren kişiler yargılanmalıdır. Alt derecedeki komutanları, subayları, astsubayları, erbaş ve erleri darbe suçu nedeniyle yargılayamazsınız.

Haklı olarak diyeceksiniz ki konusu suç teşkil eden emir yerine getirilmez. Doğru ama bu kural normal suçlar için geçerlidir. Türk Silahlı Kuvvetleri içerisinde ise aşırı bir disiplin vardır. Sert disiplin de denir. Üstten gelen emir noktasında emir üzerinde yorum yapılamaz. Bu nedenle Türk Silahlı Kuvvetleri İç Hizmet Kanunu ve Yönetmeliğinde suç teşkil eden emirle ilgili bir düzenleme bulunmamaktadır. Askeri Ceza Kanununa göre ise hizmete ilişkin hususlarda verilen emir suç teşkil ediyorsa emri yerine getiren sorumlu tutulamaz. Suç işlenmesi hususunda emri veren sorumlu olur[23].

---

23 Askeri Ceza Kanunu İştirak :

Madde 41 - 1- Askeri cürümlerde ve kabahatlerde iştirak halinde, Türk Ceza Kanununun 64 üncüden 67 nciye kadar olan maddeler hükmü tatbik olunur.

2-Hizmete mütaallik hususlarda verilen emir bir suç teşkil ederse bu suçun işlenmesinden emir veren mesuldur.

3-Aşağıdaki hallerde maduna da faili müşterek cezası verilir:

Diğer bir nokta ise şu: Eğer girişim, gerçek anlamda bir darbe girişimi olsaydı ve başarılı olsaydı emri yerine getirmeyenlere ne yapılacaktı? Hiçbir hukukçu bunu sormadı. Bu sefer Askeri Ceza Kanunda yer alan başka suçlardan dolayı yargılamalar yapılacaktı. Cezasının da ne olacağını tahmin edersiniz. Şimdi böyle bir ikilem varken, emri yerine getiren personeli darbe suçu nedeniyle yargılayamazsınız.

Diyeceksiniz ki, "Anayasa Mahkemesi'nin ve Yargıtay'ın 15 Temmuzla ilgili kararları var. Yüksek yargı bu eylemleri suç saymış." O noktada da ileride de detaya gireceğim. Ancak şu kadarını söyleyelim: 15 Temmuz'dan sonra gerek Anayasa Mahkemesi, gerekse Yargıtay felç edildi. Hâkimlerin iradeleri ellerinden alındı. Odacı memur statüsüne getirildiler. Bu emirlere riayet etmeyenleri ve etmeyecek olanları da ya istifa ettirdiler ya da hemen pasif hâkimliklere, savcılıklara atadılar.

O kurumlarda ya Tayyip Erdoğan'ın gerçek anlamda gizli adamları veya korkutulmuş sindirilmiş kişiler kaldı. Eskiden kalma bir grup ise Doğu Perinçek yanlısı kişiler. Onların durumunu da zaten biliyoruz. Talimatsız iş yapamayan savcı ve hâkimlerdir. Talimatsız iş yapmama bunların karakteridir. Ülkenin karşı karşıya kaldığı asıl problem de budur. Bir kere dahi talimat almış hâkimden artık hâkim olarak bahsetmek de mümkün değildir.

Tekrarlayalım, emir alan durumunda olanlar için, Askeri Ceza Kanununun genel hükümleri uygulanmalıdır. Emir komuta zinciri göz önünde bulundurulmalıdır. Binlerce insanı suçlu gösterip mağdur durumuna getirmek ise hukuk dışılıktır. Aynı zamanda işkencedir. Bunun emrini veren, icra eden, yardım eden, gücü varken engellemeyip sessiz kalan da bu eylemlerden sorumludur.

A : Kendisine verilen emrin hudutlarını aşmış ise,

B : Amirin emrinin adli ve askeri bir suç maksadını ihtiva eden bir fiile mütaallik olduğu kendisince malum ise.

4. Cemaatin Siyasi Liderlerle İlişkileri

B u konu da çok hassas bir konu. Bugün yapılan hukuksuzlukları görmeyip, kendilerini devletin gerçek sahibi gören bir kesim de ısrarla "Cemaati siz büyüttünüz, siz de suçlusunuz, sizin de yargılanmanız gerekir" diye başka bir noktadan Cemaati suçlu kabul ediyor; aynı mağduriyetlerin AKP tabanı için uygulanmasını istiyor.

Dolayısıyla Cemaat ile siyaset arasındaki ilişkiyi de açık olarak ortaya koymak lazım. Şu anda felç edilmiş yargı tarafından terör örgütü olarak nitelendirilen Cemaatin ve liderinin siyasetle ilişkisini baştan başlayarak irdelemek gerek.

a. Cemaatin Necmettin Erbakan'la İlişkileri

Daha önce belirttiğimiz gibi Fethullah Gülen İzmir›de vaizlik yapmaya başlayınca İzmir›de, Manisa›da, Denizli›de, Balıkesir›de, Çanakkale›de ve diğer Ege illerinde kısa sürede tanınıyor. Böyle bir kişilik, siyasetin hemen dikkatini çekiyor. Necmettin Erbakan İzmir'de Fethullah Gülen›e teklif götürüyor; "Gel bizden milletvekili ol" diyor. Ancak Fethullah Gülen bunu kabul etmiyor. Anlatımlarından öğreniyoruz ki, Erbakan'ı kırmamak için "Biz tüm partilere aynı yakınlıktayız" diyor. Yine kendi anlatımlarından anlıyoruz ki, partilerden uzak durmaya çalışıyor.

Erbakan, Başbakan olarak görev yaptığı dönemde Gülen'e karşı düşmanca bir tavır içine girmiyor. Gülen, 28 Şubat süreci başlayınca, o dönem itibarıyla okullarla ilgili meşhur bir hamle yapıyor. Devlet isterse okulları devlete devredebiliriz diyor. Cezaevinde görüştüğüm siviller bu tepkiye fazla anlam veremiyorlar, hatta

"Niye okullarımızı devlete devredelim ki?" gibi sitemkar bir tepki de gösteriyorlar.

Ancak bu dönem itibarıyla Cemaat hakkında terör örgütü gibi bir iddia hiçbir yerde gündeme gelmiyor.

b. Cemaatin Turgut Özal'la İlişkileri

Fethullah Gülen'in Turgut Özal ile olan ilişkisi ise diğer liderlere nazaran daha ileri gibi görünüyor. Turgut Özal, İzmir›de zaman zaman Fethullah Gülen›in vaazlarına gidiyor. Vaazlardan sonra zaman zaman görüştükleri de anlaşılıyor. Yine Fethullah Gülen›in beyanlarından anlıyoruz ki, Turgut Özal Amerika›da ameliyat olduğunda Fethullah Gülen kendisini ABD'de ziyaret ediyor. Ama bu dönemde Fethullah Gülen›in kendi Cemaat mensupları için "Özal›ın Partisine oy verin" diye açık bir talebine rastlamıyoruz. Cezaevindeki sivil kişiler de bu konuda kendilerine talimat gelmediğini, ancak Özal'ın sevilen bir kişilik olması nedeniyle genel olarak Özal'a oy verildiğini söylediler.

Diğer yandan hukuk çerçevesi içinde bu konuyu değerlendirdiğimizde; bir grubun liderinin veya diğer etkili kişilerinin "Şu lidere oy verebilirsiniz" demesinin ne sakıncası olabilir? Eğer bir zorlama veya baskı yoksa normal hukuk düzlemi içerisinde herhangi bir suça oturtamayız. Zorlama yoksa, baskı yoksa, özgür bir toplumda herkes herhangi bir kişi için "Şu partiyi destekle" diyebilir. Sonuçta kişilerin iradesine kalan bir durum. Gülen Cemaatinin Özal'la sıkı bir ilişkisi olmasına rağmen, Özal'ın Cemaat mensuplarını kamu kurumlarına girmeleri noktasında desteklediği veya onları özel atamalar ile bir yerlere getirdiği noktasında bir bilgiye de rastlamadım. Fethullah Gülen'in bu konuda bir talebine de.

Ancak Turgut Özal'ın, Fethullah Gülen›in Orta Asya›daki faaliyetlerini desteklediğini o dönemin basınından biliyoruz. Hatta

Cemaat açısından problem çıkaran Orta Asya ülkelerinin devlet başkanlarıyla görüşerek bu problemleri bizzat çözmeye çalıştığını da zaman içinde öğrendik. Gülen de birçok sohbetinde bunu dile getiriyor.

Gülen taraftarları, Özal'ın son Orta Asya gezisine, Gülen'in okullarını tanıtmak için çıktığını söylüyorlar. Hastanede karşılaştığım bir Din Dersi öğretmeni; Türkiye'nin derin yapısının Özal'ın Cemaate bu kadar destek vermesini hazmedemediğini, Özal'ın bu nedenle öldürülmüş olabileceğini söyledi.

Görüldüğü üzere, Turgut Özal'la olan bu yakın ilişkiler o dönem itibarıyla problem teşkil etmiyor. Bu dönemde Cemaate terör örgütü isnadı yapılmıyor; böyle bir iddia ortaya atılmıyor.

c. Cemaatin Süleyman Demirel'le İlişkiler

Turgut Özal'dan sonra Cumhurbaşkanı olan Süleyman Demirel'in Fethullah Gülen ile dengeli bir ilişkisi olduğunu, görüştüklerini, Demirel'in Orta Asya ülkelerinin devlet başkanlarına Gülen Cemaatine destek olmaları yönünde mektuplar yazdığını da yine basından öğreniyoruz. Fethullah Gülen de bunu zaten saklamıyor.

Hatta, Gülen Cemaatinin kurduğu ve desteklediği Gazeteci ve Yazarlar Vakfının bir faaliyetine Gülen ile birlikte katılıyor. O dönem bu görüntü bayağı sansasyonel bir durum oluşturmuştu. O dönem itibarıyla Cemaate karşı bir saldırı başlatılıyor. Aynı toplantıya katılıp bir de konuşma yapan Nazlı Ilıcak, Demirel'in bu tavrını Gülen'e destek olarak açıklıyor.

Süleyman Demirel'in bu dönem itibarıyla Cemaat üyelerine destek olduğu şeklinde bir iddiaya rastlamıyoruz. Bu dönemde de terör örgütü isnadı yapılmıyor.

ç. Cemaatin Bülent Ecevit ile İlişkileri

Bülent Ecevit dönemi ise daha ilginç bir dönem. Solcu bir kişilik olan Ecevit sürpriz bir şekilde Fethullah Gülen›i desteklemeye başlıyor. Bunu da açıkça yapıyor. Ecevit›in bu yapıyı desteklemesi özellikle marjinal solcuların hoşuna gitmiyor. Ecevit desteğini basın önünde açık olarak veriyor.

Cezaevindeki Cemaat yanlısı sivil kişilerden öğrendiğime göre, bir gün Fethullah Gülen, Ecevit›i Oran'daki evinde ziyaret ediyor. Ziyaretinde Ecevit Gülen'e yurtdışındaki okulların sayısını soruyor. Gülen "200 kadar" deyince Ecevit sevinerek, "Bak Rahşan, yurtdışında 200 kadar okulumuz var" diyerek sevincini eşi ile paylaşıyor. Yani bir Başbakan olarak Gülen okullarını sahipleniyor. Bu konuşmayı Gülen de sohbetlerinde bizzat anlatıyor. Ancak Ecevit'in Cemaat mensubu kişilerin önünü açtığına dair bir bilgiye rastlamıyoruz. Bu yönde de bir iddia yok.

Bu dönemde ise Fethullah Gülen hakkında Ankara Devlet Güvenlik Mahkemesi Başsavcılığı tarafından "laik devlet yapısını değiştirerek dini kurallara dayalı bir devlet kurmak" iddiasıyla soruşturma başlatılıyor. Uzun süren bir soruşturma sonrasında, yalnızca Fethullah Gülen hakkında dava açılıyor. Yapılan yargılama sonrasında verilen beraat kararı Yargıtay tarafından onanıyor.[24]

15 Temmuzdan sonra bazı MİT mensuplarının açıklamalarından anlıyoruz ki, 1999 yılında MİT, Gülen'e yönelik bir operasyona hazırlanıyor. Başbakan olarak Ecevit bilgilendiriliyor. Gülen de operasyon öncesinde Amerika'ya gidiyor. Hatta bazı MİT mensupları Gülen'e operasyon bilgisini Ecevit'in verdiğini bile söylüyorlar.

---

24 Bu davanın açılmasına 18 Haziran 1999 tarihinde bazı ulusal televizyon kanallarında yayınlanan videolar sebep oldu. Gülen'e bu görüntüler nedeniyle, Türkiye'de, laik düzeni yıkarak, yerine şeriata dayalı bir İslam Devleti kurmak için taraftarlarını dinî bir ayaklanmaya teşvik ettiği suçlamaları yöneltildi. Bunun üzerine, 2000 yılında Türkiye Cumhuriyeti'ni devirmek amacıyla yasadışı terör örgütü kurmaktan dava açıldı. 2008 yılında cürüm ve şiddete başvurarak teşekkül oluşturduğuna dair delil olmadığından beraat kararı verildi. Karar Yargıtay Ceza Genel Kurulunca da oybirliği ile onandı.
Bkz. https://tr.wikipedia.org/wiki/G%C3%BClen_Davas%C4%B1#, erişim tarihi, 12.01.2021.

Yine bu dönemde Gülen, Papa'yla görüşmeden önce, durumu Ecevit'e bildiriyor. Ecevit de Büyükelçiye bu konuda görev veriyor. Büyükelçi, Gülen'e Papayla görüşme anına kadar eşlik ediyor. Gülen'in Ecevit ile ilişki bu seviyede. Ecevit gibi solcu bir siyasinin Gülen'i desteklemesinin kritiği yapılabilir. Ecevit'in Cemaati devlet için tehlike görmesi halinde veya terör gibi bir kavramla eşleştiğini düşünmesi halinde nasıl bir tepki vereceğini izah etmeye bile gerek yok.

d. Cemaatin Tayyip Erdoğan ve AKP ile İlişkileri

Bülent Ecevit sonrasında AKP, yani Tayyip Erdoğan dönemi başlıyor. Tabii bu dönem diğer liderlerin dönemlerine göre farklı bir süreç. Dışarıdan bir bakışla AKP ile Cemaat ittifak yapmış gibi görünüyor. Gerek AKP tabanı, gerekse Cemaat mensupları durumu böyle zannediyorlar. Fethullah Gülen›in konuşmalarına göre ise durum farklı görünüyor. Hastanelerde muayene sırası beklerken tanıştığım tüm cemaat mensubu kişiler şunu anlattılar: Parti kurmadan önce Tayyip Erdoğan, Gülen›i ziyarete gidiyor ve kendisinden destek istiyor. Fethullah Gülen, Avrupa Birliği ile ilgili hususları dile getiriyor. Demokrasi, özgürlükler, Avrupa ile ilişkiler gibi genel hususları anlatıyor. Ancak açık olarak destek vereceğini söylemiyor. Yani bir anlaşma yapılmıyor. Bu konuda Gülen, Erdoğan'a net bir ifadede bulunmuyor. Bu dönem itibarıyla Gülen, Erdoğan'dan herhangi bir talepte bulunmuyor.

Cezaevinde tanıştığım Cemaat mensuplara göre, AKP'nin Cemaate özel bir katkısı da olmuyor. "Biz zaten faaliyetlerimize yıllar önce başlamıştık, bunu devam ettiriyorduk; siyasetten zaten bir beklentimiz de yoktu" diyorlar.

Yine cemaat mensuplarına göre; Tayyip Erdoğan, fiili olarak Cemaati desteklemediği halde, kendi tabanına Cemaati

destekledikleri, kendileri olmazsa Cemaatin bir şey yapamaya-
cağı şeklinde bir algı da oluşturuyor. Bu algı, bazı Cemaat men-
suplarında bile etkili oluyor. Cezaevindeyken gördüğüm Din Dersi
öğretmeninden dinlediğim olayı anlatayım: Bu kişi 2013 yılı önce-
sinde Gülen'in yanına gidiyor. Devlet açısından Türkiye'ye dön-
menizde bir mahsur yok gibi bir cümle kuruyor. Gülen ise başlıyor
siyasetle ilişkilerini anlatmaya. Ecevit döneminden bahsediyor,
Papa görüşmesi öncesinde Ecevit'in görüşmeye yaptığı katkılarını
anlatıyor. Arkasından Özal'ın Cemaate karşı sempatisini anlatıyor.
Arkasından Damirel'in bakışını anlatıyor. Sıra Tayyip Erdoğan'a
geliyor. Onula ilgili olarak çok kısa bir cümle kuruyor. Diyor ki
"Bunlardan ise onların yaptığının zerresini görmedim". Bu olayı
bana anlatan kişi bile Fethullah Gülen'in bu tepkisine şaşırıyor.

Görüldüğü üzere, Erdoğan'la zaten gerçek anlamda dostluk
veya antlaşma hiç olmamış. Tam tersine, Tayyip Erdoğan ve ekibi
kendilerince uyanıklık yapmışlar. Cemaatin kadrolarını kendi men-
faatleri için kullanmaya çalışmışlar. AKP Başkan yardımcıların-
dan Emre Cemil Ayvalı, bir televizyon yayınında bu hususu açık
olarak söyledi.[25]

Bu konuda Fethullah Gülen, 15 Temmuz›dan sonra basına
röportaj verirken şunları ifade etti: "Tayyip Erdoğan benimle
görüştü ama ayrılıp giderken asansörde 'Bunları bitirmek lazım
dedi' diyor. Bu beyanı da o sırada asansörde bulunan Tayyip Erdo-
ğan'ın yakını daha sonra Gülen'e iletiyor. Tayyip Erdoğan Ameri-
ka'ya gideceği sırada kendisine sorulan bir soru üzerine "Gökten
ne yağar ki yer kabul etmez" diye cevap veriyor. Yani görüşmek
istiyor ama görüşme gerçekleşmiyor.[26]

25 AKP Başkan yardımcısı olan Emre Cemil Ayvalı, katıldığı bir televizyon programında 11.06.2020 tarihinde
aynen şunları söyledi: *"Eğer ki AK Parti FETÖ'yle bürokraside geçmişte kol kolaydı diyorsanız... Bunu farklı
darbecileri tasfiye etmek için yaptı. Çünkü eski devlet düzeninde atama düzeni şöyleydi: 2002'den ben ikti-
dara gelmişim, sene 2007-2008. Benim 1 müsteşar atamam için bu adamın genel müdür olarak 12 yılı dol-
durması lazım. Ben sanki kendi kadrolarımla geldim de, çok muktedirdim de böyle bir fanteziye mi girdim?
Bir tarafta darbeci Kemalist gelenek vardı, bir tarafta FETÖ vardı. Bunları birbirine kırdırmak suretiyle yol
almak mecburiyetinde kaldım. Mesele budur. Bunu ancak Recep Tayyip Erdoğan gibi bir lider yapabilirdi."*
26 "Erdoğan, 14 Mayıs 2013 tarihinde Washington ziyareti öncesi bir gazetecinin "Geçtiğimiz Aralık ayında Sayın

Aynı şekilde; Bülent Arınç, Ahmet Davutoğlu, Abdullah Gül ve birçok AKP'li, Fethullah Gülen›le görüşüyorlar. Hatta resim de çektirerek bunları taraftarlarına gösteriyorlar. Bu resimlerin bir kısmı basına yansıdı.

AKP'nin yönetiminde bulunan insanların Fethullah Gülen hakkında övücü sözler söylediğini de görüyoruz. Bunlar basına ara ara yansıyor.

Tayyip Erdoğan, özellikle 2010 yılından sonra Cemaate karşı tepkisini özel sohbetlerinden çıkararak aleni bir şekilde sürdürmeye başlıyor. Bu dönemde MİT'e listeler hazırlattırıyor. Bu listeleri bakanlara vererek Cemaat mensubu kişilerin kamudan çıkarılmasını istiyor. Bu hususları bakanların kendileri anlatıyorlar. Cezaevindeki bir bürokrattan dinlemiştim; o dönem Adalet Bakanı olan Sadullah Ergin bir Bakanlık üst düzey yetkilisini de alarak Tayyip Erdoğan'la görüşüyor. Görüşmede Tayyip Erdoğan, Cemaat aleyhinde beyanlarda bulunuyor. Ama Erdoğan o sıralarda dışarıya karşı Cemaatle arasında bir problem yokmuş gibi davranıyor.

Hatta Tayyip Erdoğan, Türkçe Olimpiyatları'na giderken bile sinkaflı küfürler ediyor Cemaate. Ama gidip yine toplantılarına da katılıyor ve övgü dolu cümleler kuruyor.

Yine aynı kişinin aktardığına göre; AKP tabanı ve üst yapısı, olaya ilk aşamada Tayyip Erdoğan gibi bakmıyor. Hemen hemen tüm illerde AKP yöneticileri ve milletvekilleri çocuklarını Cemaat okullarına gönderiyorlar. Bulundukları illerde esnaf toplantılarına katılıyorlar. Bazı yerlerde "himmet" denen toplantılara iştirak ediyorlar. Para yardımında bulunuyorlar. Kurban bağışı yapıyorlar.

Fethullah Gülen'e, 'Bitsin artık bu hasret' diye bir çağrıda bulunmuştunuz. Resmi programınızda yer almıyor ama acaba fırsat olursa görüşme ihtimaliniz olabilir mi" sorusuna, "Şu anda resmi programımızda böyle bir şey yok ama gökten ne yağar ki yer kabul etmez. ayrı bir konu" diye yanıt vermişti." Bkz. https://www.cumhuriyet.com.tr/haber/erdogan-bu-sozleri-daha-once-kim-icin-soylemisti-gokten-ne-yagar-ki-yer-kabul-etmez-959071, erişim tarihi, 12.01.2021.

Bazı faaliyetlerin yürütülmesine bizzat destek oluyorlar. Bunları yeri geldiğinde kendileri de anlatıyor.

Görüldüğü üzere, 15 Temmuz öncesine kadar Tayyip Erdoğan'ın Cemaate bakışı ile AKP'nin bakışı aynı değil. 15 Temmuz sonrasında Tayyip Erdoğan televizyonda; Milli Eğitim Bakanlarına talimat verdiğini, dershaneleri kapatın dediğini, ancak kapama çalışmalarına başlamadıklarını, bunun üzerine arka arkaya 4 bakanı da değiştirdiğini anlatıyor.

Ali Babacan ile zamanında birlikte çalışmış bir bürokrat, Cezaevindeyken şunu anlatmıştı; Tayyip Erdoğan her bakanlıkta olduğu gibi Ali Babacan'a da liste vererek bunları görevden alın diyor. Ancak Ali Babacan; "Ben bunları niye görevden alayım? Ne başarımız varsa bunların sayesinde oldu" diye cevap veriyor. İstekli olmuyor.

Sonuç olarak, Cemaatin siyasi ilişkileriyle ilgili şu ortaya çıkıyor: Gülen Cemaati ile AKP arasında, özellikle fertler bazında çok iyi ilişkiler olmuş. Bunun nedeni, iki yapının tabanının da muhafazakar yapıya sahip olması. Ama Gülen ile Tayyip Erdoğan arasında her zaman bir mesafe olmuş. Tayyip Erdoğan başlangıçta ihtiyacı olması nedeniyle hoş görünürken, alttan alta ise düşmanlık beslemiş. Tayyip Erdoğan'ın alttan alta yürüttüğü düşmanlık bir zaman sonra gün yüzüne çıkmış ve akabinde Cemaate karşı tam taarruza geçmiş.

Fethullah Gülen, Tayyip Erdoğan'ın taarruza geçmesinin nedenlerinden biri olarak şunu açıklıyor; Tayyip Erdoğan Cemaatten kendisine biat edilmesini istiyor. Ancak Cemaat bunu kabul etmiyor.

İçerde karşılaştığım Din Dersi öğretmeni ayrıca şunu anlattı: "Hocamız 17 ve 25 Aralıktan önce de sohbetlerinde çoğunlukla şunu vurguluyordu, 'Haram yemeyin, harama bulaşmayın.' Memurlara da diyordu ki, 'Devletin kalemini dahi kendi özel işlerinizde kullanmayın.' Esasında bu anlattıklarıyla bize yol gösterirken, aynı zamanda AKP ve Tayyip Erdoğan›a da 'Haramdan uzaklaşın' diyordu. Esasında onlarla yolları tamamen ayırıyordu. Zaten desteklemiyordu. Karşılıklı bir müsamaha vardı. Ancak Tayyip Erdoğan ve ekibi haram yemekten, yolsuzluk yapmaktan geri durmadıkları gibi, Cemaate de 'Bize boyun eğin' diyorlardı. Biz ise boyun eğmedik" dedi.

Yine Cemaatte önemli görevler yaptığını tahmin ettiğim bir öğretmen cezaevinde şöyle bir vakayı da anlattı; Tayyip Erdoğan Türkiye'deki tüm cemaatlerin liderlerini Çırağan Sarayı'nda bir araya getiriyor. Kendisine biat etmelerini istiyor. Toplantıya yalnız Gülen cemaati katılmıyor. Gidenlerin bir kısmı talebi kabul ederken, bir kısmı da karşı çıkıyor.

Şimdi gelelim asıl sorunun cevabına. Peki, Fethullah Gülen, Recep Tayyip Erdogan'a niye biat etmedi? Din Kültürü ve Ahlak Bilgisi öğretmeni olan kişinin verdiği cevap netti: "Kuran hükümleri var. Eğer bir kimse zalimlik yapmaya başlamışsa ona itaat edilmez. İstikametten ayrılırsa ona itaat edilmez. Tayyip Erdoğan da istikametten ayrıldı. Bu nedenle Cemaat olarak biz kendisine itaat etmedik. Eğer itaat etseydik onun yapmış olduğu hırsızlıklara, yolsuzluklara, ahlaksızlıklara ortak olurduk" dedi.

5. 15 Temmuz Öncesinde Öne Çıkan Bazı Davalar

15 Temmuz dönemini anlatmadan önce daha önceden gerçekleşmiş bir takım olayları anlatmaya devam etmemiz gerekir. Bu dönemde birtakım olaylar yaşandı. Bunlardan bir kısmı da dava konusu oldu. Kaderin tecellisi, bu davalardan birçoğuna da bakma durumunda kaldım. Dolayısıyla olaylara bizzat tanık oldum. Tabii burada bu davaları detaylı anlatmayacağım. Çünkü kitabın konusu bunlar değil. O dönem itibarıyla nelerin yaşandığını ve yaşananların ileride nelere yol açtığını görmek açısından bu davalara kısaca bakmak gerekir. Zira bu davalarda satır aralarında kalan bazı ifadeler var. Günümüzdeki olaylara işaret eden şifreli hususlar var. Özellikle davalarda şifreli olan bazı hususları ve nelere yol açtığını gösterme açısında bu davaları özet olarak anlatacağım ve şifreli noktalara temas edeceğim.

a. Sauna Davası

Bu davalardan ilki Sauna Davasıdır. Davada bir de sauna olayı olduğu için bu adla meşhur oldu. Aslında Özel Kuvvetlerle ilgili bir davadır. Sene 2006'ydı. Ankara'ya geleli bir yıl kadar olmuştu. Genelkurmay Mahkemesi'nde yüzbaşı rütbesiyle askeri hâkim olarak görev yapıyordum. Benden kıdemli iki askeri hâkim daha vardı. Kıdemli Hâkim, Albay rütbesindeydi. Bir de binbaşı rütbesinde hâkim vardı. Bir de üsteğmen hâkim vardı. İki askeri hâkim ve bir subay üye ile heyet kurulduğu için bana da heyetli dosya veriliyordu. Hatta her nedense o mahkemenin en büyük, en kapsamlı davası da benim heyetime verildi. Bir yolsuzluk dosyasıydı. 40 küsur sanıklı bir davaydı. İhalelerde yolsuzluklar vardı. Bu davanın duruşma hâkimliğini yapıyordum. Öyle büyük biri davayı yürütürken Genelkurmay Askeri Savcılığı'nda "Sauna Çetesi" diye meşhur olan bu davanın soruşturması da başladı. Kısa bir süre sonra dava açıldı. Kıdemli Hâkim bu dosyayı bana verdi. Dosyayı inceledikten sonra şaşırmaya başladım. "Neler oluyor buralarda?" diye söylenmekten de kendimi alamadım.

Olay şuydu: Özel Kuvvetler Komutanlığı Muharebe Arama Kurtarma Alay Komutanlığı'nda görev yapan yüzbaşı Gökhan Nuri Bozkır, sivil bir kişi ile irtibata geçiyor. Olaya bir emniyet müdürü de bulaşıyor. Bunlar Ankara'da bazı saunalara kameralar koyarak görüntü alıyorlar. Yine böyle bir saunada görüntü almak istediklerinde sauna sahibi bu duruma karşı çıkıyor. Şikâyet edince olay hakkında gizli takibat başlıyor. Daha sonra olay içerisine o dönem meşhur çete lideri olarak da bilinen Kasım Zengin dâhil oluyor. Genelkurmay Askeri Savcılığındaki soruşturma ise sadece; Gökhan Nuri Bozkır'ın temin etmiş olduğu askeri bilgileri sivillere vermesi iddiasıydı. Suç da devletin güvenliğine ilişkin bilgileri yetkisi olmayan kişilere vermek suçuydu.

Dosya bize geldiğinde dosyayı gece gündüz inceledim. Notları çıkardım. İfadeleri tespit ettim. Yargılama yaptık. Dava sonunda, yüzbaşı hakkında isnat edilen suçtan mahkûmiyet kararı verdik.

Buraya kadar ki olan durum normaldi. Rutin bir yargılama faaliyetiydi. "Ama bahsettiğin bu şifreler davanın neresinde?" diyeceksiniz. Birincisi şu: dosyadaki ifadelerde geçiyor. Saunalarda yaklaşık 63 CD kadarlık görüntü kaydediliyor. Nuri yüzbaşı bu CD'leri sivil kişiye veriyor. Ama ortada CD'ler yoktu. Dava konusu da yapılamadı.

Soruşturmada bu CD'lerin kime ait olduğunu tespit etmemişler. Ayrıca bizim dosyanın konusu da değildi. Gökhan Nuri Bozkır Özel Kuvvetler mensubu ve Özel Kuvvetler Komutanlığı Muharebe Arama Kurtarma (MAK) alayında görev yapan bir kişiydi. MAK Alayı, Özel Kuvvetlerin en önemli birliğidir. Oraya doğrudan dışarıdaki birliklerden seçim yapılmıyordu. Özel Kuvvetlerde görev yapmış ve temayüz etmiş subay ve astsubaydan seçilerek görevlendirme yapılıyordu.

Bu kişiler niye saunalara kayıt cihazı koydular? Niye görüntüleri CD'lere kopyaladılar? Cevabını bilmiyordum. Bahsedilen CD'ler ise ortada yoktu. Bunu niye söylüyorum? Niye üzerinde detaylı duruyorum? Gerekçesi şu: Tayyip Erdoğan'la ilgili bir takım siteler vardı. Yolsuzluk konuşmalarını yayınlıyorlardı. Ancak Doğu Perinçek, "Elimizde 38 tane telefon konuşması var, mahkemede bunları dinlettim. Bunları ilk kez biz yayınladık" diyordu.[27] Ayrıca Türkiye'deki gücünü dile getiriyordu. Doğu Perinçek kim? Bunlara nasıl vakıf oluyor? O dönem Tayyip Erdoğan'ın baş düşmanıydı. Durmadan aleyhine konuşuyordu. 15 Temmuz öncesinde Doğu Perinçek şunu söyledi: "Tayyip Erdoğan bizim yanımıza geldi, biz ise yerimizde duruyoruz" dedi. Acaba Tayyip Erdoğan yanlarına gitti mi yoksa yanlarına gitmek zorunda mı kaldı? Cevaplanması gereken sorulardan bir tanesi de bu.

Açıkçası başlarda ben de Doğu Perinçek'in güçlü bir adam olduğunu düşünmüyordum. Kendi halinde, kurmuş olduğu parti ile oyalanan ve Türkiye'de etkisi olmayan bir adam zannediyordum. Ancak bu fikrimi değiştiren bir olay yaşadım.

2005 yılıydı. Zeytinburnu Nova Hotelde askeri yargı seminerine katılmıştım. Seminer arasında 4 ya da 5 askeri hâkim bir masa kenarında bulunuyorduk. O zaman yüzbaşı rütbesinde olan Mehmet Yüzbaşıoğlu, yine Yüzbaşı rütbesinde olan Fevzi Orkunt Canyaş, sonra Askeri Yargıtay üyesi olan Ender Anaklı ve bir iki kişi daha vardı ama şu anda kim olduğunu hatırlamıyorum. Masada sohbet ederken bir ara Mehmet Yüzbaşıoğlu, Tayyip Erdoğan'dan bahsederek "Afganistan'da bir teröristin ayaklarının dibine oturmuş" dedi. Tabii ben bu konuşmasının maksadını anlayamadım. Gayri ihtiyari olarak söze şöyle girdim: "Bildiğim kadarıyla o adam

---

27 Bkz. https://twitter.com/notkoncom/status/877204063426891776, erişim tarihi 16.12. 2021; bkz. Tayyip Erdoğan'ın ihale ve komisyon pazarlığı, Doğu Perinçek, https://www.aydinlik.com.tr/tayyip-erdoganin-ihale-ve-komisyon-pazarligi, erişim tarihi 06.01.2021.

Afganistan'daki bir adam, daha sonra Afganistan Başbakanlığı da yaptı. O ülke zaten cemaatler ülkesi. Asıl probleme bakmak lazım. Bugün Doğu Perinçek, Kandil'e giderek 30 bin kişinin katili bir teröriste çiçek verebiliyor, ayrıca utanmadan fotoğraf da çektirebiliyor" dedim. Ancak hemen arkasından fikir bağlamında bile olmadan bir saldırı yapıldı. Bu bahsettiğim kişilerden birisi; "Bu ne diyor ya", diye alaycı bir cümle kullandı. Arkasından Mehmet Yüzbaşıoğlu aynı mahiyette "Sen ne diyorsun ya" gibi bir şey söyledi. Diğer bir kişi masadan uzaklaştı. Bir anda masa dağılır vaziyete geldi. Çok şaşırdım. Böyle bir tepki hiç beklemiyordum. Çünkü o dönem Türk Silahlı Kuvvetleri'nin bir mücadelesi vardı ve şehitler veriliyordu. Doğu Perinçek gibi birisini bu kadar desteklemelerine bir anlam veremedim.

Sonra sakin kafayla düşündüğümde, "Demek ki TSK'da da böyle bir grup varmış" diye geçirdim içimden. "Böyle bir grup var" diye zaman zaman söyleniyordu ama ben inanmıyordum. Bu olayı niye anlattım? Şimdi 63 CD'nin hepsi ya milletvekili ya da bürokratların özel görüntüleri olsa gerek. Zira saunalarda çekilmişlerdi. Bu CD'ler ortada yoktu. Doğu Perinçek ellerinde dinleme kayıtları olduğunu kendi söyledi. Acaba ellerinde başka kimlerle ilgili CD'ler vardı. Yaşadığımız bu döneme ışık tutan şifrelerden biri bu CD'lerdir.

Bu dava sürecinde yaşadığım bir olay daha var. Bu davanın duruşmaları başlamadan önce Ankara'da İngiliz Kültür Merkezi'nde dil kursuna gidiyordum. Çıkışta otobüs durağına yaya yürürken önümde kırmızı polo bir araç durdu. İçindeki bayan bana işaret yaptı. Herhalde yol soracak diye yaklaştım. Kadın çok dekolte giyimliydi. Yaklaşır yaklaşmaz bana "Gel birlikte seks yapalım" dedi. Şaşırdım. Şaşırdığımı görünce bana küçük bir kağıt verdi. O kağıttaki numarayı aramamı söyledi. Ertesi gün bu durumu heyetimde olan üsteğmen arkadaşa anlattım. Olayı esrarengiz gördü ve kıdemli hâkime anlatmamın iyi olacağını söyledi. Ben de hemen kıdemli hâkime anlattım. O da hemen adli müşavir olan Hıfzı Paşa'yı telefonla arayıp olayı anlattı. Açıkçası olayın bu kadar büyüyeceğini tahmin etmiyordum. İki ya da üç gün sonra tekrar kursa gittim. Çıkışta yine yaya yürüyordum. Aklımda da o mevzu hiç yoktu. Unutmuştum. Aynı yerde yine aynı araç durdu. Bu sefer olayın planlı bir iş olduğunu anladım. Yanına yaklaştım; kadın bana "Gelmeyecek misin" dedi. "İşim var, gitmem gerekiyor, ama numaranı ver arayayım" dedim. Hemen kâğıdı uzattı. Aldım. Ertesi gün Hıfzı Paşa'ya gönderdim. Çünkü Hıfzı Paşa olayı duyduktan sonra bana "Kadının verdiği numara duruyor mu?" diye sormuştu. Numarayı gönderdikten sonra olay, o gün Genelkurmay Başkanı Hilmi Özkök Paşa'ya da iletilmiş. Hilmi Paşa da bu olayı paylaştığım için Hıfzı Paşa aracılığıyla bana teşekkür etti.

Yaşadığım bu olay da davanın mahiyetini ortaya koyuyordu. Zira o sıralarda davanın duruşmasına bir yada iki hafta kalmıştı. O sıralarda baktığım dosyalar içinde bu dosyadan daha önemli bir dosya yoktu. Bu dosya nedeniyle bana tuzak kurulmak istendiği kanaatine vardım. Hasbelkader o gün kadının davetine uymuş olsaydım, dava belki farklı bir şekilde sona erecekti. Belki cezaevi hayatım da olmayacaktı. O sıralarda bazı davalarda öyle kararlar veriliyordu ki hayret ediyordum. Başıma gelen bu olaydan sonra az çok o kararların mahiyetini anlamaya başladım.

Zaman zaman belirtiyorum; bu kitabı Atina'da kaleme almaya başladığımda tarih 14 ya da 15 Kasım 2020'iydi. Gökhan Nuri Bozkır ile ilgili davayı yani Sauna çetesi ile ilgili bölümü yazalı iki gün kadar olmuştu. Sosyal medyada Gökhan Nuri Bozkır ile ilgili haberler çıkmaya başladı. Gökhan Nuri Bozkır bir takım itiraflarda bulunuyordu.

İtiraflara geçmeden önce Sauna davasıyla ilgili şunları da anlatmamda yarar var. Kasım Zengin duruşmadaki ifadesinde kendisinin bir MİT elemanı olduğunu ve Gökhan Nuri Bozkır'la da 'bir darbe faaliyeti girişimi olabilir, ondan bilgi alabiliriz' gerekçesiyle irtibata geçtiklerini söyledi.[28] Bu beyanını gizli duruşmada kayda geçirdik. Gökhan Nuri Bozkır Ukrayna'da yaptığı açıklamalarda itiraflarda bulunurken MİT adına çalıştığını, silah kaçakçılığı yaptıklarını söylüyor. Aynı zamanda para görüntüleri paylaşıyor. Görüntülerden de anlaşılıyor ki, MİT gerçekten Gökhan Nuri Bozkır'ı kullanmaya başlamış.

Cezaevinde bulunurken yaklaşık iki sene sonra bir jandarma üsteğmen koğuşumuza geldi. Genelde insanlardan uzak duruyordu. Bir gün avluda yürürken yanıma geldi. Özel bir problemi vardı. Onunla ilgili benden fikir aldı. Arkasından da "Komutanım, Gökhan Nuri Bozkır'ı biliyor musunuz?" dedi. Sorarken de benim bildiğimi biliyordu zaten. Güldüm, "Evet, o davaya ben bakmıştım" dedim. Sonra anlatmaya başladı; "Komutanım, ben Jandarma Genel Komutanlığında Jandarma Karargâh Bölük Komutanlığı yapıyordum. Karargâha girip çıkan herkesi biliyordum.

---

28 Kasım Zengin'in ifadesini kapalı duruşmada tespit ettik. Savcı ve heyet dışında salonda kimseyi tutmadık. Gelinen bu aşamada, Nuri konuşmaya başladığı için o tutanaktaki bilgilerin gizliliği de ortadan kalkmış oldu. Diğer yandan konusu suç teşkil eden bilginin de "gizli belge" niteliği olmaz. Bu nedenle 28 Kasım 2020 tarihi itibarıyla dipnot olarak Kasım Zengin'in beyanlarını özetle yazıyorum: Kasım Zengin duruşmaya ilk geldiğinde paçoz bir görüntüsü vardı. Kendisini psikiyatrik bir hasta konumunda göstermeye çalışıyordu. Duruşma salonuna girdiğinde çok şaşırmıştım. Çünkü üzerinde yırtık, her tarafı dökülmüş, sokakta yatan kimsesizlerin elbisesi gibi bir elbise vardı. Tıraş olmamıştı. Bu durumunu görünce kimliğini tespit ettikten sonra kendisine sordum: "Nedir bu halin?" Zira çete lideri olarak biliniyordu. Ancak görüntüsü ise normal değildi. "Ben şizofrenim, hastayım" dedi. İfade verecek durumda da değilim dedi. Bunun üzerine o gün ifadesini almadık. Psikiyatri uzmanı doktor çağırmaya karar verdik. Birkaç gün sonraya duruşmayı koyduk. Sonraki duruşmaya Kasım Zengin geldi. Bu sefer duruşmada tam bir beyefendi görüntüsündeydi. Elbiseleri tertemizdi ve tam tıraşlıydı. Anladığım kadarıyla ileride kendisi ile ilgili olarak, 'bu adam hastaydı, ifadesi sağlıklı değildi' diye itiraz edilmesin gerekçesiyle öyle bir yöntem belirlemişti. Başarılı oldu da. Psikiyatri uzmanına olayın hassasiyetini ve sanığın durumunu anlattım. Muayene etmesine imkan tanıdım. Kimsenin olmadığı bir sırada benim odamda psikiyatri uzmanı kadın doktor Kasım Zengin'i muayene etti. Sonra duruşma salonuna aldık. Doktoru dinledik. Doktor dedi ki, "Bu kişi şizofren değil, gayet sağlıklı, ifade verebilir." Bu beyandan sonra Kasım Zengin'i dinlemeye başladık. Kasım Zengin dedi ki: "Ben MİT adına çalışıyorum. TSK içinden bir darbe girişimi olabilir diye istihbarat geldi. Bu noktada bilgi almak maksadıyla Ankara'ya görevlendirildim. Faaliyetlerime başladım. Hacı Bayram Cami civarında bir yerim vardı. Orada bir tarikat lideriymiş gibi sohbetlerime başladım. Ancak gelenleri de takip ediyordum. Kimler geliyor diye bakıyordum. Hedefimiz Özel Kuvvetlerde bir kişi ile irtibata geçmekti. Bir ara Nuri Gökhan benim sohbetime geldi. Tıraş şeklinden ve oturup kalkmasından asker olduğunu anladım. Diyaloğumuz bu şekilde başladı. Nuri Gökhan Bozkır beni faaliyetleri için kullanmak istiyordu. Ben de buna çanak tuttum. Samimiyetimiz ilerleyince, bana darbe zemini oluşturmak için patlamalar yaptıracaklarını söyledi. Bu bağlamda beni de kullanmak istiyorlardı. Bilgi alacağımız kişiyi yakalamıştık. Bu minvalde kendisi ile görüşmeye devam ettik." Aynı ifadesinde bu faaliyetlerin arkasında Yaşar Paşa'nın olduğunu da söyledi. Yaşar Paşa o zaman Genelkurmay İkinci Başkanıydı.

Bana görevliler rapor şeklinde anlatıyorlardı. Bu Nuri de karargâha çok sık gidip gelmeye başladı. Çok zenginleşti. Lüks arabalarla geliyordu. Dikkatimi de çekiyordu. Benimle zaman zaman konuşuyordu. Hakkında şunu duymuştum; MİT'le Irak ve Suriye'de marjinal gruplara giden silahların organizasyonunda yer alıyormuş. O yüzden el üzerinde tutulan bir adammış" dedi. Bunları duyunca çok şaşırdım.[29]

Herhalde Gökhan Nuri Bozkır'da olan bilgilerden rahatsız olacaklar ki bu günlerde bir anda peşine düştüler. Benim kanaatim Hablemitoğlu Suikastı bahane. Gökhan Nuri Bozkır'ın "Konuşurum" diye tehdit etmesi sonrasında kendisinin iadesi sürecini başlatmış olabilirler. Tabii bu benim yorumum. Ancak Gökhan Nuri Bozkır, Türkiye'deki olup bitenlere ışık tutacak şekilde açıklamalar yapıyor. Gerçi bunların hemen hepsini Türkiye'deki üstyapı, diğer tabirle elit kesim zaten biliyor. Ama kimse de bu mevzu ile ilgili konuşmuyor. Umarım Gökhan Nuri Bozkır'ın beyanı "kral çıplak" şeklinde bir olayın başlangıcı olur.

Araya girdi yapmak gerekirse; hatırlarsanız Nuri Gökhan Bozkır'ın bahsettiği o tırları durduran insanlar darbeci olarak nitelendirildi. Müebbet hapse mahkûm edildiler. Şimdi Gökhan Nuri Bozkır yayınladığı görüntülerde diyor ki: "O tarihlerde 39 kez tırlarla Suriye'deki gruplara silah naklettik. Tırlar durdurulunca MİT beni hemen yurt dışına çıkardı." Gökhan Nuri Bozkır bu beyanıyla o davanın altını boşaltmak değil, her tarafını yıkmış oldu.[30]

15 Temmuz'dan çok önce, yani normal bir dönemde, silah kaçakçılığına, mühimmat kaçakçılığına göz yummayıp ortaya çıkaran jandarmaları ve savcıları darbeci olarak nitelendirdiler. Bu iki

---

29 Bizim Nuri diyorum. Zira bir yüzbaşının kendi başına o işleri yapması mümkün değildi. Kullanılmış olduğunu fark ediyordum. MAK alayındayken ise yaptıklarını silsile içiresinde verilen emirle yaptığını düşünüyordum.

30 Yasal olmayan bir işle ilgili bilgi, hiçbir zaman devletin güvenliğine ilişkin gizli bilgi olmaz. O dönem tüm mevzuatı ve kararları araştırdım. Devletin güvenliğine ilişkin bilginin öncelikle suç teşkil etmemesi gerekir. "Görevimiz tehlike" filmlerindeki kendisini yok eden kasetteki açıklamalar çok güzel örnektir. "Yakalanırsanız biz sizi tanımıyoruz" deniyor. O gün itibarıyla silah kaçakçılığı yapmak tam anlamıyla bir suçtu. Ona engel olmak da jandarmanın göreviydi. Ama o jandarmaları, savcıları ve hâkimleri mahkûm eden hâkimler ileride çocuklarının da utanacağı bir karar verdiler. Yazık ettiler kendilerine.

tablo Türkiye'nin durumunu net bir şekilde ortaya koyuyor. Yargının durumunu net olarak gösteriyor.

b. Atabeyler Davası

Atabeyler Davası o gün itibarıyla Türkiye'nin gündeminde en fazla yer alan davalardan biriydi. Elde edilen bir krokiye dayanılarak Tayyip Erdoğan'a suikast yapılacak iddiası dahi gündeme geldi. Soruşturma alenileşince faillerin evleri aranırken bulunan malzemeler arasında Atabeyler diye bir ders notu bulununca soruşturma bu adla anıldı.

Bizim konumuzu ilgilendiren husus ise şu: Bu davanın faillerinin evleri aranırken Özel Kuvvetler Komutanlığına ait bilgiler bulundu. Hatırladığım kadarıyla bu bilgiler yine sivil bir kişinin evinde de çıktı. Sauna davasındaki benzer soruşturma askeri yargı açısından yapılmaya başlandı. Zira failler arasında asker kişiler de vardı.

Şimdi gelelim soruşturmanın başlaması noktasına. Davanın failleri arasında baş fail olarak yine Özel Kuvvetlerde çalışan bir yüzbaşı vardı. Yüzbaşı Murat Eren, Kara Pilottu. Onunla beraber iki de astsubay vardı. Bu astsubaylar da Özel Kuvvetlerde aynı yerde görevliydiler. Bir de sivil bir kişi vardı. Bu sivil kişi mobilyacıydı. Sincan›da mobilyacılık yapıyordu. Tabii Emniyet bunlarla ilgili takibat başlattı ve bir gece soruşturmayı alenileştirdi. Evlere baskınlar yaptı. Eryaman'da bir evde bombalar ele geçirildi. Bomba düzenekleri bulundu.

Soruşturma alenileşince televizyonlarda ve gazetelerde haberler yapılmaya başlandı. "Suikast girişimi" diye manşetler atıldı. Bu olay sonrasında, Genelkurmay Askeri Savcılığı tarafından hemen soruşturma başlatıldı. Bu sefer savcılar sanıkları adli yargının elinden kurtarmak için gözaltı işlemini hemen yaptılar. Soruşturma

devam ederken asker kişileri alarak ifadelerini aldılar. Tutukla-
maya sevk ettiler. Tutuklama kararlarını içinde olmadığım bir
heyet verdi. Tutuklanan bu kişiler savcıya verdikleri ifadede olay-
ları detaylı anlattılar.

Yüzbaşı Murat Eren ile sivil kişi arasında esrarengiz bir ilişki
vardı. Murat Eren sivil kişi ile tanışmasını tesadüfe bağlıyordu.
Benzin istasyonunda tesadüfen karşılaştığını söylüyordu. Erya-
man'da kaldığı evde bombalar bulunmuştu. Bombaları ise şöyle
açıklıyordu, "Güneydoğuda görev yaparken bulduğumuz bomba-
lardı. Bu bombalar bize ait" diyordu. Diğer astsubaylar da bomba-
ları aynı şekilde açıklıyorlardı. Murat Eren şöyle diyordu: "Cüneyt
Zapsu bir açıklamasında Tayyip Erdoğan'la ilgili olarak, 'Bu adamı
kullanın, işi bittikten sonra da deliğe süpürün' demiş. Bu beyan-
ları Amerikalılara söylemiş. Biz de 'Bu adam nasıl böyle konuşur
Türkiye Cumhuriyeti'nin Başbakanı hakkında' diyerek ona zarar
vermeye karar verdik. Onun ortağı olduğu BİM mağazalarından
bir şubeye bomba koyma planı yaptık. Bu bağlamda bombaları
hazırladık" dedi.

Yani ifadelerinde hem bombaları, hem de bombaları niçin kulla-
nacaklarını açıkladı. Bulunan bombalarda düzenekler hazır bulun-
muştu.[31] Bombaları patlatacakları yerlere koyacakları aşamada
yakalandılar.

Bu anlattıklarım Murat Yüzbaşı ve diğer astsubayların ifadele-
rinden. Bu beyanlar duruşma tutanaklarında yazılıdır. Dava açılıp
duruşma yapmaya başladığımız zamanda başkanlığını yaptığım
heyete aynı şeyleri anlattılar. Ben de çok şaşırmış bir şekilde anla-
tılanları dinledim. Tabii bu sırada yeni Binbaşı olmuştum ama
hâkimlik tecrübem çoktu. Onlar bunu anlatırlarken yüzlerine
manalı manalı bakıyordum. Çünkü Türk Silahlı Kuvvetlerinde

---

31 Normalde patlayıcı maddeler, patlama düzeneği üzerinde takılı olmaksızın taşınır ve bulundurulur. Böylece
tehlike en aza indirilmiş olur. Kullanma yerine yakın bir mesafede ya da kullanılacağı aşamada, patlatma
düzenekleri takılır. Ben de bu davayı yürütürken bu bilgiyi öğrendim. Düzenekleri hazır demek; her şey takılı,
patlatma bir düğmeye basmaya bakar demektir.

yüzbaşı rütbesinde hem de Özel Kuvvetler Komutanlığında görev yapıp da kalkıp "Bir adam şunu şunu demişti, ona zarar vermek için böyle bir şey yapmaya karar verdik" açıklaması doğruyu yansıtmıyordu.

Söylediklerinin doğru olma ihtimali sıfıra yakındı. Daha önce söylediğim gibi Özel Kuvvetler Komutanlığı özel bir birlikti. Burada görev yapan personel iyi yetişmiş kişilerden oluşuyordu. Ayrıca bir yüzbaşının sivil bir kişiyle de böyle bir diyaloğunun olması da mümkün değildi. Söylediklerinde doğru olan şuydu: Bomba koyacaklardı ve patlatacaklardı. Ama gerekçesi hiçbir zaman Cüneyt Zapsu'ya zarar vermek değildi. Gerçeği saklamak için bile uydurdukları senaryo vahimdi. Varın gerçeğini siz düşünün!

Bu dosyayla ilgili yargılama yaparken "Sauna dosyası" Yargıtay'dan bozularak geldi. Gerekçe olarak da eksik soruşturma gösterildi. Ama eksik soruşturmanın ne olduğu yazılmadı. Askeri Yargıtay normal uygulamalarında; eksik soruşturma var dediğinde muhakkak eksik soruşturmanın ne olduğunu açıklardı. Mahkemede araştırılması isteneni araştırmaya karar verir ise eksikliği yerine getirir, sonra yeniden karar verirdi. Ama Askeri Yargıtay bu dosyada uygulamasının dışına çıktı. Ne araştırılması gerektiğini yazmadı. "Hangi suçlara dayanılarak hüküm verilebilir, tekrar değerlendirin, öyle karar verin" gibi bir bozma gerekçesi yazdı. Biz tekrar yargılama yapıp açıklanması yasak olan bilgileri açıklamak suçundan karar verdik. Bu karar Askeri Yargıtay tarafından onandı.

Atabeyler dosyası önümüze gelip yargılama yapmaya başladıktan sonra, Sauna dosyasındaki usulü takip ettik. Askeri Yargıtay'ın o dosyada verdiği karar doğrultusunda karar verdik. Cezayı daha hafif suçtan belirledik. Yani açıklanması yasaklanmış bilgileri açıklamak suçundan karar verdik. Zira bu kişilerin evlerinde Özel Kuvvetlerin Irak'ın kuzeyindeki bölge ile ilgili yapılanmaları anlatan kadro teşkilatını gösteren bilgiler de vardı. Bundan dolayı yargılama yapıyorduk.

Gelelim asıl konuya; bu dosyada günümüze ışık tutacak şifre şudur: TSK'nın içerisinde en önemli birliğin personelinden birkaç kişi, düzenekleri kurulu bombaları Eryaman'da bir evde hazır tutuyorlar. Bir yeri bombalamaya karar veriyorlar. Baktığınız zaman çok korkunç bir olay olarak görünüyor. Bombalamayı ne maksatla yapacaklardı? Bunlara bunu yapmaları hususunda kim emir verdi? Bu hususlar ortaya çıkmadı. Zira sanıklar bunu söylemediler. Görevimiz Tehlike filmlerinde olduğu gibi suçu bireyselleştirdiler. Yani emir verenlere ihanet etmediler. MİT Tırları ile sevkiyat yapanlar ise esasında o işi yapanlara ihanet ettiler. "Bu tırlar MİT'in" demekle o işi yapanları satmış oldular. Tabi satmaları da doğaldı. Çünkü geçmişte böyle işler yapılmadı. Failler suç olduğunu çok iyi biliyorlardı ve Devlet menfaati de yoktu. Ama Sauna ve Atabeyler Davalarındaki faillerin durumu farklıydı. Onlar durumun farkındaydılar. Yaptıkları işin mahiyetini iyi kavramışlardı ve gerçek anlamda Görevimiz Tehlike filmindeki karakterleri oynuyorlardı.

Bu anlattıklarımdan şuraya gelmek istiyorum; bu kişiler bu kadar büyük tehlikeyi niye göze aldılar? Tabi ki o günkü hükümeti ya da Tayyip Erdoğan'ı iktidardan indirmek için. Ama nedense bir müddet sonra Tayyip Erdoğan'la ilişkiler normale döndü. Bir daha bu tür girişimler gerçekleşmedi. Hatırladığım kadarıyla suikast girişimleri de bir anda kesildi.

Tayyip Erdoğan Doğu Perinçek'in yanına gidiyor. Doğu Perinçek'in yanına gitti mi? Yoksa gitmek zorunda mı kaldı? Tabi bahsettiğim iki davada ismi geçen bu subayların ve astsubayların Doğu Perinçek ile irtibatı noktasında bilgi sahibi değilim. Dosyada da bununla ilgili bilgi yoktu. Ama sonraki gelişmeler ister istemez bazı şeyleri düşünmeye sevk etti. Doğu Perinçek grubu, yani ona bağlı birtakım subaylar, generaller acaba önce Tayyip Erdoğan'ı devirmek için bombalama eylemleri gibi planlar mı yaptılar? Sonra bu planlarından niye vazgeçtiler? Soruların cevabını Doğu Perinçek veriyor ama eksik veriyor. "Tayyip Erdoğan yanımıza geldi" diyor.

Fakat onu yanlarına gitmeye sevk eden nedeni açıklamıyor. Şimdilerde de "Rotayı biz çiziyoruz, Tayyip Erdoğan uyguluyor" diyor.[32] Yani daha açık söylemek gerekirse; CD'ler hedeflerine ulaştı mı? Bu dosyadaki şifre bu! Tayyip Erdoğan karşıtı ekip darbe sürecini başlatmak isterken bir anda bu niyetlerinden vazgeçtiler.

Bu dosya ile ilgili olarak yargılama açısından şunları da söylemek istiyorum; yargılama devam ederken sanıkların avukatları vardı. Murat Eren'in bir avukatı vardı. O dönem itibarıyla ben onun yanında çok genç kalıyordum. Yaşı ileri ve aynı zamanda tecrübeli biriydi. Hukuku da çok iyi bildiğini fark ettim. Ancak bu avukat sonra Murat Eren'in avukatlığını bırakmış. Ben Atabeyler Dosyası kararını verdikten sonra mahkemeden ayrıldım. Askeri Yargıtay, 'Sauna Çetesine daha az ceza verilmesi gerekir' noktasında kararı bozmuşken, Atabeyler dosyasında ise 'Az ceza vermişsiniz. Eylemi daha çok cezayı gerektiren Devletin güvenliğine ilişkin bilgileri açıklamak suçunu oluşturuyor, o suçtan ceza verin gerekçesiyle kararı bozdu.

AYİM'e seçildikten sonra Genelkurmay Askeri mahkemesinden ayrıldım. Murat Eren'in avukatlığını Hüseyin Ersöz yapmaya başladı. Bu ismi şunun için söylüyorum, her toplumsal grubun normal insanları olduğu gibi marjinal insanları da vardır. Mesela Aşırı sol kesimden olup da çok dengeli, itidalli avukatlar olduğu gibi bu anlayışa da zarar verecek derecede marjinal avukatlar da bulunmaktadır. Aynı durum her grup için geçerlidir. Gördüğüm kadarıyla Murat Eren'in avukatı Hüseyin Ersöz de marjinal bir insan. Bu dosyadan dolayı, adil yargılama yapmadığımızı belirterek beni dahi şikayet etti. Ayrıca dolaylı olarak "Bunlar Cemaatçi olabilir" dedi. Ancak AYİM Genel Kurulu herhangi bir işlem yapılmasına gerek görmedi.[33]

Hüseyin Ersöz'ün, müvekkilinin kabul ettiği olayı yani

32 28 Aralık 2020 tarihi itibarıyla bu tür konuşmaları sıklıkla yapmaya başladı.
33 Belge 1: AYİM Genel Kurulunun Hüseyin Ersöz'ün şikayeti ile ilgili kararı

bombaları, kurulu düzenekleri ve hedefleri bilmemesi mümkün değildir. Hüseyin Ersöz bunları görmezlikten gelerek "Benim müvekkilime kumpas kuruldu" diye bas bas bağırabiliyor. Müvekkilini ilk duruşmada tahliye eden, istenen cezadan çok daha hafif ceza veren hâkimi de rahat bir şekilde şikâyet edebiliyor.

Şifrelerden ikincisi de şu:

Böyle bir dosyayı dahi 'kumpas kurdular' diye reklam edebilenlerin, diğer davalarla ilgili söylediklerine ne kadar inanacaksınız? Hüseyin Ersöz, Murat Eren için 'Masum, kendisine kumpas kuruldu' diyebiliyor.

Murat Eren'in ailevi durumunu da gözeterek ilk duruşmada da tahliye ettik. Eşi çalışmıyordu, iki çocuğu vardı. Aynı zamanda Kara Pilot olarak iyi bir askerdi. Güneydoğuda çok başarılar elde etmişti, operasyonlar sırasında kimsenin giremediği yerlere helikopterle girerek yaralılar kurtarmıştı. Bu bilgiler dosyasında vardı. Böyle bir insanın kendi başına bu işleri yapması, yani bomba düzenekleri hazırlaması mümkün değildi. Askeri tecrübem ve gördüklerim de bu kanaatimi doğruluyordu. Bu kişiler emirle hareket ediyorlardı. Özel Kuvvetlerde görevli hangi subay olursa olsun, verilen emir üzerine sorgulamadan bu şekilde davranacakları için o kişiyi ve diğer failleri ilk duruşmada tahliye ettik.

Cezaevine girdikten sonra Özel Kuvvetler Komutanlığında görev yapmış birçok astsubayla karşılaştım. Onlara bu vakaları sordum. Cezaevinde tutuklu olmalarına rağmen ve bazıları da müebbetle yargılanıyor olmalarına rağmen, hiçbiri konuşmadı.

Buradan şöyle bir sonuca vardım: Özel Kuvvetler Komutanlığı'nı bu iki dava nedeniyle çok iyi öğrendim. Gayrinizami hap kursunun ders notlarını detaylı bir şekilde okudum. Zira Sauna dosyasındaki gizli kalması gereken belgelerden bir kısmı da o kursla ilgili bilgilerdi. Bu notları dava nedeniyle detaylı incelendim. Hatta o davaya baktığım sırada birileri tarafından takip edildiğimi de fark ettim. O kurs notlarındaki bilgileri dikkate alarak, takip edildiğimi anladım. Bu iki dava sırasında, 20 den fazla Özel Kuvvetler Komutanlığı mensubu personeli tanık olarak dinledik. Olayları bir bütün olarak göz önüne aldığımda şöyle bir kanaate vardım: Özel Kuvvetler mensubu personelin bir harekete kalkışması halinde onları durdurmak öyle kolay bir iş değil. Darbe girişimi iddiasıyla ilgili de şu sonucu çıkarıyorum: Eğer yargılanan ve tutuklanan Özel Kuvvetler mensubu personel gerçekten o gün bir darbe girişimine kalkışmış olsalardı, onları o gece durduramazlardı. Bu kanaatimi destekleyen bir olay daha anlatayım. Tutukluyken Sincan'dan Numune Hastanesi'ne gidiyorduk. Tabut dediğimiz jandarmanın tutuklu nakil aracı içerisindeydik. Küçük bir bölme içerisinde 4 kişi bulunuyorduk. Hepimizin elinde demir kelepçe vardı. Baktığınız zaman kelepçelerin zorla açılması imkânsız gibiydi. Tabuta bindiğimizde birbirimizle hemen tanıştık. İçimizden birisi de Özel Kuvvetlerde görevli bir yüzbaşıydı. Araca bindikten sonra aradan 5 veya 10 dakika geçmemişti ki yüzbaşı cama doğru dayanmış dışarıyı seyrediyordu. Elleri açıktı. Kelepçe bir eline takılı, diğer parçası da aşağı doğru sarkıyordu. Görünce şaşırdım. "Sen ne yaptın ya" dedim. Oturdu şöyle dedi: "Komutanım ben istesem şu anda bu bölmeden çıkarım, buradaki astsubayları, muhafızların hepsini etkisiz hale getiririm, elimi kolumu sallaya sallaya da giderim, ama bunu yapmıyorum." Bu yüzbaşı o sırada müebbetle yargılanıyordu.

c. Zir Vadisi Davası

Diğer bir dosya da Zir Vadisi dosyasıdır. Bu dosyada da yol gösterici şifreler bulunuyor. Bu dosya, görüldüğü tarih itibarıyla belki de en fazla gündem olan dava dosyasıydı. Kamuoyu uzun süre bu dosya ile meşgul oldu. Kısaca hatırlatalım.

Ergenekon soruşturmaları sürerken, bu soruşturmalara bazı

subayların isimleri de karıştı. Ordu Donatım Yarbay Mustafa Dönmez ile soruşturulan bazı kişiler arasında irtibat ortaya çıkınca onun hakkında da takibat başlatıldı. Özel yetkili savcılık dinleme ve takip kararları aldırdı. Soruşturma başladıktan sonra Mustafa Dönmez'in evlerinde aramalar yapıldı. Aramalar sonunda günlük tuttuğu ajandaya de el konuldu. İçerisinden bir kroki olduğu görülünce krokiye istinaden Ankara Sincan Zir Vadisi denen yerde aramalar yapıldı. Aramalar sonunda krokide gösterildiği şekilde mühimmat ile bombalar ele geçirildi. Bu malzemelerin envanteri çıkarılınca bir kısım malzemelerin askeri malzeme olduğu tespit edildi. Bunun üzerine Genelkurmay Askeri Savcılığı da soruşturmaya başladı. Genelkurmay Askeri Savcılığı yaptığı soruşturma sonrasında Mustafa Dönmez hakkında askeri malzemeyi gizlemek suçundan dava açtı.

Bu dosya da benim heyetime verildi. Duruşma hâkimi olarak davayı yürütmeye başladım. Tabii Mustafa Dönmez iddiaları kabul etmedi. Önce malzemeleri MOSSAD'ın koyduğunu söyledi. Sonra CIA'nın koymuş olabileceğini söyledi. Sonunda da Emniyetin koymuş olabileceğini söyledi. Bu dosya ile ilgili çok tanık dinledik. Dosyada yer alan kroki ile ilgili olarak Savcılık kriminalden adli rapor aldırmıştı. Rapora göre Mustafa Dönmez'in tuttuğu günlüklerin yer aldığı ajandanın bir sayfasında yer alan el yazısıyla çizilmiş kroki Mustafa Dönmez'in el ürünüydü. Kroki Zir Vadisini işaret ediyordu. Polisler de krokiye uygun olarak yaptıkları araştırmalar sonrasında askeri malzemeleri bulmuşlardı. Dava açılınca kroki ile ilgili Jandarma Genel Komutanlığı Kriminal Dairesinden bilirkişi istedik. Tanıkların dinlenmesi ve eksikliklerin giderilmesinden sonra bilirkişi beyanlarını da dikkate alarak bu kişi hakkında mahkûmiyet kararı verdik. Ancak dosya Askeri Yargıtay tarafından eksik soruşturma nedeniyle bozuldu. Askeri Yargıtay kararında, eksik soruşturma olmadığı, kararın onanması gerektiği yönünde muhalefet şerhi de vardı.

Şimdi bu dosyada dikkatimi çeken birkaç hususu anlatayım: Mustafa Dönmez, Ordu Donatım Yarbaydı. Yani sınıfı TSK'da kullanılan malzemelerle ilgili bir sınıftı. İddiaları hiç kabul etmedi. Bu savunma, sanık olarak onun doğal hakkıydı. Ancak yargılamanın sonuna doğru kendisine kumpas kurulduğunu söyledi. İmzasının taklit edilmiş olduğunu söyledi. Tabi biz bu iddiaları inceledik, değerlendirmeye aldık, araştırdık. Tutmuş olduğu günlüklerini bizzat okudum. Hatta bu kişinin durumu ile ilgili olarak da çok üzüldüm. Çünkü üsteğmen iken yazdığı günlüklerde iyi bir insan olmaktan, hatta namaza başlamaktan bahsediyordu; bunları yapamamanın ıstırabını da yaşıyordu. Ama sonlara doğru ise zıvanadan çıkmış. Neredeyse hayatının büyük kısmını amiyane tabirle uçkuru peşinde koşmakla geçirmiş. Yaptıklarını detaylı olarak günlüklerine de yazmış. Tabii savcılık bunları da soruşturmuş. Bu kişi davanın sonunda "Cemaat bana kumpas kurdu, hâkimler Cemaatin hâkimleri" dedi.

Dosyaya baktığımızda bir de şunu gördük. Bu kişi daha önceden üste hakaret suçu işlemiş. Onun kararını da Savcılık getirmiş. O davadaki savunmaları ise, "Ben kimseye hakaret etmedim, bana kumpas kurdular" şeklindeydi. Hâlbuki dosyada küfür ettiğine dair 3-4 tane tanık vardı. Dosya, hâkimlerin kullandığı tabirle netti. Askeri Yargıtay da hükmü onamış. Kendisinden amirleri savunma alacağı zaman da her seferinde "Ben bir Atatürkçü subay olarak" diye sözüne başlamış. O dönem Tugay Komutanı; "Her mevzuya Atatürk'e bağlayarak kurtulmaya çalışıyorsun, seni uyarıyorum" diye uyarı yapmış. Dosyadaki belgelere göre disiplinsizliği had safhada ve çok soruşturma geçirmiş bir subaydı.

Bu kişinin geçmişi böyleydi. Şimdi diğer bir ince noktaya değinelim. Bulunan askeri malzemeler içerisinde bir tane de dürbün vardı. Diğer malzemelerin olduğu gibi bu malzemenin de geçmişi araştırılmış. Dürbünün Kocaeli'deki tugayda kaydının olduğu ortaya çıkmış. Bu malzemenin bulunduğu tarihten yaklaşık 10 yıl önce tugayda kaybolan dürbün olduğu tespit edilmiş. Bu dürbün, tugay komutanının habercisi bir askerin zimmetindeymiş. Tatbikat sırasında asker dürbünü kaybetmiş. Daha doğrusu asker dürbünün kaybolduğunu zannetmiş. Asker hakkında askeri malzemeyi kaybetmek suçundan soruşturma yapılmış. Ancak ihmali tespit edilememiş. Zira tatbikat şartları var; tatbikatta bir malzemenin kaybolması her zaman ihtimal dahilindedir. Asker hakkında askeri savcılık takipsizlik kararı vermiş. Malzemenin fiyatının da askere ödettirilmesi istenmiş.

Peki dürbün Mustafa Dönmez'in Sapanca'daki yazlığına nasıl gitti. İddia ettiği gibi Emniyet bu dürbünü nereden alıp onun malzemeleri içine koydu? Savcı bunları araştırırken o tarihlerde Mustafa Dönmez'in Kocaeli'ndeki aynı Tugayda Ordu Donatım Şube Müdürü olarak görev yaptığını tespit etmiş. Şimdi buradan ne anlayacaksınız? Askerin elindeki dürbünü biri alıyor veya çalıyor ve bunu götürüp Mustafa Dönmez'in Sapanca'da ki yazlığına koyuyor. Bu savunma akla uygun bir savunma değil.

Kısaca Mustafa Dönmez, bir askere zimmetli dürbününe dahi tenezzül edecek yapıda bir insan. Dosyada bunlar olunca ister istemez hakkındaki kanaatimiz olumsuz oldu.

Yine yaşadığım bir olayı anlatayım. Bu kişinin duruşması daha yeni sona ermişti. Kendisini getiren havacı bir yüzbaşı, askerlerle beraber bu kişiyi götürüyordu. Benim odamın camının önünde geçtikten kısa bir süre sonra bağırtı sesleri geldi. Mustafa Dönmez yüksek sesle bağırmaya başladı. Ne oldu diye merak ettim. Ertesi gün duruşmaya devam edecektik. Duruşma başlamadan önce inzibat subayını yanıma çağırdım. Ne oldu dün dedim. Bana dedi ki "Komutanım merdivenlerden yavaş yavaş iniyordu. 'Biraz hızlan geç kalıyoruz' dedim. Bana döndü bağırmaya başladı ve dedi ki, 'Sana öyle bir iftira atarım ki altından kalkamazsın.' Komutanım duruşmalar bitse de şu insandan kurtulsak" dedi. Bu cümleyi duyunca çok şaşırdım. Ama savunmaları, hakkında bana da bir fikir verdi. Tabii bu kişi cezaevinde kalırken yanında, ticaret yapmak suçundan tutuklanmış bir askeri doktor da kalıyordu. Doktor kendisini TSK'dan attırma maksadıyla ticaret yapmak suçunu işlemiş normal bir askeri doktordu. Kendisini tanıyordum. Bir gün beni ziyarete geldi. Birlikte otururken Mustafa Dönmez'den bahsetti. "Ben böyle bir adam görmedim. Adam cezaevinden çocuğunun üniversite imtihan sonucunu öğrenmek için telefon izni istedi. Telefon etmek için çıktı. Geldiğinde kendisine 'Nereyi kazanmış?' diye sordum. Bana bir baktı. 'Oğlanı aramadım. Bir kız arkadaşım var, onu aradım' dedi. Var mı böyle bir şey ya!" diye tepki gösterdi.

Bu dosyada günümüzdeki olayları açıklayıcı şifre şudur: Doğu Perinçek grubu ve ona yakın subaylar bir takım girişimler içerisinde bulundular. Tayyip Erdoğan ve AKP aleyhine çalıştılar. Muhtemelen Mustafa Dönmez'le ilgili yapılan soruşturmalarda Doğu Perinçekçi gruptan bir veya birkaç kişi vardı. Neden daha sonra bu olayları devam ettirmediler? Neden Tayyip Erdoğan ile işbirliğine gittiler? Bu olayları alt alta koyup topladığımızda, insanın kafasında bir takım netlikler oluşuyor.

Mustafa Dönmez'le ilgili bir mevzuyu daha anlatmak gerekir: Bu kişi ben hapishanedeyken kendisini yargılayan askeri hâkimler ile ilgili olarak 'ahlaksız hâkimler' dedi. Buna tabi ki cevap vermek gerekir. Allah'a hamdolsun tek eşli bir evliliğim oldu. Kamuoyuna yansıdığı için biliyoruz; bazılarının yaptığı gibi muta nikâhı ile veya imam nikâhıyla başka bir evliliğim olmadı. Başka türlü gayrimeşru bir hayat tarzına hiç girmedim. Eğer olsaydı bahsettiğim bu davalar sırasında zaten kullanırlardı. Ben de ya onların istediği kararları verirdim, ya da görüntülerim internette yayınlanırdı. Arkasından da istifa eder çeker giderdim. Görüntüleri ortaya çıkınca istifa edip giden askeri savcı da oldu. Ama ben ne onların istediği kararı verdim, ne de görüntülerim bir yerlerde yayınlandı.

Bana ahlaksız diyen bu kişinin ahlaki özelliğini net olarak ortaya koyan bir başka dava dosyası daha vardı. Bu kişinin o dosyasına girmiyorum. Özel hayatıdır, ancak o dosyayı incelediğimde çevremdeki insanlara şunu söyledim: "Bazen düşünüyordum cehennem niye yaratılmış diye, Mustafa Dönmez'i tanıyınca kafamdaki şüpheler ortadan kalktı. Gerçekten cehennem yaratılması gerekiyormuş. Zira hiçbir ceza o günahları temizlemez" dedim. Arkadaşlarım buna şahittir. Hatta bir ortamda Mehmet Yüzbaşıoğlu da vardı. Mustafa Dönmez'in o dosyasının detayına girmiyorum. Dediğim gibi olayda başka üçüncü kişiler var. Onların özel hayatı da söz konusudur. Ancak Mustafa Dönmez'in ahlak seviyesinin anlaşılması açısından şu kadarını anlatayım. "Şantaj dosyası"nda duruşmada şantaj olarak kullandığı görüntüleri izliyorduk. Savcı rahatsız oldu, bir müddet sonra, "Görüntüler ortada, devamını izlemeye gerek yok" diye talepte bulununca Mustafa Dönmez, "Ben izlenmesini istiyorum" dedi. Yani salonda kendi yatak odası görüntülerini o kadar insana izletmekten rahatsızlık duymadı.

6. AKP'nin Bazı Yöneticilerinin Yolsuzluk Faaliyetleri

B u konuyla ilgili çok şeyler yazıldı, söylendi. Ancak ben bunları irdeleyip tek tek burada dile getirecek değilim. Zira bu kitabı yazmaya karar verdiğimde kendi bilgim olan, yeterli bilgim yok ise bizzat şahit olduğum, şahit olduğum hadise yok ise birinci dereceden duyduğum hususları anlatacaktım. Diğer yandan, yaşanan süreci iyi anlayabilmek için bu konuya da bakmak gerekir. Zira bu konu da, 15 Temmuza giden süreci tetikleyen en önemli etkenlerden biri.

a. İstikametten Ayrılmamanın Hayata Etkisi

Dürüst yaşamın dışına çıkıldığında, sonucun nerelere varacağını göstermesi açısından yaşadığım bir olayı anlatacağım. Tabi, bu anlatacağım olayda varacağım sonuçlar var. 2005 yılında Ankara'ya tayin olmuştum. Genelkurmay Askeri Mahkemesine askeri hâkim olarak atanmıştım. Atanma sürecimde ilginç durumlar oldu. Genelkurmay Mahkemesinde yıllanmış dosyalar vardı. Gelen hâkimler basit dosyaları bitirmişler. Çok sanıklı, bir de alengirli veya bilinen tabirle sıkıntılı dosyaları bitirmemişlerdi. Bunu Ankara'daki yüksek rütbeli birçok askeri hâkim söylüyordu. Genelkurmay Adli Müşaviri, Tuğgeneral Hıfzı Çubuklu'ydu. Ben 2005 yılı Haziran ayı tayin döneminde doğu görevini bitirmiş batıya dönecek askeri hâkimler arasındaydım. Tayin yeri olarak tercihlerimde ilk sıraya Ankara'yı yazdım. Hıfzı Paşa, Genelkurmay Askeri Mahkemesine bir askeri hâkim aramaya başlamış. Ancak ilgili kişiye, kısa sürede tayin durumu da olmasın diye "Doğudan dönen askeri hâkimleri araştırın" talimatı vermiş. İsmimin de yer aldığı üç kişilik bir liste tespit edilmiş. Üç kişi içerisinden araştırma yapmışlar.

Sonunda benim adım ön plana çıkmış. Bu arada, benimle ilgili olarak; "BBP'çi, hatta Muhsin Yazıcıoğlu ile de görüşüyormuş" diye bir dedikoduya rastlamışlar. Ancak mesnetsiz bir iddia olunca itibar etmemişler. Bu hususu da bana atamam gerçekleştikten sonra tanıdığım bir albay ziyaretime geldiğinde söyledi. Bana "Senin hakkında böyle bir dedikodu çıkarmışlar, bilgin olsun" diyerek tedbir almamı istedi.

Bir akşam üzeri askeri hattan Hıfzı Paşanın sekreteri beni arayarak, Hıfzı Paşa'nın benimle görüşmek istediğini söyledi. Ancak mahiyetini belirtmedi. Hattı bağladı. O sırada yüzbaşıydım. Kendisi tuğgeneraldi. Askeri teamül gereği ona 'Komutanım' diyorlardı. Ben de öyle hitap etmekte mahsur görmedim. Sonra kendisine hep öyle hitap ettim. Cezaevinden çıktıktan sonra da yanına gittim. Yine öyle hitap ettim. Sonra konuşmaya başladık. Beni Genelkurmay Askeri Mahkemesine almak istediğini söyledi. Ben de Ankara'yı birinci sıraya yazdığımı, neresi olursa orada çalışabileceğimi söyledim. Zira tayin yeri ile ilgili olarak hiçbir zaman özel bir yer istemedim. Benim kendi anlayışımdı. "İyi bir yer olur ama karakteri zayıf bir adama denk gelirim, her gün sıkıntı yaşarım" düşüncesiyle özel bir talebim hiç olmadı. Kendisine 'Olur' dedim. İki gün sonra ise AYİM Başsavcısı aradı. "Seni AYİM Başsavcılığına Savcı olarak inha[34] ediyoruz" dedi. Ancak Hıfzı Paşa ile görüşmemi anlatarak, nazikçe talebine olumsuz cevap verdim. Halbuki meslek açısından ve yükselme açısından AYİM Başsavcılığı daha iyi bir görevdi. Ancak söz verdiğim için ötesini hiç düşünmedim.

Bu konuşmalardan yaklaşık beş altı gün kadar geçmişti. Bazı askeri hâkimler beni arayarak, gideceğim yeri de söyleyerek, "Niye oraya gidiyorsun? Orada Genelkurmay Başkanının emri dışında karar veremezsin. Oradaki hâkimler talimatla karar veren hâkimler" gibi görüşler ileri sürmeye başladılar. Bense o zamana kadar

---

34   Birini resmi bir göreve atamaya ya da bir üst aşamaya getirmeye ilişkin, ilgili makama yazılmış öneri yazısı.

kendi kararım dışında birinin etkisiyle hiç bir karar vermedim. Bunu mesleğe ve karakterime ihanet sayıyordum. Zaten öyle de tanınmaya başladım. Peki, herkes öyle miydi? Belki sırf bu konuda gördüklerim ve yaşadıklarım da bir kitap konusu olabilir. Kelli felli adam olarak görünüp de, birilerinin araya girmesiyle ne kararlar değiştiren hâkimler gördüm.

Genelkurmay Mahkemesiyle ilgili bu söylentileri duyunca rahatsız olmaya başladım. Geceleri rahat uyuyamıyordum. "Kararlarıma müdahale edilmeye çalışılırsa ben ne yaparım? Dediklerini yapmadığımda ne tür muamelelerle karşılaşırım?" Bunları düşünmeye başladım. O sırada Genelkurmay Mahkemesinde general yargılamaları yapılıyordu. Eski Deniz Kuvvetleri Komutanı Orgeneral İlhami Erdil orada yargılanıyordu. Korgeneral Ethem Erdağı gibi birçok general davası vardı. Söylediğim gibi muhafazakar bir yapım vardı. Yani ibadetlerimde eksiklikler vardı. İyi bir Müslüman değildim ama yetişme yerim ve çevrem itibarıyla dine karşı bir saygım vardı. Annem başörtülüydü. Bunu da biliyorlardı. Zira 1994 yılında anneme sağlık karnesi çıkardığımda annemin başörtülü fotoğrafını verdim. O zamanki idari işler astsubayı başçavuş yüzüme bakarak "Bu resmi mi vereceksiniz?" dedi. Anlamıştım ne demek istediğini, "Evet" dedim. Fazla detaya da girmedim. Kısaca vicdanım dışında bir karar verdiğimde, Allah katında da hesabını vermem gerektiğini iyi biliyordum. Eksiklerimi Allah affeder ama talimatla karar vermem durumunda ise kul hakkına, toplumun hakkına gireceğimi iyi biliyordum. Bunlar benim uykularımı kaçırmaya başladı. Eşim de durumun farkındaydı. Ama ona nedenini söylemiyordum.

Bu düşünceler içinde mesaiye başladığımda hemen askeri hattan Ankara'yı arayarak, Hıfzı Paşa'nın sekreterinden iki gün sonrasına randevu istedim. Özel bir mevzuyu görüşmem gerektiğini söyledim. O da Hıfzı Paşa'yla görüştükten sonra bana döndü. İstediğim güne öğleden sonraya randevu verdi. Ankara'ya gideceğimi söylediğimde arkadaşlar "Hayrola, niye gidiyorsun?" diye sordularsa da gerçeği söylemedim. Ankara'da ziyaretler yapacağımı belirttim. Askerler bilirler; bir nolu elbiseyi[35] giyerek, askeri hava üssünden kurye uçağıyla Ankara'ya gittim. Randevu günü tam o saate denk gelecek şekilde Hıfzı Paşa'nın bulunduğu yere gittim. O zamanlar boy pos da yerindeydi. Spor yapıyordum. İyi bir tenisçiydim. Turnuvalara katılıyordum. Boy ve kilo çok iyiydi. Bunu çevremdekiler söylüyorlardı.

Randevu saatinde odaya aldılar. Hıfzı paşa kapıda karşıladı, oturttu. Çerez türü şeyler vardı. O da karşıma oturdu. Sohbete başladık. Ailevi durumlarımı sordu. Zaten biliyordu ama konuşma mevzusu yapmak için sordu. Benimle ilgili gerekli araştırmaları yapmıştı. Sonra hakkımdaki kanaatlerini ve beni Genelkurmay Mahkemesi'ne almak için ilgili yerlere talimat verdiğini söyledi. Tam da istediğim mevzuya gelmişti. Ben kendisine teşekkür ettim ama daha önceden kafamda hazırladığım cümleyi kurmaya başladım: "Komutanım, çevremde uyumlu bir insan olarak bilinirim, öyleyimdir de, ama kararlarıma müdahale edilirse uyumsuz bir insan haline gelirim. Bu noktada burayla ilgili dedikodular var 'Hâkimlere müdahale ediliyor' diye. Bunu söylemeye geldim buraya" dedim. Bunu deyince Hıfzı Paşa şöyle bir üç beş saniye durdu. Kafasını kaldırarak pencereye doğru baktı. Şaşırmıştı. Arkasından bana döndü. Kafasını da biraz öne eğdi. Bana doğru hafif uzandı. Aynan şu cümleyi kurdu: "Bana bak Cemil, biz buraya objektif, hukuka uygun karar verecek hâkim arıyoruz. Biz de o yüzden seni seçtik" dedi. Bunu duyunca üzerimden çok büyük bir yük kalktığını hissettim. Bir anda rahatladım. Arkasından şunu da söyledi: "Burası Genelkurmay Mahkemesi, dosyalar kritik, ben de Genelkurmay Başkanı adına dosyaları takip etmekle yükümlüyüm, kanun bunu emrediyor. Dolayısıyla 'Dosyalar hangi aşamada?

---

35 Silahlı kuvvetlerde subay, astsubay ve askeri öğrencilerin giydigi, halk arasında 'harici elbise' olarak da bilinen gömlek, pantolon, ceket ve şapkadan oluşan üniforma.

Duruşmalarda ne oldu?' diye bilgi isterim, bunları da verirsin" dedi. O dönem yürürlükte olan 353 Sayılı Kanun'da bu hususa ilişkin hüküm vardı. Yani söylediği ve talebi kanuna dayanıyordu. Ben de "Tabi olur, onu yaparım" dedim. Hıfzı Paşa'yla 6 yıl beraber çalıştık. Söylediğinin dışına çıkmadı. O insana saygım ve sempatim gün geçtikçe arttı. Gerçekten de sözünün eri bir insandı. Başına gelenlere de çok üzülüyordum. Tutuklandığında AYİM'de üyeydim. Kendisini ziyaret etmek istedim. Ancak AYİM Başkanı, "Burada dosyalar var, ziyaretin sonra aleyhe kullanabilirler" diye ziyaretimi uygun görmedi. Antrparantez bu vakayı anlattıktan sonra gelelim konumuza.

Eğer o gün öyle bir davranış içine girmeseydim, zamanla karakterim değişecekti. Hıfzı Paşa insan ve hukukçu olarak, hukuk dışına çıkacak birisi değildi. Ama dosyalara girdi yapmak isteyen çok kişiyle karşılaştım. En ehveni, telefon açıp "Ya şunlar iyi çocuklar" diyordu. Böyle bir girdiye izin verseydim, şimdi farklı bir yerde bulunacaktım. Hatır işiyle başlayan azıcık sapmalar, sonrasında muhtemelen başka teklifleri de getirecekti. Böyle bir meylinizin olduğunu anladıkları an, muhakkak para mevzuları da araya girecekti. Belki önümün kadınla kesilmesi olayında da tuzağa düşecektim.

Bunu şunun için anlattım: Bir insanın yaşamadığı bir imtihanda ne tür bir tepki vereceğini kestiremezsiniz. AKP yöneticileri ise parti kurulduğu sırada henüz para, makam ve kadın imtihanı ile karşılaşmamışlardı. İlk başta birlikte yola çıkanlar gerçekten de dindar olan, henüz para, makam ve kadınla imtihan olmamış insanlardı. Bu konuda kamuoyunda gördüğüm ve okuduğum kadarıyla görüş birliği de var. Tabi bunu Tayyip Erdoğan için söylemiyorum. Zira Rahmi Koç'un bir televizyon konuşmasında bizzat duydum. O zaman Tayyip Erdoğan partiyi yeni kurmuştu. Henüz 2002 yılı seçimleri yapılmamıştı. Şöyle diyordu; Tayyip Erdoğan'ın bir milyar dolar parası var. Kısaca Tayyip Erdoğan'ın belediye başkanlığı

yaparken yolsuzluk yaptığını söylüyordu. Bu durum da muhteme-
len birçok kesim tarafından biliniyordu. Yine Fethullah Gülen'in 15
Temmuz sonrası anlattıklarından öğreniyoruz; Belediye başkanıy-
ken bir kadına giderken kendisini uyarıyorlar. O da gitmiyor. Yani
partiyi daha kurarken hem para hem de kadın imtihanını kaybet-
miş bir kişi olarak Ankara'da siyasete başlamış.

b. Yolsuzlukların Yol Açtığı Sonuçlar

Ailemde ve çevremde çok oldukları için AKP'yi yakından takip edi-
yordum. AKP ve onu destekleyen üst kesim ilk zamanlar; özgür-
lükler, temel haklar, başörtüsü mağduriyeti, adalet, temiz çalışma
gibi kavramlardan bahsediyorlardı. CHP'yi de İstanbul Beledi-
yesi döneminden dolayı yolsuzlukla itham ediyorlardı. İstanbul'da
büyümüş biri olarak biliyordum. Söyledikleri bir bağlamda doğ-
ruydu. Zira Nurettin Sözen dönemi tam bir yolsuzluk dönemiydi.
Zaten o dönemde olanlar basına da yansımıştı. Meşhur bir 'Ergun
Göknel olayı' vardı. Tayyip Erdoğan'ı belediye başkanı yapan, esa-
sında Nurettin Sözen zamanında yapılan yolsuzluklardı. İstanbul-
lular bu durumu çok iyi bilirler. Hatta Ekrem İmamoğlu ve Mansur
Yavaş seçildiğinde bir tereddüdüm vardı, 'Bunlar da aynı yolsuz-
luklara bulaşacaklar mı acaba?' diye. Ama şu ana kadar bu olmadı.

AKP iktidar olduğu ilk yıllarda iyi işler yaptı. Ancak zamanla;
inşaat, müteahhitlik, hafriyatçılık, imar, arsa gibi bilumum para
işleri karşılarına çıktı. Bu işleri yaparken, komisyon alma, adam
kayırma, üç liralık işi beş liraya yaptırma, önce 'vakıflara yardım
etme' adı altında komisyon alma, akabinde bu ad altında para top-
lama gibi yasa dışı işlere daldılar. Akabinde haksız zenginleşmeler
başladı. Bunları bizzat görüyordum. İş iyiye gitmiyordu. Bir kere
dahi dürüstlükten taviz verdin mi, katlanarak devam eder.

Bu konularla ilgili yaşadığım bir olayı anlatayım. Bir bayram günü, ailecek İstanbul'a akrabaları ziyarete gitmiştik. 2012 yılıydı. Teyzemlerde evin bahçesinde uzun bir masada oturuyorduk. Hemen hemen hepsi AKP'li olan akrabalarımdan bir kısmı oradaydı. Herkes bir şeyler söylüyordu. Anladığım kadarıyla beni de konuşturmak istiyorlardı. Söz AKP'nin durumuna geldi. Ben de şahit olduğum ve birinci ağızdan duyduğum yolsuzluk vakalarını anlatmaya başladım. Bazı ihale yolsuzluklarını anlattım. Tabi bunları anlatırken tepki de bekliyordum. Anlatmam bitince, şöyle bir durup masadakilerin yüzlerine detaylı baktım. Önce teyzemin eşi söze başladı. Haklısın dedi. Sonra kendi şahit olduğu hafriyat dökümüyle ilgili yolsuzluklardan bahsetti. Akrabalarımın çoğunluğu inşaat işleriyle uğraşıyorlardı. Hafriyat işlerini biliyorlardı. Sonra başka birisi, kendi işiyle ilgili yolsuzluktan bahsetti. Sonra başka birisi benim de bilmediğim olayları anlattı. Yani masadaki hemen hemen herkes AKP'nin yolsuzluklar yapmaya başladığında hemfikirdi.

Bu duruma sevinmedim; aksine çok üzüldüm. Zira akrabalarım bunları bile bile yine AKP'ye oy veriyorlardı. Bu çok büyük bir problemdi. Büyük yolsuzluk vakaları, önce hatır işleriyle başlar. Sonra katlanarak devam eder. Başta belirttiğim gibi, yüzbaşıyken bir iki gün uykumun kaçması sonrasında yaşadıklarım doğru yolda gitmeme neden oldu. Doğru yolda gitmenin neticelerinden biri de hapse atılmak oldu. Ama hapiste bile akşam yattığımda rahat uyuyordum. Arkadaşlarımdan bir kısmı zaman zaman bunu dile getiriyorlardı. AYİM'e açtığım davada dilekçeye, "Hapishanede olsam da yattığımda rahat uyuyorum. Aleyhimde ifade verenler ise eminim rahat uyuyamıyorlardır" diye yazdım.

Tabi bu tespitim yalnız aleyhime ifade verenler için geçerli değil, o tür yaşamı tercih eden herkes için geçerliydi.

Buradan şu sonuca varabiliriz:

Bir kere yolsuzluklara batan bir insan veya grubun, yolsuzluklara batmamış, bulaşmamış insanlarla aynı yerde, problemsiz bir şekilde yaşaması mümkün değildir. Bu, tabiat kanunlarına da aykırıdır. Yoğunlukları farklı iki ortam var ise muhakkak arada, bir taraftan diğer tarafa geçiş olur. Geçiş olmaz ise bir taraf muhakkak öbür tarafı elimine etmek ister. Hollywood polisiye filmlerinde bile bu durum vardır; uyuşturucu satıcılarıyla, mafyayla ortak çalışan veya fuhuş işlerine göz yuman bir karakola temiz bir polis gidince, onu önce pisliğe bulaştırmaya çalışırlar. Polis bu işlere bulaşmazsa, ya ona tuzak kurarak ya da evine, arabasına uyuşturucu koyarak yakalatırlar, hapse attırırlar. Bunlar mümkün olmazsa oradan tayin ettirmeye çalışırlar. Senaryosu bu şekilde olan belki onlarca flim seyrettim. Ama bu tür filmlerin sonunda hep temiz olanlar kazandı.

Bu kurallar çerçevesinde, AKP'nin içinde olduğu devlet yönetimine bakalım. Bir kısım kamu görevlisi ve müteahhitler var; ihalelerden pay almıyorlar, devlet arazisine konmuyorlar, kelepir ev almıyorlar, kurulan kooperatife katılmıyorlar. Bir kısım kamu görevlileri ise bu imkânları sonuna kadar kullanıyor; kendilerini olayların akışına bırakmış halde, artık çocuklarına da birer tane ev almaya başlıyorlar. Paravan şirketler kurup bir anda büyük ihaleler alıyorlar, paraya para demiyorlar. Ailenin her ferdinin altında BMV, Mercedes gibi çok lüks ve pahalı arabalar var. Bu kişiler, yukarıda belirttiğim sosyal yasa gereği diğerlerini de ya yolsuzluğa bulaştırmak isteyecekler ya da başka bir şekilde o tür insanlara tuzak kurup suç isnat edecekler ve onlardan kurtulmuş olacaklar. Yaşanılan olaylara bir de bu çerçeveden bakmak gerekir.

Sosyoloji kuralları gereği, yolsuzluğa gırtlağına kadar batmış bu insanlar kendilerini bu pislikten kurtaramayınca, bu sefer beraber çalıştığı tüm kişileri de aynı günahlara ortak etmeye çalıştılar.

c. Yöneticilerde Ahlaki Seviyenin Düşmeye Başlaması

Yolsuzluklar işlenen suçun bir kısmını oluşturuyordu. Ancak, aynı zamanda cinsellik anlamında da ahlaka aykırı fiiller işlenmeye başlandı. Sözlerimin başında zaman zaman kendi tecrübe ve gözlemlerinden de örnekler vereceğimi söyledim. Zira ben de 'terör örgütü üyesi' isnadıyla suçlandım. Hatta beş yüksek hükümet yargıcı, hakkımda silahlı terör örgütü üyesi olmak suçundan mahkumiyet kararı verdi. Bu süreci anlatırken tabii ki yaşadıklarımı da öncelikle anlatmam gerekecek.

Yüzbaşıyken ve Sauna davasına bakarken bir kadının önüme çıktığını anlattım. Eğer o kadının teklifini kabul etseydim, kim bilir sonum nasıl olacaktı? Baktığım önemli bir dava nedeniyle beni yönlendirmek için bana tuzak kuranlar, muhakkak AKP'lilere de kurmuşlardır. Sauna davasında bahsettiğimiz 63 CD ortadan kayboldu. Tayyip Erdoğan belediye başkanlığı döneminde bu tuzağa düştü. Acaba başka ne tür filleri kayıt altına alındı? Deniz Baykal'ın istifa etmesine yol açan olayı hatırlamak gerekir.

Elbette bu durumu tüm AKP'lileri kapsayacak şekilde genelleyemeyiz. İçlerinde ahlak açısından bu tür olaylara bulaşmamış insanlar da vardır.

Tayyip Erdoğan'ın belediye başkanlığı döneminde yaşanan bir olay var; kamuoyunda bu husus birkaç kez gündeme getirildi. Ancak Tayyip Erdoğan bu olayın olmadığına dair bir inkârı olmadı. Diğer yandan Erdoğan'ın meşhur bir veya iki bayanla görüştüğü, bu nedenle eşiyle zaman zaman sıkıntılar yaşadığı da kamuoyuna yansıdı.

Berat Albayrak'la ilgili yaşanan hadise ise ayyuka çıktı. Bu hadise de gün yüzüne çıktı, duyuldu. Günlerce konuşuldu. Ben bu sırada hapishanedeydim. Kemal Kılıçdaroğlu grup konuşmasında "Bir eli yağda bir eli balda" diyerek bu olaya atıfta bulundu. Bu olaya dair de herhangi bir yalanlama duymadım. Benzeri olaylara bulaşmış ne kadar milletvekili var, açıkçası detaylı araştırmadım. Detayı bizi ilgilendirmiyor. Sonuçları nedeniyle mecburen üzerinde duruyorum bu mevzuların. Kayıp 63 CD'de kimler vardı, neler vardı; detayını bilmiyorum. Yine baktığım bir davadan bir örnek vereyim. Malatya'dayken baktığım bir davaydı. Zina suçuyla ilgiliydi.[36] Bir askerin, bir subay eşiyle ilişkisi nedeniyle dava açılmıştı. Askeri, zina suçundan yargılıyorduk. Ancak o sırada Anayasa Mahkemesi, erkeğin zinası konusunda birden fazla eylem olması ve karı koca hayatı gibi birlikte yaşama unsurunun aranması koşulunu eşitlik prensibine aykırı bularak hükmü iptal etti. Ortada yalnızca kadının zinasına ilişkin düzenleme kaldı. Bu düzenleme de AYM tarafından iptal edildi. Bir boşluk doğdu. Ancak AKP bu boşluğu hiç doldurmadı. Dolayısıyla Türkiye'de zina bir suç iken AKP döneminde ortadan kalktı.[37]

Zinanın suç olması gerektiği yönünde eleştiriler de vardı. Özgürlükten bahsedilerek suç olmaması gerektiğini savunanlar vardı; suç sayılmamasının Avrupa hukukuna daha uygun olduğunu söyleyenler de. Bu durum tabi ki tartışılabilir. Kendi görüşümü bu noktada belirtmek isterim: Eğer aile, toplumun temel taşı ve sağlıklı bir toplum inşa edilmek isteniyorsa, bana göre zina suçu tekrar Türk Ceza Kanunu'na (TCK) konabilir. Ama asıl vurgulamak istediğim nokta, AKP gibi muhafazakâr görünen bir partinin

---

36 Genç hukukçular arasında "Nasıl olur?" diye hayret edenler olabilir. Haklılar; Askeri Ceza Kanunu'nun 152/1. Maddesinde; *"ırz ve iffete tecavüz eden askeri şahıslar hakkında Türk Ceza Kanunun sekizinci babında yazılı cezalar tatbik olunur"* hükmü yer alıyordu. Bu atıf nedeniyle ahlakla ilgili suçlar askeri suç haline getirilmişti. Askeri suçlarla ilgili yargılamalar da askeri mahkemelerde görülüyordu. Ayrıca o dönem itibarıyla zina da suç sayılıyordu. Ancak 152. Madde 22 Mart 2000 tarihinde 4551 sayılı yasa ile yürürlükten kaldırıldı.

37 1926'dan beri zinayı suç sayan söz konusu hükümlerin yeni TCK'ya konulmamasıyla zina resmen suç olmaktan çıkmış, herhangi bir şikâyette Türk Ceza Kanununda böyle bir suç olmadığı için arama yapamama ve polis hâkimden arama izni alamama durumunu ortaya çıkarmıştı. (Millî Gazete, 06.6.2015).

Bu çerçevede daha 2014'te dönemin Adalet Bakanı Sadullah Ergin'in verdiği rakamlara göre, 2002-2010 yılları arasında fuhuş suçlarının yüzde 220, ırza geçme ve çocuklara cinsel tâciz suçlarının yüzde 125 oranında arttığı; fuhuş suçundan 2002 yılında 2669 kişi hakkında dâvâ açılırken bu sayının 2007 yılında 4494'e, 2010 yılı sonu itibarıyla da 8409'a ulaştığı açıklamasıyla ortaya konulmuştu. (gazeteler, 23.3.2014). Bkz. Cevher İlhan, Zinanın suç olmaktan çıkarılması yanlışı özeleştirisi, Yeni Asya Gazetesi, https://www.yeniasya.com.tr/cevher-ilhan/zinanin-suc-olmaktan-cikarilmasi-yanlisi-ozelestirisi_454732, erişim tarihi; 26.02.2018.

zamanında zinanın suç olmaktan çıkarılmasıdır ve doğan boşluğun bu parti tarafından doldurulmamasıdır.

7. AKP'nin Çelişkili Yasa Çalışmaları Yapması

a. Meşhur Terör Kanunu Tasarısı

Ankara'da göreve başladıktan sonra, tanıdığım ve samimi olduğum AKP'li bir milletvekili beni ziyarete geldi. Bana bazı gelişmelerden bahsederek, bir kanun tasarısı verdi. "Meclisten Cemil Çiçek bir kanun geçirecek, güvendiğim iyi bir hukukçu da yok. Fethullahçılar bu kanunun çıkarılmasını istemiyorlar. Güya bu kanunla cemaatler terör örgütü haline getiriliyormuş. Buna bir bakar mısın?" dedi. "Bana niye geldi?" diye şaşırdım. Tasarı bir gün bende kaldı; inceledim. Detayını tam hatırlamıyorum. Ama tasarı mevcut düzenlemelerden daha ağır şartlar içeriyordu. Kendisine tasarının mevcut durumdan daha özgürlükleri kısıtlayıcı olduğunu söyledim. Sonra da "Özgürlükleri genişleteceğiz diyorsunuz, bu tasarı o söyleminizle uyuşmuyor" diye cevap verdim. Kalktı gitti. Ben bu tasarının terörle mücadele için çıkarılan bir kanun tasarısı olduğunu zannettim. Ancak 15 Temmuz sonrası Cemil Çiçek'in açıklamalarından anladık ki, o gün gerçekten dini grupları hedefe alarak öyle bir tasarı hazırlamışlar.

Cemil Çiçek 15 Temmuz sonrası verdiği mülakatta şunları söyledi: "Biz bir kanun çalışması yaptık. Cemaatin faaliyetlerini engellemek istiyorduk. Onların baskısıyla çıkaramadık." Cemil Çiçek'in o dönem itibarıyla böyle bir kanun tasarısını Tayyip Erdoğan'ın izni ve bilgisi olmadan hazırlaması elbette mümkün değildi. Bu anlattığım olaydan net bir sonuç ortaya çıkıyor: Tayyip Erdoğan, Cemaatle hiçbir zaman barışık olmamış. Gülen'e karşı devamlı bir hamle içinde olmuş.

b. Başörtüsü Problemini Çözmek İstememeleri

Yasa çalışmalarıyla ilgili en önemli ikinci konu da başörtüsü mese-lesidir. TSK'da beni tanıyanlar iyi bilirler; hiçbir zaman başörtüsü aleyhine konuşmadım. Birkaç yerde, "Toplumun çoğunluğu bunu takıyor. Niye bunun üzerinde bu kadar duruluyor ki? Esasında bu duruş mevcut ideolojiye zarar veriyor diye" tepkim de oldu. Bu tep-kim nedeniyle de muhafazakâr olarak fişlendim. Dine karşı hiçbir zaman tepkim olmadı. Yasaklar bana da garip geliyordu.

Fakat Tayyip Erdoğan, meselenin çözümü konusunda hiçbir zaman gerçek anlamda girişimde bulunmadı. Bu konuyu karşılaş-tırmalı olarak açıklayayım: Tayyip Erdoğan, Yüksek Askeri Şura'ya (YAŞ) katıldığında irtica nedeniyle atılmalara ilk tepkisini orada gösterdi. YAŞ'ta tüm generalleri de karşısına alarak, "Hayır ata-mazsınız" diyerek kararlara şerh koydu.[38] Ancak aynı kişi top-lumda gerçekten problem olan başörtüsü yasağını kaldırmak için hiçbir girişimde bulunmadı. Hatta bazı generallerin bile bu yasak-tan rahatsızlık duyduklarını biliyordum. Ancak resmi ideolojiyle çatışmamak için fikirlerini açıklamıyorlardı. Diğer yandan gerçek anlamda, kanun gereği bir yasak da yoktu. Hiçbir kanun başörtüsü kamuda yasaktır demiyordu. Uygulamalar vardı. Anayasa Mahke-mesi'nin de (AYM) tevilli kararları vardı. Uygulamayla konulan başörtüsü yasağı bir Başbakanlık genelgesiyle rahat bir şekilde kaldırılabilirdi. Ama nedense yapılmadı.

Hatırladığım kadarıyla bir avukatın duruşma salonuna alın-maması üzerine başlayan süreçte, bu husus dava konusu yapıldı. Olay daha sonra Danıştay'a kadar gitti. Danıştay, yasak işlemini

---

[38] Başbakan Erdoğan, katıldığı ilk Yüksek Askeri Şura'da(Ağustos 2003), irticacı subayların ordudan atılma kararlarına şerh (çekince) koyarak "olur" dedi. Başbakan Erdoğan, ilk kez başkanlık ettiği YAŞ toplantısında, irticacı subayların ordudan ihraç kararlarına muhalefet şerhi koydu. Geçen yıl dönemin Başbakanı Gül'ün ihraçlara şerh koymasıyla gerginlik yaşanmıştı. Recep Tayyip Erdoğan'ın başbakan sıfatıyla ilk kez katılarak başkanlık ettiği Yüksek Askeri Şura (YAŞ) toplantısı, irticacı subayların ordudan ihracı konusunda yaşanan bir çekince sıkıntısına sahne oldu. YAŞ'ın dünkü oturumunda çoğu irticai faaliyetlere karıştıkları gerekçe-siyle 20 kadar subay ve astsubayın ordudan ihraç edilmeleri kararlaştırıldı. Bkz. https://www.hurriyet.com.tr/gundem/o-da-cekince-koydu-38486095, erişim tarihi; 15.01.2021.

hukuka aykırı bulup iptal kararı verdi. Kısaca, "Başörtülü bir avukat duruşma salonuna girebilir; bunu yasaklayan işlem hukuka uygun değil" diye karar verdi. Bu karardan sonra AKP, yasağı kendisi kaldırmış gibi bir hava oluşturdu. Hâlbuki o güne kadar kıllarını bile kıpırdatmadılar. O dönem tüm generalleri karşısına alıp, YAŞ kararı ile atılan subay ve astsubaylar için şerh koyarken, toplumun neredeyse yüzde yetmişini ilgilendiren bir konu olan başörtüsü konusunda harekete geçmemeleri çelişki oluşturuyordu.

8. Tayyip Erdoğan'ın Bizzat Faaliyetleri

Günümüze kadar yaşanan olaylarda baş aktörün Tayyip Erdoğan olduğu konusunda herhangi bir tereddüt yok. Başta şunu söyleyelim: Bazıları, "Tayyip Erdoğan'a yaptırıldı. Tayyip Erdoğan'ın açıkları gösterilerek zorlandı" gibi iddialar dile getiriyor. Ancak bana göre hiç de öyle değil. Tayyip Erdoğan, ne yaptıysa baştan planlayarak yaptı. Doğu Perinçek'in yanına gitmesi ise, şantaj olabilecek görüntülerle birlikte menfaat uyuşması gereği oldu. Bu minvalde Tayyip Erdoğan'ın faaliyetlerini gözden geçirmeye başlayalım.

a. Erdoğan'ın Gizli Anlaşması

Tayyip Erdoğan ile ilgili olarak "BOP Eşbaşkanı" gibi yakıştırmalar yapıldı. Bu yakıştırma da çoğunlukla Doğu Perinçek tarafından dile getirildi. Ancak basına da yansıdı. Büyük Birlik Partisi'nin (BBP) merhum lideri Muhsin Yazıcıoğlu'nun da çevresine söylediği beyanları var. Diyor ki: "Derin yapı veya Türkiye'yi yönlendiren, yöneten güçler, bana teklifte bulundular. 'Sonraki dönem için seni destekleyelim, Türkiye'yi sen yönet, fakat şartlarımız var. Şartlarımız da şunlar; birincisi Cemaati bitireceksin, ikincisi....' gibi şartlar ileri sürdüler. Fakat ben bu teklifi kabul etmedim."[39]

Muhsin Yazıcıoğlu yapılan bu teklifi kabul etmeyince, aynı teklifi Tayyip Erdoğan'a götürmüşler. Tayyip Erdoğan bu teklifi kabul etmiş. Ancak Tayyip Erdoğan bu hususu herhangi bir yerde söylemedi.

Erdoğan yapmış olduğu bu gizli anlaşma sonrasında parti

---

39 Bu minvaldeki konuşmalar, bkz. https://t24.com.tr/haber/bir-muddet-amerikanin-dediklerini-yapariz-sonra-millete-hizmet-ederiz,281206; erişim tarihi; 28.10.2020.

kurma çalışmalarına başlamış. Daha önce de belirttiğim gibi, ceza-
evindeki karşılaştığım Cemaat mensubu kişiler şunu anlattılar:
Tayyip Erdoğan Parti kurduktan sonra Fethullah Gülen›in yanına
gidiyor. Ondan destek istiyor. Karşılıklı konuşmalar oluyor. Gülen
bir partinin ne yapması gerektiğini anlatıyor. Ancak doğrudan des-
tek vermiyor. Cezaevindeki kişilerin anlatmasına göre olayın püf
noktası şu: Tayyip Erdoğan, Fethullah Gülen'in yanından ayrılır-
ken asansörde, "Bunları bitirmek lazım" diyor. Bu beyanı da daha
sonra Gülen'in kulağına gidiyor. O da 15 Temmuz sonrası basına
verdiği mülakatta bu hususu dile getiriyor.

Bu konuşmalardan şu sonuçlar çıkıyor: Evvela Tayyip Erdoğan
daha yola çıkarken yaptığı bir anlaşmaya binaen Cemaati, belki
de diğer tüm cemaatleri bitirme konusunda söz vermiş. 19 yıllık
iktidar sürecinde yaptıkları da bu anlaşmayı işaret ediyor. TSK
ile sıkı bağları olan Ulusalcılar, Perinçekçi gruplar ise bu anlaş-
manın dışında görünüyorlar. Zira bu gruplar AKP iktidar olunca,
AKP'yi bitirme noktasında hemen faaliyetlerine başladılar. Dur-
sun Çiçek'in başında olduğu Genelkurmay Bilgi Destek Komutan-
lığı'nın hazırladığı belge bu gerçeği açık olarak gösteriyor.

Tayyip Erdoğan da yaptığı anlaşmanın verdiği rahatlıkla ken-
disine engel olacak veya isteksiz davranabilecek tüm partilileri bir
şekilde elimine etti, etkisiz hale getirdi. Bugüne kadar iktidarda
kalmasının püf noktası da belki bu antlaşmaydı. Zira bahsedilen
o yapılar, Erdoğan'ın icraatlarından hoşlanmasalardı anlaşmayı
çoktan bozarlardı.

b. Ergenekon Soruşturmalarının Savcısı Olması

Görüldüğü üzere, Tayyip Erdoğan'ın iktidara giden sürecinde söz
verdiği yapı ile Ulusalcılar ve Ergenekoncular farklı grupları teş-
kil ediyor. Ulusalcı ve Ergenekoncu denen yapılar, AKP'ye başta

hiç destek vermediler. Aksine, AKP iktidar olduğu andan itibaren AKP'yi bitirmek için uğraştılar. Balyoz Harekât Planı da bunlardan biriydi. Bu harekât planı çalışmaları AKP'nin iktidar olmasıyla başlamış. Bugün o planlara da kumpas deniyor ama ses kayıtlarını inkâr edemiyorlar. Kayıtlarda Çetin Doğan açıkça ihtilalden bahsetti. Ben satırları kaleme alırken, Cem Küçük tekrar bu palanları gündeme getirerek, Ergenekon, Balyoz, Eldiven gibi girişimlerin hepsinin doğru olduğunu söyledi.[40]

Bu grupların faaliyetleri Tayyip Erdoğan'ı rahatsız etmiş. İlk zamanlarda katıldığı YAŞ toplantılarında bazı askerler, kendisini rahatsız edecek şekilde konuşmalar yapmışlar. Özellikle Genelkurmay Harekât Başkanı olan Çetin Doğan'ın konuşmaları hem Abdullah Gül'ü hem de daha sonra Başbakan olan Tayyip Erdoğan'ı rahatsız etmiş.

Bu grupların ikinci faaliyeti, AKP'nin kapatılması yönünde oldu. Bu girişimleri kimlerin yaptığı, daha sonra açık bir şekilde ortaya çıktı: Doğu Perinçek, Sabih Kanadoğlu,... AKP'yi kapatmaya çalışmışlar. Bu nedenle de Tayyip Erdoğan Ergenekon soruşturmaları adıyla başlayan soruşturmaların savcılığına soyundu. Dolayısıyla ilk başlarda kendisine düşman olan bu grupları bitirmek için bizzat savcıları ve emniyeti kullandı.

Cezaevinde birçok emniyet mensubundan duydum; Tayyip Erdoğan, Ergenekon soruşturmaları sonuna doğru, rahatsız olduğu yönünde basına konuşmalar yapmaya başlıyor. Dalgalar dursun gibi beyanları oluyor. Bunun üzerine emniyetçiler Tayyip Erdoğan'ın yanına gidiyorlar, soruşturmaları durduracaklarını söylüyorlar. Tayyip Erdoğan ise "Siz işinize bakın, ben siyaseten konuşuyorum" diyor. Emniyet müdürlerine ve savcılara talimatlarını tekrarlıyor. "Elinizde ne varsa yapın, benim konuşmalarıma aldırmayın" diyor.

---

40 "Ergenekon, Balyoz, Eldiven bunların hepsi doğru, bunların hepsi bir gün başka kayıtlarda yazılır." 28.12.2020 tarihinde bu sözleri internete düştü. Cem Küçük'e bu planlar doğru ise niye kumpas dediniz? Şimdi niye tekrar bu planlara sarılıyorsunuz? Bu sefer kimi hedef alacaksınız? diye kimsede sormuyor.

c. İlker Başbuğ'u Tutuklatması

Türk Silahlı Kuvvetleri'nin Genelkurmay Başkanlığı görevini yapmış bir kişinin tutuklanması hem korkunç, hem de Türkiye açısından çok rahatsız edici bir olaydı. İlker Başbuğ sevilen bir kişilik değildi. Tutuklandığında pek üzülen subay görmedim. Kendisiyle bir iki karşılaşmamız olmuştu. İnsanlara tepeden bakan, onları küçük gören bir yapısı vardı. Özellikle TSK içerisinde de pek seveni yoktu. Çünkü kendisine sunum yapan herkese bir şekilde rencide edici laflar söylemiş.

Ben de kendisini sevmedim. Genelkurmay Mahkemesi karargâh içerisinde köşede bir yerdeydi. Nizamiyeden girdikten sonra yürürken iki üç günde bir Genelkurmay Başkanlığı makam aracıyla karşı karşıya geliyordum. Köşeyi dönerken makam aracı yavaşlıyordu. Arada bir iki metre mesafe kalıyordu. Mesela, Yaşar Büyükanıt geçerken çok karşılaştım. Selam verdiğimde çok nizami bir şekilde, ama aynı zamanda sempatik olarak selam alırdı. Keza Hilmi Özkök de öyleydi. Herhalde genç subaylarla karşılaşmaları ve onlardan selam almaları kendilerini mutlu ediyordu. Yaşım ilerledikçe o duyguları daha iyi anladım. Ama İlker Başbuğ öyle değildi. O makam aracıyla geçerken de birçok kez karşı karşıya geldim. Her seferinde selam verirdim. Göz göze gelirdik ama selamımı hiç almıyordu. Sert bir ifade ile bakıp geçip gidiyordu. Meğer aynı şeyi herkese yapıyormuş. Bu nedenle kendisine karşı bir antipati oluşmuştu.

Kendisi ile ilgili en önemli unutulan husus şudur: AKP'yi kapatma davasının görüleceği Anayasa Mahkemesi'nin Başkan Vekili Osman Paksüt ile Kara Kuvvetleri Karargâhı'nda gizlice görüştü. Bu görüşmeyi yaparken de Kuvvet Karargâhındaki tüm kameraları kapattı. Ancak bu görüşme daha sonra basına yansıdı. Anlaşılan o ki Tayyip Erdoğan bu duruma çok kızmış. İçten içe kendisine kin beslemiş. Fırsatını bulunca da gereğini yaptı.

İlker Başbuğ>un tutuklanmasına neden olayı da hatırlamak için kısaca özetleyelim: Genelkurmay Karargâhında bir birimde özel bir takım çalışmalar yapılıyor. Bunlardan bir tanesi de internette propaganda yapılacak sitelerin kurulması. Bu siteleri, o birimde görevli birkaç subay kendi kredi kartlarını da kullanmak suretiyle açıyorlar. "İrtica.org" gibi propaganda siteleri kuruluyor. Bu sitelerde AKP hükümeti aleyhine yayınlar yapılıyor.

Bu durum ortaya çıkınca bununla ilgili hazırlanan emir gündeme geliyor. Emrin son onayını İlker Başbuğ'un verdiği tespit ediliyor. Bu minvalde soruşturma başlatılıyor. Şunu ekleyeyim; TSK içerisinde özellikle Genelkurmay'da daha önce yapılmış bir çalışma olmadan yeniden bir faaliyet başlatmak çok zordur. Hatta imkânsız gibi bir şeydir. Bahsettiğim bu hadisenin de muhakkak geçmişi vardır. Dolayısıyla o süreçte görev almış kişilerden bahsetmeyeceğim. Onlar rutin görevlerini yapmışlar. Fakat bu olay tespit edilince de Tayyip Erdoğan'ın eline bir koz geçiyor. Tayyip Erdoğan'ın zorlamasıyla soruşturma yürütülüyor. Soruşturma İlker Başbuğ'a yönlendiriliyor. Hatta hastaneye gitmek için cezaevi çıkış kapısı bekleme odasında beklerken karşılaştığım meşhur özel yetkili bir savcıya bu olayı sordum. Anlattığına göre savcılar bu işe önce girmek istemiyor. Ancak Tayyip Erdoğan'ın bizzat zorlamasıyla İlker Başbuğ'u tutuklatıyorlar. İlker Başbuğ'un tutuklanması için alt hiyerarşide yer alan subaylar dolgu malzemesi olarak kullanılıyor. Talimatla hareket eden hâkim ve savcılarla ilgili görüşümü daha önce söyledim. Ben onlara hâkim ve savcı gözüyle bakmıyorum.

Ancak İlker Başbuğ'un neden ve kimin zorlamasıyla tutuklandığının da kamuoyu tarafından bilinmesi gerekir. 15 Temmuz'dan sonra İlker Başbuğ'un bir iki çıkışı oldu. Tayyip Erdoğan'ın ayar verici bir konuşması üzerine hemen geri çekildi. Biliyordu ki, "Biraz daha zorlarsam tekrar beni içeri alacaklar." Yani tecrübesi var. Hatta bu durumdan korktuğunu açık olarak gösteren beyanları da oldu.[41]

ç. Dolmabahçe Sarayı Görüşmesi

Cumhurbaşkanı Ahmet Necdet Sezer'in görev süresinin 2007 yılında dolmasının akabinde yapılan Cumhurbaşkanlığı seçimi öncesinde, dönemin Genelkurmay Başkanı Yaşar Büyükanıt, Genelkurmay'ın internet sitesinde muhtıra mahiyetinde bir bildiri yayınladı. 27 Nisan'da gece yarısı yayınlanan bu bildiriye, partiler ve kamuoyu sert tepki gösterdiler. Dolmabahçe görüşmesi bu bildiriden sonra gerçekleşti.

Dolmabahçe Sarayı'nda yapılan görüşmeye yukarıdan bir gözle bakıldığında görülecektir ki bu görüşme basit bir görüşme değildi. Hatta o görüşmede Tayyip Erdoğan'ın ayar verdiği iddiası vardı ama gelişmeler gösteriyor ki öyle olmamış. O günden sonra hatırladığım kadarıyla Sauna, Atabeyler gibi olaylar bir daha yaşanmadı. Sauna davası devam ederken Kasım Zengin'in beyanları vardı. Darbeye yönelik olarak bombalama eylemlerinin olacağı haberini aldıklarını, bu nedenle Gökhan Nuri Bozkır ile diyaloğa geçme ihtiyacı duyduklarını anlatmıştı. Bu faaliyetleri de Yaşar Paşa'nın yönlendirdiğini söylemişti.

---

41 Tayyip Erdoğan'ın İlker Başbuğ'un Afrin'le ilgili açıklamaları üzerine grup toplantısında şu şekilde cevap verdi: "Bir Genelkurmay Başkanı'ndan, emekli de olsa, böyle bir açıklamayı duymak büyük bir talihsizliktir. Bir defa siyasete alet edildiğini söylemek onun haddine mi? Ülkesine saldıranlara karşı haddini bildirmek, asker kışlasının içinde oturup saldırıları izleyecek mi? Siyasete alet edildiğini neye dayanarak söylüyor? Gerekli cevabını alacak. Asıl Afrin harekâtını siyasete alet edenler beyefendinin hareket ettiği tiplerdir. Bunlar siyasete alet ediyor. Esed'in yanına kimler gidiyor bunu onlarla paylaşsın. Asla da bunu böyle konuşmasını tasvip etmemiz mümkün değil, yazıklar olsun."

Bu cevap sonrasında İlker Başbuğ; "Sayın Cumhurbaşkanı'nın da konuşma içeriğimle ilgili olarak tam ve doğru bilgilendirilmediğini düşündüğümü belirtmek isterim. Ancak, beyanlarında geçen "gerekli cevabı alacak" şeklindeki ifade ile bugüne kadar uğradığımız haksızlıklara yeni bir haksızlığın daha ilave edilebileceğinin kastedildiği değerlendirmek istemiyorum" şeklinde açıklamada bulundu. Bkz. https://www.hurriyet.com.tr/gundem/ilker-basbug-erdogana-yanitini-bu-sabah-kendi-sitesinden-verdi-40741213, erişim tarihi; 13.02.2021

Yaşar Paşa o dönem Kara Kuvvetleri Komutanıydı. Ancak kendisi daha önce Genelkurmay İkinci Başkanlığı yapmıştı. İkinci Başkanlığın önemli bir fonksiyonu vardı. Özel Kuvvetler Komutanlığı doğrudan İkinci Başkana bağlıydı. MAK Alay Komutanlığı yapmış olan Levent Göktaş'ın kapı dahi çalmadan İkinci Başkanın odasına girdiği söyleniyordu. Sauna dosyasında ifadelerde yer almaktadır; Gökhan Nuri Bozkır aynı zamanda Levent Göktaş'ın bürosuna da gidiyormuş. O sırada Levent Göktaş emekli olmuş, avukatlık bürosu açmış, avukat olarak çalışıyordu. Hatta baktığım birkaç davaya avukat olarak girmişti. Yani o dönem itibarıyla Levent Göktaş ile ilişkisi devam ediyormuş.

Öte yandan, her nedense Dolmabahçe Sarayı görüşmesi gerçekten tam anlamıyla iki kişi arasında gerçekleşti. Üçüncü bir kişi yoktu. Gizliliğe çok önem verildi. Tayyip Erdoğan, en yakınına dahi bu görüşmenin içeriğinden hiç bahsetmedi. Acaba niye? Eğer AKP'nin tabanın beklediği gibi bir şeyler olsaydı onu belki de yüz kere açıklardı. "Biz şunu şunu yaptık" der dururdu. Siyaseten getirisi olurdu. Ama öyle bir açıklama hiç olmadı.

Şunu demek değil kastım: "TSK bastırdı, AKP de kendine çekidüzen verdi." Orada iki kişi ne üzerinde anlaştılar, bilemiyoruz. Ancak 15 Temmuz öncesi gelişmeler ve sonra yaşanan süreçler bir fikir veriyor; burada Yaşar Paşa için şöyle ya da böyle bir insan da demeyeceğim. Lakin şu bir gerçek, Tayyip Erdoğan'ı, yani Tayyip Erdoğan'ın dış yüzünü hiç sevmiyordu. Ancak bu görüşmeden sonra TSK'daki derin yapı Sauna ve Atabeyler gibi girişimlerden vazgeçti. Bu da bize ikisi arasında önemli bir anlaşma olduğunu, Tayyip Erdoğan'ın bir takım sözler verdiğini gösteriyor.

Bazı asker kişiler benim için "Yaşar Paşa için böyle nasıl yazıyor!" diyebilir. Yaşar Paşa gördüğüm nadir iyi insanlardan biriydi. Çalıştığı herkes kendisini seviyordu. Bir İlker Başbuğ değildi. O yönüne hiç sözüm yoktur. Ancak yakın zamanda yaşadığım ve sonradan öğrenilen bir gelişme benim kafamdaki küçük soru işaretlerini çok büyük hale getirdi; azıcık olan güveni de iyice sarstı. O da şu: Aytaç Yalman'ı iyi tanırım. Malatya'da çalışırken Ordu Komutanıydı. Sosyal bir insandı. TSK'nın ideolojisini tam benimsemişti. Böyle bir insan, bırakın İran'a gitmeyi, Müslüman bir ülkeye bile gitmeyi kendisine ayıp sayardı. TSK mensuplarının genelde böyle bir anlayışı vardı. Yalman, Covid nedeniyle vefat etti. Sonra öğrendik ki o dönemde İran'a gitmiş. Orada herhalde hastalığa yakalanmış. Peki İran'a niçin gitti? Hiç bir açıklama gelmedi. Kendisi aynı zamanda emekli bir orgeneraldi. Hem şubat ayı, hem de üç hafta kalmış. Tatil olmadığı kesin.

Özetle, Dolmabahçe Sarayı'nda yapılan anlaşma üzerine darbeye yönelik tüm faaliyetler bir anda durdu. Tayyip Erdoğan'ı iktidar yapan yapının yanında, Ulusalcı ve Perinçekci gruplar da o görüşmeden sonra artık Tayyip Erdoğan'a yol verdiler. Neyin karşılığında? 15 Temmuz ve sonrası gelişmeler bunu net olarak gösteriyor.

d. Hakan Fidan'la Listeler Hazırlaması

Bu süreçte en önemli olan kurumlardan bir tanesi bildiğimiz gibi MİT oldu. MİT'in başına getirilen Hakan Fidan'la ilgili olarak söylenecek çok şey var ama konumuz bu değil. Eski Genelkurmay Başkanlarından Necdet Özel'in, bu kişi için "Çok yalan söylüyor" dediği ve bu kişiyi hiç sevmediği konuşulurdu.

Hakkında bir soruşturma vardı. Basından ve internetten o davanın durumunu takip ediyordum. Selam Tevhid Davası'ydı. Şimdilerde bu örgütle ilgili detaylar tekrar gün yüzüne çıkmaya başladı. Daha doğrusu kamuoyu bunu yeni öğrenmeye başladı. Burada yer alan bazı bilgilere göre, Hakan Fidan birkaç kez İran'a gitmiş. Sonra astsubay olmuş. Esasında İran'a gitmiş birisinin bırakın astsubay yapılmasını, TSK'ya misafir olarak bile alınması mümkün değildi.

Ama bu kişi astsubay olmuş. İlginç olan; astsubay olduktan sonra da İran'la ilişkilerini devam ettirmiş. TSK'ya girmek isteyen bir kişinin İran'da ne iş olabilir?

Gençlik yıllarımda İran bana öcü gibi gelirdi. TSK'daki bakış da buydu. TSK Personeli İran'la anılmaktan korkardı. İran'ın ismini bile duymak istemezlerdi. Ama Hakan Fidan İran'la çok yakın ilişkiler kuruyor.

İran›ın Türkiye üzerinde bu kadar etkisinin olacağını aklımın ucundan bile geçirmezdim. Ama şu günlerde; İran›ın Türkiye›yi nasıl avucunun içine aldığını da artık açık olarak görüyoruz. Bir televizyon programında, öldürülen İranlı Devrim Muhafızları liderinden bahsedilirken, 15 Temmuz›da Türkiye›deki yaptıklarından da bahsedildi. Konuşan kişi fazla ileri gitmedi, şu kadarını söyleyeyim dedi, "Kasım Süleymani" isminden bahsedip sonra durdu.[42] Kimse de sormadı "Türkiye'de ne yaptı?" diye. Darbeyi bile o gün eniştesinden öğrendiğini iddia eden Cumhurbaşkanından bu konuşma sonrasında bir açıklama gelmedi.

İran Devrim Muhafızları liderinin Türkiye›de 15 Temmuzla ilgili ne işi olabilirdi? Gerçeklerin ortaya çıkmasıyla ilgili şu söylenir: Yalan söyleyen kişi gerçeği ya en çok korktuğu anda ya da en çok rahatladığı anda dile getirir. O yüzden işkence eden polislerin yanında bir de hemen iyi bir polis bulunur. Bu iyi polis işkencecinin arkasından hemen devreye girer. Hatta işkence yapanı azarlayarak kenara çeker ve acıdığı intibaını vererek, yardımcı olacağını söyleyerek, işkence edileni konuşturmaya çalışır. Bu metodu bize bile uyguladılar.

---

42 Kudüs Gücü Komutanı Kasım Süleymani'nin katledilmesinin ardından Milli Görüş'ün yayın organı TV5 televizyonunda Buluşma Noktası programına katılan, Kudüs TV Genel Yayın Yönetmeni Nureddin Şirin; *"15 Temmuz darbe girişimin akamete uğratılması için kim ne yaptıysa ondan daha fazlasını yapan kişinin adı Kasım Süleymani'dir" "...Ne dediğimin, sözlerimin nereye gittiğini bilerek söylüyorum. Bu sözlerimin hangi mahfillerde kayda alındığını bilerek söylüyorum. Kasım Süleymani İran için şunu yaptı bunu yaptı demiyorum. Türkiye için... Bakınız sayın Erdoğan, yaptığı değerlendirmede onun ne anlama geldiğini kendisi anlattı. Çünkü, biliyor tanıyor. Onun üstünde zaten bir kişi var, rehberdir. Böyle bir kişinin öldürülmesi elbette İran'da karşılıksız kalmayacaktır."* Dedi. Bkz. https://parstoday.com/tr/news/turkey-i141872-nureddin_%-C5%9Eirin, erişim tarihi; 28.12.2020.

Bazı kişilerin 15 Temmuz sonrasında bir iki aylık dönemde televizyon ve gazete konuşmalarına bakın; geçmişte inkâr ettikleri şeyleri nasıl gerile gerile anlattıklarını göreceksiniz. Örneğin Cemil Çiçek. Kendi döneminde gündeme getirdiği TMK kanun tasarısıyla ilgili olarak, o tarih itibarıyla eleştirileri doğru bulmazken; 15 Temmuz sonrasında "O kanunla Cemaati terör örgütü ilan edecektik. Ancak birileri bize engel oldu" mahiyetinde konuşmaya başladı.

Hakan Fidan'la ilgili mevzuyu anlatmamın sebebine gelince; çevremdeki AKP'lilerden biri anlatmıştı. Tayyip Erdoğan 17-25 Aralık operasyonlarından yaklaşık iki sene önce Bakanlar Kurulunda bakanlara listeler vermeye başlıyor ve bakanlara, "Bu listelerdeki kişileri görevlerinden alın, pasif yerlere atayın" diye talimat veriyor. Bazı bakanlar bu duruma tepki gösteriyorlar. Ali Babacan kendisine verilen listeye karşı, "Biz ne yaptıysak onların sayesinde yaptık. Niye atalım?" mahiyetinde tepki gösteriyor. Bakanlardan Sadullah Ergin de bu taleplere pek sıcak bakmıyor. Zaten sonra tasfiye edilmesinin nedenlerinden bir tanesi de bu olsa gerek. Bazı bakanlar da pasif direniş gösteriyor, listeleri alıyorlar ama oyalama taktiği uyguluyorlar.

Tayyip Erdoğan'ın bakanlara verdiği bu listeleri Hakan Fidan hazırlatıyor. Hakan Fidan, tüm imkânlarını kullanarak meşhur listeleri oluşturuyor.

Son zamanlarda Cemaat mensuplarının ortaya attığı bir iddia var. İran ve İran İstihbaratı Fethullah Gülen'den hiç hoşlanmadı. Gülen Cemaatinin dünyada yaptıklarını kendilerine tehlike gördüler. Zira Gülen, dünyada Şiiliğin yayılmasına engel oluyordu. Bu iddia ve Hakan Fidan'ın İran adına çalıştığı iddiaları hiç de yabana atılır gibi görünmüyor.

e. TSK Mensupları İçin Listeler Hazırlatması

Baştan beri Tayyip Erdoğan'ın hedeflerinden biri de TSK'ydı. Zira TSK'nın, hedeflerine engel olacağını ilk Yüksek Askeri Şurada anlamıştı. Bir korgeneral kendisiyle alaycı bir şekilde konuşabiliyordu. Bir şekilde burayı halletmesi gerekiyordu. Muhtemelen burayı etkisiz hale getirmenin planlarını Hakan Fidan'la o zamanlarda yaptılar. Belki 15 Temmuz'u da o tarihlerde planladılar.

TSK'nın yapısı gereği, diğer bakanlıklardaki gibi listeler hazırlamak o kadar kolay değildi. Zira TSK mensuplarının belirli bir dünya görüşü, standart bir yaşam tarzı vardı. Bu yaşam tarzına uymayanların büyük bir kısmı 28 Şubat sürecinde TSK'dan uzaklaştırıldı. Peki bu fişlemeleri Hakan Fidan nasıl yaptı? Kendi çalıştığım yer açısından tespit ettiklerimi anlatayım. Askeri Yüksek İdare Mahkemesi (AYİM) İkinci Dairesinde bir Albay var; Metin Ulukanlıgil. Bu kişi her gördüğüne sarılan, herkesle arasını iyi tutmaya çalışan biriydi. Hatta onunla ilgili TSK da şu söylenirdi; Metin sana öyle sıcak davranır ki zannedersin Türkiye'de en çok sevdiği insan sensin. İkinci bir kişi yanınıza geldiğinde ona daha sıcak davrandığını görürsün. Bu sefer zannedersiniz ki en çok sevdiği ikinci kişi sensin. Üçüncü kişi geldiğinde aynı durum yaşanır. Fakat zaman geçtikçe Metin'in esasında kimseyi sevmediğini anlarsın.

Bu kişi Hâkim Albay olmakla beraber mesleği dışında başka işlerle de uğraşan bir kişiydi. Tutuklandıktan kısa bir süre sonra şunu öğrendim. Karşı komşusu olan bir subay anlattı: "Gece yarıları zaman zaman kapısı çalınırdı. Tedirgin olur kapıya bakardık. Uzun saçlı, garip garip tipler, takım elbiseli tipler gelip evine girerdi. Normal bir askeri hâkimin bu tür ilişkileri olması mümkün değildi. 15 Temmuz gecesi elinde listeyle Ankara Adliyesi içinde Cumhuriyet Savcılıklarını ve Sulh Ceza Hâkimliklerini gezen, tutuklanacak askerlerin isimlerini bildiren kişidir. Bu kişi 15 Temmuz gecesi askeri yargı WhatsApp grubuna sıkıyönetim atama listesini de koyan kişidir.[43]" Bu duruma da bizzat ben şahit oldum. Zira o gruba ben de üyeydim.

Liste hazırlamak için çalışma yapan diğer kişi aynı dairede görev yapan Hâkim Albay Kenan Kenan'dı. Hâkim olduğu halde mesleğinden ziyade istihbarat subayı gibi çalışıyordu. Gözaltına alınıp spor salonuna götürüldüğümüz gün meşhur işkenceci Tahir açık olarak; "Sizi biz istemedik, sizin listenizi bize Genelkurmay gönderdi" dedi. Gözaltına alınmadan bir veya iki gün önce Kenan Kenan'ı arayarak görüşmek istedim. Ancak Dairede yoktu. Kâtibini aradığımda Genelkurmay Başkanı Hulusi Akar'la görüşmeye gittiğini söyledi. Daha sonra detaylı anlatacağım üzere Hulusi Akar'a askeri yargı içinde Ankara'daki tutuklanacak askeri hâkimlerin listesini vermiş. Peki bu listeleri o nereden oluşturdu? Kendine yakın tanıdığı askeri hâkimlere, "Atama listelerini artık biz yapacağız. Kimler sağcı, kimler solcu, kimler paralel yapı elemanı bize bildirin" diyerek açık açık taleplerde bulunmuş. Kendisi de duruşmalarda verdiği ifadelerde dolaylı olarak fişlemeler yaptığını kabul etmiş.[44]

Bu kişiler AKP'li olmayan ve aşırı sol görüşlere sahip bulunmayan kişileri hedefe koydular. Faraziye ve tahminle listeleri oluşturdular. Bazı askeri hâkimler bu hususları ifadelerinde dile getirdiler[45].

Diğer bir listeci, gerçek tabirle fişlemeci Askeri Hâkim Albay Mehmet Yüzbaşıoğlu idi. O da Eren Şen adlı bir askeri hâkimle birlikte fişleme yaptığını açık söylemiş. Bunlara bir kişi daha yardım etmiş o isim çok sürpriz bir isim: Mustafa Şentop.[46]

Denizcilerde bu işi yapan ise Deniz Hâkim Yüzbaşı İsmail Volkan Şahin. Mehmet Yüzbaşıoğlu ve İsmail Volkan Şahin, Doğan

---

43 Belge 2: Metin Ulukanlıgil'in WhatsApp askeri hâkimler grubuna liste atması

44 Belge 3: Kenan Kenan'ın fişlemeler yaptığına dair duruşmadaki beyanı

45 15 Temmuzdan aylar önce Metin Ulukanlıgil ve Kenan Kenan birçok askeri hâkimi arayarak hem Alevi olup olmadıklarını soruyorlar hem de o kişilerden de çevrelerindeki "Paralel Yapı" elemanı olan kişileri bildirmelerini istiyorlar.

46 Belge 4: Mustafa Şentop'un fişleme yaptığını beyan ettiği ifadesi

Uysal'la birlikte İzmir'e gidip, Okan Bato'ya bu listeleri vermişler. Tabi bu listelerin hepsi aynı zamanda Hakan Fidan'a da gitmiş.

Tayyip Erdoğan bu listeleri hazırlatırken aynı zamanda Türkçe olimpiyatlarına da katılıp Fethullah Gülen ve Cemaatine methiyeler dizmiş.

ÜÇÜNCÜ BÖLÜM

15 TEMMUZ SÜRECİ

1. Genel Olarak

15 Temmuz öncesi dönemi, AKP'nin durumunu ve Tayyip Erdoğan'ın faaliyetlerini anlattık. Ancak bir de 15 Temmuz olayı yaşanmadan, böyle bir günün yaşanacağını bilenler vardı. Böyle bir günün yaşanacağını haber veren olaylar vardı. Bilenler öngörüleri sayesinde böyle bir olayın olacağını tahmin etmediler. Aksine böyle bir şeyin kurgulandığından haberdar oldukları için haber verdiler. Bunu hem zemin oluşturmak için, hem de korku salmak için yaptılar. Aynı zamanda lüzumsuz konuşmaları nedeniyle farkına varmadan hem 15 Temmuzu, hem de 15 Temmuz sürecindeki pozisyonlarını deşifre ettiler

Tabii şu anda bu yazdıklarım bir anlam ifade etmiyor. Zira rüzgâr hala sert ve muhalif bir şekilde esiyor. Bu tür şeyleri anlatmak etkisiz gibi görünüyor. Ancak "söz uçar yazı kalır" misali bu hususları kayda geçirmek gerekiyor. Elbet bunlar bir gün detaylı tahkik edilecek. Kim yapmış olursa olsun 15 Temmuz gibi bir olayı kurgulamanın ve bu minvalde faaliyetler yapmanın hukuktaki karşılığı elbette bir gün verilecek. Verilebilir demiyorum, verilecek diyorum. Çünkü gerçekler er geç ortaya çıktıktan sonra, bu işin içinde olanlar eylemlerinin karşılığını hukuk çerçevesinde alacaklar.

Bu girişi yaptıktan sonra 15 Temmuz'un bir kurgu olduğunu ortaya koyan vakalara geçelim.

2. 15 Temmuz'u Haber Veren Vakalar

B u meşhur günü haber veren çok vaka oldu. Ancak önce şahit olduğum olaylardan başlayacağım. Ayrıca yakın arkadaşlarımdan duyduklarımı da anlatacağım. Bu kitabı yazma düşüncem ortaya çıktıktan sonra bilgi sahibi olabileceğini tahmin ettiğim cezaevi arkadaşlarıma bu konularla ilgili sorular sormaya başladım. Onlardan da hiç duyulmamış hadiseleri öğrendim. Esasında bu vakaları alt alta sıralayıp olaya bir bütün olarak baktığımızda, olayın kurgu olduğunu net olarak görürüz.

a. Albay Kenan Kenan'ın Beyanı

Bu vakalardan ilki Hâkim Albay Kenan Kenan'ın beyanıdır. Daha önce bu isimden bahsettim ama kim olduğu üzerinde detaylı durmadım. Söylediği şeyin ne ifade ettiğini anlamak için öncelikle bu kişinin kim olduğuna da bakmak gerekir.

Hâkim Albay Kenan Kenan bir jandarma subayı olarak mesleğe başlıyor. Yani mesleğinin başında hukukçu değil. Hukuk Fakültesini jandarma subayıyken bitiriyor. Sonra askeri hâkimliğe geçiyor. Ancak iyi bir hâkim olamıyor. Meslekte vasatın altında bir hâkim olarak kalıyor. Askeri Hâkim olarak ilk görev yeri Erzincan'a tayin oluyor. Oradan Jandarma Genel Komutanlığı Adli Müşavirliğine tayin oluyor.

Kenan Kenan ayrıldıktan sonra Erzincan'a tayin oldum. Onun soruşturmasını yapmış olduğu bir dava vardı. Adam öldürmek suçundan açtığı davaya savcı olarak çıktım. Adam öldürme dosyasında ifadeler üçer beşer satır olarak alınmıştı. Dosyayı adam etmek için çok uğraştım. Ancak dava açılmıştı. Fazla da bir şey yapılamıyordu. Zira olay net olarak çözülmemişti.

Bir insan mesleğinde iyi değilse muhtemelen başka şeylerle

uğraşıyor demektir. Bu insan da görev yaptığı süre boyunca hep görevi dışı şeylerle uğraşmış. Dindar ve muhafazakar olarak bilinmesine rağmen aslında sol görüşlü bir aileden geliyormuş. Bazı subaylar irtica gerekçesiyle TSK'dan atıldığı sıralarda Zaman Gazetesi okuduğu söyleniyordu. Ama o dönem kendisine bir şey olmadı. Askeri Yargıtay üyesiyken meslekten atılan Hâkim Albay M. Yasin Aslan, Ankara Cumhuriyet Başsavcılığına vermiş olduğu 08.08.2016 tarihli ifadede Albay Kenan Kenan için *"...Albay Kenan Kenan ise Doğu Karadenizli olduğu için AKP'li görünüp ikili oynamaktadır..."* demiş[47].

Kenan Kenan daha sonra AYİM'e üye olarak seçildi. AYİM'in İkinci dairesinde görevlendirildi. Orada da askeri öğrenci dosyalarına bakıyordu. Askeri öğrencilerin bir kısmı, güvenlik soruşturmasının olumsuz sonuçlanması nedeniyle ya ilk başta mesleğe alınmıyor ya da alınmışlarsa atılıyorlardı. Bu dosyalara genel olarak şöyle karar veriliyordu: Kişinin kendisinde herhangi bir problem yoksa, bu kişiler TSK'da kalabiliyorlardı. Bu tür davalara iptal kararı veriliyordu. Atılan kişi de TSK'ya geri alınıyordu. Hatta Kenan Kenan'ın söylediği meşhur olmuş bir söz vardı; "Abdullah Öcalan'ın kardeşi olsa fikrim değişmez, kendisinde bir şey yok ise o kişiyi atamazsınız" diyordu. Esasında hukuka uygun bir beyandı.

Ancak Kenan Kenan 17/25 Aralık'tan sonra kararlarında değişikliğe gitti. "Paralel yapı" iddiası gündeme oturduğu zaman önceki kararlarından döndü. Bu sefer "Bu kişilerin TSK'da bulunmaması gerekir, atılması gerekir" yönünde oy kullanmaya başladı. Kişinin ailesinin herhangi bir ferdinde paralel yapı iddiası olması halinde eski kararlarından vazgeçerek, "TSK'ya dönmemesi gerekir" demeye başladı.

Şunu da belirteyim, bu kişi dindar gibi görünüyordu ama Jandarma Adli Müşavirliğinde çalışırken bir avukatla ilişkisi nedeniyle

---

47 M.Yasin Aslan; hakkında soruşturma yapılmış, meslekten ihracı yönünde karar verilmiş bir kişidir. Kendisini şikayet etmiş kim var ise verdiği ifadede "Fetöcü" ilan etmiş. Ama Kenan Kenan için yaptığı bu değerlendirme çok ilginç durmaktadır. İleride kendisinden bahsedeceğim.

eşiyle boşanma aşamasına geldi. İsimler falan hepsi biliniyordu. Fakat özel hayatı olduğu için detayına girmiyorum. Bu bilgiyi de ne kadar dindar olduğunun, görüntüsüyle yaşantısının ne kadar zıt olduğunun anlaşılması açısından dile getirdim.

Bu kişinin eşi, Maliye Bakanlığı'nda normal bir avukat olarak görev yapıyordu. Hâkim olmak için KPSS imtihanına girdi. Ancak barajı geçemedi ve hâkimliğe müracaat edemedi. Kenan Kenan AKP ile diyaloğunu bu sıralarda iyice arttırmaya başladı. Milletvekilleri ile görüşüyor, AKP bürokratları ile içli dışlı oluyordu. Bu minvalde eşini önce İçişleri Bakanlığı'na aldırdı. Eşi orada kısa bir süre sonra Daire Başkanlığına terfi ettirildi. Yani hızlı bir yükseliş yaptı. Çok kısa bir süre sonra da Danıştay üyesi olarak seçildi.

Kenan Kenan aynı zamanda ifadesinde benimle ilgili iftira mahiyetinde bir beyanda bulundu. Bazı şeyler için "Kul hakkı olmaz" dediğimi söyledi. Aynı beyanını mahkemede duruşmada da tekrarladı. Ancak söylediği şeyin hiçbir tanığı yoktu. Beni güya kul hakkı yemekle suçlarken kendisi kul hakkına riayet eden dürüst ve ahlaklı bir profil çizdi. Ancak KPSS imtihanında dahi barajı geçemeyen eşini, siyasi ilişkileri nedeniyle önce Daire Başkanlığına yükseltti, akabinde de Danıştay üyesi yaptı. 15 Temmuz öncesinde fişlemeler yaptığını, listeler oluşturduğunu daha önce belirttiğim gibi kendisi de kabul etti[48].

Bu kişinin karakter durumuyla ilgili bilgileri verdikten sonra asıl olayı anlatayım: 15 Temmuzdan yaklaşık altı ay kadar önceden dairesindeki dosya görüşmeleri sırasında bir kurmay albay ile tartışıyor.[49] Tartışma esnasında, "Bakın göreceksiniz, buradan bazı üyeler elleri kelepçeli olarak gidecekler" diyor. Onun bu beyanı kulaktan kulağa AYİM'de yayılıyor. Bu beyanı duyduğumda çok

---

48 Belge 3: Kenan Kenan'ın fişlemeler yaptığına dair duruşmadaki beyanı.
49 Bu kişinin tartışmaları da meşhurdur. Hatta Daire Başkanı Hâkim Albay Coşkun Güngör ile tartışması sonrasında olay Disiplin Kurulu'na kadar gitti. Disiplin Kurulu da yasalarda dahi olmayan bir karar verdi: Kenan Kenan Albayın Daire Başkanından heyet huzurunda özür dilemesine karar verdi. Komik bir karardı. Disiplin Kurulu üyeleri onun gücünü gördükleri için normal bir karar bile veremediler.

şaşırdım. Çünkü yüksek yargı organı üyesinin elleri kelepçeli olarak o binadan götürülmesi mümkün değildi. Zira üyelere dokunulmazlık sağlayan özel statü kanunu vardı. Nasıl bir milletvekiline dokunulamıyor ise yüksek yargı organı üyesine de dokunulamıyordu. Bunları kendisinin bilmemesi mümkün değildi. Kendi de aynı statüdeydi. Agresif bir yapısı olduğu ve şikâyet de edildiği için hakkında soruşturma da yapıldı. Dolayısıyla o kanunu muhakkak biliyordu. Birçok genel kurul soruşturmasında da bulundu. Peki, bu cümleyi neye dayanarak kurdu? İşte bu cümle 15 Temmuz yaşandıktan sonra anlamlı hale geldi.

Albay Kenan Kenan'ın zaman zaman Beştepe'ye arka kapıdan girerek Saray'da gizli çalışmalara katıldığı söyleniyordu.[50] Demek ki yapılan çalışmaları bildiği için karşısındaki albaya sinirlendiği bir aşamada rakiplerini korkutmak için böyle bir cümle kurdu.

Kenan Kenan, aynı zamanda AYİM Başkanına da çok rahat meydan okuyordu. Buna da bizzat şahit oldum. Halbuki kendi geçmişine baktığımızda çok basit olaylar karşısında çekingen davranan biriydi. Sadrettin Aktaş adlı bir askeri hâkimin bunu nasıl aşağıladığı askeri yargı camiasında çok konuşulurdu. Neden cesaretlendiğini 15 Temmuz'la birlikte öğrenmiş olduk.

Askeri hâkimlerin WatsApp grubu vardı. 15 Temmuz günü oraya da sık sık mesaj atılmaya başlandı. Bazı sol görüşlü arkadaşlar "Ne oluyor, bilen var mı?" diye soruyordu. Bazıları yorumlar yapıyordu. Bazıları, arkadaşlar galiba darbe oluyor diyordu. Tabi bu arada hemen yine Kenan Kenan Albay devreye girdi; "Arkadaşlar neyi tartışıyorsunuz. Bu ülkede darbeye teşebbüs edildi..." gibi bir mesaj attı[51]. Solcular bile olayı anlamaya çalışırken, bu hemen sonucu söyledi. Nereden biliyordu?

Kendisi TSK mensubu iken eşi Danıştay üyesi seçilen belki de ilk kişiydi. 15 Temmuz'dan sonra, ilk mesai günü olan 18 Temmuz

---

50 Belge 5: Tümg. Ömer Şevki Gençtürk Beyanı
51 Belge 6: Kenan Kenan'ın WhatsApp askeri hâkimler grubuna yazdığı mesaj

2016 tarihinde Genelkurmay Başkanı'nın yanına gidip, onunla görüşüp kimlerin tutuklanması gerektiğini liste olarak ona veren kişiydi. Bu hususu aşağıda detaylı olarak anlatacağım. Hukuk devleti kuralları işlemeye başladığında bu kişi, darbe kurgusu oluşturma, kışkırtıcı ajanlık yapma, o günkü ölüm olayları ve tüm işlenen suçlardan yargılanması gerekecek. Zira baş aktörlerden.

b. Dört Üye Hâkimin Aynı Anda İzne Ayrılması

Yüksek yargı üyesi hâkimler bilirler; her yıl Temmuz ayının sonlarına doğru yüksek yargıda büyük bir hengâme yaşanır. Zira devlet memuru olarak, milletvekillerinden sonra en çok tatil yapan yani 45 gün adli tatili kullanan hâkimler, bu dönemde izne ayrılır. Bu dönemde izin hazırlıkları yapılır. Kimisi kamp ayarlar, kimisi kendi yazlığına gider, kimisi de yurt dışı turlara katılır. Ben de o dönemde hazırlıklar yapıyordum. O Temmuz'da bir şey daha oldu. Önce Bayram tatili olacaktı. Bayram tatili ile adli tatil arasında bir haftalık bir süre vardı. Bazı üyeler aradaki bir haftalık mesai zamanı için de izin alıp 11 Temmuz'dan itibaren izne ayrılacaklardı. Tabi bunun için yıl içerisinde kullanmadıkları mazeret izinlerinin olması gerekiyordu. Ben ise mazeret izni almayı planlamıyordum. Zira kızım Atılım Üniversitesi Hukuk Fakültesi'nde okuyordu ve yaz okuluna gitmesi gerekiyordu. Yani o bir haftalık mesai döneminde dersleri vardı. Planıma göre bayram tatilini İstanbul'da anne babamın yanında geçirecektim. Sonra dönüp bir hafta çalışıp 20 Temmuz'da da izne ayrılacaktım. Kızımla birlikte İstanbul'a gidecektim.

Bayram öncesi mesaisinde dikkatimi çeken bir şey oldu. O gün itibarıyla anlam veremedim. Ancak çok şaşırdım. Bayram tatili ile adli tatil arasındaki o mesaide AYİM'deki her dairede dosyalarla ilgili görüşmeler devam edecekti. AYİM Başkanı ile de samimiyetim vardı. Zira yeni seçilmiş üye olmam ve aynı zamanda doktora yapmış olmam nedeniyle zaman zaman beni yanına çağırıyordu. Sohbet ediyorduk. Ayrıca bazı konularda benden yardım alıyordu. Genelkurmay Başkanıyla zaman zaman görüşüyordu. Bazen bilgi gerekiyordu. Benden kısa bazı çalışmalar yapmamı istiyordu. Ben de yapıyordum. Bu vesileyle samimiyetimiz ilerledi. Gelelim anlatacağım olaya. Görev yaptığım Birinci Daire'de de heyet kurulacak şekilde üye kalması gerekiyordu. Normalde o sene en az izin kullananlardandım. Başkan Celal Işıklar "Sen hiç izin almıyorsun" diyordu. Zira eşim çalışmıyordu, bankaya gitme, çocukların okullarını takip etme gibi bilumum işleri eşim yapıyordu. Celal Işıklar ise o yıl belki üç ya da dört kez seminer, kamp ve bunun gibi yerlere gitmişti. Normalde mazeret izni de yoktu.

7 Temmuz 2016 günüydü. Görüşme salonunda dosyaların görüşmesini tamamladıktan sonra oturmuş çay içiyorduk. İzinle ilgili mevzuları açtı. Kim izne gidecek gibi şeyler sormadan hemen "Artık kimse izin istemesin, izne gidecekler belli oldu" gibi bir şeyler söyledi. Anlam veremedim. Diğer yandan benim izne ayrılmayacağımdan haberi yoktu. Ancak anladığıma göre, izin isterim düşüncesiyle böyle manevra yaptı. Artık kimse izin istemesin derken göz göze geldik. Benim yüzüme bakıyordu. Eğer izne ayrılmak isteseydim hemen müdahale ederdim. Çünkü karakterim öyleydi. Hak yemez ama hakkımı da yedirmez bir kişiliğim vardı. İzne ayrılmayacağım için problem çıkarmadım. Kendisinin o gün izne ayrılmak istemesini de anlayamadım, AYİM Başkanı Abdullah Paşa ile araları iyi değildi. Zorunlu olmadıkça izin almak istemezdi. O zaman ise hiçbir hakkı olmadığı halde izne ayrılıyordu. Bu insanın bir özelliği daha vardı. İkinci Daire üyeleriyle çok samimiydi. Kenan Kenan'ın eşinin Danıştay üyesi olarak atanacağını, atanmadan önce bize söylemişti. Kenan Kenan'ın faaliyetlerinden haberdardı.

Gelelim İkinci Daireye. Bu Dairede dosya görüşülmesi için üç askeri hâkim üye ve iki kurmay üye olmak üzere beş kişinin kalması gerekiyordu. Zira heyet üç üye hâkim ve iki kurmay üyeden oluşuyordu. Ancak İkinci Dairede problem çıktı. Başkan Abdullah Paşanın yanına gittiğimde moralinin bozuk olduğunu gördüm. Bana "Gel Cemil ya" diyerek oturttu. Dertli dertli konuya girdi. "Biliyor musun İkinci Dairede heyet kuramıyoruz" dedi. "Hayrola nasıl yani Başkanım?" dedim. "Ya adamlar zevklerinden taviz vermiyorlar, üçü de aynı anda izne ayrılmak istiyor. Daire Başkanı Coşkun, 'Olmaz' demesine rağmen kabul etmiyorlar; illa izne ayrılacaklar. Adam geldi bana 'Ne yapayım?' diye soruyor. Ben de üçüyle de görüştüm, geri adım atmıyorlar" dedi. Hatırladığım kadarıyla Coşkun başkan ve mecburen kalan bir üyenin de başka bir mazereti vardı. Muhteşem üçlüden (Bunlar Albay Metin Ulukanlıgil, Albay Kenan Kenan ve Albay Abdurrahman Beşiroğlu) ikisinin muhakkak kalması gerekiyordu. Ama üçü de izne ayrılacağız diye diretiyorlarmış. Başkanlarını bile dinlemiyorlar. Bu üçünün arasından su sızmazdı. Devamlı beraberlerdi. Hemen hemen her akşam toplanırlardı. O günde biz izne ayrılacağız diyorlar ve geri adım atmıyorlar.

Peki bu üçü 15 Temmuz günü neredeydi? Merak ettiğim noktalardan biriydi. Üçü de Ankara dışı için izin aldılar. Üçünün de heyet oluşmadığını bilmelerine rağmen ısrarla izne ayrılmak istemeleri, başkanla karşı karşıya gelmeleri ve üçünün de eşlerinin çalışan kişiler olmasına rağmen Ankara dışında bulunmaları rastlantı mıydı? Kesinlikle hayır. Askeri hâkimler bilirler; başkan istemediği zaman izne ayrılmamak gerekir. Aksi davranış askeri adaba da terstir; ayrıca hukuki müeyyideyle karşılaşma ihtimali de ortaya çıkar.

Bu üçlüden biri olan Albay Kenan Kenan'dan zaman zaman bahsediyorum. Albay Kenan Kenan'ın lise arkadaşı vardı; Seyfullah Hacımüftüoğlu. Bu kişi İçişleri Bakanlığı'nda müsteşardı. Daha sonra Milli Güvenlik Kurulu sekreterliğine atandı Hacımüftüoğlu. Bu kişi ve iki milletvekili 15 Temmuz'dan çok önce AYİM binasına gelerek Kenan Kenan'ın odasında uzunca oturdular. O günü unutmuyorum. Çünkü üç tane kırmızı plakalı araç binanın yan tarafına, personel girişine geldi. Normalde o tür misafirler teamül gereği önce AYİM Başkanına uğrar, sonra ziyaret edeceği kişinin yanına giderdi. Ancak bunlar teamülleri de altüst ederek gövde gösterisi yapıp doğrudan Kenan albayın yanına girdiler. O saatte AYİM binasına girdiğim esnada makam araçlarını gördüm. AYİM Başkanına da bu kişilerin geldiğini haber vermişler. Daha sonra kendisi bu olayı bana anlattı. Bu kişiler Kenan Albayın yanına gelince ayrılmaz üçlünün diğer iki kişisi olan Metin Ulukanlıgil ve Abdurrahman Beşiroğlu da bunların yanına katılmış.

O gün AYİM Başkanı beni çağırdı, bu durumu anlatıp durumdan yakındı. Tabi bu ilişkiler karşılıksız kalmıyordu. Belirttiğim gibi Kenan Kenan, Saray'a giderek görüşmeler yapıyordu. Eşi Maliye Bakanlığında düz bir avukat iken ve hâkimlik imtihanında KPSS sınavını dahi geçemezken Danıştay'a üye seçiliyordu. Eğer AYİM kalsaydı Kenan Albay da muhtemelen Başkan olarak atanacaktı. Onun planlarını yapıyordu. Ama AYİM'i kapattılar.

"15 Temmuz'dan sonra Kenan Kenan'a ne oldu?" diye akla bir soru gelebilir. Hukuk bilgisi vasatın altında olmasına rağmen, Futbol Federasyonunda aylık 60 bin TL gibi bir maaşla avukat olarak başladığını duydum. Yani ilişkilerinin temeli hep duygusalmış! Vatan ve millet sevdasıymış!

Bu kişi aynı zamanda çevresindekilere devamlı şunu söylüyordu: "Bakın göreceksiniz, bu paralelciler darbe yapacak." Bu beyanı da AYİM'de konuşuluyordu. Kısaca Kenan albay olacaklar için zemin çalışmalarına çoktan başlamıştı. Benim gibi saflar da, "Böyle şey olur mu ya? En kötü demokratik yönetim, en iyi darbe yönetiminden daha iyidir" deyip, gece gündüz dosya bakıyordu.

c. Sezeryanla Doğum Tarihinin Değiştirilmesi

Gelelim diğer bir olaya. Aynı Dairede çalıştığımız bir üye vardı. Üye olarak seçileli daha bir yıl olmuştu. Eşinin doğum zamanı yaklaşmıştı. Arkadaşımız olduğu için zaman zaman hamilelik durumunu, doğum zamanını soruyorduk. Eşi sezeryanla doğum yapacaktı. Doktoru 15 Temmuz'a sezeryanla doğum günü vermişti. Her pazartesi bir araya geldiğimiz, ayrıca her dosya görüşmesinde bir arada olduğumuz için durumu soruyorduk. Bu nedenle doğum tarihini net olarak öğrenmiştik.

15 Temmuz'dan üç ya da dört gün önce yine "Eşin nasıl?" diye sorduğumuzda, "Gayet iyi; doğum randevusunu bir gün öncesine aldırdık" dedi. Rastlantı mı veya bir bildiği mi var, bilemiyorum. Bu kişi sol görüşlüydü. Dürüst bir kişiliği vardı. O tür şeylere bulaşmış olacağını düşünmüyordum. Belki yukarıda bahsettiğim İkinci Dairedeki üçlü veya onlara zaman zaman dâhil olan Daire Başkanı Celal Işıklar kendisine, "O gün olmasın, önceye al" demiş olabilir. Hatırladığım kadarıyla sezeryan tarihinin öne alınması gerekçesi olarak; doktorla ilgili mazereti anlatmıştı. O gün neden sezeryan tarihini bir gün öncesine aldırdıkları doktorun beyanıyla ileride ortaya çıkacaktır.

ç. İsmail Volkan Şahin'in Tavrı ve Mehmet Yüzbaşıoğlu'nun Konuşmaları

15 Temmuz gibi bir günün yaşanacağını haber veren olaylardan bir tanesi de anlatacağım bu olaydır: Genelkurmay Askeri Mahkemesinde görev yaparken Genelkurmay Askeri Savcılığında yardımcı savcı olarak görev yapan İsmail Volkan Şahin diye biri vardı. Bana abi der dururdu. Çalışkandı ama hukukçuluk noktasında kapasitesi yeterli değildi. İşi de fazla bilmiyordu. Mustafa Dönmez dosyası

Genelkurmay Mahkemesine geldiğinde zaman zaman savcı olarak dosyanın duruşmasına katılıyordu. O ve ulusalcı ekip benden dosya ile ilgili olarak kapamam yönünde bir beklenti içerisine girdiler. Halbuki dosyanın içi farklıydı ve ben de hâkim olarak ne gerekiyorsa onu yapmaya başladım. Ancak gördüğüm kadarıyla bunlar olaya hâkim savcılık gözüyle değil, bu olayın kapanması yönünde ideolojik gözle bakıyorlardı.

Benim dosya ile ilgili tavrım hoşlarına gitmedi. Bunu hissediyordum. Zaten Mustafa Dönmez'in avukatı Gülten Güven, mahkemeye geldiğinde önce o tarihlerde mahkemede kıdemli hâkim olan Ali Rıza Bildik'in yanına gidiyordu. Sonra bizim davadan çekilmemiz için hâkimin reddi dilekçesi veriyordu. Hatta bu dosyayla ilgili olarak, Ali Rıza Bildik ile özel sohbetlerde konuştuğumuz hususlar, bu avukatın dilekçesine aynen yansıyordu. Yani beraber çalıştığımız kıdemli hâkim, baktığım dosyayla ilgili askeri hâkim emeklisi avukata bilgi sızdırıyordu. Bunu net olarak tespit ettim. Hatta gidip Hıfzı Paşa'ya durumu anlattım. Şikâyet dilekçesi hazırlayacağımı söyledim. O da "Biraz sabret, genel tayin döneminde onu oradan alacağız" dedi. Ben de bunun üzerine dilekçe vermekten vazgeçtim. İsmail Volkan Şahin de kıdemli hâkimle görüşüyor, herhalde benim dosyada istediklerini yapmadığımı ona aktarıyordu. Ancak İsmail Volkan Şahin ile aramızda husumet doğuracak herhangi bir sürtüşme veya diyalog olmadı.

AYİM'e seçilince 2011 yılında Genelkurmay Mahkemesinden ayrıldım. 15 Temmuzdan yaklaşık 7-8 ay önce olabilir; öğle vakti bir arkadaşımla birlikte Genelkurmay Karargâhındaki yemekhaneye gittim. Öğlenleri zaman zaman orada yemek yiyorduk. Yemek sırasındayken İsmail Volkan Şahin'i eşiyle beraber yemek sırasında gördüm. Sırada önümüzdeydi. Tabii eski geçmişimiz olması nedeniyle "Nasılsın?" dedim. Döndü, beni ve arkadaşım Yaşar Yüce'yi gördü. İkimizi de iyi tanıdığı halde tanımıyormuş gibi bir havaya büründü. Benimle konuşmak istemedi. Kafasını çevirdi. Eşi beni tanıyordu. Bana "Merhaba" dedi. Güler yüz gösterdi. Ancak eşinin tavrını da anlayamadı. Ben o anda; "Bu yapıda, bunlarda bir şeyler var, bunlar bir şeyler planlıyorlar" diye düşündüm. Hatta İkinci Dairede üye olan Yaşar Yüce çok bozuldu. Zira onunla aynı savcılıkta görev yapmışlardı. Geri dönerken, üzgün bir şekilde, "Biz ne yaptık ona?" dedi.

Aradan 15 gün geçmedi. Yakından tanıdığım bir subaydan, bunlarla ilgili şöyle bir bilgi aldım: Mehmet Yüzbaşıoğlu, Doğan Uysal ve İsmail Volkan Şahin, İzmir'e Cumhuriyet Savcısı olan Okan Bato'nun yanına gidiyorlar. Orada ifade veriyorlar. Ya da özel bir görüşme yapıyorlar. Döndükten sonra da benim ismimi de zikrederek, "Bakın göreceksiniz, çok şeyler olacak" gibi konuşmaya başlıyorlar. Daha sonra çevremdekilere "Onlar bir iş çeviriyorlar. Her halde çok büyük bir plan içerisindeler" dediğimi hatırlıyorum. Ama 15 Temmuz gibi bir şey planlayacaklarını aklımın ucundan bile geçirmiyordum.

Tabi benim statüm farklıydı. Bir yerel savcının benim hakkımda soruşturma yapması mümkün değildi. Zira 1602 sayılı Kanun buna engeldi. TSK'yı bilenler hemen anlar; yüzbaşı rütbesinde birisinin bir albayla bahsettiğim şekilde bir konuşma yapması mümkün değildi. Hatta bu kişinin benimle öyle bir tavır içine girmesi hele hele hiç mümkün değildi. Zira bu kişinin hedefi doğal olarak ileride üye olmaktı. Mecburen gelip bizlerden oy isteyecekti. Bu kişinin tavrı da 15 Temmuz gibi bir olayın yaşanacağını net göstergesiydi. Çünkü o da normal hukuk düzeni içinde bana kimsenin bir şey yapamayacağını çok iyi biliyordu. Zira dokunulmazlığım vardı.

Bildiğim kadarıyla Mehmet Yüzbaşıoğlu da aynı dönemde emekli olmaya karar veriyor. Çevresine de söylüyor. Hatta emeklilik hazırlıklarına başlıyor. Ama bir anda emeklilikten vazgeçiyor. Okan Bato ziyaretinden sonra bu kişi de aynı mahiyette konuşmalar yapmaya başlıyor. Bu bahsettiğim kişiler aynı zamanda Perinçek grubu üyeleriydi. Mehmet Yüzbaşıoğlu ile yaşadığım olayı daha önce detaylı anlattım.

Başkalarının 15 Temmuz olmadan önceki konuşmaları bir nebze farklı yorumlanabilir. Ama hukukçu olan bu kişilerin statüleri ve bu şekilde konuşmaları olağanüstü bir halin yaşanacağını göstergesidir. "Cemaate yakın isimlere operasyon yapılacak, onlar da darbeye kalkışacaklar, ancak başarılı olamayacaklar, biz kendilerine gerekeni yapacağız' şeklinde planları vardı. O nedenle böyle konuşuyorlardı" diye karşı bir argüman ileri sürülebilir. Bu şekilde yapılan bir plan bile rahat konuşmayı gerektirmez.

Şunu anlatmak istiyorum: Darbe girişimi çok ciddi bir iştir. Başarılı olmadan hiç kimse pervasızca ve rahat bir şekilde konuşamaz. Darbe karşısındaki insanlar da darbenin başarılı olmasından müthiş derecede korkarlar. Böyle bir girişimi duysalar dahi rahat rahat konuşmazlar. Zira başarılı olamadıklarında başlarına gelecekleri tahmin edebilirler. Ancak bahsettiğim bu insanlar ise gerçekte de çok cesaretsiz insanlar. Bizzat biliyorum. Mehmet Yüzbaşıoğlu, Genelkurmay Mahkemesi'nde çalışıyordu. Kıdemli hâkim olmuştu. Bir gün sabah geldiğinde morali bozuktu. Yüzü asıktı. "Ne oldu?" diye sorunca kendi anlattı. Evini askeri hattan biri arayıp, "Mustafa Dönmez'in evi mi? Perde istemişsiniz, gelip takacağız" diyor. Bu da bir anda şaşırıyor, Mustafa Dönmez dosyasıyla irtibat kuruyor. Kendisini korkuttuklarını düşünüyor. Arayanı fırçalıyor. Hatta küfür ediyor. "Perdeyi gidin ... takın" gibi şeyler söylüyor. Telefonu, arayanın yüzüne kapatıyor. Gece uyku da tutmuyor. Çok korktuğu belliydi. Kendisine, "MSB'de bir kurmay binbaşı var. Adı Mustafa Dönmez, onun yerine yanlışlıkla senin numarayı bağlamış olmasınlar?" deyince, bir anda durdu. Şaşkın bir şekilde sağa sola bakmaya başladı. Bir hata olduğunu hemen fark etti.

İsmail Volkan Şahin'i de tanıyanlar bilirler. Korkmaya başlayınca hızlı hızlı konuşur, dudakları mosmor olurdu. Bir iki vakada bizzat bu durumunu gördüm. 15 Temmuz'dan aylar önce AYİM ve

Askeri Yargıtay üyelerinin dahi tutuklanacağını nasıl biliyorlardı? Hukukçu olarak, bunun yasal hukuk zemininde olmasının imkânsız olduğunu bilmemeleri mümkün değildi. Olağanüstü bir dönem yaşanacağını bilen bir hukukçu, bunun vermiş olduğu rahatlıkla bu şekilde konuşabilirdi ancak. Bu kişiler de 15 Temmuz'da neler yaşanacağını biliyorlardı. Zira planlamaları dâhil oldukları grup yapıyordu.

Özellikle askeri hâkimlerin fişlenmesi noktasında işin göbeğindeydiler. Doğu Perinçek televizyonda İsmail Hakkı Pekin için "O strateji bilmez, 15 Temmuz'da onun stratejisini gördük" diyordu.[52] Kimse "Ne stratejisi? İsmail Hakkı Pekin ne önerdi? Siz ne önerdiniz? Yoksa bu işi siz mi planladınız?" gibi sorular sormadı.

Kısaca özetleyelim; insan ancak yaşanacakları bildiğinde korkmaz. Olayların bizzat aktörü değil, seyircisi olması durumunda bile korkar; "Acaba başarılı olurlarsa bana ne yaparlar?" endişesini taşır. Ancak bu gibi insanlar böyle bir endişe yaşamadılar. Bu kitabın yazıldığı sıralarda, şövalye gibi kahramanlıklar yaptığını anlatan bu insanlar, bu sefer psikiyatristlere gitmeye başlamışlardır. Zira, Tayyip Erdoğan'ın başka kişilerle, başka planlar içinde olduğu anlaşılıyor. Bu sefer kendilerinin içinde olmadığı, aktör olmadığı bir şeyler daha planlanıyor. SADAT[53] başkanı gibi insanlar işaretini vermeye başladılar.

d. Bir Rektörün Anlattıkları ve Benzer Olaylar

İnternette bir twitter adresi var; "Biz sizi izliyoruz" adlı bir hesap. 15 Temmuz sonrasında neler yapmayı planladıklarını açıkça anlatıyor.

---

52 Bkz. https://www.cumhuriyet.com.tr/haber/canli-yayinda-perincek-ile-ismail-hakki-arasinda-askerlikten-an-lamiyorsun-polemigi, erişim tarihi; 14.02.2021.

53 SADAT A.Ş.; 28 Şubat 2012 tarihinde emekli Tuğgeneral Adnan Tanrıverdi ile Türk Silahlı Kuvvetleri'nden emekli 23 subay ve astsubay tarafından kuruldu. Şirket, Adnan Tanrıverdi ve diğer dört üyeden oluşan bir Yönetim Kurulu oluşturdu. Adnan Tanrıverdi'nin oğlu Mehdi Tanrıverdi, şu anki Yönetim Kurulu Başkanıdır. Şirkette, çeşitli branş ve uzmanlık alanlarından 50 ila 200 emekli TSK görevlisi çalışmaktadır. Şirketin hizmetleri ara-

Ayrıca zaman zaman neler olabileceğinden de haber veriyor. Yani esasında kurulan kumpas, anladığım kadarıyla tam da başarıya ulaşmamış. Kumpasın bir parçası olarak çok sayıda ölüm hedeflenmiş. Sayı 250'de kalınca bunun rahatsızlığı da oluşmuş. Diğer yandan bildiğim kadarıyla bu sayının neredeyse 200'e yakını da kışlalardan değil de arka taraflardan yapılan atışlar üzerine olmuş. En son internette gördüğüm bir görüntü vardı; vatandaşın birisi, Beştepe'nin yanına gittikten sonra 15 Temmuz günü olanları anlatıyor. Sarayın yanında bulunurken, kendilerinden başka kim varsa görevlilerin hepsinin bir anda uzaklaştıklarını, sonra görevlilerin sarayın içerisine girdiklerini, ortada kendilerinin yani sivillerin kaldığını, gelen bir helikopterin oradaki sivillerin üzerine ateş açtığını, birçok ölüm olayı olduğunu söylüyor. Böyle birçok vaka var.

Bir olay daha anlatayım. Bu bilgiyi Gazi Üniversitesi Rektörü çevresine söylemiş. Rektörün tutuklanmadan önce yaşadığı bir olay. 15 Temmuz sonrası Beşir Atalay hasta ziyareti için Gazi Hastanesine gidiyor. Rektörle 15 Temmuz günü yaralanmış hastaları birlikte ziyaret ediyorlar. Beşir Atalay bir yaralıyla konuşurken, yaralı olan kişi şunu anlatıyor; "Biz Akıncı üssünün çevresindeydik. Telefonlarımıza gelen mesaj üzerine oraya gittik. Kalabalık haldeydik. Bir anda kışladan değil de arkamızdan gelen yüzleri peçeli insanlar bize ateş etmeye başladılar. Ben o şekilde yaralandım" diyor.

15 Temmuz davalarından birinde müşteki konumunda olan Muttalip Akpınar, sırtını Jandarma Genel Komutanlığı karargâhına döndüğünde önünde lazer ışığı gördüğünü söylüyor. Yani toplanmış sivillere karargâhtan değil, ters yönden ateş açıldığını anlatıyor.

Kumpasın parçalarından biri de o gün çok ölüm olayının hedeflenmesiydi. Ancak nasıl Serdar Coşkun'un düzenlediği tutanakta belirtilen ve bombalanması gereken yerler bombalanmadıysa, aynı şekilde kurulan kumpas planları içerisinde yer alan çok sayıda

<hr>

sında danışmanlık, eğitim, konvansiyonel askerî eğitim, alışılmadık askerî eğitim, özel kuvvetler eğitimi ve ordu donatımı bulunmaktadır. Bkz. https://tr.wikipedia.org/wiki/SADAT#, erişim tarihi; 14.02.2021.

ölüm olayı da gerçekleşmedi. Muhtemelen 15 Temmuz'u Malazgirt, Çanakkale gibi tarihte yaşanmış savaşlara benzetmeleri de bunun içindi[54]. Ölüm sayısı inanılmaz sayıda düşünüldüğü için yapılacak propagandaları da bu sayıya göre hazırladılar. Ölüm sayısı istedikleri seviyede olmayınca bu propagandaları da tabi sırıttı.

e. İzmir Savcısı Okan Bato'un Faaliyetleri

15 Temmuz'dan çok sonra ortadan kaybolan, sesi soluğu çıkmayan insanlardan birisi de Okan Bato'dur. Bu kişi normal bir Cumhuriyet Savcısı olmakla beraber, anladığım kadarıyla 15 Temmuz kumpasını harekete geçirecek kişilerden biri olarak görevlendirildi. 15 Temmuz sürecindeki önemli aktörlerden ve önemli adamlardan biri olarak karşımıza çıkıyor.

İzmir Askeri Casusluk dosyası diye bir dosya vardı. AYİM Birinci Dairesinde görülen ayırma dosyalardan biliyordum. Bu dosya ile ilgili olarak birçok TSK mensubu gözaltına alındı. Adliyedeki dosyanın içeriğiyle ilgili tam bir bilgi sahibi değildim. Ancak AYİM'deki dosyaların içeriğinden bu dosyaya da vakıf oldum. Pandora diye bir veri tabanı vardı. Burada bir takım gizli bilgilerden bahsediliyordu. Buraya bilgi taşıyan TSK mensuplarından bahsediliyordu. İsimlerden ve bilgilerden bahsediliyordu. TSK mensuplarından gelen bilgilerin bir yerde toplandığı iddiası vardı. Bu gelen bilgilerin de casusluk maksadıyla kullanıldığı iddia ediliyordu.

İzmir'de böyle bir dava açıldı. Bu davadaki sanıklardan bir kısmı da eskort bayanlardı. Bu bayanların TSK mensuplarının

---

54 Tayyip Erdoğan, 15 Temmuz'u Türkiye ve Osmanlı Devleti'nin girdiği savaşlara benzeterek şunları söyledi: "Malazgirt'te ne olmuşsa, 15 Temmuz'da o olmuştur. Kosova'da, Niğbolu'da, İstanbul'un fethinde, Çanakkale'de, İstiklal Harbi'nde ne olmuşsa, 15 Temmuz'da o olmuştur." Bkz. https://www.indyturk.com/node/211951/haber/erdoğan-malazgirtte, erişim tarihi; 14.02.2021.

görüntülerini çekip tuzağa düşürdükleri iddiası vardı. Dosyada bu şekilde çalıştığı iddia edilen 3 ya da 4 tane de kadın ismi vardı. Bunlardan meşhurlardan biri Narin Korkmaz, diğeri de Safiye Köten'di. Narin Korkmaz'ın astsubay elbisesi ile kamuflajlı olarak birçok fotoğrafı vardı. Birçok astsubayla cinsel anlamda ilişkisi vardı. Bazı subaylar bu kadınla ilgili iddiaları kabul etmişlerdi. Ayrıca bu kadınla telefon görüşmeleri vardı.

Bu tür dosyalar geldiğinde ilk aşamada dosyaları incelemeye aldık. Genel anlamda bir karar verecektik. Bir dosyada da aynı zamanda raportörlük yapıyordum. Yasin Değirmenci dosyasıydı. Bu dosyayı detaylı inceledim. Verilerin ve delillerin dijital olduğunu görünce kendi kararımı oluşturdum. Sonra dosyayı heyete çıkardım. Sunumu yaptım. Bu dosya ile ilgili olarak; "Bu verilerle TSK dan çıkarma işlemi yapılamaz" kanaatini söyledim. Sonra işlemin iptaline karar verdik.[55] Bu karar AYİM'deki ilk karardı.

Ancak bu dosyadan sonra aynı mahiyetteki dosyalarda Daire Başkanı Celal Işıklar'ın da zorlamasıyla İzmir'deki davanın sonucunun beklenmesine karar verildi. Böyle verilen ilk kararın heyetinde ben yoktum. Bu detayı araya girmenin sebebi şudur; Celal Işıklar, bu dosyalarda benim farklı oy kullandığımı, kumpasa alet olduğumu söyledi. Hatta bunu benimle ilgili TSK'dan ihraç kararında ayrışık gerekçesine de yazdı. Açık bir iftira attı. Tabii o dönem yazdığının aksini ortaya koymak çok zordu. Zira o sırada hapisteydim ve benim bir daha çıkamayacağımı düşünüyordu. Zira bazı uzak akrabalarımın ve bazı köylülerimin düşündüğü gibi.[56]

İzmir Askeri Casuslukta ilgili kararım; o dönem internete de yansıdı ve birçok davacı avukatı bu kararı kullanarak, müvekkillerinin hakkındaki işlemin iptalini istediler.

---

55 Belge 7: Yasin Değirmenci ile ilgili kararın ilgili sayfası
56 Köylülerimden bir kısmı, öyle bir adamı nasıl hapisten çıkarırlar diye etrafına söylenmiş. Tabi bunlar bir şekilde beni sevenlerin de kulağına gidiyor. Onlardan bu tür konuşmalar yapıldığını duydum. Erzurum'un küçük bir köyünde olanlar bir kitaba "Niye yazılır?" diye düşünülebilir. Ama bu tür olaylar Türkiye'nin her yerinde yaşanmaktaydı. Geneli yansıttığı için yazıyorum.

Bahsettiğim bu İzmir askeri casusluk davası daha sonra kapatıldı. 17/25 Aralık sürecinden sonra şikâyetler üzerine Savcı Okan Bato bu dosyayla ilgili olarak, bu sefer aksi yönde soruşturma başlattı. Herhalde bu sırada Doğu Perinçek ile Tayyip Erdoğan ikilisi anlaşmıştı. Bu yapılan anlaşma çerçevesinde muhtemelen kumpas planları da hazırlandı. İsmail Hakkı Pekin, herhalde bu planlardan bir kısmını beğenmiyor olacak ki Doğu Perinçek açıkça televizyonda "O strateji bilmez, 15 Temmuz'daki stratejisini biliyoruz" gibi bir cümle kullandı. Bu kumpas planın önemli bir parçası olan Okan Bato da faaliyetlerine başlamış. Okan Bato dosyanın sanıkları olan bazı kişileri arayarak, şikâyetçi olmalarını istemiş. Bu dosyadan hareketle TSK'daki Doğu Perinçekçi gruplar ile görüşmeye başlamış. Bahsettiğim İsmail Volkan Şahin, Mehmet Yüzbaşıoğlu ve Doğan Uysal gibi askeri hâkimler de ona liste götürmüşler. Bu listelere göre de soruşturma yönünü belirlemiş.

Yine anladığım kadarıyla Okan Bato, diğer kurumlardan yani diğer kuvvetlerle ilgili olarak da Kenan Kenan, Metin Ulukanlıgil gibi başka kişilerden listeler almış. Tabii bu sırada 15 Temmuza götürecek basın haberleri de yapılmaya başlandı. Bunlardan bir tanesi de Akşam Gazetesi'nde yer alan "Karargâhta 40 paralel general" gibi bir flaş başlıktı. Aynı şekilde havacı pilotlarla ilgili paralelci olduklarına dair haberler yapıldı. 15 Temmuz günü olduğunda bu haberlerin basit bir haber olmadığı, planlanmış bir sürecin parçası olduğu, kumpasa doğru yol taşları olduğu ortaya çıktı. Yani Genelkurmay MEDAS sistemine bir harekât planı yüklendiğinde, insanları harekete geçirebilecek yol taşları hazırlanmış.

Hatırlayacaksınız; 15 Temmuz öncesinde zaman zaman büyük patlamalar oldu. Bir tanesi de benim görev yaptığım AYİM binası sokağı da olan Merasim sokaktaki büyük patlamaydı. Bu patlama en çok da Genelkurmay Karargâhı ve Hava Kuvvetleri Karargâhındaki çalışanları etkiledi. Bu patlamaların da esasında 15 Temmuz sürecinde döşenen taşlardan bir tanesi olduğu ortaya çıktı. Zira ben bile bu tuzağa düştüm. Kızım bana, "Baba köprüyü askerler kapadı" dediğinde, ilk önce hemen "İŞİD saldırısı haberi almışlardır, onun için kapanmış olabilir" dedim.

Yine o dönemde, anlattığım gibi Bayram tatilini geçirmek üzere İstanbul'daydım. Kumkapı sahilinde yürürken çocuklara "Bir an önce gidelim tedirgin oluyorum. Her an bir yerde bir patlama olabilir, eve dönelim" dediğimi çok net hatırlıyorum. İşte bütün bunları birleştirdiğimizde; puzzle'ın parçaları oturuyor. Bu puzzle'ın parçaları içerisinde Okan Bato'ya da şöyle bir görev düşmüş. Anladığım kadarıyla bu kişi soruşturmalara devam ederken Tayyip Erdoğan'la da görüşmüş. Daha sonra kendisine verilen listelerle ilgili olarak, Genelkurmay'a gözaltı listesi göndermiş. Bu liste gidince Genelkurmay'daki generaller ne yapacaklarını şaşırmışlar. Tam bu sırada da 15 Temmuz günü kimin tam olarak yayınladığı ortaya çıkarılmayan söz konusu sıkıyönetim ilanına ilişkin emirler ve atamalar yayınlandı. Niye tam açığa çıkmadı diyorum; buna ileride değineceğim. Emri yayınladığı iddia edilen Tuğgeneral Mehmet Partigöç'ün beyanı var. Aynı yerde görev yapan diğer personelin beyanları var. Bilirkişi raporları var. Şu kadarını söyleyeyim; teknik olarak o emirlerin nerede ne şekilde yayınlandığını kimse tam olarak tespit edememiş. Ortada büyük soru işaretleri var. Durup dururken İzmir savcısının elinde somut hiçbir delil yokken, eline sıkıştırılan listelerle ilgili gözaltı kararı vererek, talimatı Genelkurmaya göndermesi, daha önce kurgulanmış bir planın parçası olarak karşımızda duruyor.

Okan Bato ileride konuştuğunda nerelerde ne tür pazarlıklar yapıldığını anlatacaktır. Kaldı ki daha sonra başka türlü pazarlıklara da adının karıştığını öğrendik. Serkan Kurtulmuş denen bir kişi İzmir Bölgesinde davalar için rüşvet alan kurulda Okan Bato'nun da olduğunu söyledi.

Bu satırları kaleme alırken internette bir haber yayınlandı. Habere göre; Savcı Okan Bato, baskı ile bir emniyetçiye ifade imzalatmış. Bu ifade sonrasında birkaç emniyetçi tutuklanmış. Baskıyla ifade veren polis daha sonra vicdan azabı duyarak intihar etmiş.[57]

f. Mehmet Yüzbaşıoğlu'nun İstifa Kararı Aldıktan Sonra Vazgeçirilmesi

AYİM'de görev yapıyordum. Ama askeri yargı içerisinde olanlardan haberdardım. Zira her askeri hâkimin hedeflediği noktalardan birisi AYİM üyeliğiydi. Dolayısıyla görev yaptığım yere askeri hâkimler sık sık geliyorlardı. Zira AYİM'de üye adaylarını AYİM Genel Kurulu seçiyordu. Seçilen üç kişiden birini Cumhurbaşkanı atıyordu. Dolayısıyla askeri hâkimler üyelerle ilişkilerini iyi tutmaya çalışıyorlardı. Bu maksatla askeri hâkimler AYİM'e gelince dedikoduları da beraberlerinde getiriyorlardı. Mehmet Yüzbaşıoğlu'da zaman zaman beni arar, eşinin elindeki davalarla ilgili soru sorardı. Fikir almaya çalışırdı. Yani anladığınız gibi AYİM'de çalışırken bile diyaloğumuz vardı. Ziyarete geldiği de olurdu. Ancak 15 Temmuz sonrası her nedense benden şikâyetçi oldu. Hakkımdaki davaya da katılmak istedi. Talebi mahkeme tarafından reddedildi.

Duruşmaya ise gelmedi. Merak ettiğim noktalardan bir tanesi şu: Duruşmaya gelseydi acaba ne diyecekti? Bahsettiğim dedikodulardan bir diğeri, Mehmet Yüzbaşıoğlu'nun emekli olmak için dilekçe vermesi hadisesidir. Askeri yargıda emeklilikler de hemen konuşulur, emekli olacakların bilgisi kısa sürede yayılırdı. Mehmet Yüzbaşıoğlu ile ilgili de böyle bir duyum vardı. Tanıdığım

---

57 "Arık'ın iddiasına göre; Okan Bato "soruşturma dışı tutulacağı" güvencesi vererek Ali İpekçi'den Ömür Arık ve bazı üst düzey emniyet görevlileri aleyhine ifade aldı. Soruşturma sırasında yaptığının yanlış olduğunu anlayan Ali İpekçi baskılara dayanamayarak evinde intihar etti. Demek ki Komiser Yardımcısı Ali İpekçi gazete haberlerindeki gibi "bilinmeyen bir nedenle" değil, kendisine yapılan baskı sonunda böyle bir yol seçmiş..." Bkz. Serdar Öztürk, Komiser yardımcısının intiharının arkasındaki gerçek: Katil kim? https://www.a3haber. com/2020/12/28/komiser-yardimcisinin-intiharinin-arkasindaki-gercek-katil-kim/, erişim tarihi; 29.12.2020.

birçok kişi "Emekli olmaya karar verdi" diyordu. Ama her nedense bununla aynı durumda olan 5-6 kişi 15 Temmuz öncesinde bir anda emeklilik dilekçesi vermekten vazgeçtiler. Acaba neden vazgeçtiler? Bunun gerekçesini hiç söylemediler. Tahminim; Tayyip Erdoğan ekibinin Doğu Perinçek ile görüşmesinden sonra yapılan plan üzerine vazgeçtiler.

Mehmet Yüzbaşıoğlu aynı zamanda MSB'de askeri hâkimlerle ilgili kurulan üç kişilik Komisyonun üyesi oldu. Diğer iki kişi Bakan Fikri Işık ve yine şaibeli bir isim Taner Güçlü'ydü. Bunlar TSK'dan bir anda 109 askeri hâkimi ihraç ettiler. O dönem Milli Savunma Bakanı olan Fikri Işık, birçok yerde "Askeri hâkimlerle ilgili dosyalarda hiçbir delil yok" demiş. Bu bilgiyi tanıdığım birkaç eski AKP milletvekili söyledi. Çevremdeki AKP'li kişiler ben hapishanedeyken durumumu sormuşlar. "Onun neyi var? Niye içeride tutuyorsunuz?" gibi sorular sorunca; o zaman aynen bu şekilde cevaplar vermiş.

Bakan denilen insan koskocaman bir adam zannedilir. Kimse hakkında delil yokken, o kadar insanın atılmasına nasıl karar verdi? Şu an herhalde hayattadır. Azıcık dahi bir vicdan kırıntısı var ise, bu adamın kederinden ölüp gitmesi gerekir. Zira hem haklarında hiçbir delil yok diyeceksin, hem de her tarafı şaibeli iki adamın getirdiği listeye dayanarak, 109 askeri hâkimin atılmasına imza atacaksın.

Sonuç olarak, Mehmet Yüzbaşıoğlu ve aynı yapıdaki askeri hâkimlerin bir anda emeklilikten vazgeçmeleri; gelecekteki hayatlarını etkileyecek şekilde bir hadisenin planlandığının göstergesidir. Mehmet Yüzbaşıoğlu'nun Doğu Perinçeke bakışını anlattım.

g. Cumhurbaşkanına Suikast İle İlgili Suçluların İadesine Dair Sözleşmenin Apar Topar İmzalanması

Böyle bir sözleşmenin imzalanmasının hiçbir negatif yanı yoktur. Olması gereken bir sözleşmedir ve tabiki Türkiye'de imzalamalıdır. Ancak 15 Temmuz gerçekleştiğinde, bir anda böyle bir sözleşmenin varlığından ziyade imza tarihi önem kazandı.

Türkiye, 1957 yılında kabul edilen suçluların iadesine ilişkin hususları da içine alan sözleşmeyi, 11 Temmuz 2016 tarihinde imzaladı. Bu şu anlama geliyor: "Darbe girişimi sonrası bir takım insanlar yurt dışına kaçacaklar. İmzalayacağımız böyle bir sözleşmeye dayalı olarak o insanları geri iadesini sağlayacağız." Sözleşmenin apar topar imzalanmasındaki hedef bu olarak görünüyor. Tabi objektifmiş gibi görünen gazeteciler, akademisyenler olayın bu yönüne hiç bakmadılar. Olayı çok farklı bir yorumla ele aldılar.

Murat Yetkin de bunlardan biriydi.[58] Ancak Murat Yetkin şunu da yazmış: *"Tesadüfe bakın ki, 15 Temmuz kanlı darbe girişiminden yalnızca dört gün önce bu anlaşmaya tam taraf haline gelinmiş olması, şu anda bu tertibe karışmış olup da başka ülkelerde siyasi sığınma arayan herkesin kâbusu olmuş durumda."*

Yine habere göre, sözleşme hükümetin talimatı doğrultusunda, Mevlüt Çavuşoğlu'nun aracılığıyla apar topar imzalanmış. Peki o kadar beklendikten sonra neden 15 Temmuz'a yakın bir zamanda imzalandı? Bu konu üzerinde bilerek durulmadı. Ama Murat Yetkin, kıvrak zekâsıyla yazısının başlığına şunu eklemiş.

"Türkiye'de dört gün sonra bir askeri darbe girişimi olacağını herhalde o tertibin içinde olanlar dışında kimse bilmiyordu." diyerek, dolaylı olarak da mesaj vermiş.

Zira, gerçekten bir darbe girişimi istihbaratı alınsa, normal

---

58 *"Türkiye'nin darbe girişiminden sadece dört gün önce siyasi suçluların iadesine ilişkin bir sözleşmeye taraf olarak darbecilerin başka ülkelerden sığınma hakkı almasının önüne geçtiği ortaya çıktı".* Bkz. Murat Yetkin, Belçika Kaidesi Gülen'in kabusu, 16.08.2016 tarihli Hürriyet Gazetesi, bkz. https://www.hurriyet.com.tr/yazarlar/murat-yetkin/belcika-kaidesi-gulenin-kabusu-40196861, erişim tarihi; 29.12.2020.

olarak onu önlemenin yolları üzerinde durulur; alınan istihbarata dayalı, darbeye katılacağı tespit edilen kişileri bir gecede emekli edecek yollar araştırılır. Örneğin, TSK mensuplarını bir anda emekliye sevk edecek kanun çalışmaları yapılır. Yani darbenin önüne geçilmeye çalışılır. Normal olması gereken budur. Zira tehlike o kadar büyüktür ki, başka şeyleri düşünmeye fırsat bulamazsınız. Korkarsınız, 'Ya başarılı olurlarsa?' diye. Ne zaman darbe sonrasını düşünmeye başlarsınız? Başarısız kılındığı zaman. Olağan akış bunu gerektirir.

Burada ise normal olandan çok farklı bir öngörü var. Ancak kendi yaptığın bir plan üzerine böyle bir anlaşma imzalama gereği duyarsın. Böyle bir anlaşmanın imza tarihi, planı kendilerinin yaptığının göstergesidir. Bu açıdan bakılınca, planların ne kadar detaylı ve şeytani yapıldığı net olarak anlaşılıyor.

h. Balıkesir Astsubay Hazırlama Okulundaki Bir Astsubayın Beyanı

Bu olay basitmiş gibi görünebilir. "Bir astsubayın beyanından ne çıkar?" denebilir. Ancak, 15 Temmuz'un olacağının kimler tarafından bilindiğinin görülmesi açısından önemlidir. Aynı yerde görev yapan bir astsubaydan dinledim. Balıkesir Astsubay Hazırlama Okulu'nda bir kaç astsubay öğrencisi, okul içerisinde telefon bulundurmak yasak olmasına rağmen cep telefonu ile yakalanıyorlar. Takım komutanı astsubay, haklarında dava dosyası düzenliyor. Öğrenciler takım komutanı astsubayın yanına giderek "Komutanım şurada bir iki ay içerisinde mezun olacağız, buna gerek var mı, niye dosya hazırlıyorsunuz?" diyerek, kendilerini affetmesini istiyorlar. Ancak takım komutanı taleplerini kabul etmiyor. Çocuklara da kızgın bir şekilde, "Zaten bu okuldan bu dönem kimse mezun olmayacak, gidin başımdan" deyip çocukları tersleyerek kovuyor.

Çocuklar bu konuşmalara bir anlam veremiyorlar. Gerçekten de o dönem kimse mezun olamadı. Zira 15 Temmuz sonrasında tüm öğrencileri attılar. Bu olay şunu gösteriyor: Demek ki, kurgulanan olay Doğu Perinçek ile bağlantılı astsubaylara kadar inmiş. TSK'da birçok kişi bu olayın farkındaymış. Ancak benim gibi adamlar, olacaklardan habersiz dosyalarına bakmışlar. 15 Temmuz'dan iki gün önce AYİM Birinci Dairesinde Albay Fikret Eres başkanlığında, hararetle dosya görüşüp kararlar veriyorduk. Ama Daire Başkanı Celal Işıklar ve diğer muhteşem üçlü ise Ankara dışında kurgu sonucu ortaya çıkacak olayları bekliyorlarmış.

ı. Serdar Coşkun'un Darbe Girişimi Tutanağı

15 Temmuz'un kumpas olduğunu ortaya koyan delillerden biri de Ankara Cumhuriyet Savcısı Serdar Coşkun'un 15 Temmuz günü darbe ile ilgili düzenlediği tutanaktır.[59] Bu tutanak birçok yerde konuşuldu ve tartışıldı. Ancak tutanaktaki gerçekler görülmek istenmedi. Daha da önemlisi, tutanağı önemli bir delil olarak yayınlayanlar bile tutanağa gerçek anlamını veremediler.

Tutanağı tahlil edelim; tutanak darbe faaliyeti kapsamında, hiç yaşanmamış birçok önemli olaydan bahsediyor. Ayrıca tutanağın kaleme alındığı ve çıktısının alındığı saatte yaşanmamış ancak sonradan yaşanacak olaylardan da bahsediyor. Başta sonucu söyleyeyim; gerçek kurguyu bilmeyen bir savcının böyle bir tutanağı imzalaması mümkün değildir.

Bu ülkede bir şey hep gözden kaçırıldı. Türkiye'de hangi darbe önlendi? Bir tek darbe girişimi engellendi, o da Talat Aydemir'in darbe girişimidir. Kara Harp Okulu kaynaklı küçük çapta bir girişimdi. Uçakların da içinde olduğu hangi darbe girişimi engellendi?

---

59 Belge 8: Savcı Serdar Coşkun'un düzenlediği 16.07.2016 tarihli tutanak

Hiç yok. Ama bu ülkede net olarak 3 darbe oldu. Bir Savcı ise olaylar daha devam ederken bir tutanak düzenliyor ve hemen soruşturmaya başlıyor. Mümkün mü? O insanların çalışma anlayışlarını bilen birisi olarak söylüyorum: Mümkün değil! Zira o savcılar bir olayın sonucunu görmeden, hiçbir şeye imza atmak istemezler. Hele hele olaylar devam ettiği aşamada, olayların nereye varacağı belli olmadığı bir aşamada hiç imza atmak istemezler. "Ya başarılı olursa?" korkusunu yaşarlar. Hiçbir savcı bu riske girmez. Birileri ne kadar zorlasa da beklemeyi tercih ederler.

Peki kim böyle bir işe girebilir? Olayların iç yüzünü bilen, yani kurgu olduğunu bilen ve neler yaşanacağı kendisine söylenen bir kişi girebilir. Bu tutanağın bize anlattığı birinci sonuç budur. İkincisi, tutanakta o tarih itibarıyla daha yaşanmamış olaylar var. Meclisin bombalanması olayı gibi. Daha bombalanmadan, bombalandığı yazılmış. Burada hiç ölüm olayı olmadı, ölüm vakası olduğu da yazılmış.

Üçüncüsü, tutanakta hiç yaşanmamış olaylar da var. Özel Kuvvetler Komutanlığı'nın bombalandığı belirtilmiş. Ama Özel Kuvvetler hiç bombalanmadı. Emniyet İstihbarat binasının bombalandığı belirtilmiş. Orası da hiç bombalanmadı. MİT binasının askerlerce işgal edildiği yazılmış. MİT binası hiç kuşatılmadı. Tutanakta bazı özel televizyon kanallarının askeri birliklerce kuşatıldığı belirtilmiş. O gece sadece Doğan Medya Center askerlerce basıldı. O da tutanakta belirtilen saatten 2 saat sonra olmuş. Başka hiçbir medya grubu kuşatılmadı. Cumhurbaşkanlığı Külliyesinin kuşatılmasından bahsedilmiş. Ama Saray hiç kuşatılmadı. Peki bunlar yaşanmadığı halde Serdar Coşkun bunları niye tutanağa yazdı veya yazdırdı?

Bu tutanak kamuoyuna yansıdığında bana cezaevindeyken sormuşlardı. Kendilerine şunu söyledim: "Daha önce askeri savcılık, yıllarca askeri hâkimlik yapan biri olarak söylüyorum, bu savcılar meslek noktasında da yetersiz insanlar. 15 Temmuz kurgusunu bildikleri ve planlardan haberdar oldukları için, o gün tutanağı yetiştiremezler düşüncesiyle önceden hazırlık yapmışlar. Zira irticalen, kısa sürede tutanak tutma yetenek işidir. O da onlarda yoktur. Birçok davada ve soruşturmada onu gördüm. Bu nedenle önceden hazırlık yapmışlar" dedim.

Muhtemelen "Kumpas Planı" önceden Serdar Coşkun'a verildi. O da plana göre, hangi birliklerin harekete geçeceğini, nerelerin bombalanacağını görerek tutanağı hazırladı veya yazdırdı.

Ancak kimin hazırladığı henüz tam ortaya çıkarılamamış sıkıyönetim ilanı planlarına bazı birlikler uymayınca, kumpas ortaya çıktı.

Serdar Coşkun'un hazırladığı tutanak, kumpasın en önemli delilidir. Bu insanın baştan itibaren olayın içerisinde olduğunun göstergesidir.

i. EMASYA[60]'nın Geri Getirilmesi

15 Temmuzun bir kumpas olduğunu gösteren en önemli olayı anlatacağım. Bu hususu tahliye olduktan sonra tespit ettim. Öğrendiğimde kafamdaki tüm taşlar yerine oturdu. Zaman zaman söylediğim gibi, meğer benim gibi saflar işine gücüne bakarken, çok taraflı, planlı, programlı bir kumpas darbe planı hızlı bir şekilde hazırlanıyormuş. Bunu net olarak anladım.

Mevzunun detayına girmeden önce, neyi anlatmak istediğimi göstermek açısından biraz bilgi vereyim. Bilindiği üzere TSK'nın mensuplarının görevini, hizmet şeklini, birbirleriyle ilişkilerini düzenleyen adeta "Askerin Anayasası" denen bir İç Hizmet Kanunu vardır. Bu Kanunun bir de meşhur 35. Maddesi vardı.[61] 1980 yılına

---

60 EMASYA; Emniyet, Asayiş ve Yardımlaşma ifadelerinin kısaltılmış şeklidir.
61 Değişmeden önceki Madde 35: "Silahlı Kuvvetlerin vazifesi; Türk yurdunu ve anayasa ile tayin edilmiş olan Türkiye Cumhuriyeti'ni kollamak ve korumaktır" Değiştikten sonraki Madde 35: (Değişik: 13/7/2013-6496/18 md.) Silahlı Kuvvetlerin vazifesi; yurt dışından gelecek tehdit ve tehlikelere karşı Türk vatanını savunmak, caydırıcılık sağlayacak şekilde askerî gücün muhafazasını ve güçlendirilmesini sağlamak, Türkiye Büyük Millet Meclisi kararıyla yurt dışında verilen görevleri yapmak ve uluslararası barışın sağlanmasına yardımcı olmaktır.

kadar olan darbeler bu maddeye dayanılarak yapıldı. 1980 darbesinin başında olan Orgeneral Kenan Evren bu maddeyi izah ederek, darbe bildirisini okudu. O görüntüyü çoğu kişi hatırlar. Darbe karşıtları "Bir daha darbe olmasın" diye ilk önce bu maddenin kaldırılmasını istedi. Ancak kimse bu maddenin kaldırılmasına cesaret edemedi. Hatta bir anım vardır, konunun iyice anlaşılması açısından anlatayım. Teğmen olarak Tuzla Piyade Okulunda subay temel kursunda bulunuyorduk. 1994 yılıydı. Askeri hukukla ilgili konular da vardı. Bu dersin hocası bir binbaşıydı. Hâkim teğmenlere ders konularını dağıtarak, konuları bizden anlatmamızı istedi. Bana de İç Hizmet Kanununu anlatma görevi verildi. Meşhur 35. maddeye gelince, benim gibi kursiyer öğrencilerden biri şu soruyu sordu "Bu madde darbe yapma yetkisi veriyor mu?" O dönem itibarıyla hem zor, hem de açık bir soruydu. Anayasa hükümlerini izah ederek, kanunların Anayasaya aykırı olamayacağını ve kanunun Anayasaya aykırı olarak yorumlanamayacağını belirterek, bu maddenin askere darbe yapma yetkisi vermediğini söyledim. Dersin öğretmeni olan piyade binbaşı, "Ne demek! Kanun hükmü açık. TSK bu maddeye dayanarak, şartlar oluştuğunda her zaman darbe yapar" diyerek tartışmayı kesti. Ben de anlatacağım diğer konulara geçtim.

Bu konuyla bağlantılı konumuza devam edelim. Askerin sokağa çıkmasını sağlayan bir de EMASYA denen bir protokol vardı. İçişleri Bakanlığı ile Genelkurmay Başkanlığı arasında imzalanmıştı. Kısaltma harfler "Emniyet, Asayiş, Yardımlaşma» ifadelerinin kısaltmalarından oluşuyordu. Bu protokol İl idaresi Kanununa dayanıyordu.

7 Temmuz 1997 tarihinde İl İdaresi Kanunu'nda yapılan değişiklikle askere, polisin yeterli olmadığı durumlarda toplumsal olaylara müdahale yetkisi tanındı. Bu protokol, kanundan dayanak almakla beraber, askere kanunun verdiği yetkinin çok ötesinde yetki tanıdığı için eleştiriliyordu. Hatta askere darbe yapmada

kolaylık sağladığı bile dile getiriliyordu. Balyoz ve Ayışığı gibi darbe girişimleri gündeme gelince bu protokolün de kaldırılması gerektiği ileri sürüldü. Ancak Hükümet dengeleri gözeterek bu protokolü değiştirme girişiminde bulunmadı. Sonunda Hükümet ortamını bulunca, askere geniş yetkiler tanıyan bu protokolü 2010 yılında kaldırdı. Dolayısıyla daha demokratik bir ortama geçilmiş, sivil idarenin yetkisi daha da arttırılmış oldu. Buraya kadar her şey gayet doğal ve demokratik görünüyor. Eleştirilecek bir yön de bulunmuyor.

Gelelim zurnanın zırt dediği yere; 2016 Temmuz'undan önce bir periyot içerisinde terör saldırıları oldu. 15 Temmuz'dan sonra anlaşılıyor ki bunlar da belirli bir proje bazında gerçekleştirilmiş. TSK içerisinde bu dönemde bu tür saldırılar nedeniyle, bu tür olaylara karşı ani müdahale edebilmek, etkili cevap verebilmek için, brifingler verildi. Birlikler bazında çalışmalar yapıldı. Bunlar da gayet doğaldı. Ancak aynı dönemde gazetelerde paralel yapı haberleri aşırı bir şekilde yapılmaya başlandı. "Karargâhta 40 paralel general", "Hava kuvvetlerinde pilotların yarısı paralel yapı mensubu" gibi haberler yapıldı. Ayrıca değişik ortamlarda "Paralel yapı darbeye hazırlanıyor", "Paralel yapı darbe yapacak" gibi söylemler artarak dile getirildi. Bu haberleri hem ulusalcı medya hem de yandaş medya sık sık yaptı. Daha önce belirttiğim gibi Hâkim Albay Kenan Kenan bile "Paralelciler darbe yapacak" demeye başladı.

Böyle bir ortamda, gerçekten darbe tehlikesi var ise ne yapılması gerekir? Bir hukukçu ne önerir? Cevabını birlikte düşünmeye başlayalım. 25 yıl askeri yargıda bulundum. Hem Ceza yargısını hem de idari yargıyı hem teorik olarak hem de pratik olarak çok iyi öğrendim. Askeri Şura Kararları ile TSK'dan atılan yaklaşık 1600 askeri personelin davalarına baktım. Olağanüstü yönetim usullerini en iyi bilenlerden biriyim. Doktora tezim bu konuyla ilgili ve kitap olarak yayınlattım. TSK Disiplin Kanununu[62] hâkim

62 6413 sayılı Türk Silahlı Kuvvetleri Disiplin Kanunu, R.G: 16.02.2013.

olarak birçok davada uyguladım. AYİM'deki açılan davalarda bu kanunun uygulanmasının güçlüklerini tespit ettim. Baştaki soru bana sorulsa, anlattığım tecrübelerimle şunu önerirdim: "Bir darbe tehlikesi varsa, mevcut Disiplin Kanunu ile bu problemi çözemezsiniz. Ayrıca Askeri Şura'ya verilen TSK'dan Şura kararı ile personeli atma yetkisi kaldırıldı. Bu durumda yapılması gereken, Hükümet kararı ve Cumhurbaşkanı onayıyla generalleri bir gecede emekliye sevk edecek bir kanun yapmaktır. Bu bağlamda, Personel Kanunu'na bir madde ekleyin ve darbe düşünen generalleri hemen emekli edin" derdim. Muhtemelen çözüm üretecek tüm hukukçular da böyle bir yol gösterirdi.

Peki, bu tür darbe girişimi iddiaları karşısında Hükümet ne yaptı? İşte bu sorunun cevabı, darbe girişiminin tam bir kumpas olduğunu ortaya koyuyor. Hükümet darbe girişimini engelleyecek tedbirler almak yerine, askerin sokağa çıkmasını kolaylaştırıcı bir Kanunu, hem de darbenin en yoğun konuşulduğu tarihlerde gündeme getirip kabul etti. 10.06.2016 tarihinde TBMM Anayasa Komisyonunda görüşülen Kanun değişikliği, 23 Haziran 2016 tarihinde TBMM'de kabul edildi. Cumhurbaşkanı tarafından ise her ne hikmetse 14 Temmuz 2016 tarihinde yayınlandı.[63] Böylece EMASYA olarak bilinen protokolle askere verilen yetki, Kanun ile geri getirildi. Madde değişikliği için niye bu dönem benimsendi? Cevap açık: "Asker bir emir yayınlandığında hemen sokağa çıksın. Sokağa çıkan askerleri darbeci olarak ilan edelim. Akabinde olağanüstü hal ilan edelim ve bize muhalif, demokrat, NATO'cu tüm subayları TSK'dan temizleyelim" diye. 14 Temmuz'da çıkan

---

63 Kanun çıktığında gazete haberlerinden biri şöyleydi: "Cumhurbaşkanı Erdoğan 4 Şubat 2010'da iptal edilen EMASYA için, "Böyle protokol olamaz, olmayacak. Bu işi bitireceğiz" demiş, Abdullah Gül de "Hukuk anlayışımız ve standartlarına göre buna gerek yok" açıklaması yapmıştı. Dönemin AKP Genel Başkan yardımcısı Ayhan Sefer Üstün de, "1990'ların hukuk düzenine dönülmez. EMASYA'nın geri gelmesi mümkün değil" demişti. Ancak, Binali Yıldırım Hükümetince hazırlanan ve TBMM'den geçerek dün de Erdoğan tarafından onaylanan yasa ile, EMASYA geri geldi. Yasa ile, asker, validen izin almadan, birlik komutanının emri ile terör operasyonu yapabilecek. Kaçan teröristleri yakalamak için arama ve operasyonlarda da hâkim iznine gerek olmayacak. Kamu düzeninin bozulması halinde İçişleri Bakanının teklifi ve Bakanlar Kurulu kararıyla askeri birlik görevlendirilecek." Bkz. https://www.sozcu.com.tr/2016/gundem/emasya-6-yil-sonra-geri, erişim tarihi, 22.01.2021.

Kanun tam anlamıyla bunları söylüyor.[64] Yoksa "EMASYA askere geniş yetkiler veriyor, buna dayanılarak darbe yapılabilir" diyerek EMASYA protokolünü kaldıran Hükümet, aynı düzenlemeyi niye kanun ile geri getirsin? Dönemin Milli Savunma Bakanı Fikri Işık, Meclis'te bu kanun değişikliği ile ilgili açıklamada; "Şunu da özellikle ifade edeyim: Askerlerimizden bize yönelik «Biz şu yetkiyi de istiyoruz.» diye bir talep de gelmedi. Sadece ben operasyonlarımı yaparken koordinasyon yetkisini istiyorum. Koordinasyon yetkisi de askerî *koordinasyondur"* diyordu.[65]" Binalı Yıldırım da bunu çok iyi bildiği için 15 Temmuz'dan sonra sorulan bir soru üzerine bir anda en kötü proje olarak 15 Temmuz'u söyledi. Zira bu kanunun niçin çıkarıldığını çok iyi biliyordu. Ve gerçekten de onlar açısından tam bir projeymiş. Bizim gibi mağdurlar açısından da tam bir kumpas.

j. Darbe Girişiminin Olacağını Gösteren Beyanlar

15 Temmuz'u haber veren delillerden birisi de o tarihten önce sosyal medyada atılan tweetler, zaman zaman yapılan konuşmalar ve

---

64 **MADDE 12** - 10/6/1949 tarihli ve 5442 sayılı İl İdaresi Kanununun 11 inci maddesine aşağıdaki fıkra eklenmiştir.

"J) Genel kolluk kuvvetlerinin imkân ve kabiliyetlerini aşan durumlarda terörle mücadele için gerekli olması veya terör eylemlerinin kamu düzenini ciddi şekilde bozması hâlinde, İçişleri Bakanlığının teklifi üzerine Bakanlar Kurulu kararıyla Türk Silahlı Kuvvetleri görevlendirilebilir. Bakanlar Kurulu kararında; görevin kapsam ve süresi, görev alanı, istihbarat yetkisinin kapsamı, destek silahlarının kullanımına yönelik tahditler, görevlendirilen birliklerin mülki amirler ve genel kolluk kuvvetleri ile ilişkileri, ilgili kamu kurum ve kuruluşları tarafından alınması gereken tedbirler, icra edilecek görevlerin planlanması ve izlenmesi ile gerek görülen diğer hususlar gösterilir. Görevlendirilecek Türk Silahlı Kuvvetleri birliklerinin çapı, teşkilatı, kuvvet kaydırılması ve bu kapsamda gerekli görülen diğer hususlar Genelkurmay Başkanlığı tarafından belirlenir. Görevlendirilen Türk Silahlı Kuvvetleri birlikleri ve personeli, kendi komutanının sorumluluğu altında ve onun emir ve talimatlarına göre 4/1/1961 tarihli ve 211 sayılı Türk Silahlı Kuvvetleri İç Hizmet Kanununda belirtilen yetkiler ile kolluk kuvvetlerinin genel güvenliği sağlamada sahip olduğu yetkileri kullanarak verilen görevleri yerine getirir. Bu fıkra uyarınca illerde icra edilecek görevler kapsamında askeri birlikler ile genel kolluk kuvvetleri ve ilgili kamu kurum ve kuruluşları arasındaki işbirliği, koordinasyon ve gözetim valiler tarafından yerine getirilir. Askeri birliklerin belirli görevleri genel kolluk kuvvetleriyle birlikte yapması hâlinde komuta, sevk ve idare askeri birliklerin en kıdemli komutanı tarafından üstlenilir.

65 Bkz. https://www.tbmm.gov.tr/develop/owa/komisyon_tutanaklari.mv_goruntule?pTutanakId=10437, erişim

benzer şekildeki beyanlardır. Tabi ülkenin gidişatına göre, yorum olarak bazı kişiler böyle bir öngörüde bulunmuş olabilirler. Beyanlar olarak bunları kastetmiyorum. Türkiye gibi bir ülkede bu tür yorumlar her zaman yapılır. Burada kastettiğim; yorumdan ziyade bazı şeyleri bildiği için bununla ilgili olarak ipucu vermek suretiyle açıklama yapmaktır. Kumpasa zemin hazırlamak gayesiyle beyanda bulunmaktır.

Ancak bu konuyu kitabın yazım stratejisi dışına çıkarak, internet ortamında araştırmak suretiyle ele almak zorunda kaldım. Zira 15 Temmuz öncesinde bu tür basına da yansımış bilgilerden haberim yoktu. İşime dalmıştım. Biraz da işkolik olduğum için ne olup bittiğinden haberdar değildim. Tahliye olduktan sonra İstanbul'da bulunduğum sırada, bir twitter hesabında 15 Temmuz benzeri bir girişimin kurgulandığı mahiyetinde bir tweet görünce, hayretle bunu mahalleden çocukluk arkadaşıma okudum. Bana "Tedbirini al, bunlar 15 Temmuz öncesinde de benzer şeyleri yazıyorlardı" deyince şaşırdım. Sonra söylediği hesapları takibe başladım. Dediği gibi olduğunu gördüm.

Bu şekilde yaptığım araştırmada 15 Temmuz öncesinde, 15 Temmuz'u haber veren ve kurgudan haberdar olarak altyapı oluşturan kişilere rastladım. Örnek olması açısından birini buraya alıyorum:

Tayyip Erdoğan'ın reklamcısı olan Erol Olçak'ın attığı tespit edilen tweetler. Bu tweetler 10 Temmuz 2016 tarihli.[66]

Tweetler çok açık. Bu tweetleri değişik anlamda yorumlayanlar var. "Bunu yazan kişi darbeden önceden haberdar" gibi. Halbuki Türkiye geçmişte ikisi net, diğeri muhtıra şeklinde 3 darbe yaşadı. Hangi darbede insanlar darbeyi engellemek için sokağa çıktı? Hangi lidere karşı koydu? Planlanan darbeyi haber alıp, karşı darbe yapmak ayrı bir şeydir. Ortada darbe yokken darbe varmış gibi bazı yerleri hareket geçirtip engellemiş gibi yapmak başka

tarihi; 22.01.2021.
66 Belge 9: Twitter'daki 15 Temmuzu bildiren tweet mahiyetinde yazılar

şeydir. Bu ikisinin hukuki sonuçları da farklıdır. Birincisinde darbeyi haber aldığı halde ilgili yerlere haber vermemek fiili için görev ihmal veya görevi kötüye kullanmak suçları devreye girebilir. İkincisinde ise suç uydurma, suç tasni, kışkırtıcı ajanlık gibi suçlar devreye girer. Bu suçların faili, işlenmiş tüm suçlardan, suçları bizzat kendisi işlemiş gibi cezalandırılır. Yani iki grup eylem arasında dağlar kadar fark var.

Baştan itibaren anlatmaya çalışıyorum; ülkemizde darbenin önüne çıkacak babayiğit insan azdır. Geçmişte bunları yaşadık. Hele sağ kesimden darbe karşısına çıkacak insan sayısı sola göre çok daha azdır. Darbeye ne zaman karşı çıkılabilir? Darbe girişiminin bir kurgu olduğunu bildiğin zaman, darbe tiyatrosunu kendin kurguladığın zaman. Zira girişimin nereye varacağını da bilirsin.

Bu tweetler de esasında 15 Temmuz'un bir darbe girişimi olmadığını, bir kurgu olduğunu açık olarak gösteriyor. Bu tweetler aynı zamanda kurgunun başarılı olması için zemin hazırlamış.

Cumhurbaşkanı Yardımcısı Fuat Oktay, 15 Temmuz sonrasında Vatan Gazetesi yazarı Murat Çelik'e verdiği röportajda yeni sistemin çalışmalarına 15 Temmuzdan 4 ay önce başlandığını söylemiş.[67] Kendisi o sırada Başbakanlık Müsteşarıydı. Kimse sormadı kendisine, "Yeni sisteme geçişi nasıl sağlayacaktınız?" diye. Darbe kumpası da buna dâhil miydi?

Tabi bir de bu kumpastan sonra, bu kumpası ikrar eden beyanlar oldu. En net olanı 15 Temmuz'da Başbakan olan Binali Yıldırım'ın beyanıdır. Veda ziyareti kapsamında gittiği Anadolu Ajansı'nda Editör Masası'na konuk olduğu sırada kendisine sorulan; "Sizi çok zorlayan bir proje oldu mu?" şeklindeki soruya, "Hoşuma gitmeyen proje 15 Temmuz'du. Keşke olmasaydı" diye cevap verdi.[68] 15

---

67 "Dönemin Başbakanlık Müsteşarı, bugün itibarıyla Cumhurbaşkanı Yardımcısı Oktay, 'Devletin işleyişindeki sistematik yapının düzeltilmekte olduğunu' söyledi ve ekledi: 'Bu çalışmaya aslında çok uzun süre önce başladık. Kimileri 15 Temmuz'dan sonra diye düşünüyor ama yapısal sorunların tespiti ve ortadan kaldırılması için çalışmaya 15 Temmuz'dan 4 ay önce başladık. 2016 Mart'ında yani." Bkz. https://www.yenicaggazetesi.com.tr/fuat-oktay-15-temmuzdan-4-ay-once-basladik-198084h.htm, erişim tarihi; 07.01.2021.

68 Bkz. https://www.cumhuriyet.com.tr/video/hosuma-gitmeyen-proje-15-temmuz-1018705, erişim tarihi;

Temmuz olayları başladığında bu kişi; hemen Fethullahçı kalkışma diyerek, kumpası da ilk haber verenlerden oldu.

Kitabın yazımını bitirdikten sonra twitterda rastladığım bir hesapta ilginç bir tweet gördüm. Tweeti yazan kişi ise Almanya'da yaşayan ünlü bir boksördü. Şöyle yazmış: *"Sır gibi sakladım ama AKP'de aday adayı olmuş biri 15 Temmuz darbesi olmadan 4 hafta önce beni aradı ve olacakları savaşın başlayacağını söyledi. Toplantıları Dortmund'a oldu! Sustum ama korktuğumdan değil. Kime anlatırım, kim ne yapabilir bana çamur atmadan onu düşündüm."* [69]

Belki böyle yüzlerce bilgi var ama şimdilik ulaştıklarım bunlar. Türkiye'de esen rüzgara göre bu tür beyanlar artacaktır.

04.01.2021.

69 https://twitter.com/UensalArik/status/1373396238683549696?s=03, erişim tarihi; 21.03.2021

3. 15 Temmuz Günü

O günden bahsederken "15 Temmuz günü" diyoruz ama asıl 15'i 16 Temmuz'a bağlayan geceyi kastettiğimizi artık herkes biliyor. 15 Temmuz Cuma günüydü. O gün Dairede görüşmeleri tamamladıktan ve gerekçeleri imzaladıktan sonra, Oran'daki lojmanıma döndüm. Kızım da fakülteden eve geldi. Akşam haberleri seyrediyordum. Bir ara kızım salona girdi. "Baba İstanbul'da köprüyü kapatmışlar" dedi. Anlam veremedim. "Kızım İŞİD saldırısı ihbarı almışlardır, muhtemelen tedbir için kapamışlardır" dedim. Kızım salondan çıkınca, televizyonda diğer kanallara baktım, bir şey göremedim. Kızım bir iki dakika sonra tekrar geldi. "Baba internet çalkalanıyor, İstanbul'da köprüyü kapatmışlar, yollar kapanmış" dedi. Bir müddet sonra uçaklar uçmaya başladı. Açıkçası, rutinin dışındaki gelişmeler beni endişeye sevk etti. Sonra bulunduğum lojmana sınır olan TRT binasının oradan çatışma sesleri gelmeye başladı. Akabinde Gölbaşı tarafından patlama sesleri duyuldu. İyice karamsar bir hal aldım. Arkasından televizyona tekrar baktım "Ne oluyor?" diye. Başbakan Binali Yıldırım'ın açıklaması vardı. Hemen bir grubu hedef alan konuşması oldu.

Bizim askeri hâkimlerin WatsApp grubuna da sık sık mesajlar atılmaya başlandı. Bazı sol görüşlü arkadaşlar, "Ne oluyor, bilen var mı?" diye soruyordu. İlerleyen saatlerde Albay Kenan Kenan devreye girip, "Arkadaşlar, neyi tartışıyorsunuz? Bu ülkede darbeye teşebbüs edildi..." gibi bir mesaj attı.[70] Bunu görünce şaşırdım. Bir anda ısrarla izne ayrılmak istemeleri aklıma geldi. Taşlar yavaş yavaş yerine oturmaya başladı. Neden ısrarla izne ayrılmak istedikleri ortaya çıktı.

Yine Albay Kenan Kenan'ın "arkadaşlar göreceksiniz, buradan bazı üyeler elleri kelepçeli olarak gidecekler" şeklindeki beyanı aklıma geldi.

Gecenin ilerleyen saatlerinde ise askeri hâkimler WhatsApp grubuna bir liste atıldı. Listeyi de atan Albay Metin Ulukanlıgil'di. Yani muhteşem üçlü çalışmaya başladı. Listeyi gören askeri hâkimler yorum yapmaya başladılar.

Bir darbe olunca sıkıyönetim komutanlıklarına atama yapılması normal bir durumdu. Zira darbe ile ilgili icrai işlemlerin yapılması lazım. Bunu da muharip olanlar yapacak. Ancak sıkıyönetim askeri mahkeme ve savcılıklarına aynı gün görevlendirmelerin yapılmasının ne mantığı vardı? Zira ortada henüz gerçekleşmiş bir darbe yoktu. Niye böyle bir liste hemen atılsın ki? Diye düşünmeye başladım. Geçmişteki hiçbir darbede böyle bir emir yayınlanmadı. Bu soruyu birçok askeri hâkim sormaya başladı. Zira gerçekten bir mantık bulunamıyordu.

Darbe girişimlerinde genelde hep bir önceki yapılan taklit edilmiş. Peki böyle bir liste niye hemen yayınlandı? Kısa bir süre sonraki gelişmeler, neden yayınlandığı sorusuna cevap olmaya başladı. Askeri mahkemelerdeki yargılamalar anlatılırken buna detaylı değineceğim. Şu kadarını belirteyim: 15 Temmuz gecesi Necip İşçimen'in konuşmaları bu sorulara cevaptır.

Ertesi gün öğrendiğime göre, Kurmay Albay Güven Şağban Jandarma Karargâhına giderek güya darbecilere engel olmaya çalışmış. Yorumum şu oldu; kurguyla hiçbir alakası olmayanın o gün kendiliğinden karargâha giderek engel olmaya kalkması hayatın olağan akışına uymaz. Yine öğreniyoruz ki, Ali Türkşen Özel Kuvvetler Komutanlığına giderek oradaki işkencelere katılmış. Bu da hayatın olağan akışına uygun değildi. Diyeceksiniz olağan akış yok zaten, bir darbe girişimi var. Olağanüstü bir olay yaşanıyor. Evet ama olağanüstü olayların da bir olağan akışı vardır. Yine öğreniyoruz ki İstanbul'da görevli bir Tümgeneral, kendi birliğini bir kenara bırakıp köprüye giderek, harp okulu öğrencilerine müdahale etmiş. Hele bu hiç olağan akışla uyumlu değil. Demek ki bu insanlar kurgunun ne olduğunu biliyorlardı. Bilmezlerse söylenilen çapta bir girişim olması halinde, başarılı olması ihtimalinin yüzde bir olacağını dahi bilseler korkularından yine gitmez ve müdahalede bulunmazlardı.

Şimdi gelgelelim o günle ilgili duyduğum olaylara;

Birincisi, Metin Ulukanlıgil'in yaptıklarıdır: Olaylar sona ermeye başladıktan sonra, yani uçak sesleri kesildikten sonra gözaltılar yapılmaya başlanıyor. Gözaltılar yapıldıktan sonra soruşturmalar devam ediyor. Soruşturmalar devam ederken ve aynı anda tutuklamalar yapılırken, yani sulh ceza hâkimliklerine asker kişiler sevk edilmeye başladıktan kısa bir süre sonra koridorlarda elinde liste ile dolaşan bir kişiden bahsediliyor. Daha önce de bahsettiğim gibi bu kişi Albay Metin Ulukanlıgil. Esrarengiz yapıda birisiydi. Anladığım kadarıyla tutuklanacaklar listesi daha önceden kendisine verilmiş. O liste ile birlikte sulh ceza hâkimliklerini gezerek kimlerin tutuklanacağını ya da kimlerin tutuklanmayacağını söylüyor. "Peki bunu nereden biliyorsunuz?" diye sorabilirsiniz. Tutuklanmaya sevk edilmiş bir subay koridorda beklerken, bu kişiyi elinde listeyle Sulh Ceza Hâkimlikleri odalarına girerken görüyor. Bu olayı hâkimlerin yanına girerken gören kişiden bizzat dinledim. Aynı mahiyette birkaç beyan daha tespit edince, bu kişi ile ilgili hakkında düşündüklerim tam anlamıyla yerli yerine oturmaya başladı.

İkincisi, ve beni en çok etkileyen vakalardan bir tanesi Hande Fırat'ın canlı yayınıdır. Bildiğimiz üzere, CNN Türk'te o gece darbe girişimi hakkında Tayyip Erdoğan'la bir canlı bağlantı yapıldı. Hande Fırat'a cep telefonu ile Facetime üzerinden bağlanan Tayyip Erdoğan, canlı yayında halkı sokağa çağırdı. Peki o yayın gerçekten canlı mıydı? Cezaevindeyken canlı olmadığı yönünde söylentiler vardı. Zira Hande Fırat ara ara ekrana dokunarak, karartmayı önlediği söyleniyordu. Tahliye olduktan sonra bu işin peşine düştüm. Çocukluğumun geçtiği eski mahalleden bir tanıdığım vardı. Onun cami arkadaşı yaşlı bir amca ona anlatmış. Onun oğlu da Tayyip

Erdoğan'ın yakınında koruma polis memuruymuş. Televizyonda Tayyip Erdoğan'ın ilk canlı konuşması yayınlanırken bu koruma polis memuru, Tayyip Erdoğan ile beraber görüntüleri seyrediyorlarmış, yani görüntüler canlı değilmiş, çekimler daha önce yapılmış. Bu yayından sonra Hande Fırat her nedense bir anda Erdoğan ailesinin en yakın dostlarından oldu. Hatta çakma Hermes çantayı bile savunmaya çalıştı.

Anlattığım bu olayı doğrulayan bir gelişme de oldu. Tayyip Erdoğan, Azerbaycan'a gidip askeri geçit töreninde bir konuşma yaptı. Bu konuşmasından İran rahatsız oldu. Ertesi gün İran'ın gazeteleri Tayyip Erdoğan'ı tehdit etti. Gazete manşetlerine bir resim koydular. O resim Tayyip Erdoğan'ın 15 Temmuz günü canlı yaptığı söylenen cep telefonun görüntüsünün resmiydi. İçinde resim olarak Tayyip Erdoğan'ın olduğu cep telefonu resmini gazete manşetine koydular. İran o görüntü ile Tayyip Erdoğan'ı tehdit etti. Bizim resmi zevat bu tehdide karşılık vermedi. Anladığım kadarıyla tehdit adresini buldu. Kasım Süleymani'nin 15 Temmuza dahil olduğu yönündeki açıklamalar ile bu gelişmeleri bir araya getirdiğimizde; o görüntülerin çok daha derin anlamlar ifade ettiği ortaya çıkıyor.

Üçüncüsü, Mehmet Yüzbaşıoğlu'nun o geceki tavırlarıdır. Mehmet Yüzbaşıoğlu'nun nasıl bir insan olduğunu kısaca anlattım. Doğu Perinçek ile ilgili sözlerime karşı sert tepki gösteren kişilerden biriydi. Ayrıca kendisi ile ilgili anlattığım perde vakasından anlaşılacağı üzere, çok da cesaretli birisi değildi. Bu kişi 15 Temmuz gecesi oradan oraya koşturup duruyor; toplantılara katılıyor; HSYK Başkanvekili ile görüşüyor; onlara akıl öğretiyor. Onlara "Sizi de alıp götürebilirler, kendinize dikkat edin" gibi sözler söylüyor. Bunu da duruşmalarda verdiği ifadelerde rahatlıkla anlatıyor. Şimdi bu kişinin o gece kapı kapı gezdiği hali ve anlattığım cesaretsiz yapısı da dikkate alındığında; durumu olağan akışa uygun görünmüyor. Onun bu tavrı; kumpasın planlayıcılarından birisi olduğunu ortaya koyuyor. Kumpası bilmeseydi o gece o kadar rahat orayı burayı gezmezdi.

Dördüncüsü, Efkan Ala'nın kaçmaya çalışması olayıdır. O gece iddia edilen olaylardan biri de İçişleri Bakanı Efkan Ala'nın, olaylardan haberdar olunca uçağıyla Gürcistan'a gitmek için yola çıktığı iddiasıdır. Yani darbe girişiminden kaçtığı iddiasıdır. Bu iddia doğru ise, başına bir şey gelir diye korkmuş olacak ki hemen kaçma yoluna bakmış. Yine tekrarla söylüyorum; eğer bu iddia doğruysa Efkan Ala'nın gösterdiği tepki normal bir tepkiydi. Yani bir darbe girişimi olduğunda, darbenin neden ve kim tarafından yapıldığını bilmiyorsanız; Kemal Kılıçdaroğlu'nun yaptığı gibi kaçmaya çalışırsınız. Sokağa darbe için çıkmış, hedefi de darbe olan insanları durdurmak o kadar kolay değildir. O yüzden Efkan Ala bunu çok iyi biliyor ve olağan bir tepki veriyordu. Kaldı ki aynı Efkan Ala 17-25 Aralık sürecinden sonra "Gerekirse kırın kapıyı alın" gibi cesaret dolu cümleler sarf eden kişiydi. Ancak aynı gün Mecliste bulunan AKP'liler olayın başlangıcında hemen "Fethullahçı darbe girişimi" dediler. Demek ki onlara da bilgi gitmiş. Olayın nerelere varacağını, daha doğrusu kumpasın mahiyetini biliyorlardı. O yüzden Meclisi açık tutmaya çalıştılar.

Zaten olaylardan sonra Efkan Ala görevden alındı. Yerine Süleyman Soylu atandı. Buradan yorumla şunu çıkarıyoruz: Süleyman Soylu böyle bir kumpastan haberdardı. Bilgi sahibi olduğu için o doğrultuda hareket etti. Eğer bilgisi olmasaydı muhtemelen Efkan Ala gibi bir tepki verirdi.

Beşincisi, Tayyip Erdoğan'ın aranmasına rağmen bulunamaması iddiasıdır: O gün bulunduğu yerde çatışma yaşanması gibi iddialar vardı. Ancak onu almaya giden Gökhan Şahin Sönmezateş ısrarla söylüyor; "Engellediler, gidemedik" dedi. Ama Tayyip Erdoğan'ın bulunduğu yerde çatışmalar oldu. O çatışmayı kimlerin çıkardığı ortaya konmadı. Onlarla ilgili hiçbir soruşturma yapılmadı. Müyesser Yıldız bile Sönmezateş'in o çatışma içinde olmadığını söyledi. Tayyip Erdoğan'ın İstanbul'a uçakla gittiği söylendi. Kendisine F-16'ların refakat ettiği söylendi. Ne hikmetse kendisine refakat ettiği söylenen F-16'ların pilotları da "Fetö" iddiasıyla ihraç edildi.

Burada akla şu soru geliyor: Tayyip Erdoğan'ı almak maksadıyla bulunduğu yere gittiği iddia edilen ilk grup polisle çatışmaya girmesine rağmen, çatışmaya girenler ile ilgili olarak neden hiçbir soruşturma ve işlem yapılmadı? Bana göre cevabı şu: Yedek bir plan yaptılar. Kumpasta bir sıkıntı çıkarsa, Cumhurbaşkanına da bir suikast girişimi olduğu vakasını kamuoyuna anlatarak mağduriyeti arttırmayı hedeflediler. "Cumhurbaşkanı ölümden döndü" algısını oluşturmak istediler.

Altıncısı, aynı gün Hakan Fidan'ın Genelkurmay Karargahına gitmesidir. O gün darbe girişiminden haberdar olduğu söylenen Hakan Fidan, Genelkurmay karargahına gitmiş, görüşmeler yapmış. Bu bilginin aksi iddia edilmedi. Çok basit bir mantıkla şu söylenebilir: Eğer darbe girişimi varsa, Hakan Fidan'ın enterne edilmesi veya kaçırılması ihtimali de vardı. Böyle bir kişi darbenin yapılacağı yerin göbeğine niye gitti? Hem de aynı gün. Mümkün mü? Olağan akışa göre mümkün değil. O zaman niye gitti? Gittiğinde kiminle ne konuştu? Bunların hepsi gizemli kaldı? Çünkü hem Hulusi Akar hem de Hakan Fidan komisyona ifade vermediler.

Kumpası onların kurduğunu kabul ettiğiniz zaman taşlar hemen yerine oturuyor. Her şeyi doğru olan ve yaşadığı vakalarda hukuk dışı bir şey olmayan insanların Darbeyi Araştırma Komisyonundan kaçmaları mümkün mü? Bana göre değil. Aksine gidip olayları detaylı anlatıp, kahramanlıklarını ortaya koymaları gerekirdi. Tabi eğer kahraman iseler. Çünkü doğru her yerde doğrudur. Doğruya anlatmada hataya düşmezsiniz. En kötü ihtimal, detay hatırlamayabilirsiniz. Ancak kurgulanan bir şey varsa ve o kurguyla ilgili sorguya çekileceksen tedirgin olursun. Hele hele karşınızda muhalif milletvekilleri, özellikle de çok okuyan HDP'li milletve-killeri[71] varsa, sorularla çelişkileri ortaya koyarak yalanları ortaya çıkaracaklarını bilirsiniz. O zaman Komisyonun önüne gitmek iste-mezsiniz. Onlar da bunları bildikleri için Komisyona gitmediler. Diğer yandan, Komisyon tarafından düzenlenen yarım yamalak rapor bile ortadan kaldırılmaya çalışıldı. Komisyonun düzenlediği rapor uzun süre bulunamadı, nerede olduğu araştırıldı. Meclise sunulmuş bir rapor bile yok edilmeye çalışıldı.

Cezaevindeki bazı emniyetçilerden şunu duydum: Hakan Fidan, 7 Şubat 2012 tarihinde KCK–MİT bağlantıları nedeniyle ifadeye çağrıldığı zaman, tutuklanacağını düşünerek makam makam gezi-yor. Neredeyse ağlayacak duruma geliyor. Tutuklanmaktan kor-kuyor. Tanıdığı herkesten yardım talep ediyor. Düşünün bir kere, bir insan tutuklanmaktan korkuyor ama öldürülmekten hiç kork-muyor. Tutuklanırım diye mahkemeye gitmiyor. Ama darbe giri-şiminin merkezi olan Genelkurmay karargâhına, yani darbenin göbeğine gidiyor. Bu açıdan baktığımızda kumpasın izleri açık olarak ortaya çıkıyor.

Yakın zamanda birinci ağızdan duyduğum bir olayı anlatayım: Şu anda Özel Kuvvetler Komutanlığında görev yapan, 15 Tem-muz'da ise başka bir Tugayda görev yapan bir yüzbaşı varmış. Belki de binbaşı olmuştur. 15 Temmuz itibarıyla Kemalist düşünceye sahipmiş. Hatta OdaTv savunucusu bir askermiş. Karakter olarak da militarist bir yapıya sahipmiş. 15 Temmuz gecesi emirler yayınla-nınca ve hareketler başlayınca, bu yüzbaşı hemen mevcut askerleri topluyor. Eline de megafon alıyor. Görev verilirse hemen çıkaca-ğız, bize verilen emirleri de yerine getireceğiz diyor. Arkasından bölüğüyle birlikte hazır bir vaziyette beklemeye başlıyor. İlerleyen saatlerde ise bölükteki rütbelilere şunu söylüyor: "Ulan bu darbe girişimini Fethullahçılar yapıyor ise inşallah başarılı olurlar. Eğer

---

71 Bu tespit bilgiye dayanmaktadır: MSB adına Meclis çalışmalarını takip eden Askeri Hâkim Yarbay Murat Yaman'dan dinlemiştim: Mecliste, çalışmalara en aktif katılan, her görüşmeden detaylı haberleri olan, devamlı ellerinde kitap olan, bir şeyler okuyan, sorularla iktidan sıkıştıran HDP'liler demişti.

olamazlarsa bu Tayyip ve AKP Ordunun a.... koyar" diyor. Olayların rengi belli olunca çok üzülüyor. Bölükteki askerlerin uyarısıyla megafonu falan kaldırıyor. Sonra tugaya polisler geliyor.

Bu vakada şunu görüyoruz: Türk Silahlı Kuvvetleri'nde bulunup da herhangi bir şeyden haberdar olmayan bir subay, yayınlanan emirlere bu şekilde tepki verir. Tıpkı 1980'de Hulusi Akar'ın yaptığı gibi. Geçmişte birçok darbe yaşandı. TSK'nın tüm mensupları verilen emirleri yerine getirdiler. Bunlar hayatın olağan akışıdır. Olağanüstü dönemin olağan akışını da anlattım. TSK personeli emre uyar. Zira uymadığı zaman sonrasında, ya canıyla veya hapiste kalmakla bedelini öder. Sadede gelelim; tutuklanmaktan bile korkan adamlar o gece her nedense ölümden korkmamışlar!

Yedincisi, hafriyat kamyonlarının senkronize çalışmalarıdır. Şimdi yıllarca yaşamış olduğum tecrübelerden hareketle bir olayı anlatayım. "Bazıları senin askerlik hayatın dışında ne tecrüben olabilir?" diyebilir. Üniversite yıllarına kadar kamyon şoförlüğü yaptım. Ehliyetim C sınıfıdır. Lisedeyken yazları matbaada çalıştım. Serigrafta ustalık aşamasına geldim. Aynı yıllarda lokantada çalıştım. Garsonluk yaptım. TSK'da ise değişik birliklerde askeri savcılık ve hâkimlik yaptım. Şunu söylemek istiyorum; 5-6 kişinin dahi aynı anda bir işi yapması gerçekten çok zordur. Birlikte yapılacak bir işe 3-4 kez tekrarlama yapmadan uyumlu bir şekilde iş yaptıramazsınız. Bir yerden hafriyat alınacaksa, oraya gidecek arabalara, şoförlerine en az 3-4 kez anlatırsınız. "Şuraya gideceksiniz. Yer şurasıdır" dersiniz. Sonrasında ise bir kısım arabaların yanlış yerlere gittiğini fark edersiniz. Çoğu kişi böyle tecrübeler yaşamıştır. 15 Temmuz günü Ankara Büyükşehir Belediyesi'nin büyük kamyonları, yüklü şekilde birliklerin önlerine çekilmiş. Bu görevi şaşırmadan, aksatmadan, karıştırmadan yapabilmişler. Acaba bu şoförler, bu kadar koordineli bir iş aynı anda yapabilirler mi? Benim tecrübelerim mümkün değil diyor. Demek ki önceden çalışılmış, tatbikatı yapılmış olaylar var.

Tabii şu soru da sorulabilir. Darbe kurgu ise arabalar niye birliklerin önüne çekilsin? Kumpas şu noktada görünüyor; emirleri gerçek zannedip darbeye katılacak birlikler sınırı aşabilirler. Özellikle bazı birlikler tehlikeli olabilir. Anladığım kadarıyla bu ihtimali de düşünerek, tedbir almak istemişler. Onlar için de özel plan yapmışlar. Etimesgut Zırhlı Tugayı'nda olduğu gibi.

Sekizincisi, korumaların emekli edilmeleridir. Hükümetin üst düzey adamlarının yanlarındaki korumaların neredeyse yarısı 15 Temmuz'dan sonra ihraç edildi. Peki bunlar Cemaatçi ise niye darbe girişimine katılmadılar? Niye korudukları adamları kaçırmadılar? Tayyip Erdoğan'ın yanındaki korumaların birçoğu yine Cemaatçi olması nedeniyle ihraç edilmiş. Niye bu adamlar Tayyip Erdoğan'ı yakalayıp götürmediler? Darbe karşıtı olduğu söylenen birçok üst düzey generalin korumaları da önce başka yere tayin edildiler. Sonra görevden alındılar. Sonra da ihraç edildiler. Bu adamların Cemaatçi olduğu kabul edildi. Peki bu kişiler niye bu generalleri etkisiz hale getirmediler? Kumpastan başka bir cevap yetersiz kalıyor. Gizemi ortadan kaldırmıyor.

Büyük ülkelerin istihbarat teşkilatları da Cemaatin darbe girişiminde bulunduğuna dair bir tespitleri olmadığını açıkladılar. Özellikle ABD ve Alman istihbarat teşkilatları bu girişimin arkasında Gülen'in olduğuna dair delil olmadığını söylediler.[72] Aynı zamanda, Alman televizyonu ZDF'de yapılan bir programda Alman yorumcu; *"CIA analizlerine göre yaşanan sözde darbe girişimi, Erdoğan tarafından gerçek bir darbeye engel olmak için gerçekleştirildi. BND (Alman İstihbaratı), CIA (ABD İstihbaratı) ve diğer batı istihbarat servisleri darbe girişiminin Gülen tarafından gerçekleştirildiğine dair en küçük bir ipucu bile görmüyor. ...Batı istihbarat servislerinden aldığımız bilgilere göre bu önlemlere rağmen istihbari bilgilerin sızmış olduğunu öğreniyoruz. CIA ve diğer*

---

72 Bkz. https://tr.euronews.com/2017/07/13/batili-istihbarat-orgutlerinin-15-temmuz-raporlari, erişim tarihi, 07.01.2021.

istihbarat servisleri en gizli komünikasyon sistemlerine bile sızabi-lecek kabiliyetler ve bunların ulaştığı bilgilere göre 15 Temmuz'da yaşanan uydurma sözde bir darbeydi" dedi.[73]

Kurulan kumpası, normal, sıradan bir insanın tasarlaması müm-kün değildi. Planlanan ölüm sayısı onbinlerin üstündeydi. Savcı Okan Özsoy, Fatih Altaylı'ya yaptığı açıklamada 500 bine yakın insanın tutuklanmasından, hapse sokulmasından bahsetti. Bu anlattıklarımı ve yaşananları bir anda ve bir arada düşündüğü-müzde, kumpas çok net anlaşılıyor.

O gün itibarıyla yaşanan bir olayı daha ifade edeyim. Olay günü Ankara Çevik Kuvvet Müdürünün yanında bulunan polislerden biri anlattı. Genelkurmay Karargâhını sarıyorlar. Zaman zaman karargâh binasından ateş gelince tedbir alıyorlar. Fakat çevik kuv-vete bir emir veriliyor: "Tomalardan birini benzinle doldurun. Karargâhın üzerine sıkın, bunları yakın." Ancak çevik kuvvetten sorumlu kişi bunu kabul etmiyor. "Tomalar mekanik aletler. Ben-zini sıkma durumunda hafif bir kıvılcım ya da sıkışma ile kendi personelimi imha edebilirim. Bu riske girmem" diyor. Yakma emri yerine getirilmiyor.

Karargâhın yakılması emrini veren kişi kumpası bildiği için ölüm sayısını artırmak maksadıyla, böyle bir emir vermiş. Kendi polisini de düşünen bir müdür ise akıllıca davranıp emri uygu-lamamış.

Yine televizyonlarda yayınlanan görüntüler vardı. Ayrıca kışla kenarlarında görevi icabı bulunan TSK personelleri vardı. Bun-lar görmüşler. O gece insanları gruplar halinde Genelkurmay'a, lojmanlara ve TRT'ye sevk etmişler. Bu koordineyi kim yaptı? O insanları koordineli şekilde kim sevk etti? O gün İran Devrim Muhafızları lideri Süleymani'nin Türkiye'de ne fonksiyonu vardı? Neler yaptı? Halen öğrenemedik. Bunlar ortaya çıktığında kum-pasın en önemli ayaklarından biri de ortaya çıkacak.

---

73 Bkz. https://twitter.com/Av_OsmanZerey/status/1352990175127859207?s=08, erişim tarihi; 24.01.2021.

4. 15. Temmuz Sonrası Günler

a. Yüksek Yargı

15 Temmuz'un niçin yapıldığını anlamak için, ertesi gün yapılan ilk faaliyetlere bakmak bile yeterli olabilir. Detaylı olarak anlattığım gibi, evimde televizyondan olup bitenleri izlemeye çalışıyordum. Gece yarısı uyumuştum. Sabah televizyonu açtığımda, her kanalda altyazılar geçiriyordu. Hatırladığım kadarıyla ilk haberler, Anayasa Mahkemesi'nin iki üyesinin gözaltına alınmasına ilişkin haberdi. Sonra arkasından Danıştay üyeleri ve devamında Yargıtay üyeleri hakkındaki gözaltı kararları geçmeye başladı. Bu durumu görünce, Türkiye'de bundan sonra neler yaşanacağını tahmin etmeye başladım. Olayların nereye varacağını kestirebiliyordum.

Anayasa Mahkemesi üyelerinden işe başlanması neyin hedeflendiğini ortaya koyuyordu. Çevremdeki arkadaşlara da, birçok insana da şu yorumu yaptım: Anayasa Mahkemesi üyeleri, yüksek yargı organı üyeleri dokunulmazdır. Statüleri özel kanunlarla düzenlenmiştir. Bu insanlar hakkında aynı gün, yani 16 Temmuz itibarıyla gözaltı kararı çıkarmak, bu işlerin çok önceden planlandığını gösterir. Yoksa ani gelişen bir durum üzerine hâkimlere göz altı işlemi yapılamaz. Böyle bir karar verilemez. En azından birkaç hafta beyin fırtınası estirilir. "Acaba buna yetkimiz var mı?" düşüncesi tartışılır. Sonra birkaç uçuk fikirli böyle bir metod ortaya atar, ondan sonra da uygulamaya geçilir.

Devam edelim; 15 Temmuz'dan bir gün sonra ülkenin en yüksek yargısının iki üyesi gözaltına alınıyor, arkasından diğer yüksek yargı organlarının üyeleri gözaltına alınıyorsa, bu gözaltılar planlamanın çok önceden yapıldığının açık göstergesidir.

Diğer yandan, gece vakti televizyonlara bağlanıp konuşma yapan bir kişi daha vardı: Necip İşçimen. Daha sonra kullanılıp bir kenara atılanlardan oldu. Bu insan televizyonlara bağlanıp açık olarak Askeri Yargıtay Başkanı ve üyeleri, AYİM Başkanı ve üyeleri hakkında, askeri hâkimler hakkında gözaltı kararı verdiklerini söyledi. Bir kere darbe girişimi silahlı olarak ve muharip güçler tarafından yapılır. Darbe girişimi varken elinde silah olmayan yargı mensubu insanlarla işe başlamak; gözaltılar yapmak neyin göstergesiydi? Cevap açık! Belirttiğimiz gibi, kumpasın çok önceden hazırlandığının ve bu kumpasla nereye varılmak istendiğinin bir ifadesiydi ve hatta itirafıydı.

Eğer o hâkim ve savcılar yerlerinde kalsaydı, tutuklama ve gözaltıları istedikleri gibi yapamayacaklardı. Bunun için listeleri çok önceden hazırladılar. Hatta bir üst düzey yabancı bir devlet yetkilisi o dönem "Bir gün içerisinde 2 bin 500 hâkimle ilgili nasıl dosya hazırladınız?" gibi bir sorusu üzerine, Cumhurbaşkanı çok sert tepki verdi.

Ama asıl mesele Savcı Okan Özsoy'un Fatih Altaylı'ya söylediği 500 bin insanın tutuklanması noktasında toplanıyordu. Tayyip Erdoğan ve ekibi, mevcut hukuk düzeni içinde bir şey yapamayacaklarını anladıkları için Doğu Perinçek'le oturup bir strateji geliştirdi. Kurulacak kumpası planladılar. Kumpasın parçası olarak en tepeden olmak üzere hâkim ve savcıların tutuklanmasını kararlaştırdılar.

Necip İşçimen ile ilgili olarak söyleyeceğim bir husus daha var. Anayasal düzen savcısı olması itibarıyla öncelikle darbeye kimin karıştığını tespit etmesi gerekirken ve bu minvalde konuşması gerekirken, Askeri Yargıtay ve AYİM Başkanı ve üyelerinin gözaltına alınmasından bahsetmesi; yüksek yargı ile ilgili stratejilerinin önceden detaylı konuşulduğunun göstergesiydi. Ayrıca kendisinin tam anlamıyla Doğu Perinçek yanlısı bir ekip içerisinde yer aldığı da biliniyordu. Sonra o grup içerisinde yer aldığı açık olarak ortaya da çıktı.

Bu genel girişi yaptıktan sonra, şimdi sırayla yüksek yargı ve alt derece mahkemelerinin durumundan bahsetmeye başlayalım.

1. Anayasa Mahkemesi

Türkiye'deki yargı hiyerarşisi içerisinde en yüksek mahkeme Anayasa Mahkemesi'ydi. Ancak 15 Temmuz sonrası, AYM'nin mahkeme olma özelliği ortadan kalktı. Buraya üye seçiminin özel bir sistematiği vardı. Mahkemenin bir ağırlığı vardı. Bu mahkeme, kanunların Anayasaya uygunluğunu denetliyordu, hem de bireysel hak ihlalleri davalarına ilk derece mahkemesi olarak bakıyordu. Yüce Divan statüsü de bulunmaktaydı. AYM Başkanının protokolde yeri en üst sıralardaydı. Görevlerinin önemi nedeniyle üyelerinin yargı dokunulmazlığı vardı. Yani öyle rastgele bir Cumhuriyet savcısının talimatıyla herhangi bir üyesi gözaltına alınamazdı. Bu söylediklerimin hepsi 15 Temmuz'a kadar geçerli olan bir durumdu.

Şimdi Türk yargısını felç eden olayı anlatayım; Cezaevinde bir hâkimden duydum; 16 Temmuz günü Doğu Perinçek grubunun has adamı olan Necip İşçimen, AYM'nin iki üyesi hakkında gözaltı kararı çıkarıyor. Listeler önceden yapıldığı ve Doğu Perinçek'in tabiriyle uygulanacak strateji önceden belirlendiği için gözaltı kararını uygulamak üzere polis ekipleri hemen Yıldız'da bulunan Anayasa Mahkemesi lojmanlarına gidiyorlar. Üye Alparslan Altan'ın evini aramaya ve gözaltı işlemini yapmaya başlıyorlar. O sırada lojman içinde Alparslan Altan'ın eşi, Anayasa Mahkemesi Başkanı Zühtü Aslan'ı görüyor. Kendisine "Başkan sizin üyenizi gözaltına alıyorlar, bir şey yapmayacak mısınız?" diye haber veriyor. Bundan rahatsızlık duyan Zühtü Arslan gözaltı yapmak isteyen ekibin başındaki polis amirine müdahale etmek istiyor. AYM üyesini yasa gereği gözaltına alamazsınız gibi bir şeyler söylüyor. Polis müdürü ise, "Sayın Cumhurbaşkanımızın emri var, onun emri üzerine gözaltı işlemi yapıyoruz. Siz karışmayın" gibi bir cevap veriyor. Zühtü Aslan'da başka bir şey söylemeden oradan çekip gidiyor.

Ara ara diyorum ya, "Yargı felç edildi" diye. İşte bu vakayı göz önünde bulundurarak bu tespiti yapıyorum. Belirttiğim gibi, Zühtü Arslan'ın tepkisiz kalması veya tepki verememesi üzerine, AYM o anda felç edildi. Dolayısıyla Türk yargısı o andan itibaren bitmiş oldu. Ondan sonra zaten yargı, Anayasa'da yazdığı şekliyle, Türk Milleti adına değil de Tayyip Erdoğan adına çalışmaya başladı. Elbette böyle işleyen sisteme de yargı denmez. Şu anda Türkiye'deki yargı sistemi budur. Her ne kadar Anayasada aksi yazsa da, hâkimler Tayyip Erdoğan adına karar veriyorlar.

Doğal olarak şöyle bir soru akla gelebilir: Peki, Zühtü Arslan niye tepki vermedi? Cevabı çok basit. Birincisi, bir kere gördüğüm kadarıyla bir hâkimlik nosyonu yoktu. İkincisi, kendisiyle ilgili de Cemaatçi söylemleri vardı. Doğal olarak o da gözaltına alınmaktan korktu. Üçüncüsü, muhtemelen 17/25 Aralık sürecinden sonra, Tayyip Erdoğan'a biat ettiğini bildirdi. O nedenle, Haşim Kılıç'in emekli olması üzerine Tayyip Erdoğan'ın adamı olarak başkan seçtirildi. Seçim olmadan önce, Zühtü Arslan'ın Başkan seçileceği Ankara'da kulislerde konuşuluyordu.

Tabi diyeceksiniz ki, "Diğer üyeler de var, onlar neden tepki vermediler?" AYM'de yakından tanıdığım iki üye vardı. Birisi Askeri Yargıtay'dan gitme Nuri Necipoğlu'ydu. AYM'ye seçilecek üç aday içine girmişti. Hukukçuluğunun iyi olması nedeniyle onun seçilmesinin iyi olacağı genel kanaati vardı. Duyduğuma göre, Haşim Kılıç'ın girişimleriyle üç kişilik listeden Cumhurbaşkanı onu seçmiş. Daha sonra Uyuşmazlık Mahkemesi Başkanı da seçildi. Kendisine hayırlı olsun demeye gitmiştik. Sohbet sırasında hukukun üstünlüğünden bahsediyordu ama o gün itibarıyla olan hukuksuz hiçbir şeye değinmiyordu. Kıvrak bir şekilde hep kenardan dolanıyordu. Sonra öğrendim ki, Nuri Necipoğlu, oğlunun evleneceği zaman Tayyip Erdoğan'ı bizzat düğüne davet ediyor. Ancak düğün günü belli değilmiş. Tayyip Erdoğan da düğün gününün ne zaman olduğunu soruyor. O da "Henüz belli değil, sizin uygun gününüze göre ayarlayacağız" diyor. Tayyip Erdoğan da "Ne demek Necip Bey, size biz kendi programımızı uydururuz" diye cevap veriyor. Bundan sonra zaten Nuri Necipoğlu'nun ne hale geldiğini siz düşünün. Düğüne Tayyip Erdoğan da katılıyor. Düğün sonrası da ilişkiler devam ediyor. Oğlunun işe girme durumu ortaya çıkınca yine Tayyip Erdoğan devreye giriyor. Oğluna da yüksek maaşlı bir iş ayarlanıyor.

Tabi sonrası da var. Ama bundan sonrası ibretlik bir durum. Cezaevindeyken kanser olduğunu öğrendim. Bir üyenin duruşmasında tanıklık ederken kendisi anlatıyor. Duruşmada ifade verirken bir ara zorlanınca, "Sağlığım el vermiyor, kanser hastasıyım, sıkıntılıyım" diyor. Tabi dünya kimseye kalmayacak. Makamların hepsi geçici; koltuğa oturanlar ise hiç kalkmayacakmış gibi bir davranıyorlar.

Diğer tanıdığım AYM üyesi ise Serdar Özgüldür'dü. Mesleğinin başında denizci subayıymış. Subay olduktan sonra hukuk fakültesi bitirerek askeri hâkimliğe geçmiş. Kendisini ilk kez AYİM Savcısı iken gördüm. O sıralar binbaşıydı. Daha sonra AYİM'e üye seçildi. Akabinde AYM'ye üye seçildi. AYM'de Haşim Kılıç'la yakınlık kurduğu, iyi dost oldukları söyleniyordu. 15 Temmuz sonrasında ise tutuklanmaktan korktuğu için o da Zühtü Aslan'a ayak uydurdu.

Diğer üyelerin birçoğu ile ilgili olarak, Cemaatle irtibatlı olduğu yönünde bilgiler vardı. Ama hepsi sonunda Tayyip Erdoğan'a biat ettiler. Bu satırların yazıldığı tarih itibarıyla AYM, ara sıra Hükümetin istemediği kararlar verirmiş gibi bir algı oluşturuyordu. Ancak bu da taktik gereği ve bana göre Tayyip Erdoğan'ın bilgisi ve izni dâhilinde izlenen bir yöntemdi. Zira AİHM'in AYM'yi etkili iç hukuk yolu olarak görmeme ihtimali vardı. Böyle bir karar vermesin diye, zaman zaman göz boyama kararları veriyorlardı.

Bu süreç bitince, AYM üyelerinin ve ailelerinin tüm mal

varlıklarının araştırılması gerekir. Ayrıca istihbarat faaliyeti olarak, mal varlıklarını aktarma ihtimali olan yakınlarının da mal varlıklarının araştırılması gerekir.

AKP'nin kapatılması davası sırasında, Ankara'da devamlı konuşulan bir konu vardı. Kapatma davasında, kapatma kararı verebilecek üyelerden bazılarını, Melih Gökçek'in belediye imkânlarıyla, para ilişkilerini kullanarak yumuşattığı söyleniyordu.

2. Yargıtay

Yargıtay, 15 Temmuz sonrası yapılan yargılamaların temyiz merci olarak görev yapacak bir mahkemeydi. Dolayısıyla AKP için önemli bir mahkemeydi. Bu mahkemeyle ilgili ilgili girişimler ve yapılan faaliyetler de Türkiye'de neler planlandığını gösteren ipuçları barındırıyordu.

Aslında Hükümet daha önce Yargıtay ve Danıştay kanunlarında değişiklik yaparak her iki yüksek mahkemeyi kontrol altına alabilmek için iki kez hamle yaptı, fakat başarılı olamadı.[74] Yüksek mahkemelerdeki iş bölümü ve görev dağılımını düzenleyen kurulları Kanuna eklenen geçici maddelerle kaldırdı. Yerine yeniden seçim yapılması kuralı getirildi. Ancak Hükümetin istediği heyetler oluşmayınca bu kez fişlenmiş üyelerin tasfiyesi için bir Kanun Meclise sevk edildi. Genel Kuruldan 01.07.2016 tarihinde hızlı bir şekilde geçirildi. Ancak çıkarılan Kanun bir türlü imza için Cumhurbaşkanlığına gönderilmedi. Oysaki Anayasanın 89. maddesi gereği TBMM de kabul edilen kanunların on beş gün içinde yayımlanması veya veto edilmesi gerekiyordu. TBMM'deki hızlı çalışma gayreti Cumhurbaşkanlığınca onay aşamasında gösterilmedi. Acaba neden? Cevaplanması gereken sorulardan biri de buydu. Demek ki arka tarafta başka planlar vardı. Bu planlar artık Kanuna da gerek

---

74 Bu konuda bkz. Esat Özdem, 'Türkiye'de Mülkün Temelinin Taammüden Tahribi, bkz. https://www.thalia.de/shop/home/artikeldetails/ID149183669.html, erişim tarihi; 07.01.2021.

duymuyordu. Kanun, sürenin bitimine yakın 13.07.2016 tarihinde Cumhurbaşkanına gönderildi.

15 Temmuz sonrası Yargıtay'daki üyeler kendilerine göre alt seviyelerdeki savcılar tarafından tutuklamaya sevk edildiler. Sincan T Tipi Cezaevinin çıkış kapısına yakın bekleme salonunda hastaneye götürülmek için beklerken bir Yargıtay üyesiyle karşılaştım. Onun anlatıma göre; Perinçekçi hâkimler kendi aralarında bir WatsApp grubu kuruyorlar. Gözaltı sonrası tutuklanmaya sevk edilen üyeleri tutuklayıp tutuklamayacakları konusunu gruba yazarak gelecek cevaba göre karar veriyorlar dedi.

Savcılar dosyaya göre değil, gelen istihbari bilgiye göre üyeleri tutuklanmaya sevk ettiler. Sulh Ceza Hâkimleri de gelen istihbari bilgilere göre tutuklama kararları verdiler. Tutuklanan üyelerin itirazına karar verecek hâkimler de, kararlarını bizzat HSYK'ya sorarak oluşturdular. Dönemin niteliği gereği, HSYK işi daha da ileri götürdü. Hâkimlere broşür gönderdi. Hâkimlerin tahliye kararı vermeden önce mutlaka HSYK ile istişare etmelerini istedi.[75]

Olayın bir de hukukla ilgili facia boyutu vardı. Savcılar ilk aşamada üyeleri darbe suçundan tutuklanmaya sevk ettiler. Normal olarak akla gelebilir, "Bu üyeler ne yaptılar ki darbe suçundan tutuklanmaya sevk edildiler?" Bu hâkimler ya darbe planlayıcısı olması gerekirdi ya da bir kısmı F-16 kullanıyor, bir kısmı da tankları kullanırken yakalanıyor olmaları gerekirdi. 28 yıllık hukuk tecrübem bunu söylüyor. Peki bu kadar açık hukuki bir hata neden yapıldı? Bu sorunun cevabı da önceden çalışılmış bir durum olduğunu gösteriyor. Eğer silahlı terör örgütü üyeliği suçundan sevk edilselerdi, somut bir delil olmadığı için ilk aşamada tutuklanmayacaklardı. Tutuklansalardı dahi bu durum bu sefer tutuklayacak hâkimlere sıkıntı oluşturacaktı. Diğer yandan, olayın bir de suçüstü hali boyutu vardı. İsnat edilen suç için örgüt üyeliği denseydi bu

75 26.02.2018 tarihinde Ana muhalefet Partisi CHP Lideri Kemal Kılıçdaroğlu partisinin meclis grup toplantısında kürsüden broşürü milletvekillerine göstererek bunu dile getirdi. BKz. http://www.milliyet.com.tr/chp-liderin-den-carpici-iddia—siyaset-2618115/, erişim tarihi; 24.01.2021.

sefer suçüstü boyutu ortaya çıkacaktı. Bu nedenle mecburen ilk aşamada darbe suçunu isnat ettiler.

Hazır uçakların uçuşu, tankların yollara çıkışı gibi işleyen bir planın parçası eylemler varsa, suçüstü hali süsü vermek hiç de zor olmayacaktı. Bu gerekçelerle "Önce darbeden tutuklatalım. İleride üyelikten bir şekilde delil buluruz, bulamazsak uydururuz" mantığıyla hareket ettiler. "İstihbarat kayıtlarını bir yerden ya e-mail ile göndeririz. Ya da bir parka liste bırakarak, istihbarat faaliyetlerine kılıf hazırlarız" dediler. Bunları hikâye gibi anlatıyorum ama hepsi yaşandı. Park olayını ileride anlatacağım. Hâkimlerin darbe suçundan tutuklanmaya sevk edilmeleri hali de önceden çalışılmış bir planın olduğunu gösteriyordu.

Hâkim ve savcılarla ilgili planlarının çok önceden yapıldığını ikrar edenler de oldu. Merd-i kıptı şecaat arz ederken sirkatin söylermiş. Bu hâkimlerin darbeyle ne alakası var şeklindeki eleştiriye karşılık HSYK Başkan Vekili Mehmet Yılmaz verdiği bir röportajda, "Hâkim ve savcılar darbe teşebbüsünden tutuklanmadılar. Zaten iki yıldan fazla süredir devam edegelen soruşturma yürütülüyordu" dedi.[76] Çorum Cumhuriyet Başsavcısı Ömer Faruk Yurdagül, 'operasyonları 1 Eylül 2016 tarihinden itibaren başlatmayı planlarken, 15 Temmuz darbe girişimi olunca soruşturma işlemlerini hızlandırıldıklarını' söyledi.[77] Kimse yine birşey sormadı. Kendi kanunları gereği dokunulmazlıkları olan bu hâkim ve savcıları nasıl tutuklayacaktınız? Hangi suça ve hangi delile dayanarak operasyon yapacaktınız? Demek ki bu mevzuata gerek olmayacak bir düzen planlıyorlardı; o da olağanüstü hal hukuk düzeniydi. Olağanüstü yönetim usulüne geçilmediği müddetçe bu söyledikleri

76 http://t24.com.tr/haber/hsyk-baskanvekili-yilmaz-hakim-ve-savcilar-darbeden-degil-fetoden-gorevden-a-lindi,351639, 24.01.2021.

http://www.memleketimbolu.com/haber/13335/yilmaz-feto-listesi-bir-gecede-yapilmadi-3-yildir-calisiyor-duk, 24.01.2021.

77 http://m.milliyet.com.tr/bassavci-yurdagul-den-feto-sorusturmalarina-corum-yerelhaber-2509520/,24.01.2021.

havada kalıyordu. Bir yüksek yargı üyesini normal hukuk düzeninde tutuklamaları mümkün değildi.

3. Danıştay

Danıştay'da tasfiye çalışmalarının 15 Temmuz öncesinde başladığı çoğu hâkim tarafından biliniyordu. Ayrıca hükümet ve HSYK tarafından kamu görevlileri ve hâkimler hakkında yürütülen tasfiyelerin yargıdan dönmesinin önünü almak için ilgili dairede gerekli dizayn da yapıldı. Fişledikleri hâkimlerin açacakları davaların reddedilmesi için gerekli zemin hazırlandı. Böylece yüksek yargı büyük oranda kontrol altına alındı. Ancak hala tamamen hükümetin kontrolünde değildi. Hükümet talimat verdiğinde, talimatı yerine getirmeyecek hâkimler de vardı.

Hatırlarsanız, Danıştay Başkanlığı seçimi yapılırken seçim kilitlenmişti. Ancak sonra Cemaatçi grupların da desteğiyle Zerrin Güngör'ün başkan seçildiği haberleri yapıldı. Kadınların vicdanı erkeklerden daha ileridir desem yanlış bir iddia ortaya koymuş olmam. Zira onlar da birde ana şefkati var. O duyguya sahip olanlar, mağduriyetlere ve haksızlıklara daha fazla hassas oluyorlar. Ancak görüldüğü kadarıyla Zerrin Güngör böyle bir kişiliğe sahip değildi. Hilal Kaplan gibi kadınların yargıdaki paraleliymiş gibi işler yaptı. Kendisini uzaktan tanıyordum. Bir iki faaliyetlerine katıldım. Aynı zamanda kendisi Danıştay'da genel sekreterlik yaptı. Herkese güler yüz gösteren bir yapısı vardı. 16 Temmuz günü ise gerçek karakterini tam ortaya koydu.

Hapishanedeki bir Danıştay üyesinden dinledim. 16 Temmuz Cumartesi günü bizzat Danıştay üyelerine bir mesaj göndertiyor. Öğleden sonra bütün üyeler Danıştay Genel Kurulunda darbe girişimini kınayan bir bildiri hazırlamak üzere davet ediliyor. Üyeler de onun davetine uyuyorlar. Genel Kurulda toplanıyorlar. Genel Kurulda toplantı halindeyken, bina içerisine polisler davet ediliyor[78]. Gelen polisler, fişlenmiş Danıştay üyelerinin isimlerini okuyarak zorla gözaltı işlemlerini yapıyor. O gün daha gözaltına alınmamıştım. Bu olay haber olarak da televizyonlarda veriliyordu. Bu haberi duyunca "Vay bee ne kadınmış, demek ki bu işlerin içindeymiş" demekten kendimi alamadım. Gördüğüm kadarıyla kendisine bir misyon yüklendi. Kendi üyelerine tuzak kurarak gözaltına alınmalarını sağlama görevi verildi. Daha sonra bu kadınla ilgili olarak gelişmeleri biliyorsunuz. Kızı hukuk fakültesini bitirince hemen hâkim oldu. Sonra hızlı bir yükselişe geçti. Damadına hemen iş bulundu. Kısaca yaptıklarının karşılığını da hemen aldı. Almaya da devam ediyor.[79]

4. Askeri Yüksek İdare Mahkemesi

AYİM her zaman tartışmalı bir mahkemeydi. Zira dünyada bu yapıda iki ya da üç mahkeme bulunmaktaydı. "Danıştay varken böyle bir mahkemenin bulunmasına ne gerek var?" diye hep tartışıldı. Benim de görev yaptığım mahkemeydi. Olayları bizzat yaşadığım için buradaki durumu ve yaşananları, bazı üyelerinin durumunu daha detaylı anlatacağım. Zira burada yaşananlar, Türkiye'de diğer yaşanan olaylara ayna olacaktır. Kamuda birlikte çalışan insanların nasıl kendilerini kurtarmak için arkadaşlarını gözden çıkardıklarını da açık bir şekilde görmüş olacaksınız. Ayrıca büyük gibi görünen insanların ne kadar büyük karakter zafiyetine sahip oldukları daha net olarak ortaya çıkacak.

Bu mahkemede, askeri hâkim üyelerinin sayısının azlığı nedeniyle üyeleri arasında hep bir rekabet vardı. Buraya yapılacak seçimler askeri yargı içinde hep tartışmalı oldu. Bu Mahkeme devamlı TSK içinde göz önündeydi. Tartışmaların ve husumetlerin

78 Bkz. http://www.sozcu.com.tr/2016/gundem/yargitay-danistay-ve-sayistay-uyeleri-de-gozaltina-a-lindi-1317646/, erişim tarihi; 20.12.2021.
79 Bkz. http://www.cumhuriyet.com.tr/haber/siyaset/558011/Sayginin_sirri_cozuldu.html, erişim tarihi; 31.12.2020.

ana sebebi de üyelerinin general olarak atanma ihtimalinin diğer kurumlara göre daha yüksek olmasıydı. Ayrıca buradan AYM'ye ve Uyuşmazlık Mahkemesine birer üye seçiliyordu. Bu da diğer bir husumet kaynağıydı. Yani asıl problem, menfaat problemiydi. Bu mahkemeye seçilmeden önce, üyeleri arasında her zaman bir çekişme olduğunu duyardım. Ancak pek anlamazdım. Seçildikten kısa bir süre sonra sebebini anlamaya başladım. Gördüğüm kadarıyla herkes birbirine karşı nezaketliydi ama çok rahat birbirlerinin dedikodularını yapabiliyorlar, birbirlerinin kuyusunu kazabiliyorlardı. Seçildikten sonra, "Orayı tanıdıkça zamanla karakterimden taviz vermeye başlarım" gibi bir endişeye kapıldım. Bunu birkaç arkadaşıma da söyledim. Hatta 15 Temmuzdan kısa bir süre önce bu mahkeme ile ilgili bir değerlendirme noktasına geldim. Ciddi ciddi istifayı düşünüyordum. Şimdi mahkemenin durumuna yakından bakalım. Bu minvalde bazı üyelerinden bahsedeceğim.

Bunlardan ilki, mahkemenin başkanı Tümgeneral Abdullah Aslan. Hukukçuluğu tartışılır biriydi. Kendisi buraya üye olmak için müracaat ettiğinde seçim aşamasında 100 küsur tur yapıldı.[80] O günü iyi hatırlıyorum. Malatya'daydım. Kendisiyle birlikte yarışan üye adayı Malik Boztepe bizimle beraber çalışıyordu. Ondan gelişmeleri an be an öğreniyorduk. Bütün üyeler oy vererek Malik Göktepe'yi birinci sıraya koydular. İkinci sıraya ise seçilmemesi gereken bir adayı koydular, üçüncü sıraya da aynı mahiyette bir aday koymak için seçimler devam ediyordu. Bir grup Abdullah Aslan'ı üçüncü sırada listeye koymak için uğraşıyordu. Bir ara Malik Göktepe odama geldi. "Cemil, Abdullah Aslan üçüncü sıraya kondu" dedi. Ben de "Siz birinci sıradasınız, o üçüncü sırada ne

---

80 AYİM'de üye boşaldıktan sonra, MSB tarafından üye adayları ilan ediliyordu. Aday olmak için yarbay rütbesinde ve birinci sınıf olmak şartı vardı. Boşalan her üyelik yer için AYİM Genel Kurulu üç kişilik liste için seçim yapıyordu. Bu listeden CB birisini seçiyordu. AYİM Genel kurulunda seçim ise gizli oy ve açık sayım sistemiyle yapılıyordu. Listeye girebilmek için en fazla oyu almak ve salt çoğunluğu geçmek gerekiyordu. Birden fazla aday salt çoğunluğu geçince, en fazla oy alanlar oy sırasına göre sıralanıyordu.

olacak ki? Siz seçilirsiniz" dedim. Bana "Abdullah Aslan'ın bağlantıları iyi, o kendini muhakkak seçtirir" dedi. Sonra, "Yıllarca beraber çalıştığım Serdar Özgüldür beni sattı. O son turda Abdullah Aslan'a oy verince Abdullah Aslan listeye girdi" diye ekledi. Serdar Özgüldür daha önce bahsettiğim şu andaki AYM üyesidir.

Sonra Abdullah Aslan üçüncü sıradan AYİM'e üye seçildi. İdareyle bağlantıları hep iyiydi. Askeri yargı içinde aleyhine çok yorumlar yapılıyordu. İnsan olarak kendine has özelliklere sahipti. Kendisiyle samimiyetim vardı. Zaman zaman güncel mevzuları konuşurduk.

Son zamanlara doğru Üye Hâkim Albay Kenan Kenan'ın faaliyetlerinden rahatsız olmaya başladı. Zira Kenan Kenan hem Dairesinde, hem de AYİM'de problem haline gelmişti. Hem işini doğru yapmıyor, hem de anlattığım gibi siyasilerle dirsek temasına geçiyordu. Binada ikinci bir otorite havası veriyordu. Normalde cesareti az olan bir insan olmasına rağmen Abdullah Aslan gibi bir adamla bile karşı karşıya gelmeye başladı. Sadrettin Aktaş gibi bir askeri hâkimden çekinen bu kişi bir anda deli tarafları da bulunan Abdullah Aslan ile karşı karşıya gelmekten geri durmadı. Kendisine bu cesareti veren neydi? Cevabı açık, Saray'la içli dışlı hale geldi. Bağlantılarına güveniyordu. Rüzgar da bağlantıları lehine esiyordu. Kısaca kurulan kumpasın içindeydi, planlardan haberdar olmadan öte, bizzat planlayanların içindeydi. Abdullah Aslan, Kenan Kenan için birkaç kez girişimde bulundu ama Kenan'ın siyasi gücü nedeniyle etkili olamadı.

15 Temmuz günü yayınlanan sıkıyönetim mahkemelerine görevlendirme listesinde Abdullah Aslan AYİM Başkanı olarak görünüyordu. Bu listeyi kimin hazırladığı belli değildi. Ankara'daki askeri hâkimler hariç, bu listede ismi yer alan askeri hâkimlerin hemen hemen tamamı tutuklandı. Listede Ankara dışında ismi yer alan askeri hâkimler tutuklanırken, Ankara'da gözaltı kararları 16 Temmuz itibarıyla infaz aşamasına geçilmeden durduruldu. Zira gözaltı

listesinde ilk sırada AYİM Başkanı Tümgeneral Abdullah Aslan, ikinci sırada Tuğamiral Ahmet Zeki Liman ve akabinde daire başkanı olarak atananlar vardı. Bu kişiler muhafazakâr oldukları için Perinçek ekibi bunları da gözaltı listesine koydu. Ancak Abdullah Aslan tutuklanmaması için harekete geçti. 16 Temmuz itibarıyla bağlantılarını devreye sokmaya başladı. Aynı zamanda Meclis'e de gitti. Kısaca söylemek gerekirse, tutuklanmamak için ne gerekiyorsa yaptı. Sonunda gözaltı listesinden kendisini ve AYİM'deki bazı kişileri çıkarmayı başardı. Ancak Hâkim Albay Yaşar Yüce ve beni pazarlık için kullandı. Biz tutuklandık.

Bir olayı daha anlatmam gerekiyor. Tutuklandığımda eşim, büyük kızımla beraber AYİM binasına gidiyor; Abdullah Aslan ile görüşmek istiyor. Zira önceden de ailecek tanışıyorduk. Eşim kendisine, "Kocam hakkında ne delil var? Tutuklattınız, şimdi de atacaksınız, neye göre tutuklattınız? Neye göre atacaksınız? Elinizde somut delil var mı?" diye hesap sorar tarzda soruyor. O da, "Fetöcüler hakkında somut delil olmaz" diyor. Eşim ısrar ediyor "Ne var?" diyor. O da "Muharrem Köse'nin yakın arkadaşı, burada herkes biliyor" diyor. Eşim "Evet yakın arkadaşı, Erzincan'da birlikte görev yaptılar, siz de biliyorsunuz" deyince Abdullah Aslan bilmiyormuş gibi "Erzincan'da birlikte mi görev yaptılar?" diye soruyor. Eşim "Evet birlikte görev yaptılar, bilmiyormuş gibi davranmayın. Bunda ne var? Sizin eve onlarla birlikte gelmedik mi? Sizinle birlikte onların evine gitmedik mi? Bunlar kriter değil. Başka ne var?" diye ısrar ediyor. Bunun üzerine AKP'lilerin aradığı kriterler de olduğunu açıklayarak, "Bir ahlaklı ise, iki karı kız dalgası yok ise, üç bir akademik kariyeri var ise, dürüst ise, beş çalıştığı kişilerle sivil memurlarla iyi geçiniyor ise, altı şikayet edilmiş ise..." gibi maddeler halinde bu hususları sayıyor. Bunun üzerine eşim kendisine; "Sizin hakkınızda da şikâyetler var, geçin bunları. Saydığınız şeyler iyi bir insanda olması gereken vasıflar, geçin bunları başka ne var?" diye soruyor. Eşim tekrar kendisine "Eşimle ilgili söyledikleriniz her iyi insanda olması gereken vasıflar, başka ne var" diye sorunca, Abdullah Aslan ayaklarını yere indiriyor, "Sizin ailenizin AKP ile irtibatı var. Devreye birilerini sokanlar çıkıyor. AYM iki üyesini ihraç edince elimi kolumu bağladı. Başka bir şey yapamıyorum. Siz de tanıdıklarınızı devreye sokun" diye yol gösteriyor. Abdullah Aslan istemeyerek de olsa gerçekleri söyledi. Aradan fazla bir zaman da geçmeden Başkanlar Kurulunu toplayarak, 7 Ekim 2016 tarihinde meslekten beni ihraç ettiler. Kararı yeni yayınlanmış bir KHK'ya dayandırdılar ve Resmi Gazetede yayınladılar.[81]

Esasında Başkan Abdullah Aslan sıkıyönetim mahkemeleri görevlendirme listesinin yayınlanmasıyla felç edilmiş duruma getirildi. Kendisini 15 Temmuz'dan sonra ilk mesai günü gördüğümde durumu çok kötüydü. Bana da "Cemil çok kötü, çooook, bildiğin gibi değil..." dedi. Mahkemenin idari işler astsubayı olarak görev yapan bir astsubay tutuklandıktan sonra Sincan T Tipine konuyor. Bir gün hastaneye giderken, benim kaldığım koğuştaki bir doktorla karşılaşıyor. Daha önce birlikte görev yaptıkları Doktora, Abdullah Aslan'ı anlatıyor, "Zaman zaman yanına imzaya gidiyordum. İmza atarken elleri titriyordu" diyor.

Abdullah Aslan o süreçte savcıya üç dört kez şüpheli sıfatıyla ifade verdi. İfadeleri dosyamda yer alıyor. Durumu bu şekilde olan bir kişiden fazla cesaret de beklemiyordum.

Mahkemenin Başsavcısı Hâkim Albay Hasan Mutlu'ydu. AYİM'i anlatırken bu insana değinmemek olmaz. Bu kişiyle yaklaşık 10 seneden fazla tanışıklığımız vardı. Malatya'da birlikte çalıştık. AYİM'e üye seçildiğim sırada kendisi başsavcıydı. Bana karşı çok iyiydi. Ailecek görüşüyorduk. Tutuklanınca eşimin yanına ilk giden, bu kişinin eşi oldu. Ancak daha sonra hiçbir şekilde arayıp sormadılar. Bu kişi beni çok yakından tanıyordu. İfadesinde benim için, "Ailesi nedeniyle muhafazakârlığı vardı. Fetö ile irtibatlı olduğunu düşünmüyordum. Ancak AYİM'de özellikle askeri casusluk

81 https://www.resmigazete.gov.tr/eskiler/2016/10/20161008-6.pdf.

kararlarından sonra Fetö'cü olduğunu anladım" demiş. Başta ifade edeyim, görevi gereği okuması gereken kararları hiç okumuyordu. Zaman zaman kâtipler evrak getirdiğinde kendisine, müzekkereleri daha okumadan imzalıyordu. Böyle bir çalışma tarzı vardı. Tarzını bildiğim için askeri casusluk kararlarını da okumadığını anladım. Bu olayı anlatmamın asıl sebebi şu: Verilen kararlara göre sonuç çıkarabiliyordu. Tabi hukuka uygunluk, vicdani kanaat gibi kurallardan çok uzak olduğu anlaşılıyor. Hâlbuki o konuyla ilgili kararlarım iptal şeklindeydi. Yani TSK'dan atılmamaları gerekir yönünde karar vermiştim. Verilen ilk kararın gerekçesini de ben yazdım. Sonraki kararlar bu karar esas alınarak yazıldı. Bu kararları bilmesi gereken ikinci kişi kendisi olmalıydı. Zira AYİM Başsavcılık görüşlerini kendisi imzalıyordu. Kararlar çıkınca da yine önüne gidiyordu. Ama karar okumadığı için kendisine söylenenlerle fikir yürütmüş.

Bu insanı anlatmamın bir gerekçesi daha var. İfadesinde ayrıca şunu söylüyor: "Kendisi muhafazakâr bir yapıda olması nedeniyle üye seçiminde kendisine oy vermedim" demiş. AYİM'e üye seçiminde oylamalar gizli yapılıyordu. Ben de bana oy verenlerden birisinin bu kişi olduğunu düşünüyordum. Maalesef bana oy vermiş gibi göründü. Esasında Hasan Mutlu'nun bu bakışı da Türkiye'deki ideolojik bakışların hangi noktada olduğunu göstermekteydi. Bir göreve atanırken veya getirilirken liyakat değil de ya kendi ideolojisi veya kendi adamı olma açısından bakma gibi bir hastalık vardı. Bu satırları kaleme aldığım 1 Ocak 2021 tarihinde, Hasan Mutlu gibi hâkimler İrfan Fidan'ın AYM'ye seçilme şeklini eleştiriyorlar, "Mesleğimizden utanıyoruz" diyorlardı. Ama aynı yöntemi kendileri de uyguluyorlardı. Tayyip Erdoğan ve ekibi ise bunların gözünün içine soka soka yapıyordu; aralarındaki fark da buydu.

Bu kişinin tavrı, 15 Temmuz'un nelere yol açtığını gösteren kötü bir örnekti. Ailece dosttuk ama tutuklanınca arayıp sormayı bırakın, mesnetsiz olarak aleyhime ifade verdi. Esasında bunda da bir hayır vardı; bu olaylar olmasa, bunun gibi insanlarla dostluğuma devam edecektim.

Üzerinde durulması gereken diğer bir isim Birinci Daire Başkanı Hâkim Albay Celal Işıklar'dır. Kendisi sözde atama listesinde Milli Savunma Bakanlığı emrine atanmış görünüyordu. Hâlbuki bu insana baktığımızda TSK içerisinde en fazla tanıdığı olanlardan biriydi. Kuvvetlerin atama subayları durmadan yanına gelip giderlerdi. Birçok korgeneral ile diyalog halindeydi. Her Yüksek Askeri Şura öncesinde "Nöbet" adlı yazdığı bir kitabı kuvvet komutanlarına götürüp vererek general yapılmasını isterdi.

Ama nedense yapılmadı. AYİM Başkanı Abdullah Aslan, tuğgeneralliğinin dördüncü senesinde tümgeneralliğe terfi ettirilince, Hasan Mutlu'nun olduğu gibi Celal Işıklar'ın hayalleri de suya düştü. Bana karşı antipatisi o tarihlerde başladı. Zira ona göre, kendisinin yanında değildim; Abdullah Aslan'ı destekliyordum. Aynı zamanda onun çalışma usulüne uymuyordum.

Bir gün yanıma geldi, "Cemil sözleşmeli subay dosyası var, sana düşmüştüm. Onunla ilgili ne düşünüyorsun? O dosyayı iptal ile çıkarabiliriz" dedi. Ben de "O dosya açık. Adam hakkında 'Türkler aleyhine ispiyonculuk yaptığı' yönünde iddia var. Benim görüşüm ret yönünde" dedim. Olay şöyleydi: Davacı olan sözleşmeli subay adayı Bulgaristan'da bulunmuş, göçmen bir aile çocuğu. Türkiye'ye gelip sözleşmeli subay olmak istiyor. Ancak arşiv araştırmasında, Bulgaristan'da bulunurken oradaki Türkler aleyhine ispiyonculuk yaptığı iddia ediliyor. Gizli belgeler içine, o tarihlerde yayınlanan gazetenin bu kişi ile ilgili haberini de koymuşlardı. Arşiv kaydında bu bilgi yer alınca atamasını yapmıyorlar. O da dava açınca dosya bizim daireye geldi. Celal Işıklar böyle bir kişinin davasını iptal ettirmek istiyordu. Neden bunu yapmak istiyordu, gerekçesini bilmiyordum. Kendisine olumsuz cevap verince ilk soğukluk böyle başladı. Ayrıca "Karar öncesinde dosyaları görüşelim, hemen kararını oluşturma" şeklindeki talebini de dikkate almıyordum. Zira dosyalara girdi yapmaya çalıştığını fark edince kendisinden uzak duruyordum.

Bu kişi, bahsettiğim gibi beni 15 Temmuz sırasında izne göndermemek için özel bir mizansen hazırladı. Bu konuyu daha önce anlattım. Kamp hakkı olmamasına rağmen o tarihlere denk gelecek şekilde kamp ayarlayıp Ankara dışına çıkanlardandı.

Bu kişi cesaretli gibi görünürdü; ama esasında tam tersiydi. Mustafa Önsel, "Ağacın Kurdu" diye bir kitap yazdı. Kitabında, AYİM Birinci Dairesi'nin kararlarından bahsederek Celal Işıklar'ı, Hâkim Albay Bengü Abban'ı, beni ve kararda ismi yer alan kişileri paralelci ilan etti. Mustafa Önsel için şikâyet dilekçesi hazırladım. Avukat aracılığıyla suç duyurusunda bulundum. Ama Celal Işıklar korkusundan bir şey yapmadı. Hâlbuki Mustafa Önsel'in bahsettiği kararlarda kendisi aynı zamanda heyet başkanlığı yaptı. Daha ilerisini de anlatayım: Mustafa Önsel'in AYİM'deki kararları bilmesi mümkün değildi. Kendisine kararları muhtemelen Albay Kenan Kenan veriyordu. Zira çok samimilermiş. Zaman zaman buluşuyorlarmış. Kenan Kenan ifadesinde; kendisine sorulan bir soru üzerine, samimi olduklarını mahkemede anlatmış. Celal Işıklar, Mustafa Önsel'in kitabının yayınlanmasından sonra bile Kenan Kenan'ın tavrını bilmesine rağmen, 'başına bir şey gelir' korkusuyla Kenan Kenan ile samimi ilişkilerini devam ettiriyordu.

İşte bu kişinin 15 Temmuz sonrasında tutumu değişti. Bir anda yürek yemiş adama döndü. Bana karşı düşman kesildi. Normalde, listelerde benim ismim yer almıyordu. AYİM üyeleri içerisinde atama listesinde ismi yer almayan iki kişi vardı. Birisi Yaşar Yüce, biri de bendim.

Ancak bilirkişiler Milli Savunma Bakanlığı emrine alınanlarla ilgili, 'Belki daha sonra daha özel görevlere görevlendirilmek için alınmış olabilirler' diye ihtimalli kanaat belirtmişlerdi. Liste durumundan bakıldığında gözaltına alınmaması gereken 2 kişi var ise onlar Hâkim Albay Yaşar Yüce ve bendim. Duruşmalarda da hep bunu dile getirdim. Ama her ne hikmetse listede olmayan iki kişi tutuklandı.

Bu kişinin ve bu kişiye benzer kişilerin karakter durumunu ortaya koymak açısından bazı olayları da anlatmam gerekiyor. AYİM'de iki üyelik yer boşaldı; seçim yapılacaktı. Üçüncü Dairede uzun süre raportörlük yapmış ve herkes tarafından da sevilen Yunus Yılmaz diye bir yarbay vardı. Görev yaptığı dairedeki biri hariç, herkes onu destekleme kararı almış. Hâkim Albay Mehmet Aydan Al, karşıt fikir gereği Yunus'a oy vermeyeceğini söylüyordu. Ama o da Yunus Yılmaz'ı seviyordu. Hem Abdullah Aslan hem de o Daredeki iki üye, Yunus Yılmaz'ın seçilmesi için benden ve bazı üyelerden oy istediler. Yani her seçim öncesinde yapıldığı gibi kulis yapıldı.

Celal Işıklar ile Yunus Yılmaz, birlikte doktora yapmışlardı. Ailecek de görüşüyorlardı. Seçimden bir gün öncesine kadar da bu kişiyi destekleyeceğini söylüyordu. Ancak Üçüncü Dairedeki kişilerin bu kişiye destek verdiğini görünce bir anda Yunus Yılmaz'ı desteklemekten vazgeçti. Tabii gerekçesini doğru anlatmadı. İleride AYM'ye üye seçimi yapılacağı zaman kendisine Yunus'un oy vermeme ihtimali ortaya çıktığını söylemedi.

Bu kişi yeri geldiği zaman herhangi bir yere üye gönderilmesi gerektiği durumlarda sırayla üyeleri seçip göndermek lazım derken, kendisi üst üste üç kez Adalet Akademisi'ne üye seçildi.[82] Bana da dolaylı olarak, aday olmamam yönünde telkinde bulundu. Ben de çok önemsemediğim için aday olmadım. Hatta Abdullah Aslan Paşa'nın anlatımına göre; Abdullah Aslan, Celal Işıklar'a, "Aday olma, bu sefer de başkası gitsin; Muhittin'i gönderelim" diyor. Celal Işıklar ise, "Seçilmezsem beni paralelci sanırlar; seçilmem lazım" diyerek adaylıktan geri çekilmiyor.

AYİM'de istifa nedeniyle iki üyelik yer boşalmıştı. Yapılan üye seçimleri sonrasında 6 kişilik liste oluşturulmuştu. Celal Işıklar'ın

82 Belge 10: Celal Işıklar'ın Adalet Akademisine seçim tarihleri

adayları, Dairemizden iki raportördü. Onların seçilmesini istiyordu. Anayasa Mahkemesi üyeliği seçimlerinde avantaj yakalamak istiyordu. Ancak Abdullah Paşa'nın devreye girmesiyle onun istemediği iki aday seçildi. O gün itibarıyla balans ayarı bozuldu. Ağlayacak durumdaydı. Aramızdaki husumet de iyice artmaya başladı. Zira seçilen iki kişiye de oy vermiştim. Bunu da tahmin ediyordu. Celal Işıklar'ın iyi bir hâkim olduğu söyleniyordu ama kıta subaylığı çalışma tarzını üzerinden hiç atamadı. Ulaştırma subaylığından askeri hâkimliğe geçmişti. Bu nedenle çalışma tarzı farklıydı. Birinci Dairenin sivil memur bir müdürü vardı. Çok değerli bir insandı. Ona, Dairede bulunan kişilerle ilgili olarak ispiyonculuk yapması telkininde bulunmuş. Ancak memur bunu kabul etmemiş. Ona karşı da bu nedenle ayrı bir düşmanlık besliyordu. Ayrıca, Abdullah Aslan'ın anlatımına göre, Celal Işıklar, Kara Harp Okulunda öğrenciyken ispiyonculuk yapıyor; zamanla adı 'ispiyoncu'ya çıkıyor. Devreleri bu bilgiyi sağda solda anlatıyorlar.

Celal Işıklar, 15 Temmuz sonrasında bana bizzat düşmanlık yaptığı gibi, ailecek çok yakın görüştüğü general dostlarının aileleriyle de ilişkini bir anda kesti. Bu generallerden bazılarının aileleri, dostluklarını da düşünerek Işıklar'dan avukat bulma konusunda yardımcı olmasını istemişler. "Hangi avukatı tutabiliriz?" diye sormak istemişler. İstedikleri yardım bu kadar. Ama Celal Işıklar bu aileleri tanımamazlıktan gelmiş. Hatta ikinci ağızdan duydum; Necip İşçimen ile arkadaşlığı olan bir askeri hâkim emeklisi avukat yanına gidiyor. Sohbet ederlerken ona, "Listede yer alan Abdullah Aslan ve Gürbüz Gümüşay'ın da tutuklanması gerekir; niye onları tutuklamıyorlar?" diyor. Dolaylı olarak savcıya ne yapması gerektiğini söylüyor. Celal Işıklar, tutuklanmasını istediği bu kişilerle de ailecek dost görünüyordu. Buradaki amacı da şuydu: O sırada AYİM daha kapatılmamıştı. Bu kişiler tutuklanırsa, kendisi başkan olarak atanabilecekti. Duruşmada kendisine bu olayı sorunca, klasik bir düşünme havası oluşturdu; sonra da "Hayır" dedi. Ne cevap vereceğini bildiğim bir soru olmasına rağmen sırf 'tutanağa geç-sin, SEGBİS kaydına girsin' diye sordum. Bu olayı bildiğimi bil-mesini istedim.

15 Temmuz sonrasında bir anda bana karşı tavır almasının en önemli gerekçesine gelince; anladığım kadarıyla ailesi ile ilgili sıkıntıları vardı. Ailesinde Cemaatle irtibatı olan kişiler olduğu için başına bir şey gelir korkusuyla, bir anda Cemaat düşmanı kesildi. Onun hakkındaki istihbarat kaydı benim dosyama da girdi. 15 Temmuz'dan sonra zaten ortalık iş göremez, beceriksiz, insan-lara kalınca "gizli" kayıtlı dünya kadar belge birçok dava dosya-sına girdi.[83] Normalde o tür belgelerin dosyalara konulmaması gerekirdi. Konulacaksa, da muhakkak ayıklama yapılıp, yalnız sanıkla ilgili olanın konulması gerekirdi. Ancak neredeyse tüm askeri hâkimlerle ilgili bu tür belgeler benim dosyama da konuldu.

Ordunun ne hale geldiğinin görülmesi açısından araya kısa bir anekdot gireyim; bu olayı bizzat duyan bir subay cezaevinde bana anlattı. Hulusi Akar, Milli Savunma Bakanı oluyor. Bakan olarak personelinden bazı projeleri yapmalarını istiyor. Ancak bir türlü istediği hususlar yapılmıyor. Yapılanları da beğenmiyor. Küfürlü konuştuğunu birçok kişiden duymuştum. Koridora çıkıyor, bağır-maya başlıyor; "...Ulan burada işleri meğer Fetöcüler yapıyormuş, bir b.... beceremiyorsunuz..." gibi laflar ediyor. Duyduğuma göre aynı yakınma her kurumda varmış. Avukatlar da adliyelerden iş çıkmadığından yakınıyorlardı.

Bu anekdottan sonra konumuza devam edelim; şunu da ekle-mek istiyorum. Bu dönem insanları en çok mağdur edenler, akra-balarında Cemaat bağlantısı olanlar oldu. Akrabalarından dolayı başlarına bir iş gelir korkusuyla kraldan fazla kralcı kesildiler. Yar-gıtay 9. Ceza Daire Eski Başkanı Burhan Karaloğlu'nun yaptıkları buna örnektir. Oğlunu kurtarmak için önündeki davalarda eskiden meslektaşları olan insanlara çok kaba davrandı. Ama bulunduğu

---

83 Belge 11: Celal Işıklar' ile ilgili istihbarat kaydı

makam kendisine de kalmadı. Kimseye kalmayacağı gibi. Takip ettiğim kadarıyla sonraki ilk seçimde koltuğundan oldu. Celal Işıklar ile ilgili olayları anlatmaya devam edelim. Listeler nedeniyle sıkıntılı olan başkan ve daire başkanları beni atmak için toplandıkları kurulda, savunmamı almaya karar vermişler. Bir savunma alma yazısı bana gönderdiler. "Hakkınızda böyle bir oturum yapılacak, ne diyorsunuz? gibi savunma alma yazısıydı. Ben de "Hakkımda ne tür isnatlar var, ne tür belgeler var, bilmiyorum. Ya gönderin bana, ya da incelememe imkân tanıyın. Ondan sonra savunma yapacağım" şeklinde cevap dilekçesi yazdım. Dilekçeye ayrıca "Talebimi kabul etmeyeceksiniz, bunu da bana bildirin. O zaman yine savunma yapacağım" dedim.[84] Ancak yüksek yargı başkan ve üyeleri bu dilekçemi yeterli gördüler, tekrar savunma alma yazısı yazmadılar. Bu dilekçemi savunma kabul ederek hakkımda "TSK'dan ihraç" kararı verdiler.[85] Hâlbuki o mahkeme savunma hakkı tanınmadan verilen uyarı ve disiplin cezalarını bile iptal ediyordu. Ancak kendi üyeleri ve iyi tanıdıkları bir hâkim albayı görevinden ihraç ederken savunma almadılar. Bunun gerekçesini sonra öğrendim. Bir yerlere "Hemen atacağız, yalnız bize dokunmayın" diye söz vermişler. "Tekrar yazışmaya girersek iş uzar, başımız belaya girer" korkusuyla savunma alma yazısını bir kez daha yazamamışlar.

Celal Işıklar'ın hukuki bakışını ve hâkimliğini gösterme açısından farklı bir olayı daha anlatayım. Prof. Dr. Kemal Gözler adlı meşhur bir kamu hukuku hocası vardı. Kitaplarından çok istifade ettim. Hukuk noktasında Türkiye'de yetişmiş önemli hukukçulardandı. Son yılların en büyüğü diyebilirim. Ama son durumunu bilmiyorum. Yapılan hukuksuzluklarla ilgili hiçbir değerlendirmesini görmedim. Öyle bir hocadan yapılanlara birkaç şey söyleme beklentisi içerisindeydim. Kitapları sade, anlaşılır ve günümüz

---

84 Belge 12: Meslekten ihraç etmek için savunma yapmam istenmesi üzerine yazdığım dilekçe
85 Belge 13 AYİM Başkanlar Kurulunun dilekçemi savunma kabul ederek, tekrar savunmamı almayacakları yönünde vermiş olduğu karar

Türkçesiyleydi. Kalemi de çok kuvvetliydi. Kendisiyle hiç tanış-madım. Ancak doktora tezimde kitaplarından yoğun bir şekilde istifade ettim.

Bu insan 15 Temmuz öncesinde kitaplarından alıntı yapıp da kaynak göstermeyenlere takmış durumdaydı. Kaynak göstermeden alıntı yapanların peşine düşmüştü. Bana göre haklıydı, zira emeği vardı. En azından hakkına saygı göstermek gerekiyordu. Ramazan Çağlayan adlı hoca ile bu noktada mahkemelik olmuşlar. Mahkeme ise Celal Işıklar'ı bilirkişi atamış. Hâlbuki Celal Işıklar, Ramazan Çağlayan ile çok samimiydi. Birçok resepsiyonda Celal Işıklar, Ramazan Çağlayan ve ben bir arada sohbet etmiştik. Hatta Ramazan Çağlayan, muhtemelen Celal Işıklar'ın doktora sırasında veya yüksek lisans sırasında hocalığını da yapmış olabilir. Bu konuda tam bilgim yok. Ama çok samimi olduklarında hiç şüphem yoktu. Bizzat yanlarında iki kez bulundum. Koyu sohbete dalıyorduk. Celal Işıklar'ın yerinde ben olsaydım, bilirkişiliği kesinlikle kabul etmezdim. Mahkeme bilirkişi atasa, hemen karşı çıkar, samimi olmam nedeniyle tarafsız olamayacağımı belirterek itirazda bulunurdum. Ancak, Celal Işıklar bu davada bilirkişilik yapmış. Verdiği raporu da merak ediyorum. Anlattığım bu vaka açısından verdiği raporun önemi yoktu. Zira görünüşte Celal Işıklar taraflı görünüyordu. Ama böyle bir olayda çok samimi olduğu kişiyle ilgili davada, karşısındaki kişi bir profesör olmasına rağmen bilirkişilik yapabilmiş. Diğer davalarını siz düşünün.

AYİM'deki üyelerden bahsedip de Güven Şağban gibi bir kurmay üyeden bahsetmemek olmaz. Güven Şağban, Jandarma Kurmay Albay olarak AYİM'e atandı. Üçüncü Dairede görevlendirildi. Normal bir kurmay albay çizgisinde değildi. Aynı dönemde AYİM'de göreve başladık. Güven Şağban, AYİM'de göreve başladıktan kısa bir süre sonra, hakkında bir dosya Askeri Yüksek İdare Mahkemesine geldi. İsnat edilen bir suçtan dolayı hakkında kovuşturma yapılması isteniyordu. Bunun üzerine AYİM Genel Kurulu tarafından 3 kişilik bir heyet atandı. Heyetin başkanlığını da Hâkim Albay Hacı Hasan Mutlu yapıyordu. Olay şöyleydi: Güven Şağban, görev yaptığı birlikte kurmay başkanlığı görevini yürütüyor; aynı yerde görevli bir sivil memur kadın için birliğinde görevli asteğmen doktoru arıyor. Ona 10 günlük istirahat raporu vermesini istiyor. Asteğmen de raporu veriyor. Başka olaylarla birlikte bu olay da şikâyet konusu yapılıyor. Raporu veren asteğmen doktor hakkında görevini kötüye kullanmak suçundan dava açılıyor. Davada asteğmen doktor, Güven Şaban'ın amiri olduğunu, onun baskısı üzerine raporu verdiğini kabul ediyor. Bu sırada Güven Şaban AYİM'e tayin olduğu için, onunla ilgili dosya ayrılarak AYİM'e gönderiliyor.

Bundan sonrasında bizzat bulundum. AYİM'de Güven Şağban hakkında soruşturma yapmak üzere üç kişilik bir heyet atandı. Bu heyet yaptığı soruşturma sonunda işlem yapılmasına gerek olmadığına karar verdi. Bu olayla ilgili dikkatimi çeken şuydu; insanların kendi çocukları için bile bir doktordan rapor istemeye çekinirken; Güven Şağban'ın, görev yaptığı yerde mahiyetindeki bir kadın için doktora baskı yaparak rapor aldırması bana ilginç gelmişti.

Dairesindeki üye Hâkim Albay Mehmet Akbulut anlattı. Güven Şağban AYİM'de görev yaptığı sırada bazı dosyaları özel olarak takip ediyor. Karar istediği şekilde çıkmayınca bizzat daire başkanı ile tartışmaya giriyor, "Sizi kim etkiledi?" gibi sözler söyleyerek, dolaylı şekilde başkanı tehdit ediyor. Üyelerle de sık sık tartışıyor. Hâkim Albay Mehmet Akbulut, yaptıklarına dayanamayarak şikâyet dilekçesi veriyor. Ancak sırf huzursuzluk olmasın diye AYİM Başkanı devreye girerek dilekçesini geri aldırıyor. AYİM Başkanı, Güven Şağban'ı çağırarak birkaç kez uyarıyor.

Güven Şağban, AYİM'de iki yılını doldurunca, AYİM Başkanı'nın devreye girmesiyle Jandarma Genel Komutanlığı'nda SAGEM diye bir kadroya atandı. Ancak gideerayak "Beni buradan almaları hukuksuz" diyerek dava açtı. Davası önce Birinci Daireye geldi. Arkasından görevsizlik kararıyla AYİM Daireler Kuruluna gönderildi. Dosya Daireler Kurulundayken dosyanın raportörlüğünü bana verdiler. Çünkü Daireler Kurulu üyesiydim. Dava çok basit bir davaydı. Anayasada hüküm vardı; AYİM'e atanan subayların 4 yıla kadar görev yapacakları belirtiliyordu.[86] Bu kişi de iki yıl görev yaptıktan sonra AYİM'den alınmıştı. Bir problem yoktu. Davası dokuza karşı bir oyla reddedildi. Ben hapisteyken AYM de hak ihlali başvurusunu reddetmiş.

Güven Şağban ile bir husumetim yoktu. Yalnız açmış olduğu davada ret oyu kullanan dokuz üyeden biriydim. 15 Temmuz'dan sonra bu davasını da anlatarak hakkımda şikâyetçi oldu. Hakkımda açılan davada şikâyetçi sıfatıyla yer aldı. Davaya katılmak istedi. Duruşma salonuna geldi. Bulunduğu dairede kazandığı alışkanlığı olacak ki, kendisine söz hakkı verilmemesi nedeniyle, küçük bir kâğıda mektup yazarak, katipten başkana iletmesini istedi. Yani duruşmada bile dolaylı olarak Yargıtay 9. Ceza Dairesi Heyet Başkanını tehdit etti. Ben de duruşmada bu kişi ile ilgili olarak kısaca bazı olayları anlattıktan sonra şöyle dedim: "Kendisi 15 Temmuz'dan sonra bir grup subayla birlikte emekliye sevk edildi. Acaba neden?" Cevabını gerçekten duruşmadayken bilmiyordum.

Gerekçesini daha sonra cezaevinde öğrendim. Devresi bir kurmay albay koğuşumuza gelmişti. Savunma hazırlarken onun ismi mevzu olunca yanıma geldi. Şu bilgiyi verdi: 15 Temmuz sonrasında Güven Şağban, Jandarma Genel Komutanlığı'nda çok önemli bir göreve atanıyor. Hatırladığım kadarıyla İstihbarat Daire Başkanı oluyor. Ancak bu görevi yaparken sicil itibarıyla kendisinin önünde bulunan kurmay albaylarla ilgili olarak eşlerinin Bank Asya'da hesabı olduğu yönünde evrak düzenletiyor. Evrak komutana sunuluyor. Tabi bu evrak komutanın dikkatini çekiyor. Komutan 'araştırın' diye emir veriyor. Araştırma yapılınca, yazışmalar

---

86 Anayasanın 157'nci maddesinin üçüncü fıkrasında; "...Askeri hâkim sınıfından olmayan üyelerin görev süresi en fazla dört yıldır..." düzenlemesi yer alıyordu.

sonrasında o tür hesaplar olmadığı ortaya çıkıyor. Bu olay üzerine Şağban emekli ediliyor. Huylu huyundan vazgeçmezmiş. Esasında yine yargılanması gereken bir durum ortaya çıkmış. Hem sahte evrak düzenliyor hem de sicil itibarıyla önündeki insanlara rahat bir şekilde iftira atabiliyor. Güven Şağban işte böyle bir insan. Şimdilerde vatanseverlik rolüne bürünmüş, bu rolü oynuyor.

Metin Ulukanlıgil ve Kenan Kenan'dan yukarıda bahsettiğim için burada tekrar girmiyorum.

5. Askeri Yargıtay

Askeri Yargıtay da Anayasaya göre yüksek mahkemeydi. Son Anayasa değişikliğiyle bu mahkeme de kaldırıldı. Ankara Cumhuriyet Başsavcılığı Anayasal Düzen Savcısı Necip İşçimen, 15 Temmuz gecesi yaptığı konuşmalarda Askeri Yargıtay başkan ve üyelerinin de gözaltına alınmasına karar verdiklerini söyledi. Olay günü sıkıyönetim direktifi olarak yayınlanan listenin ekinde Ek-Ç olarak yayınlanan "Diğer Atamalar" adlı listede Askeri Yargıtay Başkanı Tuğamiral Ahmet Zeki Liman'ın görevine devam edeceği belirtiliyordu. Sıkıyönetim Direktif Emrinin ekinde yayınlanan "Sıkıyönetim Mahkemeleri Görevlendirme Lisesinde" ise Milli Savunma Bakanlığı emrine görevlendirildiği yazılıydı. Aynı zamanda Daire üyesi Hâkim Aybay Haluk Zeybel'in de başkan olarak atandığı belirtiliyordu. Bir üye Ankara 1 Nolu Sıkıyönetim Başsavcısı olarak atanmış gibi görünüyordu. Bu atamalarda bunun gibi çelişkiler de vardı. Bu nedenle, bazı üyeler üzerinde de özellikle durmak gerekir.

Askeri Yargıtay Başkanı olan Tuğamiral Ahmet Zeki Liman, meşhur çay toplama gezilerine katılanlardandı. AKP'ye yakınlığıyla da tanınıyordu. Askeri hâkimlerle ilgili bu listeyi hazırlayanlar herhalde Doğu Perinçek grubu içinde yer alanlar olacak ki, bu kişiyi muhafazakârlığı nedeniyle görevine devam edecek şekilde yazarak, elimine etmek istemişler. Sıkıyönetim Mahkemeleri

Görevlendirme Lisesinin kim ya da kimler tarafından hazırlandığı da yaklaşık iki sene sonra ortaya çıktı. Ona sonra değineceğim. Soruşturmaları başlatan Necip İşçimen'in Doğu Perinçek grubu yanlısı olduğu genel olarak biliniyordu. Soruşturmaları AKP eğilimli kişilere yönlendirmeye başlayınca görevinden alınarak pasif bir yere atandı.

Bu mahkemenin diğer bir özelliği daha vardı. AYİM'de olduğu gibi, üyelerinin profili net olarak ortadaydı. Bir grup Perinçekçi'ydi. Sol görüşlüler de diyebiliriz. Bir grup da sağ görüşlüydü. İki grup ayrı ayrı hareket ediyordu. Sağ grubun çoğunluğu vardı. 17/25 Aralık sürecinden sonra, sağ görüşten olup da Tayyip Erdoğan'a destek vermeyenler, hemen "Paralelci" ilan edildi. Kalan grup ise "Tayyipçiler" olarak bilinmeye başladı.

Tayyipçi grup zaman zaman Merkez Orduevi'ne giderdi. Birlikte giderlerken, yolda adeta tren katarı gibi dizilirlerdi. 13 -15 kişi, ikişerli olarak sıralanarak yürürlerdi. Önde başlarında da abi dedikleri Kenan Kenan ve Metin Ulukanlıgil olurdu. Orduevinde önceden rezerve ettikleri özel bir salonda otururlardı. Burada ne yaptıkları ise fişleme listelerinin ortaya çıkmasıyla anlaşıldı.

Bu ekip içerisinde yer alan kişilerin bir kısmı listede Milli Savunma Bakanlığı emrine alınmış olarak yazılmıştı. Bir kısmı ise görevine devam edecek olarak görünüyordu. Ayrıca bir Daire kapatılmış olarak listeye yazılmıştı. Ancak bu görevlendirmenin mantığını bir türlü anlayamadım. Milli Savunma Bakanlığı emrine alınanların niçin alındıkları ortaya çıkmadı. Ta ki Ankara 25. Ağır Ceza Mahkemesi'ne MSB'deki komisyon tarafından gönderilen dosyadaki liste ortaya çıkıncaya kadar. O listeye ileride detaylı değineceğim.

Şimdi bu mahkemede öne çıkan bazı karakterlerden bahsedelim.

Hâkim Albay Hulusi Gül ile başlayalım. Gül, çocuklarını Cemaat okullarına göndermiş. Aynı zamanda eşi de başörtülü ama kimseye söylememiş. Eşi başörtülü olduğu için hiçbir faaliyete götürmemiş. Bu bilgileri, verdiği ifadelerde kendisi anlatmış. Bu kişi benim aleyhimde, "Hakan Ata ile bir araya gelip zaman zaman sohbet ederlerdi" diyor. Duruşmada kendisine "Terör örgütü üyesi olduğuma dair bir delilin var mı?" diye sorduğumda, "Yok" dedi.

Hulusi Gül, Kenan Kenan ile birlikte fişleme yaptığını Ankara Cumhuriyet Başsavcılığına ve daha sonra Ankara Ağır Ceza Mahkemesinde verdiği ifadelerde açıkça söyledi.[87]

Yorum olarak şunu söylemek istiyorum: Eşi kapalı bir insanın 28 Şubat sürecini atlatması mümkün değildi. Zira kesin tebligatlar yapıldı. Eşinin başını açmayan subay veya astsubaylar TSK'dan atıldı. Bunlara askeri hâkimler de dâhildi. Birçok askeri hâkim atıldı. Ancak bu kişi, eşi kapalı olmasına rağmen atılmadı. TSK'daki sistem gereği eşinin kapalı olduğunun bilinmemesi de mümkün değildi. Acaba kendisini niye atmadılar? Daha sonra ise istifa hakkı doğduğu halde niye istifa etmedi? Bu kişinin durumu bana hep şaibeli geldi. Hakkında başka bir devlet ile bağlantısı olduğu yönünde iddialar vardı.

Daha sonra bu kişi ile ilgili şöyle bir durum gelişti: Bölge Adliye Mahkemesi Başkanlığı görevini yürütürken bir generalin dosyasında tahliye kararı verdi. Akabinde Oda Tv ve oradaki birkaç yazar bunun Cemaatçi olduğu yönünde iddiada bulundu. Arkasından Tayyip Erdoğan tarafından Cemaatçi olduğu söylendi. Sonra düz bir hâkim olarak Çorum'a atandı.

Bu olay aslında aynı zamanda ibretlik bir olaydı. Türkiye'de yargının nasıl felç edildiğini, nasıl istenildiği gibi kullanıldığını net olarak gösteren bir olaydı. Fişlemeci olan bir kişilik, daha sonra bir generali tahliye etti diye, bir anda en tepeden Cemaatçi ilan edildi. Akabinde de tenzili rütbe ile sürgün edildi.

Bu mahkemede bir de Hâkim Albay Muzaffer Yasin Aslan vakası vardı. Genelkurmay'dayken Muzaffer Yasin Aslan ile yakın

---

87 Belge 14: Hulusi Gül'ün Ankara Cumhuriyet Başsavcılığına vermiş olduğu 25.08.2016 tarihli ifade

görüşüyordum. Samimiyetimiz vardı. Askeri Yargıtay'da birtakım olaylar yaşanana kadar diyaloğumuz devam etti. Hatta emekli olurken yazdığı bir kitabı imzalı olarak bana gönderdi. Aslan'ı 15 Temmuz'dan sonra Saray'a çağırmışlar. Fikirlerinden istifade etmek istemişler. Aslan da bazı beyanlarda bulunmuş. Sonra savcıya da ifade vermiş. Ancak öfkesini yenememiş ve hızını alamamış olacak ki, aklına estiği herkesi "Fetö'cü" ve "Fetö yöneticisi" olarak ilan etmiş. Ben de bundan nasibimi aldım.[88]

Aslan'ın yaptıkları üzerinde biraz daha durmakta fayda var. Zira bu süreçte kimler nasıl kullanıldı, kimlere neler yaptırıldı daha iyi görülmüş olacak. Tabi tüm yaptıkları ve yaşadıkları, özel hayatıyla ilgili problemlerden oluştuğu için, özel hayata saygı çerçevesinde bu konulara isim vermeden ve detayına inmeden gireceğim. Bu olaylarda asıl aktör Yasin Aslan'dı; Mehmet Çelik ve Ahmet Zeki Üçok ise yardımcı oyuncu rolünü aldılar.

Şimdi olayları Askeri Yargıtay'da ve AYİM'de bulunan dosyalardan ve dosyalara bakan meslektaşlarımdan öğrendiğim kadarıyla hikâye tarzında anlatmaya başlayayım. Muzaffer Yasin Aslan, Genelkurmay Adli Müşavirliğinde görevli iken, İstihbarat Başkanlığında görevli sivil memur bir kadın ile tanışıyor. Eşinden boşanma sürecindeki kadın, Yasin Aslan'dan hukuki yardım istiyor. Yasin Aslan da kendisini kırmıyor, ona yardımcı oluyor. Daha sonra samimiyetleri ilerliyor. Boşanma gerçekleştikten sonra olay gönül ilişkisine dönüşüyor. Yasin Aslan uzun süre eşinden boşanacağını söyleyip hatta sahte boşanma dilekçesi gösterip kadını oyalıyor. Yasin Aslan son olarak esinden boşanmak için oğlunun üniversite sınavını beklediğini söylüyor. Bunun üzerine kadın Aslan'ın kendisini oyaladığını düşünüp ilişkisini sona erdiriyor. Bu sırada bayan cinsel ilişki kaynaklı hastalığa yakalanıyor. Bu rahatsızlığı Yasin Aslan'dan kaptığını düşünüyor. Yasin Aslan ise rapor alıp kendisinden kaynaklanmadığını ispat etmeye çalışıyor. Bununla

88 Ankara Cumhuriyet Başsavcılığının 08.08.2016 tarihli, 20016/110611 Soruşturma No'lu dosyadaki ifadesi.

birlikte, Yasin Aslan kadının kendisinden ayrılmasını istemiyor. Ancak kadın ısrarlı olunca bu sefer Yasin Aslan kadının üzerine gidiyor. Mesai arkadaşlarına telefon ederek kadın aleyhinde dedikodu yapıyor. Aleyhinde propagandaya başlıyor. İstihbaratta çalışacak bir yeteneği olmadığını söylüyor. Yasin Aslan'ın bu aramaları kadının da kulağına gidiyor. Ayrıca kadının arkadaşları bu durumdan rahatsız oluyorlar. Yasin Aslan bu şekildeki telefon aramalarına devam edince, kendisine telefon edilen bir kadın subay, Yasin Aslan ile arasındaki telefon görüşmesini kayda alıyor. Amirine dinletiyor. Sonra bu görüşme tutanağa geçiriliyor. Bu durumdan haberdar olan kadın, Yasin Aslan'ı şikâyet ediyor.

Yasin Aslan, kendisini şikâyet ettiren kişinin, fakülteden de arkadaşı olan Genelkurmay Adli Müşaviri Hâkim Albay Muharrem Köse'nin olduğunu düşünüyor. Onu hedefe koyuyor. O sıralarda cezaevinde bulunan Ahmet Zeki Üçok'a uydurma bir adla mektuplar gönderiyor. Bu mektuplardan biri Mehmet Çelik tarafından Akşam gazetesinde yayınlatılıyor. Mektubun içeriği dikkate alınarak Genelkurmay Başkanlığı tarafından Askeri Savcılığa soruşturma emri veriliyor. Genelkurmay Askeri Savcılığında görevli yardımcı savcı, mektuplarla ilgili soruşturmaya başlıyor. Bazı mektuplarda, mektubu yazan kişi olarak "Vatansever bir subay" adı kullanılırken, bazılarında ad soyadı kısımlarına olay ile ilgili kişilerin bazılarının ismi, bazılarının ise soyadı birleştirilerek oluşturulduğunu fark ediyor.

İstihbarat başkanlığında görevli kadının eski eşine gönderilen mektupta gönderen olarak, aynı birimde çalışan iki kişiden birisinin adı, diğerinin soyadı kullanılarak sahte isim oluşturuluyor. Bu mektup İstihbarat Başkanlığında çalışan kadının eski eşine gönderiliyor. Kadının ahlaksız biri olduğu, çocuğunun velayetinin ondan alınması gerektiği tavsiye ediliyor.

Diğer bir mektup, GATA'da görevli İ. Yaşar Özgök'e gönderiliyor. Bu mektupta gönderen kişi olarak "Bayram Uysal" yazılıyor.

"Bayram" adı; Genelkurmay Adli Müşavirliğinde görev yapan Bayram Ayazma'nın isminden esinlenilerek, "Uysal" soyadı da Yaşar Özgök'ün şikâyet dilekçelerine bakan ve yine Genelkurmay Adli Müşavirliğinde görev yapan Doğan Uysal'ın soyadından esinlenilerek oluşturuluyor.

Mektuplarda başka bir özellik daha ortaya çıkıyor; mektupların giriş cümleleri bire bir aynı oluyor. "...gerçek hayatta sizi tanımıyorum. Ancak gıyabınızda size kurulan tuzağı görünce dehşetler içinde kaldım, insanlığımdan utandım" şeklinde oluyor. Mektuplarda standart bölümlerinden biri de; "sizi hedef alan kişiler Cemaat mensubu kişiler, Cemaat CIA bağlantılı gizli bir örgüt, yakında darbe yapacaklar..." şeklinde oluyor.[89]

Askeri savcı, mektuplardaki aynı olan metinlerden, mektupları yazan kişinin aynı kişi olduğunu tespit ediyor. Mektupların atıldığı yerlerin güvenlik kameralarını inceletmeye başlıyor.

İlgili yerlere giderek kameraları bizzat izliyor. Mektupların üzerinde vurulan tarihlerde ve saatlerde postanede işlem yapılmadığını fark edince, ilgili görevlilerin bildirmesiyle bazı postane kamera kayıtlarının saatlerinin bir saat ileri olduğunu tespit ediyor. Buradan hareketle bir saat gerideki kayıtları incelemeye başlıyor. Çankaya'daki bir postanenin kamera kaydında, eski askeri hâkim Mehmet Çelik'in şapkalı olarak postaneye girdiğini, görevli çalışana beyaz renkli bir zarf uzattığını, memurun zarf üzerinde isim veya adres kısmında bir eksiklik olması nedeniyle zarfın üzerinde bir kısmı daha doldurttuğunu, bunun üzerine Mehmet Çelik'in kalemle zarf üstüne bir şeyler yazdığını tespit ediyor.

Savcı MSB'den Mehmet Celik'in el yazı örneklerini temin ederek Jandarma Kriminale gönderiyor. Postanede zarf üzerine el yazısı ile eklenen kısımdaki yazının Mehmet Çelik'in eli ürünü olduğunu kriminal raporu ile tespit ediyor. Bu dönemde Yasin

---

89 Bu tür kişiler, gayrimeşru işlerinde bile Cemaat darbe yapacak söylentisini yayarak, 15 Temmuz'a zemin hazırlamışlar.

Aslan ile Mehmet Çelik'in çok yakın arkadaş olduklarını öğreniyor. Hatta arkadaşlıkları o kadar ilerlemiş ki; Yasin Aslan'ın İstihbarat Başkanlığındaki kadın ile birlikte, olaylar öncesinde Mehmet Çelik'e ait olan üstü açık bir spor arabayla gezdiği bilgisine ulaşıyor. Olaylar burada bitmiyor. Mehmet Çelik ve Yasin Aslan, Milli Piyango İdaresinde görevli bir kamu avukatı kadın ile tanışıyorlar. Kendilerini bekâr olarak tanıtıyorlar. Mehmet Çelik kendisini doktor ve çok zengin birisi olarak lanse ediyor; kadın ile gönül ilişkisi kuruyor. Yasin Aslan ise kendini doğru bir şekilde Askeri Yargıtay üyesi olarak tanıtıyor. Ancak bekar olduğunu söylüyor. Yasin Aslan, kadını Askeri Yargıtay'a davet ediyor. Kadın, hediye olarak çikolata ve kitap getiriyor. Yasin Aslan kendisini bekar olarak tanıtmaya devam ediyor. Bir süre sonra kadın, Mehmet Çelik'in doktor olmadığını anlayınca, arada referans olan Yasin Aslan'a sert çıkıyor. Yasin Aslan kadını tehdit ediyor. Kadın olayı gurur meselesi yapıyor ve Yasin Aslan'ı Askeri Yargıtay'a yazılı olarak şikâyet ediyor. Ancak o dönemin Askeri Yargıtay Başkanı olayın üstüne gitmiyor; dosyayı soyut ve basit görerek herhangi bir disiplin yaptırımına gerek görmüyor. Dosyayı kapatıyor.

Ancak Yasin Aslan boş durmuyor. Avukat olan kadından intikamını almak için harekete geçiyor. Kadına mesajlar ve e-mailler atıyor. Tahrik ediyor. Kadın cevap verince, kadının mesaj ve mailler yoluyla kendisine hakaret ettiğini iddia ederek savcılığa şikâyette bulunuyor.

Bu arada Askeri Savcı, mektuplarla ilgili araştırmasına devam ediyor. Yenişehir Postanesi'ndeki kamera kayıtlarından bir delile daha ulaşıyor. Postaneye elinde askeri birliklerde kullanılan sarı bir zarfla, oldukça kısa boylu bir denizci erin hızlıca girerek işlem yaptığını ve hızlıca postaneden ayrıldığını tespit ediyor. Olayı soruşturan Askeri Savcı, savcılıktaki personel aracılığıyla kamera görüntülerinde yer alan denizci eri buluyor. Denizci er ifadesinde, Deniz Kuvvetleri Adli Müşavirinin şoförü olduğunu, Yasin Aslan ile Deniz Kuvvetleri Adli Müşavirini hastaneye götürürken, Yasin Aslan'ın, postaneye uğramak istediğini söyleyerek askeri aracı durdurduğunu, Yasin Albayın verdiği mektubu koşarak postaneye götürdüğünü söylüyor. Askerin anlattıklarını ifadesi alınan Deniz Kuvvetleri Adli Müşaviri de doğruluyor. Yasin Aslan'ın, yazdığı mektupları incelemede ortaya çıkmasın diye, görev yaptığı yerdeki çaycı askere imzalattığı da ortaya çıkıyor. Askere, "Kolum ağrıyor, imza atamıyorum, şuraya bir imza atsana" diyerek, mektupları imzalattığı anlaşılıyor.

Yasin Aslan'in mektup olayları bu kadarla da bitmiyor. Kendisini mesaiden evine götüren askeri aracın şoförü şunları anlatıyor: Aslan'ı evine götürürken bir gün İstihbarat Başkanlığı'nda çalışan kadının annesinin evinin oraya askeri araçla gittiklerini, Yasin Aslan'ın arabada durduğunu, kendisine mektup verdiğini, kendisinin de apartmandaki posta kutusuna mektubu attığını söylüyor. Böylece soruşturma konusu olmayan bir mektup daha ortaya çıkıyor. Meğer Yasin Aslan o tarihlerde, İstihbarat Başkanlığında çalışan kadının annesine de kızını kötüleyecek şekilde mektup gönderiyormuş. Savcı, kadına bu olayı da sorduğunda, annesine mektup geldiğini, mektupta kendisinin annesine kötülendiğini, hatta cinsel ilişki kaynaklı HV virüsü kaptığının anlatıldığını söylüyor.

Mektup olayları ortaya çıkınca, Yasin Aslan, Askeri Yargıtay'da disiplin soruşturması geçirdi. Akabinde meslekten ihraç edildi. Ayrıca cezai soruşturması için dosya Yargıtay Cumhuriyet Başsavcılığı'na gönderildi. 15 Temmuz sonrası ise hakkındaki tüm yargılamalardan beraat etti. Tabi beraat etmesinde; 15 Temmuz sonrasında Beştepede'ki Sarayın daimi misafiri olması, ayrıca Ankara Cumhuriyet Başsavcılığı'nda da kadrolu gizli tanık olması etkili oldu.

Bunların dışında, bu mahkemede görev yapan Hâkim Albay Mehmet Avcıoğlu ilgili de bir vaka vardı. Aynı binada görev yapıyorduk. Odalarımızın bulunduğu kat da aynıydı. Zaman zaman merhabalaşırdık. Ortak tanıdıklarımız vardı. Kendisiyle hiçbir sürtüşmem olmadı. Kendisi sağ görüşlü biriydi. 17/25 Aralık sürecinden sonra Kenan Kenan'ın yakın adamlarından biri haline geldi. Bu kişi 15 Temmuzdan sonraki atamalarda general yapıldı. Milli Savunma Bakanlığına atandı. Bu ataması nedeniyle Hâkim Albay Mehmet Yüzbaşıoğlu'nun ve Ahmet Zeki Üçok'un hedefi oldu. Mehmet Yüzbaşıoğlu'nun aracılığıyla Mehmet Avcıoğlu aleyhine yazılar çıkmaya başladı.[90]

Mehmet Avcıoğlu'nun nasıl bir karakter olduğunun görülmesi açısından yaşadığım bir olayı anlatayım. Cezaevinden yeni tahliye olmuştum. 15 Temmuzdan sonra moda olan "tahliyelere itiraz" klasiği benimle ilgili de yapılmış mı diye UYAP'a bir bakayım dedim. UYAP'daki sayfamda dosyada bir dilekçe gördüm. Milli Savunma Bakanlığı, UYAP üzerinden tahliyeme itiraz dilekçesi göndermiş. Dilekçeye baktığımda şaşırdım; Tuğgeneral Mehmet Avcıoğlu tahliyeme itiraz ediyordu. Tekrar tutuklanmamı istiyordu.[91] İtiraz gerekçesinde matbu şeyler yazılıydı. Yani somut bir gerekçe yoktu, kanun metninde yer alan ibareler tekrarlanıyordu. Yargılandığım sırada davaya çoğunlukla duruşma savcısı olarak çıkan Kemal Mecit bile tahliyeme itiraz etmedi. Zira dosyayı biliyordu ve oybirliğiyle tahliye olmuştum. Ama iddianamede davanın tarafı olarak bile gösterilmeyen Milli Savunma Bakanlığı tahliyeme itiraz etti. Tabi MSB taraf olmadığı için itiraz usulden reddedildi. 15 Temmuz'dan önce son mesai günü izne ayrılırken Mehmet Avcıoğlu ile kucaklaşarak ayrılmıştık. Aramızda husumet namına hiçbir şey

---

90 Ahmet Zeki Üçok, verdiği röportajda Mehmet Avcıoğlu'nun terfi etmesini eleştirerek şöyle diyordu; "KKK'nın FETÖ ile mücadelenin sembol isimi ve aynı zamanda kumpas mağduru olan Hâkim Albay Mehmet Yüzbaşıoğlu'na değinmeden geçemeyeceğim. 15 Temmuz sonrası Kara'da FETÖ ile mücadele biriminin başında olan, kendisinden kıdemli birçok askeri hâkim varken, hiç kimsenin imzalamaya cesaret edemediği, TSK'deki FETÖ üyesi askeri hâkimlerin ihracına ilişkin kararnameleri Milli Savunma Bakanı ve Deniz Hâkim Albay Taner Güçlü ile beraber imza atarak neredeyse tamamen FETÖ'nün eline geçmiş askeri yargıyı temizleyen bu cesur adam (Yüzbaşıoğlu) terfi ettirilmedi. Kadro kuruluş yönergesi dahi olmayan, bu nedenle hiçbir görev ve yetkisi bulunmayan, adeta bankamatik memuru gibi çalışan albayın generalliğe terfi ettirilmesini ise anlamak mümkün değil" bkz. https://www.sozcu.com.tr/2019/yazarlar/aytunc-erkin/deniz-kuvvetleri, erişim tarihi 22.01.2021
91 Belge 15: Mehmet Avcıoğlu'nun tahliye kararına itiraz dilekçesi

yoktu. Ancak bu kişi, yaklaşık üç buçuk sene tutuklu kaldıktan sonra, tahliye olmama da itiraz edebildi. Avukatlarımla ve arkadaşlarımla sohbetlerimde zaman zaman tekrarlıyordum; bu süreç aynı zamanda karakter imtihanıydı. 15 Temmuz insanların gerçek karakterini ortaya çıkardı. Solcu bilinen bir Hıfzı Çubuklu Paşa gibi karakterin gerçekten iyi bir karakter olduğunu ortaya çıkardığı gibi sağcı ve milliyetçi bilinen Mehmet Avcıoğlu, Metin Ulukanlıgil ve Kenan Kenan gibi karakterlerin ne kadar iki yüzlü olduklarını da ortaya koydu.

b. Yerel Savcılıklar ve Mahkemeler

15 Temmuz'un önceden planlandığının en önemli göstergelerinden biri de hâkim ve savcıların 16 Temmuz günü itibarıyla gözaltına alınmalarıydı. Bu konudaki genel sorulan soruyu soralım: Bu hâkimler fişleme listesini ne zaman ve niçin oluşturdular?

Diğer bir konu; bu zamana kadar yaşanmış hiçbir darbede sıkıyönetim mahkemelerine askeri hâkim savcı ataması darbenin olduğu gün yapılmadı. Peki bu darbe girişimi olduğu iddia edilen girişimde bu niye yapıldı?

Genel kuraldır; bir ülkede farklı bir sistem yerleştirmek istiyorsan önce yargıyı felç edeceksin. Zira bilinir ki en büyük engel hukuk sistemi olacaktır. Bunu bilen iktidar cenahı da böyle bir hazırlığı aylar öncesinden yapmış. Aylar önce 16 Temmuz'u planlamışlar. Türkiye çapında; hem askeri mahkemelerde, hem adliye mahkemelerinde hem de yüksek yargıda büyük gözaltılar yapılması bu planın büyük bir parçasıdır.

1. Askeri Mahkemeler ve Hâkimler

Hiçbir darbe döneminde yaşanmamış bir şekilde daha darbe başlangıcında sıkıyönetim mahkemeleri görevlendirme listesi diye bir liste yayınlandı. Bu listede sıkıyönetim hâkim ve savcısı olarak görevlendirilen herkes hakkında gözaltı kararları verildi. 16 Temmuz günü itibarıyla, Türkiye çapında askeri mahkemelerin bulundukları yerlerde askeri hâkimler hakkında gözaltılar yapıldı. Ankara'dakiler hariç listede yer alan tüm askeri hâkim ve savcılar gözaltına alındı. Ama aynı gün Ankara'da da gözaltı kararları verildiği daha sonra net olarak ortaya çıktı[92]. Fakat devreye girmeler neticesinde gözaltılar ertelendi. Sonra ise AKP yanlıları listelerden çıkarıldı. Sağ görüş sahibi kişiler için tekrar gözaltı listesi hazırlandı. Bunun nasıl olduğunu anlattığım için detayına girmiyorum.

15 Temmuz sonrasında askeri mahkemeler ve askeri savcılıklar, anayasa değişikliğiyle tamamen kapatıldı.

Askeri mahkemelerin neden kapatıldığına da bakalım kısaca. Ülkemizde askeri mahkeme ve savcılıkların kapatılması tartışması yıllarca yapıldı. Ancak böyle bir teklif Meclis'te hiç gündeme gelmedi. Dünyanın en güçlü ülkelerinde ve dünyanın en güçlü 5 ordusunda askeri hâkim ve savcılıklar bulunmaktadır. Hatta ABD gibi ülkelerde askeri yargının etkinliği bizimkinden daha fazlaydı. Ordusu güçlü olan devletler askeri mahkemelerden hiç vazgeçmediler. Zira ordudaki hiyerarşiyi ve disiplini sağlayan unsurun askeri mahkemeler olduğu bilinen bir gerçekti. Ordu içerisinde disiplin olmazsa, ordunun etkinliğinin olmayacağı kabul ediliyordu. Ancak AKP'nin kendi iktidarını ayakta tutabilmek için, askeri mahkemeleri kaldırması gerekiyordu. AKP de bunu yaptı.

Resmi gezi programı çerçevesinde 2013 yılında Çin'e gittik. Çin'de askeri hâkimlerle tanıştık. Aynı zamanda askeri mahkemeleri gezdik. Resmi toplantı şeklinde karşılıklı oturumumuz da oldu. En yüksek rütbeli bir askeri hâkim tümgeneral vardı. Çin heyetinin başkanlığını yapıyordu. Kimseyi fazla takmayan, biraz da lakayt, gözü devamlı sağda solda olan bir subay daha vardı. Gittiğimiz her yere geliyordu. Rütbesini merak ederek sordum. Binbaşı olduğunu söylediler. O varken Tümgeneral dâhil, kimse espri yapmıyordu. Hassas konulara girilmiyordu. Dikkatli konuşuluyordu. Bu durum dikkatimi çekti. Zaman zaman binbaşı yanımızdan ayrılıyordu. O olmadığı sıralarda ise Çinli diğer subayların tavrı bize karşı değişiyordu. Gözlemci ve şüpheci bir yapım vardı. O subay yokken tercüman olan Çinli bayana "Bu subayın görevi ne?" diye sordum. "O Çin Komünist Partisinin temsilcisi bir subaydır" dedi. Kafamda hemen taşlar yerine oturdu. Meğer her toplantıda öyle bir subayın bulunması gerekiyormuş. Tüm kamu personeli Komünist Partisi üyesiymiş, ayrıca bir de doğrudan parti temsilcisi subaylar da ordu içinde görev yapıyormuş. Parti devleti demek bu oluyormuş diye aklımdan geçirdim.

15 Temmuz sonrasında Türk Ordusu da böyle bir mecraya sürüklendi. Kenan Kenan ve Metin Ulukanlgil gibi askeri hâkimler o fonksiyonu, 15 Temmuzdan önce de zaten ifa ediyordu. Onlar da yukarıda belirttiğim Çin Komünist Partisinin temsilcisi gibi, AKP temsilcisi olarak davranıyorlardı.

Cezaevindeyken, ankesörden tutuklanan bir subay anlattı. 15 Temmuz'dan çok sonra Kars'da gece eğitimi emri veriliyor. Personelin birçoğu gitmiyor. Bazıları da AKP İl Başkanlığını arayarak, "Sizin bilginiz var mı? Böyle bir eğitim yapacağız" diyorlar. Onlar da herhalde Ankara'ya soruyorlar. Gelen cevaba göre eğitime katılıyorlar.

15 Temmuz'un en önemli sonuçlarından birisi de bu oldu; TSK, Parti Ordusu'na dönüştü.

Gelelim askeri hâkimlerin tutuklanması gerekçesine. Askeri hâkimlerin tutuklanmalarına, "Sıkıyönetim Mahkemeleri Görevlendirme Listesi" gerekçe gösterildi. Listeye göre askeri hâkimlerin bir kısmı sıkıyönetim ilanıyla birlikte kurulan sıkıyönetim mahkemelerinde ve savcılıklarında görevlendirildi. Bir kısmı, adli müşavirliklerde görevlendirildi. Bazıları ise MSB emrine verildi. Bir kısmının da listede ismi yoktu. Bunlarla ilgili de emrin altında yer alan "Listede ismi yer almayan askeri hâkimler görevlerine devam ederler" şeklindeki bir nottan, görevlerine devam edecekleri sonucu çıkartıldı. Kısaca TSK'da görevli tüm askeri hâkimler listeye konulmuşlardı. Bu listede yer alıp da MSB emrine alınanlar dışında 16 Temmuz itibarıyla gözaltı kararları verildi. Dolayısıyla 16 Temmuz itibarıyla askeri hâkimlerin büyük çoğunluğu tasfiye edilmiş oldu.

Toplumda amiyane bir söz vardır; "karga b... yemeden" diye. Sözde darbe girişimi yeni başlamışken niye böyle bir görevlendirme listesi yayınlandı? Tüm askeri hâkimler de bu soruyu o gün itibarıyla sordular. Tabi işin içinde olanlar ve listeyi hazırlayanlar hariç. Neden böyle bir listenin yayınlandığı 2019 yılı itibarıyla ortaya çıktı. Listenin tam anlamıyla tasfiyeye yönelik bir nedenle yayınlandığı anlaşıldı. Zira böyle bir atama yapılmasaydı, askeri hâkim ve savcılar kısa sürede göz altına alınamayacaklardı. Belki de darbe girişimi yargılanmasına bu mahkemeler bakacaklardı ve olayın kumpas boyutunu ortaya çıkaracaklardı. O yüzden askeri hâkimlerin hemen tasfiye edilmesi planlanmış.

Nitekim bu süreçte darbe davalarını takip eden Müyesser Yıldız da esasında bu hususu tespit etti. Bu davaları takip etmesi ve bazı istenilmeyen hususlara çomak sokması üzerine, uyduruk bir gerekçeyle tutuklandı. Tahliye olduktan sonra davalarla ilgili verdiği röportajda; *"Askeri yargı olsaydı ve bu yargılamalar askeri mahkemelerde yapılmış olsaydı, bu kadar toptancı bir karar çıkmazdı"* dedi.[93] Esasında dolaylı olarak askeri hâkimlerin ertesi gün neden

---

93 *"Şimdi ana sorun şu: Bakın bu yargılamalarda askeri yargının neden devre dışı kaldığı şimdi fark ediliyor. Askeri yargı olsaydı ve bu yargılamalar askeri mahkemelerde yapılsaydı, bu kadar toptancı bir karar çıkmazdı. Şu dikkate alınmadı: Sivil mahkemeler, emir komuta, TSK'daki mutlak itaat kuralı hiçbir şekilde dikkate alınmadı. Buyrun, bugün general de ağırlaştırılmış müebbet hapis cezasına çarptırıldı, kursiyer*

gözaltına alındıklarını da ortaya koydu. Bunları anlattıktan sonra gelelim bu sıkıyönetim atama listelerinin kim tarafından ve nasıl oluşturulduğuna.

2. Sıkıyönetim Görevlendirme Listesi ve Albay Muharrem Köse

Türkiye'deki tüm askeri hâkim ve savcılar savunmalarında sıkıyönetim atama listesiyle ilgili olarak şunu savundular; "Benim bu listeden haberim yok", "Benimle bu liste konusunda hiç kimse konuşmadı", "Bana kimse böyle bir şey de sormadı", "Ben bu görevlendirmeden haberdar değilim" dediler. Bu savunmaların aksine savunma yapan da duymadım. Bu savunmaların aksini ortaya koyan bir delil de elde edilemedi.

Hatta şunu söyleyeyim; cezaevindeyken tutuklu olduğum sırada rahatsızlığım nedeniyle Numune Hastanesi'ne götürüldüm. Tutuklu koğuşunda muayene sırasını beklerken Albay Muharrem Köse'yi de oraya getirdiler. Bulunduğum yere koydular. Akşama kadar da beraber aynı tutuklu koğuşunda bulunduk. Onun parmağında bir problem vardı. Ben de hipofiz bezinde kist bulunması nedeniyle göz polikliniğinde muayene olacaktım. Beraber bulunurken kendisiyle sohbetimiz oldu. Erzincan'da birlikte çalışmıştık. Ailecek dosttuk. Ankara'ya geldikten sonra da dostluğumuz devam etti. Çocuklarımız aynı okulda okudular. Sohbetimizin sonuna doğru kendisine; "Muharrem ne oldu? Kim hazırladı bu listeleri" diye açık olarak sordum. "Vallahi bilgim yok" dedi. Devamla "O gün itibarıyla bir işim yoktu, çıkıp giderken yolda Kurtuluş Kaya'yı gördüm. 'Abi herhalde birkaç gözaltı işlemi var. Ben Genelkurmay

Başkanı'nın yanına doğru gidiyorum. İstersen sen de kal, belki Genelkurmay Başkanı size de danışabilir' dedi Kurtuluş. Ben de o nedenle Kurtuluş'un komuta katından geri dönmesini bekledim" dedi.

Muharrem Köse, 15 Temmuz'dan önce, özellikle kozmik büro aramaları gerekçe gösterilerek adli müşavirlikten alınıp Genelkurmay Hukuk İşleri Müdürlüğü diye başka bir göreve atanmıştı. Müdürlük odası Genelkurmay Mahkemesi'nin binasının yanındaydı. Kurtuluş Kaya, Genelkurmay Başkanının yanına giderken onun bulunduğu binanın önünden geçmesi gerekiyordu. Dolayısıyla söylediği şekilde yolda karşılaşma ihtimali doğal olan bir durumdu. Kendisinden de yardım istenmesi doğal bir durumdu. Kendisiyle birlikte çalıştığım için mesleki kapasitesini çok iyi bilenlerdenim. Onun kadar hukuk bilgisi iyi olan bir askeri hâkim görmedim.

Hatta şöyle bir olayı duydum: Adli müşavirlikten alınırken yerine Tuğgeneral Hayrettin Kaldırımcı Paşa'yı atamayı planlıyorlar. O sırada Genelkurmay İkinci Başkanı olan Yaşar Güler aynen şu ifadeyi kullanıyor; "Hayrettin Kaldırımcı Muharrem'in yerini doldurabilecek mi acaba?" Muharrem Köse'yi adli müşavirliği döneminde onlar da iyi tanımışlar. Müthiş bir hafızası vardı. Yaşadığı her olayı detaylarıyla hatırlardı. Sivas'ta Muharrem Köse'nin kâtipliğini yapan bir sivil memur Erzincan'a tayin olmuştu. Bana şunu anlatmıştı: "kalemde aynı anda 3 kâtibe 3 iddianameyi ayrı ayrı yazdırıyordu. Hata yaptığımızda hemen fark edip, bizi düzeltiyordu. Olayları bile karıştırmıyordu" dedi.

İşte böyle bir kapasitesi olduğu için, 'Genelkurmay Başkanı bir şey sorabilir' diye, kendisini 15 Temmuz akşamı bekletiyorlar.

Kendisi bu süreçte askeri yargının imamı olarak ilan edilmeye çalışıldı. Son ana kadar Cemaatle irtibatı olduğuna dair de bir bilgi ortaya çıkartılamadı.

Muharrem Köse anlatmıştı. Hulusi Akar bir gün kendisine

gülerek şunu söylüyor: "Muharrem buraya gelen herkes yalakalık yapıyor, ama sen hiçbir şey söylemiyorsun" diyor. Böylece kendisine hem dokunduran, hem de durumunu ortaya koyan bir beyanda bulunuyor. Çünkü hafıza ve kapasite normal insanlardan çok ileri olduğu için yalakalık gibi şeyler yapma gereği hiç duymamış. Muharrem Köse'nin çalışma tarzını gösteren bir olayı anlatayım. Balyoz soruşturmalarında hakkında gözaltı kararı bulunan Denizci Askeri Hâkim Yüzbaşı Doğan Uysal vardı. Genelkurmay Adli Müşavirliğinde görev yapıyordu. Balyoz davası sırasında yurt dışına firar etme gibi bir durumu olmuştu. Soruşturuldu; sonunda tersine dönen süreçte beraat etti. Genelkurmay Adli Müşavirliği'nde çalışmaya devam ediyordu. Adli Müşavir de Muharreme Köse'ydi. Muharrem Köse'yi ziyaretim sırasında mevzu olunca kendisine sordum; Doğan Uysal ile aran nasıl. Problem çıkıyor mu? Cevap şöyle oldu: "Ben kişinin yaptığı işe bakarım. Problem yok. Gayet iyi çalışıyor" dedi. O kişinin safahatını hiç göz önünde bulundurmadı. Birlikte çalışmaya devam etti. Ancak Doğan Uysal İzmir'e giderek Okan Bato'yla görüşenler arasındaydı. Muhtemelen Muharrem Köse aleyhine de ifade verdi.

Muharrem Köse ile çok samimi olduğum için ara ara yanına gidiyordum. Eski YARSAV başkanı Ömer Eminağaoğlu'nun eşi de Genelkurmay Adli Müşavirliği'nde avukat olarak görev yapıyordu. Bir ara kendisi ile konuşurken, bu kadın odaya girdi. Bir işi vardı. Onu sordu çıktı. Eşini tanıdığım için Muharrem Köse'ye "Uyumunuz nasıl?" diye sordum. Verdiği cevap netti: "İşini çok ciddi yapan, çalışkan bir insan. Hatta eşi nedeniyle kendisine de herhangi bir baskı yapılır düşüncesiyle, ona bu durumunu hissettirmemek için daha fazla dikkat ediyorum. Diğer arkadaşları da bu şekilde davranmaları hususunda zaman zaman uyarıyorum" dedi.

Tahliye olduktan sonra eşimle Muharrem Köse'nin ailesini ziyarete gittim. Başkalarının yaptığı gibi hapis yattık diye arkadaşımı satacak değildim. Kayınvalidesi vardı. Kanser hastasıydı. Ancak hastalığının ne olduğunu kendisine söylememişlerdi. Aile, teyzenin kendi hastalığını bilmediğini zannediyordu. Ancak vefatından sonra öğrendik ki, hastalığını biliyormuş, bildiğini de ailesi üzülür diye söylemiyormuş. Tek başına Samsun'da bulunurken muayene olduğu sırada doktor kendisine açık olarak hastalığını söylemiş. Doktorla konuşmasını da kimseye anlatmamış.

Bu teyze bana, "Oğlum, Muharrem ne zaman çıkacak?" diye sordu. Ben de kader inancı ile kendisine, "Teyze bilemiyorum, üzerine çok yükleniyorlar ama Allah'ın izniyle kısa sürede çıkar" gibi teselli edici mahiyette cevaplar verdim. Arkasından "Üzülme, kendisini içerdeyken gördüm, sıhhati gayet iyi, sağlam bir insan" diye teselli etmeye çalıştım.

Daha sonra bu teyze vefat etti. Kızı Hatice Hanım Merzifon'daydı. Muharrem Köse'nin çocuklarını da alarak Ankara'dan Merzifon'a cenazeye katılmaya gittik. Askeri hâkim olarak beş altı kişi vardık. Köyüne gittik. İlk kez köyünü görüyordum. Akrabaları bizleri uzaktan takip ediyorlardı. Bir şeyler sormak istiyorlar ama sormaya da çekiniyorlardı. Bize meraklı gözlerle bakıyorlardı. Yıkama işleri hariç cenaze defin işlemlerinde tüm aşamalarda bulunduk. Mezarlığa gittik. Gördüğüm kadarıyla akrabalarının hemen hemen tamamı Nakşibendi tarikatı üyesiydi. Dua yapma şekillerinden, hal ve hareketlerinden anlaşılıyordu.

Eşim, Hatice hanımı yalnız bırakmak istemedi. Bir gün Merzifon'da kaldık. Biraz samimiyet ilerleyince, geç saatlerde akrabalarından sorular gelmeye başladı. Bir arkadaşımla beraber, bizde yaşanan olayları anlatmaya başladık. Muharrem Köse'nin durumunu anlattıkça soruların sayısı arttı. En son şunu söylediler: "Ya biz de zannediyorduk ki bu işin içerisindeymiş." Muharrem Köse'nin çocukluk arkadaşlarından biri, Muharrem'le ilgili anılarını da anlattı. Orada şunu gördük; yandaş medyanın haberleri ile toplum üzerinde çok büyük bir yanlış algı oluşturulmuş.

Bu konuda başka bir hususu daha anlatmak istiyorum. Muharrem Köse tutuklanınca anne babası uzun süre ziyaretine gitmemiş. Anne ve babasını da tanıyordum. Erzincan'da görev yaparken geliyorlardı. Biz de 'hoş geldin' demeye gidiyorduk. Aynı zamanda eve çağırıp ağırlıyorduk. Muharrem'i ziyaret etmediklerini duyunca çok üzüldüm. O sırada cezaevindeydim. Daha sonra babası vefat etti. Merzifon'da cenaze için bulunurken ikinci gün Muharrem'in annesi yanımıza geldi. Bizlere oğlunun arkadaşı olmamız nedeniyle sarıldı. Ama içimde kendisine karşı bir kırıklık oluşmuştu. Sonra öğrendim ki, eşinin vefatından sonra ilk görüşte cezaevine Muharrem'i ziyaretine gitmiş. Son zamanlarda izlemiş olduğum "Babam ve Oğlum" filmindeki bir sahne aklıma geldi. Kadının yataktan doğrularak duvardaki Kur'an'a el basıp, oğlunu görmesine engel olmaya çalışan kocasına muhteşem bir serzenişi vardı. Muharrem'in annesini görünce o sahneyi hatırladım ister istemez. Keşke kocasını dinlemeyen o kadın gibi yapsaydı diye aklımdan geçirdim.

Bu anılardan sonra konuya dönelim; Muharrem'in ailevi durumu nedeniyle arşiv araştırması sonrasında düzenlenen tutanakta; ailesinin tarikat üyesi olduğu yazılıymış. Fakat Mehmet Yüzbaşıoğlu, Ankara 25. Ağır Ceza Mahkemesi'ne gönderdiği yazıda, algı oluşturmak için Cemaat üyesi demiş. Duruşmalarda kendisine ısrarla hangi tarikat üyesi olduğu sorulunca, doğruyu söylemek zorunda kalmış.

Savcılıkta ifadem alınırken savcı bana, "Muharrem Köse ile irtibatın nedir?" diye sordu. Ben de anlattım. Öyle bir hal almıştı ki, Muharrem Köse ile irtibatı olan bir şekilde hedefe konuluyordu. Bu kumpasın en büyük zararını görenlerden birisiydi. Üzerine en fazla yüklenildiği davalardan olan "Kozmik Oda Davası"ndan ise beraat etti.

Ancak, darbe suçu isnadıyla yargılandığı davada, olaylara dâhil olmadığı ve listeyi hazırladığına dair hiçbir kanıt olmadığı halde, "listeyi hazırladığı" gerekçesiyle ağırlaştırılmış müebbet hapse mahkûm edildi. Bu kararı veren hâkimler de çok iyi biliyordu onun bu işlerle ilgisinin olmadığını. Onun duruşmalarına katılan avukatlardan zaman zaman dinliyordum. Dosyayı yürüten hâkimler bile bazı durumlarda Muharrem Köse'ye olayın gerçeğini soruyorlarmış. Mevzular hakkında bilgisi olmayanlar bir şeye takılınca ona soruyorlarmış. Yani kısaca Muharrem Köse duruşmada bile Adli Müşavirlik yapmaya devam etmiş.

Duruşmaya katılan herkes de hemen hemen bunun farkına varmış. Avukatlar olayı anlamışlar. Ama anlamayan, daha doğrusu anlamak istemeyen hâkimlermiş. Muhtemelen onlar da celse arası ne karar vereceklerini Saray'ı arayıp bir danışmana sordular. Ya da karar, önceden kendilerine ulaştırıldı.

3. Albay Mehmet Yüzbaşıoğlu ve Fişleme Listesi

Albay Mehmet Yüzbaşıoğlu ilk tanışmanın nasıl olduğunu anlattım. Doğu Perinçek yanlısı olduğunu gizlemiyordu. Genelkurmay Mahkemesine atandıktan sonra birlikte uzun süre görev yaptık. Kıdemli Hâkim Ali Rıza Bildik emekli olunca, kıdemli hâkim olarak görev yaptı Yüzbaşıoğlu. O kıdemli hâkimken AYİM'e üye seçildim. Kendisi ile diyaloğum orada da devam etti. Şen şakrak bir insan profili çiziyordu. 15 Temmuz'a kadar da herhangi bir sürtüşmemiz olmadı. 15 Temmuz'dan sonra ise birçok kişiden şikâyetçi olmuş. Savcı, benimle ilgili düzenlenen iddianameye, bu kişinin de ismini şikâyetçi olarak yazmış. Yüzbaşıoğlu benim davaya katılmak için bir de katılma dilekçesi verdi.

Bu kişinin bir özelliği daha vardı. Genelkurmay Askeri Mahkemesi'ne atanmadan önce de birçok kez soruşturma geçirmiş. Trakya bölgesinde görev yaparken, avukat olan eşine dava yönlendirme iddiasıyla hakkında müfettiş görevlendirilmiş.

15 Temmuz'dan sonra ise Genelkurmay Askeri Savcısı olarak atandı. Cezaevindeyken gazetelerden takip ediyordum. Askeri

hâkimlerin kıdemlilerinin bulunduğu dava açıldıktan sonra, bunun da tanık olarak dinlenmesi gündeme gelmiş. O davada tanık olarak dinlendi.

Davayı takip eden avukatların anlatımına göre; Mehmet Yüzbaşıoğlu'na, "Yüzden fazla askeri hâkimi neye dayanarak attınız?" diye soruyorlar. Bu soruya makul bir cevap veremiyor. "Haklarında 60 küsur klasörlük delil var" gibi bir cevap veriyor. Avukatların ısrarlı talepleri üzerine bu dosyalar mahkemeye getiriliyor.

Mehmet Yüzbaşıoğlu'nun tanıklığı bitince duruşması sırasında, eski bir askeri hâkim olan ve davada avukatlık yapan bir avukat, Mehmet Yüzbaşıoğlu'na aynen şunları söylüyor: "Burada sanık olarak bulunan kişiler sizden daha masum." Tutanaklara da geçiyor bu sözler. Bu avukat da bildiğim kadarıyla ilk başlarda sözde darbe girişiminde Muharrem Köse'nin fonksiyonu olduğuna inananlardandı. Ama duruşmalar ilerledikçe bu görüşlerinden vazgeçiyor.

Avukatlığımı yapan Muhammet Akçay da başlangıçta farklı fikirdeydi. "Darbe başladıktan sonra diğer gruplar geri çekiliyor, sonra cemaatçiler ortada kalıyor" diyordu. Yaklaşık iki sene boyunca duruşmaları takip ettikten sonra, "Hâkim bey, bu iş tamamen kumpas. Muharrem Köse'nin hiçbir suçu yok, bu adam masum" dedi. Avukatım Muhammet Akçay aynı zamanda askeri hâkimlerle ilgili bu büyük davaya da katılıyordu. İki müvekkili de orada vardı.

Büyük dosyanın yargılaması biterken davaya katılan tüm avukatlar da aynı kanaate varıyorlar. Ama mahkeme heyetinin fikri değişmiyor. 14 Aralık 2020 tarihi itibarıyla tam bu satırları yazarken twitterda bir haber ve ses kaydı dolaşıma girdi. Sincan'daki duruşma salonunda mikrofon açık kalınca mahkeme heyetindeki üyelerden biri, "Başkan, Saraydan arayan Cumhurbaşkanı danışmanı ile görüşüyor" dedi. Bunlara hâkim denir mi? Başka yerlerde alınmış kararları uygulayan emir erlerine hâkim denir mi?

Konuya devam edelim. Mahkeme, askeri hâkimleri TSK'dan

ihraç eden MSB Komisyonundan dosyaları istemeye karar veri-
yor. Ancak uzun süre dosyalar gönderilmiyor. En sonunda, başta
60 adet klasör denirken sadece 3 klasör gönderiliyor.
Klasörler mahkemenin kalemine alınıyor. Avukatlar kalemdeki memurla-
rın gözetiminde dosyaları incelemeye başlıyorlar. Suretlerini alı-
yorlar. İlginç bir olay yaşanıyor. Çok becerikli olmayan Mehmet
Yüzbaşıoğlu ve ekibinin hazırladığı 3 klasör evrak içerisine bir de
liste çıkıyor.[94] Avukatlar bu listeyi incelemeye başlıyorlar. Liste
TSK'daki askeri hâkimlerin paralel yapılanmasına ilişkin bir liste.
Listedeki ifadeler ise sıkıyönetim görevlendirme listesine[95] çok
benziyor.

Bir anda avukatlar bu listeye dikkat kesiliyorlar. Sonra bakı-
yorlar ki darbecilerin yayınladığı iddia edilen listedeki yanlışlık-
lar ile bu listedeki yanlışlıklar aynı. Hatta kısaltmalardaki hatalarla,
Mehmet Yüzbaşıoğlu'nun göndermiş olduğu listedeki kısaltma-
lardaki hatalar da aynı[96]. Normal şartlarda böyle bir şeyin olması

---

94 Belge 17: Askeri hâkimler fişleme listesi
95 Belge 18: Sıkıyönetim mahkemeleri görevlendirme listesi
96 AİHM'e ek dilekçe mahiyetinde bir dilekçe hazırladım. Orada bu listeyle ilgili şöyle tespitler yazdım:

"...c. İki Listede Yapılan Hataların Aynı Olması

aa. Hâkim Üsteğmen Tuba Özkan'ın Görev Yerinin Aynı Gösterilmesi

Hâkim Üsteğmen Tuba Özkan 2015 yılı atama kararnamesi ile Diyarbakır 7. Kolordu Komutanlığı askeri mah-
keme hâkimi olarak atanmıştır. 7 Haziran 2016 tarihinde kuvvet değiştirip Kara Kuvvetleri Komutanlığından
Hava Kuvvetleri Komutanlığı'na geçmiştir. Diyarbakır'da Kara Kuvvetleri Komutanlığı'na ve Hava Kuvvetleri
Komutanlığı'na bağlı iki askeri mahkeme bulunmaktadır.

Ancak Hâkim Üsteğmen Tuba Özkan, evlenme nedeniyle 7 Haziran 2016 tarihinde kuvvet değiştirip Hava
Kuvvetleri Komutanlığı'na geçtiği halde, fişleme listesinin 191. sırasında ve sıkıyönetim mahkemeleri görev-
lendirme listesinin 104. sırasında görev yeri; 7. Kolordu Komutanlığı askeri mahkemesi olarak gösterilmiştir.
Bu hata; fişleme listesini yapanların görevlendirme listesini hazırladıklarını göstermektedir.

bb. Yüzbaşı Rütbesine Yükseltilenlerin Üsteğmen Gösterilmesi

Erhan Alp ve Mustafa Kayaalp, 30 Ağustos 2015 tarihinde yüzbaşı rütbesine yükselmişlerdir.

Ancak, 30 Ağustos 2015 tarihinde yüzbaşı rütbesinde yükselen bu iki askeri hâkimin rütbeleri, her iki lis-
tede hatalı olarak üsteğmen olarak gösterilmiştir. Bu hata da sıkıyönetim mahkemeleri görevlendirme lis-
tesini, fişleme listesini yapanların hazırladığını göstermektedir.

cc. Rütbe Yanlışlıklarının Olması

Mevzuat gereği Deniz Kuvvetleri Komutanlığı mensubu askeri hâkimlerin rütbelerinin "as. hak." şeklinde
kısaltılarak yazılması gerekmektedir. Ancak fişleme listesinde Deniz Kuvvetleri Komutanlığı mensubu
askeri hâkimlerin rütbeleri "as. hak." yerine hatalı olarak "Dz. Hakim" şeklinde yazılmıştır. Aynı hata sıkıyö-

müm   kün değil. Hataların aynılığı şunu ortaya koyuyor; Askeri hâkimleri atan Komisyonun elinde olan dosyadaki fişleme listesini hazırlayanlar ile 15 Temmuz'da yayınlanan görevlendirme listesini hazırlayan kişi veya kişiler aynı.

MSB'deki Komisyon; Bakan, Mehmet Yüzbaşıoğlu ve Taner Güçlü'den oluşuyordu. Emirleri yayınladığı iddia edilen Tuğgeneral Mehmet Partigöç ve Kurmay Albay Cemil Turan, "Bu listeleri biz yayınlamadık" diye savunma yapmışlar. Onların yargılandığı dosyada emirleri kimin yayınladığı teknik olarak da tam anlamıyla ortaya konulmamış. Bu konudaki araştırma talepleri, mahkeme tarafından reddedilmiş.

Belirttiğim gibi tutuklu tüm askeri hâkimler savunmalarında

---

netim mahkemeleri görevlendirme listesinde de yer almaktadır. Bu hata, sıkıyönetim mahkemeleri görevlendirme listesini, fişleme listesini yapanların hazırladığını göstermektedir.

çç. Muharrem Köse'nin Atama Şeklinin İlk Sırada Gösterilmesi

Muharrem Köse 3 Mart 2016 tarihinde Genelkurmay Başkanı Hulusi Akar'ın görevlendirmesiyle Genelkurmay Hukuk Müşaviri olmuştur. Daha sonra 14 Nisan 2016 tarihli üçlü kararname ile de Genelkurmay Hukuk Müşaviri olarak atanmıştır.

Ancak Muharrem Köse'den daha kıdemli birçok personel ismi bulunmasına rağmen fişleme listesinin 1. sırasına Köse'nin ismi yazılmıştır. Yine sıkıyönetim mahkemeleri görevlendirme listesine de Muharrem Köse'den kıdemli birçok personel yer almasına rağmen, 1. sırasına Muharrem Köse'nin ismi yazılmıştır. Halbuki TSK'daki teamül gereği en kıdemli personelden başlanarak listelerin hazırlanması gerekir. İki listede bu teamüle aykırı olarak hazırlanmıştır. Listelerdeki bu teamüle aykırı durum, sıkıyönetim mahkemeleri görevlendirme listesini, fişleme listesini hazırlayanların yaptığını göstermektedir.

Diğer yandan 15 Temmuz 2016 günü yayınlanan sıkıyönetim ilanı direktifinin eklerinde Genelkurmay adli müşavirinin kim olduğu konusunda çelişkiler bulunmaktadır. Ancak 15 Temmuz gecesinden itibaren Muharrem Köse'nin Genelkurmay adli müşaviri olarak görevlendirildiği belirtilmiştir. Israrla darbenin planlayıcısı olduğu iddia edilmiştir. 15 Temmuz sonrası adli idari işlemlerin tümünde ismi liste başı yapılmıştır. Bu yönlendirmelerin de fişleme listesini hazırlayanlarca yapıldığı anlaşılmaktadır.

dd. Sicil ve İsimlerde Yapılan Yanlışlıkların Aynı Olması

Türk Silahlı Kuvvetleri mevzuatı gereği, TSK Personeli tarafından hazırlanan listelerde; askeri hâkimlerin sicil numaraları yazılmaktadır. Ancak fişleme listesinde ve sıkıyönetim mahkemeleri görevlendirme listesinde askeri hâkimlerin sicil numaralarının yazılmadığı görülmektedir. İki listede böyle bir yanlışlığın yapılması, sıkıyönetim mahkemeleri görevlendirme listesini, fişleme listesini yapanların hazırladığını göstermektedir.

Diğer yandan, Türk Silahlı Kuvvetleri mevzuatı gereği; TSK personeli tarafından askeri hâkimler hakkında hazırlanan listelerde; anayasal konumları ve rütbe ve kıdemleri gereği Askeri Yargıtay ve AYİM başkan ve üyelerinin isimleri ilk başta yer alması gerekmektedir. Ancak her iki listede Askeri Yargıtay ve AYİM üyelerinin isimleri listelerin başında yer almamıştır. Her iki listede bu hatanın yapılması; sıkıyönetim mahkemeleri görevlendirme listesinin, fişleme listesini yapanlar tarafından hazırlandığını göstermektedir. ..."

bu listeden haberdar olmadıklarını ifade ettiler. Duruşmadaki tüm avukatlar yapılan savunmaların doğruluğuna bizzat tanık oldular. Bu listeyi ilk kez 2019 yılında avukatımdan öğrendim ve çok şaşırdım. Avukatımdan bu listeyi getirmesini istedim.

Listelerle ilgili olarak, hem avukatlar hem de sanıklar, özellikle Muharrem Köse sunum şeklinde savunma yaparak, iki listenin aynı kişi veya kişilerce hazırlandığını ortaya koymuş. Ancak mahkeme kararı değişmedi. Zira mahkeme bu savunmayı kabul ederse, o gün yayınlanan diğer sıkıyönetim emirleri de çöpe gitmiş olacaktı. İddia edilen darbenin temeli çökecekti. Ortada darbe olmadığı, Tayyip Erdoğan, Doğu Perinçek ve Hakan Fidan üçlüsünün ekiplerinin önceden hazırladığı tuzak bir plan olduğu ortaya çıkacaktı.

Ancak yapılan kumpas plana göre darbenin askeri yargı ayağının başı Muharrem Köse olması gerekiyordu. Bu kurgunun bozulmaması gerekiyordu. Mahkemeler de bu kurguyu bozacak hiçbir araştırmaya girmediler. Hâkimlerse kararlarının gerekçesine, duruşmada ortaya çıkan bu fişleme listesini yazmamışlar.

Sonuç olarak ifade etmek gerekirse; kumpasın en büyük delillerinden biri de bu fişleme listesidir. 16 Temmuz günü Türkiye'deki askeri hâkimlerin çoğu o listeye dayalı hazırlanan sıkıyönetim mahkemeleri görevlendirme listesiyle gözaltına alındılar. Sonra tutuklandılar. Kısaca görevlendirme listesinin darbe girişiminde bulunduğu iddia edilen kişiler tarafından değil; Mehmet Yüzbaşıoğlu ve ekibi tarafından hazırlanan bir evrak olduğu ortaya çıktı.

İleride bu mevzuda da itirafların ortaya çıkacağını düşünüyorum. Çünkü Mehmet Yüzbaşıoğlu belirttiğim gibi cesaretli bir insan değildir. Yeri ve zamanı geldiğinde, yaptıkları hukuksuzları kabul edecektir.

Mehmet Yüzbaşıoğlu'nun Mustafa Dönmez dosyasına bakmaya başladıktan sonra kendisine gelen hatalı bir telefon üzerine nasıl tepki verdiğini anlattım. Bir telefondan balans ayarı bozulan bir kişinin, 15 Temmuz günü geceleyin sağı solu gezip durması, uçaklar havada uçarken kapı kapı dolaşıp, darbeyle ilgili direniş göstermeye çalışması, karakteriyle uyumlu değildi. Bu durum tek bir gerçekle açıklanabilir: Kurgunun ve kumpasın içinde olması nedeniyle, olayların nereye gideceğini biliyordu! Yüzbaşıoğlu ile ilgili yaşadığım bir başka olayı anlatmadan geçemeyeceğim. Hıfzı Paşa, Adli Müşavir'di. Mehmet Yüzbaşıoğlu'nu da Genelkurmay Mahkemesine aldıran kişiydi. Hıfzı Paşa'nın çalışma tarzını beğenmemiş olacak ki görev yaparken askeri terbiye ve ahlaka da yakışmayacak şekilde Hıfzı Paşa'dan bahsederken "Hıfzı" deyip duruyordu. Dikkatimi çekiyordu. Hatta bir gün Mehmet Yüzbaşıoğlu'nun yanına gittiğimde yine bu şekilde konuşunca, "Hıfzı Paşa'nın yanında ona nasıl hitap ediyorsun?" dedim. Ne demek istediğimi anladı. Gülen yüzü kısık bir gülümseme ile farklı bir şekle büründü.

Mehmet Yüzbaşıoğlu gibi insanların, Hıfzı Çubuklu Paşa'dan beklentileri, hukuk dışına çıkarak iş yapmasıydı. Hıfzı Paşa öyle bir çizgiye yanaşmayınca tepki vermeye başladılar. Belirttiğim gibi, Hıfzı Paşa hiçbir zaman çizgisini bozmamış, hukuk zemininde yürümüş vicdan sahibi bir insandı. Şu anda da yine onun rahatlığıyla hayatına devam ediyor. Mehmet Yüzbaşıoğlu ve Ahmet Zeki Üçok gibi insanlarsa hiçbir zaman o rahatlığı bulamayacaklar.

4. Ahmet Zeki Üçok

Askeri hâkimlerden bahsedip de Ahmet Zeki Üçok'tan bahsetmemek olmazdı. Ondan bahsetmezsek konu muhakkak eksik kalırdı. Birçok olayına şahit olduğum için ona değinmeden geçemeyeceğim. Askeri hâkim olan Ahmet Zeki Üçok 15 Temmuz'dan önce emekli oldu. Ancak 15 Temmuz sonrasında tekrar sahneye çıktı. Aranılan insanlardan oldu. Bir anda popülaritesi yükseldi. Genelkurmay Mahkemesi'nde askeri hâkim olarak görev yaparken, Hava Kuvvetleri Askeri Savcısı olarak görevliydi. Yaptıkları soruşturmalarda yapılan itirazlar sonrasında dosya bizim mahkemeye geliyordu. Gelen bu dosyalarından, Ahmet Zeki Üçok'un mesleki çapını görebiliyorduk. Kendisi ile ilgili çok şey söyleniyordu. Evvela kıta subaylığından askeri hâkimliğe geçmesi zamanında sıkıntılar yaşandığı anlatılıyordu. Nüfuz kullanarak askeri hâkimliğe geçtiği iddiaları vardı.

Görev yaptığı sırada, Hava Kuvvetleri Askeri Savcılığında çok sayıda askerlikten kurtulmak için hile yapmak suçuyla ilgili dosya vardı. Çok sanıklı olmasına rağmen bu tür dosyalar hâkimlik literatüründe basit dosya olarak nitelendirilirdi. Zira askerlik şubelerine sunulmuş bir sahte rapor olurdu. O raporun sahteliği de genelde bir ihbarla ortaya çıkardı. Soruşturma başlayınca fail hastaneye sevk edilerek rapor aldırılırdı. Sunulan raporun sahte olduğu tespit edilince failler hakkında kısa bir iddianame yazılarak dava açılırdı.

Ahmet Zeki Üçok bu mahiyetteki dosyaları çok büyüttü. Ellerinde son bir dosyaları vardı. İtiraz üzerine bu dosya her seferinde daha kabarık geliyordu. Dosyanın hacminin büyümesi nedeniyle sonunda, yalnız ilgili klasörleri göndermeye başladılar. Biz de dosyanın geçmişini bildiğimiz için dosyanın tamamını istemiyorduk. Sonunda bu dosyada davayı açtılar. Ama askeri yargıda görülmemiş bir olay yaşandı. Daha doğrusu yargı tarihinde muhtemelen görülmemiş bir olay yaşandı. Üçok, bu dosyanın davasını açtıktan sonra, tüm kuvvet komutanlarına, yargı başkanlarına, kıdemli hâkimlere ve bazı köşe yazarlarına yazılı davetiye göndererek dosyayı bitirmenin şerefine kokteyl verdi.

Bunu duyunca çok güldüm. Hatta arkadaşlar arasında espri konusu oldu. "O kadar dosya bitirdik, biz niye bunu düşünemedik?" diye aramızda espri yapmaya başladık. Bildiğim kadarıyla birçok kuvvet komutanı kokteyle gitmedi. Birkaçı da adli müşavirlerine "Böyle bir uygulama var mı?" diye sormuş. O tarihteki Hava Kuvvetleri Komutanı ise herhalde kendi personeli olduğu için "Gitmesek ayıp olur" düşüncesiyle gitti. Ayrıca birkaç yargı başkanı gitti. Bu konuyu meşhur bir köşe yazarı köşesine taşıdı. Ahmet Zeki Üçok'u öven bir makale yazdı. Bu olay, Ahmet Zeki Üçok'un karakterini ortaya koyuyordu. Ama sonra öğrendik ki, onuruna kokteyl verdiği dosyanın iddianamesini bile kendi yazmamış. Üniversitede öğretim üyesi olup asteğmen olarak görev yapan bir askere yazdırmışlar. Bu bilgiyi o sırada Hava Kuvvetleri Askeri Savcılığında görev yapan bir sivil memur, diğer memurlara anlatmış. Biz de bu şekilde öğrendik.

Başka bir olayını anlatayım. Ahmet Zeki Üçok, Nurettin Demirtaş hakkında askerlikten kurtulmak için hile yapmak suçundan soruşturma yapıyordu. Nurettin Demirtaş, Selahattin Demirtaş'ın abisi, aynı zamanda o zaman parti başkanıydı. Nurettin Demirtaş, isnat edilen suçtan tutuklandı. Dosya ayda bir itiraz incelemesi için bize geliyordu. Nurettin Demirtaş'ın tutuklu kaldığı süre, isnat edilen suçun alt sınırından verilecek cezayı karşılamak üzereydi; bir ay kadar kalmıştı. Hava Kuvvetleri Komutanlığı Askeri Mahkemesi hâkimleri Demirtaş'ı tahliye etmeyi planlıyordu. Ama onlara baskı yapılıyordu. Baskıyı yapan da Ahmet Zeki Üçok'tu. "Siz tahliye etmeyin, itiraz üzerine Genelkurmay Mahkemesi tahliye etsin, pis iş onların üzerine kalsın" diyormuş. Bu bilgi o dönem bizim kulağımıza da geldi.

O sıralarda bir ara Hıfzı Çubuklu Paşa'nın yanına gittim; sohbet ediyorduk. Mevzu bu dosyaya geldi. Belirttiğim gibi Kanun gereği bizden davalarla ilgili bilgi alma hakkı vardı. Bu dosya gündeme gelince, dedim ki "Siz de hâkimlik yaptınız biliyorsunuz, bu suçun cezası bir yıl, alt sınırdan ceza verilmesi halinde yatması gereken sürenin dolmasına bir ay kaldı. Tekrar dosya gelirse, bizim yapacağımız iş belli, vereceğimiz karar belli artık. Ama Hava Kuvvetleri Mahkemesi tahliye etmesi gerekirken etmiyormuş; topu bize atıyormuş" dedim. Bir ay sonra dosya gelmedi.

Ahmet Zeki Üçok'un bir de Kayseri olayı vardı. Kayseri Hava Üssündeki bir evrak basına sızmıştı. Evrakın sızmasıyla ilgili olarak soruşturma yürütüyordu. Bu dosyada da bir takım sıkıntılar vardı. Usulüne uygun soruşturma yapılmıyordu. En basitinden bir tanesini söyleyeyim; şüphelinin ifadesini alırken Kayseri Barosu'ndan avukat çağırmaları gerekirken, Ankara Barosu'na bağlı bir avukatı çağırıyorlardı. İşin ilginç tarafı, Ankara Barosu'ndan giden avukat da eski askeri hâkimdi ve Ahmet Zeki Üçok ile iyi tanışıyordu. Tutanağın girişine, "Bu sırada başka bir iş nedeniyle Kayseri'de bulunan..." diye yazmışlardı. Her nedense, soruşturulan şüpheli de Ahmet Zeki Üçok'un görevlendirdiği adamı avukat olarak kabul etmiş görünüyordu. İşimizin büyük çoğunluğu Üçok'un yaptığı hataları düzeltmekle geçiyordu.

Hukuka aykırı yaptıkları soruşturmalarla ilgili itirazlar sonrasında, 'itirazların kabulü kararı'nı verince, hatalarını görmeyip hakkımızda algı oluşturmaya başladılar. Dedikodu yapmaya koyuldular.

Kayseri olayı ile ilgili olarak dava açması gerekiyordu. Ama davayı açmıyordu. Hatta iddianameyi hazırlamak için izin almış, Antalya'ya gitmiş. Hıfzı Paşa bana bu dosyayı sordu. O sıralarda tutuklu astsubayların tahliye zamanları gelmişti. Yani yatmaları gereken asgari süreyi tamamlamışlardı. Mevzu bu dosya olunca Hıfzı Paşa telefonda kendisini aradı. "İddianameyi yazdın mı Zeki?" diye sordu. O da anladığım kadarıyla oyalayıcı bir cevap verdi. Antalya'da iddianameyi yazmak üzere olduğunu söyledi. Tabi bir otele çekilerek iddianame yazma işi de hayatın olağan akışına uygun değildi. Hakkındaki dinleme tapeleri gündeme düşünce, Antalya'ya esasında niçin gittiğini öğrenmiş olduk. Hatırlanması açısından yalnızca "Bamya" diyeyim, gerisi kendisinin özel hayatıdır.

Görevdeyken bir duruşmada yaşanan olayı anlatayım. Genelkurmay Mahkemesi'nde görev yaparken bir gün Hıfzı Paşa beni çağırdı. Bana dedi ki; "Senin hâkimliğine güveniyorum, şimdi bizim hâkimlerimiz ile ilgili bazı dosyalar var, basında gündeme geliyorlar. Ahmet Zeki Üçok'un da rüşvet aldığı iddiası var. Bununla ilgili elimizde telefon dinleme kayıtları var. Bunları bir inceleyip bana durumu bildirebilir misin?" dedi. Kısaca benden nezaketle bu dosya bakmamı istedi.

Ben de verdiği evrakı aldım. İki gün telefon kayıtlarını inceledim. Şemalar yaptım. Hatırladığım kadarıyla bir binbaşı ile bir astsubay; gözlerine kestirdikleri askerleri izne gönderirken izin karşılığı para alıyorlardı. Ayrıca bazı durumlarda Ahmet Zeki Üçok'u arayarak ondan da fiyatı soruyorlardı. Hatta Ahmet Zeki Üçok, bazı meblağları düşük buluyor. "İşi yapmayın" diyordu. Hatta "Bizim kucağımıza oturacak" gibi beyanları da vardı. Bu beyan da size bir şeyler hatırlatmıştır. Tabi bunları tespit etmek kolay değildi. Kişilerin telefon kayıtlarını karşılaştırmak suretiyle inceliyordum. Daha önce bakmış olduğum davalar nedeniyle de bu konularda pratiğim vardı. Olayı çabuk çözebiliyordum. Ses kaydı tapelerinden para trafiğini çözdüm. Notlarımı aldım. Sonra Hıfzı Paşa'nın yanına gittim. Karşılıklı oturduk. Aldığım notlardan dosyadaki vakayı anlattım. Tabi ilgili konuşmaları kayıtlardan okuyarak anlattım. İlgili yerlere de postit kağıdı yapıştırmıştım. Hiç unutmuyorum; anlatmam bitince Hıfzı Paşa; "O zaman bu savcılar niye Zeki'ye suçüstü yapmamışlar" dedi. Ben de "Anladığım kadarıyla savcılar para trafiğini daha çözememişler" dedim. Takip ettiğim kadarıyla sonradan da hiç çözemediler.

Hıfzı Çubuklu Paşa'ya bu olayı anlatmak için tuttuğum notlar, tutuklandıktan sonra AYİM'deki odamda bulundu.[97] Hâkimlerin duruşmadaki tavırlarından anladığım kadarıyla, bu notlardan dolayı üzerime yüklenmeye karar vermişler. Duruşmada bu notları sordular. Nedenini detaylı anlattım. Aleyhime delil olarak kullanmak için Hıfzı Paşayı duruşmaya tanık olarak çağırdılar[98]. Ancak Hıfzı Paşa bu olayı, burada anlattığım şekliyle duruşmada aynen anlattı. Muhafazakâr ve dindar gibi görünen, karakter yoksunu bazı AYİM üyeleri gibi kıvırmadı. Kendisine karşı saygım daha fazla arttı.

---

97 Belge 19: Çalışma odasının aranması sırasında bulunan el yazılı metin

98 Talebim olan tanıklardan hiç kimseyi çağırmadılar. Ancak Hıfzı paşa ile ilgili bir talebim olmamasına rağmen çağırdılar. Hıfzı Paşa ise Ergenekon soruşturmasında uzun süre tutuklu kalmıştı.

Görüldüğü üzere, Ahmet Zeki Üçok askerlerden, fazladan izine gönderme karşılığında para almaya kadar düşmüş birisidir. Yine bu kişi, Aziz Yıldırım ile ilgili dosyada görevi olmadığı halde soruşturma yapmaya kalkıyordu. Para noktasında bu kadar zaafı olan bu kişi daha sonra Saray'a danışman olarak atandı. 60 bin lira civarında maaş aldığı söylendi. Yine bu kişi ile ilgili şunlar konuşuluyordu: Eşi çalışmamasına rağmen, şarabın en kalitesini içermiş, çok pahalı lüks markalar kullanırmış. Geliriyle orantılı olmayan lüks bir hayat yaşarmış. O sıralarda ben de eşi çalışmayan biriydim. İçki içmiyordum. Marka takıntım da yoktu ama Allaha şükür maaşımı ucu ucuna yetiştiriyordum. "Nasıl yetiştiriyor?" diye Ahmet Zeki Üçok'un yaşantısına hayret ediyordum.

Bu satırları yazarken İstanbul Cumhuriyet Başsavcısı'nın olayları gündeme oturdu. Bir bayanla ilişkisi olduğu, o ilişkisi nedeniyle eşiyle boşanmak üzere olduğu yazıldı, söylendi. Ancak O da olayı Cemaate bağladı. Ama bu olayı ilk yazan kişinin Ahmet Şık olduğu ortaya çıktı. Şık kaynak olarak adliyedeki memurları gösterdi. Savcının eşi şikâyet etmeseydi, İstanbul Başsavcısı aynı zamanda saygın bir AYM üyesi de olacaktı! Tabi ortaya çıkanlar muhtemelen ne Yargıtay'ı ne de Tayyip Erdoğan'ı kesecek. İrfan Fidan hem AYM'ye üye olarak atanacak, hem de ilk seçimde Başkan seçilecek[99] diye konuşuluyor.

Ahmet Zeki Üçok ile ilgili şunu da ekleyeyim: Üçok çevresine devamlı "Çetin Doğan benim dayım olur" diyordu. Acaba gerçekten dayısı mı? Yoksa onun ismini kullanmak suretiyle pirim mi yapıyor, bunu da bir türlü anlayamadık.

5. Mehmet Çelik

"Bana arkadaşını söyle, sana kim olduğunu söyleyeyim" diye güzel bir atasözümüz vardır. Aynen öyledir. Günümüzde bu atasözü

---

99 Bu satırları 02.01.2021 tarihinde yazdım.

daha büyük anlam ifade ediyor. Havacı Askeri Hâkim olan Mehmet Çelik'den bahsetmemin sebebi Ahmet Zeki Üçok'dur. Diğer bir ata sözümüz, "Kılavuzu karga olanın burnu b....çıkmaz." Bu atasözü sanki Mehmet Çelik için söylenmiş. Mehmet Çelik'in kılavuzu Ahmet Zeki Üçok'tu. "Mehmet Çelik için arkadaş kurbanı oldu" desek yanlış bir cümle kurmuş olmayız.

Mehmet Çelik, Hava Kuvvetleri Komutanlığı Askeri Savcılığında yardımcı askeri savcı olarak görev yapıyordu. Ahmet Zeki Üçok oranın kıdemli savcısıydı. Üçok'un etkisi altına girmişti Mehmet Çelik. Bizim meslekte güzel bir söz vardı; "Kiminle mesleğe başlarsan, onun çalışma tarzını kaparsın" denirdi. Ben mesleğe Hasan Dengiz Paşa ile başlamıştım. Çalışma tarzı itibarıyla onun etkisinde kaldım.

Mehmet Çelik iyi bir kumaştı ama maalesef Ahmet Zeki Üçok'un eline düşmüştü. Onunla geziyor, onun bağlantılarıyla oturup kalkıyordu. Sonunda Melih Gökçek'in oğluna bağlandı. Buradan durumunu artık siz anlayın.

Kayseri soruşturması diye adlandırılan soruşturmayı Ahmet Zeki Üçok yürütse de ön planda Mehmet Çelik vardı. Mehmet Çelik'i hukuksuz işlerde kullanıyordu. Mehmet Çelik soruşturma yapıyor gibi görünüyordu. Bazı belgelere de Özgür Tüfekçi adlı savcıya imza attırıyorlardı. Bir müddet sonra Mehmet Çelik de artık Ahmet Zeki Üçok kıvamına gelmişti. Soruşturmalarda Ahmet Zeki Üçok gibi usule uymamaya başladı. Sanki Teksas kanunlarını işletiyor gibiydiler. Biraz dikkat etseler yaptıkları soruşturmaları hukuk çerçevesinde rahat bir şekilde yine yürütebileceklerdi.

Yaşadığımız basit bir olayı anlatayım. Bir astsubay, bana selam vermeme hususunda çok kere aynı tekrarları yapınca, olay yargıya intikal etti. Astsubay ile ilgili soruşturma başlatıldı. Hava Kuvvetleri Askeri Savcılığı soruşturmayı yürütüyordu. Mağdur olarak beni ifadeye çağırdılar. Hava Kuvvetleri Askeri Savcılığına gittim. Dosya Mehmet Çelik'teydi. "Kaleme geçelim abi" dedi. Orada ifade almaya başladı. İfade alma tarzından, meslekten uzaktan yakından alakası olmadığını iyice gördüm. Dosyayı bilmiyordu. Mecburen, ben sorup ben cevap veriyordum. Onun adına ifade aldıktan ve verdikten sonra odasında konuşurken aynen şu tabiri kullandı; "Abi size nasıl böyle bir şey yapar, ben o adamın a. k....." dedi. Ben de içimden "çattık" dedim. Sonra kendisine; "Mehmet bak, ben senden hukuk neyi gerektiriyorsa onu yapmanı istiyorum, başka bir şey yapma" dedim. Abisi Ahmet Zeki Üçok olunca sonuç bu oluyordu.

Bir gün Hava Kuvvetleri Askeri Mahkemesi'ne bir meslektaşı ziyarete gittiğimde koridorda beni gördü. Odasına davet etti. Kırmadım, yanına gittim. Yine olayları anlatmaya başladı. Bu sıralarda gazetelere konu olmaya başlamıştı. Hakkında "Dünyanın en zengin Askeri Savcısı" diye gazetelerde manşet atılıyordu. Kendisine; "Hukuk dışına çıkma, bir şey yaparken önce bir Kanuna bak, sonra yap" diye nasihat ettim. Zira anlattığım gibi gelen soruşturma dosyalarından, nasıl bir savcılık yaptığını da görebiliyordum.

Kendisi esasında normal bir Anadolu çocuğuydu. Malatya'da görev yaparken bir kez de ziyaretime gelmişti. Ancak Ankara'ya tayin olduktan sonra Ahmet Zeki Üçok'un etkisiyle başka şeyler yapmaya başladı. Özellikle Melih Gökçek'in oğlu ile tanıştıktan sonra, arsa işlerine girdi. Para etmeyen yerlerde arsa alıp daha sonra satmak suretiyle iyi para kazandıkları söyleniyordu. Haksız mal edinme ve görevini kötüye kullanma suçlarından Genelkurmay Askeri Savcılığı'nda hakkında soruşturma başlatıldı. Kendisini ağa çocuğu olarak tanıtmıştı. İfadesinde babasının kayısı tüccarı olduğunu söylemişti. Ama Jandarmanın düzenlediği tutanakta; babasının normal bir geliri olduğu, kayısı bahçesinin yılda 30 bin lira civarı geliri olduğu yazılmıştı.

Mehmet Çelik arsa işinden zengin olunca ve çevresi genişleyince, herhalde kendini farklı hissetmeye başlamış. Bu hisle işlediği bir vakayı anlatayım. Benim de heyette olduğum dava dosyasındaki bilgilere göre; Mehmet Çelik arkadaşlarıyla birlikte bir dostunu ziyaret için Konya'nın bir ilçesine gitmek için yola çıkıyor. Yolda yol verme hadisesi yaşanınca hızlanıp, yol vermeyen arabanın yanından geçerken silahını çıkarıp küfür ediyor. Aynı zamanda tehdit ediyor. Sonra yolda durup, benzin istasyonundan kredi kartı ile benzin alıyor. Küfür ettiği adam da arkadan gelip geçerken, bunların istasyona girdiğini görüyor. Sonra gidip ilçede Cumhuriyet savcısına şikâyette bulunuyor. Cumhuriyet savcısı olayla ilgili soruşturmaya başlıyor. Tabii bu arada küfür edenin kim olduğu bilinmiyor. Savcı benzin istasyonundan kredi kartı ile benzin alanların listesini çıkarttırıyor. Kredi kartı bilgilerini bankadan istiyor. Sonra kredi kartından hareketle, Mehmet Çelik'e ulaşıyor. Kimlik tespitini yapma açısından Hava Kuvvetleri Komutanlığı'na müzekkere yazıyor. Kişinin kimlik bilgilerinin ve kim olduğunun bildirilmesini istiyor. Mehmet Çelik'in Hava Kuvvetleri Askeri Savcılığında görev yaptığını öğrenince, oraya da yazı yazıyor. Askeri Savcı Ahmet Zeki Üçok burada devreye giriyor. Yazıyı hemen cevap vermiyor, bekletiyor. Durumu Mehmet Çelik'e haber veriyor. Birlikte bir mizansen hazırlıyorlar. Mehmet Çelik'in resmi olarak başka bir kişinin resmini göndermek için araştırma yapıyorlar. Aynı yerde yardımcı savcı olan Özgür Tüfekçi'den resim almaya çalışıyorlar. Ama uzun süre ikna edemiyorlar. Cumhuriyet savcısı tekrar yazı yazınca, Mehmet Çelik'in fotoğrafı yerine Özgür Tüfekçi'nin fotoğrafını gönderiyorlar. Ancak olayın mağduru kişi, resmin yolda gördüğü kişi olmadığını anlayınca, Savcı tekrar yazı yazıyor. Sonra olay ortaya çıkıyor. Savcı, hem Mehmet Çelik hem de Ahmet Zeki Üçok hakkında suç duyurusunda bulunuyor.

Bu olay ortaya çıkınca Milli Savunma Bakanı tarafından hem Ahmet Zeki Üçok hem de Mehmet Çelik hakkında soruşturma izni verildi. Genelkurmay Askeri Savcılığı ikisi hakkında evrakta sahtecilik suçundan soruşturma yaptı. Akabinde ikisi hakkında dava açtı. Dava Genelkurmay Mahkemesinde görülecekti. Heyette üye olarak ben de vardım. İlk duruşmada, ikisini de dinledik. Ayrıca Savcılığın Yazı İşleri Müdürünü dinledik. Yazı İşleri Müdürü olayı detaylı olarak anlattı. Mehmet Çelik, kendi resmi yerine Özgür Tüfekçi'nin resmini gönderdiklerini kabul etti. Yazı ve üstüne zımbalı resim de dosyada vardı. Mahkeme başkanı Ali Rıza Bildik'di. Birinci sınıf askeri hâkimlerin yerel mahkemede yargılanmalarının Anayasaya aykırı olduğu iddiası ileri sürüldü. Sonunda dosya Askeri Yargıtay'a gitti. Yapılan duruşmalar sonunda bu olaylardan hem Mehmet Çelik'in hem de Ahmet Zeki Üçok'un beraat ettiğini duydum. Gerekçe ise gülünç ve aynı zamanda düşündürücüydü; "bilmeden yapılan bir hata" sonucu resim gönderilmiş.

Hakkımda soruşturma başlayınca Mehmet Çelik benden şikâyetçi olmuş. İddianamede şikâyetçi olanlardan biri olarak görünüyordu. Beni şikayet ettiği olayda şuydu: Mehmet Çelik'in ismi daha önce söylediğim gibi basında zaman zaman gündeme geliyordu. "Dünyanın en zengin askeri savcısı" gibi haberler yapılıyordu. Bunun üzerine Mehmet Çelik kendisiyle ilgili bu olaylar hakkında şikayetçi olmuş. Hava Kuvvetleri Askeri Savcılığına bu olaylarla ilgili soruşturma izni verilmiş. Mağdur olan Mehmet Çelik olması nedeniyle, soruşturmayı başka bir savcı yürütmeye başlamış. Savcı olayı çözmek maksadıyla Mehmet Çelik'in telefon dinleme kayıtlarını almak için Mahkemeden karar istemiş. Mahkeme de Mehmet Çelik'in başkaları tarafından dinlenip dinlenmediğinin tespiti için HTS kayıtlarının istenmesine karar vermiş.

Karar Telekomünikasyon İletişim Başkanlığına gönderilince, Kurum avukatları "mağdur durumda olan kişinin telefonlarının dinlenmesinin, takibinin, CMK hükümlerine aykırı" olduğu gerekçesiyle karara itiraz etmişler. İtiraz üzerine, karar hakkında bir karar verilmek üzere dosya bize yani Genelkurmay Askeri Mahkemesi'ne gönderildi. Kıdemli hâkim de dosyayı bana verdi. İncelediğimizde; verilen kararın CMK hükümlerine aykırı olduğunu tespit ettiğimiz için, kararın kaldırılmasına karar verdik. Karar,

Hava Kuvvetleri Savcılığına ulaşınca, Mehmet Çelik, kararı veren heyette üye hâkim olarak ismi yer alan Hava Hâkim Yüzbaşı Bedrettin Özgür'ü aramış. Verdiğimiz kararı geri almamızı istemiş. O da bunun mümkün olmayacağını söylemiş, benimle görüşmesini istemiş. Sonra beni aradı. O günü iyi hatırlıyorum; nazik ve efendi bir edayla "Abi zordayım, bu karar bizim için çok önemli, bunu geri alın" dedi. Ben de "Bak Mehmet, bu olayın mağduru sensin. Biz de usul hukuku kurallarını gözeterek kanun hükmüne uygun bir karar verdik. Sen de biliyorsun; kararının geri alınması diye bir şey yok" dedim. Talebine olumsuz cevap verince hemen telefonu kapadı. Onun beyanına göre ise; "Bak bu senin için daha iyi olacaktır" demişim. 15 Temmuzdan sonra şikâyetçi olmasının nedeni bu olaydı. "Benim hakkımda böyle bir karar verdiler" diyerek şikâyetçi olmuş.

Tahliye olduktan sonra benimle ilgili davada şikâyetçi olması nedeniyle duruşmaya çağrılmasına karar verildi. Duruşmaya geldi. Yaşadığı olayları anlattıktan sonra, "Davaya katılmayacağım ama şikâyetçiyim" dedi. Ben de Mehmet Çelik hakkında verdiğimiz kararı mahkemeye sundum. Karar hukuka uygun, CMK hükümleri ortada dedim.

Duruşma bittikten sonra, duruşma zaptını almak için dışarıda bekliyorduk. O sırada yanımda eşim, hukuk okuyan kızım ve iki avukatım vardı. Mehmet Çelik yanıma geldi samimi bir tavırla elini göğsüme de koyarak "Abi kenarda konuşabilir miyiz?" dedi. Eli göğsümde beni kenara çekip, özel konuşmak istedi. Ben de kendisine, "Hakkımda şikâyetçi oldun, daha neyi konuşacağız" diyerek, yüzümü kendisinden çevirdim. Muhatap olmadım. Tepkim üzerine hemen yanımızdan ayrıldı. O sırada yanımdakilerden şöyle bir yorum geldi; "Ne kadar da yüzsüz bir adammış, hem şikâyetçiyim diyor, hem de senin yanına geliyor." İşte Anadolu çocuğu olan Mehmet Çelik, Ahmet Zeki Üçok'un yanında kala kala böyle bir hale geldi.

6. Yerel Savcılıklar ve Mahkemelerin Durumu

Yerel savcılık ve mahkemelerde ne olduğu konusunda doğrudan bilgim yoktu. Gelişmeleri 20 Temmuz'a kadar televizyonlardan izliyordum. 16 Temmuz itibarıyla yüksek yargıdaki tüm Cemaat bağlantısı olduğu iddia edilen kişiler gözaltına alındı. Anladığım kadarıyla, HSYK'nın elinde olduğu söylenen sivil hâkim ve savcılarla ilgili fişleme listesi o gün itibarıyla yürürlüğe konuldu. Gözaltına alınan hâkim ve savcıların büyük çoğunluğu aynı gün tutuklanmaya sevk edildi.

Bu arada, detayları ileride ortaya çıkacak trajik olaylar da yaşandı. Çünkü aynı bina içerisinde çalışan savcıların bir kısmı kendi meslektaşları hakkında gözaltı kararı verdiler, tutuklanmalarını istediler. Bu savcıların bir kısmı biraz da rahatsızlık duyarak "Elimizden bir şey gelmiyor" düşüncesiyle bu kararları verdi. Bir kısmı AKP militarist grubu şeklinde hareket edip karşıdaki insanlara "hain" gözüyle bakarak bu kararlara imza attı. Doğu Perinçek yanlısı ekip ise zaten önceden hazırlıklıydı.

Cezaevinde hastanelere ve savunma yazmak için bilgisayar dershanesine giderken en fazla karşılaştığım meslek gurubu hâkim ve savcılardı. Meslektaş olmamız nedeniyle hemen karşılıklı olarak 15-16 Temmuz günü neler yaşandığını birbirimize soruyorduk. Özellikle onlar askeri yargıyı merak ediyorlardı. Ben de sivil hâkimlerin ne yaptığını merak ediyordum. Onlardan öğrendiğim kadarıyla, olayların başlamasından henüz saatler geçmişken, Ankara Hâkim Evinde Adalet Bakanı Müsteşarı, HSYK Başkan Vekili, Genel Sekreteri ve Ankara Başsavcısı kriz masası oluşturuyorlar. Saatler içinde ülke genelinde tüm başsavcılar Whatsapp üzerinden organize ediliyor. Ankara semalarında savaş uçaklarının uçtuğu, toplumda derin bir kaygı ve korkunun hâkim olduğu bir ortamda, Meclis'in hemen yanındaki hâkim evinde bu kişiler bir araya gelerek, güya darbeye destek olan hâkim savcılara yönelik yapılacak soruşturmaları planlıyorlar. Olaylar devam ederken tutuklanacak hâkimlerin listesini başsavcıların dahil olduğu WhatsApp gruplarına atıyorlar.

O tarih itibarıyla Ankara Başsavcısı olan Harun Kodolak, 15 Temmuz sonrası verdiği röportajda; *"15 Temmuz'dan birkaç gün önce biz çatı iddianamesini yayımladık. Bizim teknik olarak bir sıkıntımız vardı. İddianamemizde argümanları doyurucu çok belge ve bilgi bulamadık. Ama 15 Temmuz gecesi bizim kamuoyuna çok inandıramadığımız silahlı terör örgütü unsurunu kendi kendilerine deşifre ettiler."* diyerek kumpasın neden kurulduğunu farkına varmadan itiraf etti.[100]

HSYK Başkanvekili Mehmet Yılmaz, aynı gece 2 bin 700 küsur hâkimi attıklarını açıkladı.[101] Bir gecede bu kadar hâkimi nasıl tespit ettiklerini tabi es geçti.

Yeri geldikçe belirtiyorum; 15 Temmuz kumpasının en önemli ayağını hâkim ve savcı fişlemeleri oluşturuyordu.

ç. Bazı Yargılamalardaki Göze Çarpanlar

1. Genel Durum

Hukuk dışı şekilde gözaltına alındıktan sonra, Ankara'da gözaltına alınmış tüm asker hâkimleri Ankara Merkez Komutanlığı'nda görme imkanım oldu. 20 Temmuz'da gözaltına alındıktan sonra, 24 Temmuz'da tutuklanıncaya kadar gözaltı ve işkence sürecini hep beraber yaşadık. İşkence sürecine girmek istemiyorum. Zira bu süreci ayrı bir zaman ele alabilirim; belki de almam. Zira bazı

---

100 Bkz. https://www.youtube.com/watch?v=gbzD7FkGvU4, erişim tarihi, 07.01.2021.
101 Bkz. https://www.aksam.com.tr/yazarlar/murat-kelkitlioglu/yargida-ince-temizlik-basladi-c2/haber-723641, erişim tarihi, 10.01.2021.

şeylerin şüyuu vukuundan beterdir. Bir hâkime de işkence yapıldığının yaygınlaşmasının ilerdeki sürece faydadan çok zarar verebileceğini düşünüyorum. Yeri geldiğinde yüksek yargı mensubu bir kişiye işkence yapılabileceği ihtimalinin ortaya çıkması bile, bir ülkenin devlet sistemini komple çökertebilir. Bu saiklerle savcılık ve duruşma aşamalarında bu mevzulara detaylı girmedim. Zaten duyduğum kadarıyla, ifade alan savcıların bir kısmı bu konudaki beyanları tutanaklara yazmamışlar.

Duruşmalarımda heyeti muhatap alarak zaman zaman şunu söyledim: Bu savunmaları esasında kendimden ziyade sizler için yapıyorum. Zira ben zaten göreceğimi gördüm. Bu savunmalar belki sizlerin aynı mantıkla ileride gözaltına alınmanızı engelleyecektir.

Cezaevi sürecinde gerek kaldığım koğuşta, gerekse hastane süreçlerinde birçok insan grubu ile tanıştım. Kaldığım koğuşlarda Kara Harp Okulu davasında yargılanan vardı. Jandarma Genel Komutanlığı davasında yargılanan vardı. Genelkurmay çatı davasında yargılanan gördüm. Ayrıca genç askeri hâkimler vardı.

Zaman zaman ankesörden tutuklanıp gelip daha sonra tahliye olan arkadaşlar oluyordu. Askeri doktorlar vardı. Hâkim olmam nedeniyle bu yargılanan arkadaşlar bizden görüş soruyorlardı. Evraklarına bakmamızı istiyorlardı. Bu nedenle dosyalarına bakma durumunda kalıyordum. İddianamelerini okuyordum. Ayrıca o kişilerin davalardaki kanaatlerini de dinliyordum. Bu bağlamda gördüklerim ve tespitlerim bir hayli çok oldu. Ancak konuyu dağıtmamak ve okuyucuyu sıkmamak açısından, kitabı yazarken kafamda belirlediğim stratejiden ayrılmadan kısa ama çarpıcı bilgiler vermeye çalışacağım.

2. Büyük Davalar

Söz konusu tespitlerime öncelikle Genelkurmay Çatı Davası'ndan başlayayım. Bilindiği gibi kamuoyuna yansıtıldığı şekliyle, 15 Temmuz itibarıyla gece yarısı, Genelkurmay Karargâhında Genelkurmay MEDAS sisteminden emirler yayınlandı. Sıkıyönetim direktifi eki olarak sıkıyönetim mahkemeleri görevlendirme listesi yanında doğrudan darbeyi ilgilendiren sıkıyönetim komutanlıkları görevlendirme listeleri yayınlandı. Bu listeleri yayınlatanın Tuğgeneral Mehmet Partigöç olduğu iddia edildi. Yayınlayanların Kurmay Albay Cemil Turhan ve ona bağlı şubedeki çalışan astsubayların olduğu kesin bir kanaat olarak sunuldu. Fakat Genelkurmay Çatı Davasına ilişkin iddianameye baktığımda, darbe planlarını Mehmet Partigöç'ün biriminde hazırlandığı belirtilmekle beraber, bu tespitin kaynağını ve tüm tereddütleri ortadan kaldıracak şekilde teknik bir bilirkişi raporunu göremedim.

Mehmet Partigöç'ün eşine yazdığı iddia edilen bir not kamuoyuna yansıtılmıştı. İlk bakışta buradan baktığımızda; Mehmet Partigöç'ün bu işi planladığı ya da planlayan ekipte yer aldığı kesin bir kanaatmiş gibi ortaya çıktı. Ama iddianameyi ve daha sonra Mehmet Partigöç'un savunmalarını detaylı incelediğimde olayın hiç de öyle olmadığını anladım.

Bir kere çatı davasının iddianamesinde; Mehmet Partigöç'ün, eşine yazdığı nottan bahsedilmemiş. Savcı o notu iddianameye koymamış. Mehmet Partigöç bu notu yazdığını kabul etmemiş. İddianamede böyle bir tespit yapılmayınca Mehmet Partigöç de bu konuda savunma yapmamış. Eğer Mehmet Partigöç'ün el ürünü not olduğunu tespit etselerdi, davada en çok o not konuşulurdu. Mehmet Partigöç ifadesinde, ısrarla darbe emirlerini kendisinin yayınlatmadığını söylemiş. Bu konuda araştırma yapılmasını istemiş. Kurmay Albay Cemil Turhan ve ekibi de böyle bir emir yayınlamadıklarını ısrarla söylemiş. Bilgisayarlarda inceleme yapılmasını talep etmiş.

Bu talepler karşılığında ceza davasında olması gereken şuydu: Genelkurmaydaki bilgisayar sisteminden gerçekten anlayan bir grup önyargısız subay ve astsubay bilirkişi atanırdı. Teknik rapor sunmaları istenirdi. Onlar da teknik bir rapor hazırlarlardı. Bilgisayarlardan emirlere ilişkin izler tespit ederler veya edemezlerdi; ancak olayı detaylı olarak açıklığa kavuştururlardı. Bunun üzerinden yargılamaya devam edilirdi. Zira darbe denilen süreç bu emirler ile başlatıldı. Ayrıca birliklerden bir kısmı bu emirlere istinaden sokağa çıktı.

Ancak mahkeme böyle bir rapor hazırlatmamış. Muhabereci astsubaylar şunu ısrarla vurgulamışlar. Böyle bir emiri yayınlamadık demişler. Böyle bir emrin Genelkurmay merkezi bilgisayar serverinden yayınlanma ihtimali de var diye savunma yapmışlar. Şubelerde bilgisayar hard disklerinin bulunmadığını, bilgisayarların kasalarının olduğunu, ana server üzerinden çalışıldığını iddia etmişler, bu yönde savunma yapmışlar.

Altı sene o karargahta mahkemede görev yaptığım için, bilgisayar sisteminin işleme tarzını bizzat biliyordum. Bilgisayar kullanırdık ama önünüzde kullandığınız bilgisayarın içerisinde hard disk yoktu. Merkezdeki büyük bilgisayar üzerinden kendi şifremizle girerek işlem yapardık. Yani ana serverin bulunduğu yerdeki ekip, istediği kişinin kullandığı bilgisayara girebilir.

Genelkurmay Askeri Mahkemesi'nde görev yaparken şöyle bir olay yaşadım: Karargahta kullanılan bilgisayarlardan internete girmek yasaktı. Zaten girmek mümkün de değildi. Kullandığım bilgisayardan Google ya da bir arama sayfasına girmek istedim. "Girebilir miyim?" diye merak ettim. Engel olundu. Girişin yasak olduğuna dair bir yazı karşıma çıktı. Aynı zamanda sistemden alarm şeklinde uyarı geldi. Aradan bir iki saat geçmeden bir denizci albay ile iki astsubay odama geldi. Bilgisayardan internete girmeye çalışıldığının tespit edildiğini, internete girişin yasak olduğunu söylediler.

Bilgisayarımı da kontrol etmek istediler. Ben de önce müsaade etmek istemedim. Ama sonra da farklı bir yoruma girerler düşüncesiyle bilgisayardaki mahkeme dosyaları bölümünü ayrı tutarak bakmalarına müsaade ettim. Ben de başlarında durdum. Bu yaşadığımdan şu sonuç ortaya çıkıyor: Genelkurmayda merkezi serverin olduğu yerde, bilgisayarla ilgili her türlü girdi yapılabilir. Merkezi server üzerinden istenen bilgisayara girilebilir. İstenilen kişinin bilgisayarı üzerinden emir yayınlanabilir.

Mehmet Partigöç'e ve birlikte çalıştıkları personele müthiş şekilde işkence yapılmış. Ama darbe emirlerini yayınladıklarını kabul etmemişler. "Bu emri biz yayınlamadık" demişler. Avukatları da ısrarla bunu dile getirmişler. Ancak ne hikmetse, mahkeme bu tür araştırmalara girmemiş. Mahkeme Başkanlığını 15 Temmuz öncesindeki sulh ceza hâkimliğinde görev yapan Oğuz Dik yaptı. Oğuz Dik o gece ve sonra tutuklama kararlarının çoğunluğuna karar veren kişiydi.

Bu kişi askeri hâkimleri tutuklarken, bunların eşlerini de tutuklamak lazım diyenlerdendi. Tam bu satırların yazıldığı sırada, Sincan'daki bir mahkeme başkanının, duruşmaya ara verildiği sırada Saray'dan bir danışmanla görüştüğü ve oradan emir aldığı gerçeği, açık olan mikrofonun azizliği sayesinde ortaya çıktı.

Diğer yandan, 15 Temmuz yargılamalarında ortaya çıkan bir bilgi daha var. Kurmay Albay Güven Şağban, 15 Temmuz günü Genelkurmay İkinci Başkanı olan Orgeneral Yaşar Güler'i ziyaret etmiş. Duruşmada kendisine bu husus sorulduğunda, ziyaret edip etmediğini hatırlamadığını söylemiş. Yani açıkça yalan söylemiş. TSK hiyerarşi ve disiplin sistemi içerisinde, bir kurmay albayın, bir orgenerali ziyaret edip ziyaretini hatırlamaması mümkün değildir. Kaldı ki aynı yerde çalışmıyorlardı. Yani Yaşar Güler haftada bir ya da ayda bir görev gereği yanına gittiği bir kişi değildi. Böyle bir cevap verdiğine göre, rutin dışı bir görüşme olduğu ortaya çıkıyor ve yasal olmayan bir faaliyet nedeniyle ziyaret yapıldığı anlaşılıyor. Zira böyle bir soruyu önceden tahmin etseydi, "Kendisini ziyaret ettim; o güne denk gelmiş" derdi. Peki ne tür bir yasal olmayan faaliyeti oldu? Henüz ortaya çıkmadı.

Güven Şağban'ın Emniyet Genel Müdürlüğü ekipleriyle koordineli olarak fişleme yaptıkları, fişleme evraklarını karşılıklı gönderdikleri duruşmalarda ortaya çıktı[102]. Çatı davası ile ilgili olarak söyleyeceklerim genel olarak bunlar. Yani çözülmemiş, açıklığa kavuşturulmamış bir takım teknik hususlar var. Sanıkların iddiaları var. Farklı bir bilgisayar sistemi var. Bunlar çözülmeden o davaya karar verilmemesi gerekiyordu ama verdiler. Bu tür konuların tartışılmasını, bazı teknik gerçeklerin ortaya çıkmasını istemediler. Avukatların taleplerini kabul etmediler. Araştırma yoluna kesinlikle girmediler. Zira sufle yapan Saray'ın gerçeklerin ortaya çıkmasını istemediği anlaşılıyor.[103]

---

102 Jandarma Genel Komutanlığı Karargahı davasında yargılanan Yüzbaşı Yavuz Keçeci, Ankara 23. Ağır Ceza Mahkemesinde yapılan yargılamadaki (2017/30 Esas) ifadesinde; "*Listenin hazırlanmasının her aşamasında Güven ŞABAN Albay bizzat kendisi ilgilenmiş olup listenin hazırlanmasının her aşamasında onun emir ve talimatları doğrultusunda hareket ettim.* Belirttiğim FETÖ/PDY'ye ait istenin hazırlanmasında Emniyet İstihbarat Daire Başkanlığı ile sıkı bir koordinasyon içinde bulunmaktaydık....Tanımış olduğu kişinin beyanı ile elde ettiği sözlü duyumlar neticesinde hedef kişiler belirlenir. Belirlenen bu hedef kişilerle ilgili sadece telefon numaraları ile ad soyadının yazılı olduğu bir liste hazırlanır. Hazırlanan liste bir kuryeye, bu kurye genellikle ben olurdum, kapalı bir zarf içerisinde mühürsüz, imzasız ve üst yazısız teslim edilirdi. Hazırlanan bu zarf Emniyet İstihbarat Daireye elden teslim edilir. Emniyet İstihbarat Daire Başkanı tarafından yapılan çalışma neticesinde aynı zarf içerisinde mühürsüz, imzasız ve üst yazısız oraya giden kuryeye elden teslim edilirdi....Hazırlanan liste üzerinde Daire Başkanımız keyfi değişiklikler yapardı. Kendilerinin şahsen tanımış olduğu ve bu bizden dedikleri kişileri listeden çıkarırlardı....15 Temmuz darbe girişimine katılmış personelden ihraç olmaları ve açığa alınmaları için çalışma yaptık. Bu çalışmalarımızda hem birliklerden elde ettiğimiz bilgiler hem de daha önceden hazırlamış olduğumuz FETÖ/PDY listesinde bulunan toplamda 500 kişi falandı, listeye ekledik*" şeklinde beyanda bulunmuş.

103 Yargılandığım davada, sıkıyönetim görevlendirme listesinde benim de önemli bir görevle görevlendirildiğim iddia edilmişti. Bu nedenle, bu emirlerin nasıl yayınlanmış olabileceği hususunda araştırma yaptım. Çatı davası denen davadaki ifadeleri ve belgeleri inceledim. Yaptığım tespitleri AİHM'e ek dilekçe ile göndermek için hazırlık yaptım. O dilekçemde tespitlerimden bir kısmı şöyledir:

"e. Mesajların MEDAS Bilgisayarına Nasıl Aktarıldığının Somut Delillerle Ortaya Konmaması

Dosyada yer alan teknik bilgilere göre; Türk Silahlı Kuvvetleri kullanımındaki bilgisayarlarda bilgi güvenliği anlamında bazı tedbirler alındığı anlaşılmaktadır. Bu bağlamda, söz konusu bilgisayarlara CD veya harici bellek takılması engellenmiştir. Ancak bazı bilgisayarlar için özel izinle CD okuma işlemi etkin hale getirilmiştir. Mesajların çekildiği iddia edilen odada biri MEDAS, diğeri KARANET bilgisayarı olmak üzere iki bil-

Diğer bir dava, Kara Kuvvetleri Karargâh Davası'ydı. Kara Kuvvetleri Karargâhında herhangi bir şiddet olayı ya da eylem yaşanmadı. Ama ne hikmetse o gün birçok personel karargâha çağrılmış. Çağıran kişilerden bir kısmı tutuklanmış. Bir kısmı da tutuklanmamış. Bu ayrımı neye göre yaptılar, bilinmiyor? Çağrılması üzerine gidenler tutuklandılar; aynı zamanda darbe suçundan mahkûm oldular.

Kara Kuvvetleri Komutanlığı Adli Müşaviri, Kara Kuvvetleri

---

gisayar bulunduğu anlaşılmaktadır. İddiaya göre, mesaja ilişkin dijital kayıtlar KARANET bilgisayarı olarak adlandırılan bilgisayarda oluşturulmuştur. Ancak, MEDAS bilgisayarına aktarım olmadan gönderme işlemi yapılamamaktadır. MEDAS bilgisayarına CD veya harici bellek de takılamamaktadır. Bu şartlarda dijital belgelerin KARANET bilgisayarından MEDAS bilgisayarına e-posta olarak gönderilmesi veya ortak klasör oluşturularak taşınmasından başka seçenek bulunmamaktadır. Tam bu noktada Sanık Mehmet PARTİGÖÇ bu iki bilgisayar arasındaki veri aktarımının nasıl olduğu sorusunu sormaktadır?

Sanık bu konuyla ilgili olarak; *"...Mesajın çekilebilmesi için mesaj bilgisayarına bir yerden verinin aktarılması gerekiyor. Mesaj bilgisayarının CD okuma kabiliyeti yok. Veya bu bellek takma kabiliyeti yok. Bunu buradan buraya aktarmak için. Buraya yükselme. Bu da yok, aktarma da yok hâkim bey. Şimdi bunu özellikle anlatıyorum. Bu olayın en kritik noktası bu. Çocuk buradan buraya bir şey aktarmamış. Yok, öyle bir mail. Mesaj bilgisayarı Mehmet Demir adına kayıtlı. İncelemişler, bu mesaj bilgisayarına gelen bir mail yok. Peki, bu mesajı kim nereden nasıl çekti. Ha birde raporlar var. Bu çok kolay ulaşılabilecek bir veridir aslında. Neden Genelkurmay bu veriyi göndermiyor hala?"* şeklinde beyanda bulunmuştur.

Türkiye mevzuatı gereği, 5651 sayılı İnternet Ortamında Yapılan Yayınların Düzenlenmesi ve Bu Yayınlar Yoluyla İşlenen Suçlarla Mücadele Edilmesi Hakkında Kanun ve TİB (Telekomünikasyon İletişim Başkanlığı) yönetmelikleri gereğince her kurum, LOG (Kütük) kayıtlarını tutmakla ve bu kayıtları en az 2 sene saklamakla yükümlüdür. Bu kayıtların savcılıkça usulüne uygun temin edilip saklanması gerekirdi. Ancak bilişim kapsamında hazırlanan bilirkişi raporunda hiçbir şekilde bu bilgilere yer verilmemiştir. Sanıkların talebine rağmen bu bilgiler Mahkemeye getirilmemiştir. Bu bilgiler olmadan sıkıyönetim mesajlarıyla ilgili her türlü şüpheden uzak bir tespit yapmak mümkün görünmemektedir.

f. Maddi Vakanın Ortaya Çıkma Konusundaki Taleplerin Araştırılmaması

Dosyada yer alan bilgilere göre, güvenlik gerekçesiyle bilgisayarlarda harddisk bulunmamaktadır. İlgili görev birimleri, ana serverdaki kendilerine ayrılan bölümde faaliyetlerini yürütmektedirler. Sanıklar ve avukatları, mesajların servera ulaşma yetkisi bulunan diğer personel tarafından da yüklenmiş olabileceğini iddia ederek, bu hususların araştırılmasını mahkemeden talep etmişlerdir. Ancak bu talepler mahkemece araştırılmamıştır. Mahkeme böylece sıkıyönetim mesajlarının kim tarafından hazırlandığı ve gönderildiği gerçeğinin ortaya çıkmasını engellemiştir. Bu talebin neden kabul edilmediğine dair gerekçeli kararda veya duruşmada bir gerekçe ortaya konmamıştır.

Sonuç olarak;

Söz konusu yayınlanan emirlerle ilgili, mesajların hangi bilgisayardan çekildiği tam olarak tespit edilmemiştir. Öncelikle, bu mesajların çekildiği bilgisayarın bulunması gerekirken söz konusu bilgisayar tespit edilmemiştir. Bilgisayar tespit edilse dahi, çekilen mesajın o bilgisayara nasıl geldiği tespit edilmesi gerekirken bu tespit yapılmamıştır. Mesaj metinlerinin 15 Temmuz 2016 tarihinden sonra oluşturulduğu iddia edilen CD'den mi elde edildiği hiçbir kuşkuya mahal bırakmayacak şekilde tespit edilmemiştir. Mesajların bulunduğu bilgisayarın, usulüne uygun bir imajı alınmamıştır. Dolayısıyla yerel mevzuatta belirtilen delilin hukuka uygun temin edilmesi ilkesine de uyulmamıştır."

Komutanlığı İkinci Başkanı emriyle o gün çağrılmış. Giden hâkim yarbay karargahta oturmuş. İkinci Başkan tarafından verilecek emirleri beklemiş. Kara Kuvvetleri Komutanlığı İkinci Başkanı duruşmada "Evet onu ben çağırdım" demiş. Savcı, adli müşavirin tahliyesini talep etmiş. Mahkeme talebi reddetmiş. Çağıran kişi hakkında soruşturma bile yapılmamışken, çağrılma üzerine karargâha giden yarbaya müebbet hapis cezası verilmiş. Bu tür vakalar birçok dava da görülüyor. Bu olay bile o davalarda nasıl karar verildiğini anlamaya yetecektir.

Diğer bir dava ise Kara Harp Okulu davası. Kara Harp Okulu, bu zamana kadar olan darbelerde etkin bir rol oynamış birliktir. Soruşturmalar sırasında buradaki davaya önem vermişler. Ancak burada da çağrılanların karargâha gitmeleri dışında herhangi bir eylemi olmamış. Sözleşmeli subay adayı öğrenciler, Kara Harp Okulundan iki helikopterle Genelkurmay Karargâhı'na götürülmüş. Bu gidenlerden iki kişi koğuşumuzda gelmişti. Soruşturma sonrasında birisi beraat etti. Diğerine müebbet hapis cezası verildi. İkisi de yakın arkadaştı. İkisi de beyanlarında, "Bize emir verildi ve emir üzerine helikoptere bindik. İŞİD saldırısı olacağı söylendi" demişler. Savunmaları da bu şekildeydi. Çocuklar şunu da anlattılar: "Biz helikopterlere binerken, binemeyen bir astsubay ağlamaya başladı. Kalırsa başına bir şey gelecek diye korktu. O kişi tutuklanmadı. O kişiyle ilgili herhangi bir soruşturma olmadı. O kişinin talimatla ifadesi alındı. İfadesinde bizim savunmalarımızı doğruladı" dediler.

Talimatla ifadesi alınan astsubayın ifadesini bizzat okudum. Çocuklar koğuşa getirmişlerdi. İfade tutanağı çocukların söylediği savunmayı doğruluyordu. İfadesinde, "İŞİD saldırısı olabilir' dedikleri için korktum, helikoptere binmek istedim. Ancak helikopterde yer kalmadığı için binemedim. Bu nedenle ağladım" demiş.

Astsubay bu ifadeyi verdiğinde, doğuda ya Kars'ta ya da

Sarıkamış'ta görev yapıyordu. Objektif bir hâkim, bu beyandan bile helikoptere binenlerin ve kalanların durumunu, kasıtlarını çok rahat anlayabilirdi. Ancak talimat başka yerden geldiği için bu ifade görmezden gelinmiş. Bu mahkemenin başkanı da Oğuz Dik'ti. Hatta bahsettiğim bu çocuklar, o mahkemenin kâtibini öve öve bitiremiyorlardı. Adı Ali Ekber'miş. Dosyaya Oğuz Dik'ten daha vakıf olduğunu söylüyorlardı. Oğuz Dik sıkıştıkça ona soruyormuş. Çocuklar "Komutanım Ali Ekber karar verse vallahi dahi iyi verirdi" diyorlardı.

3. Ankesör Davaları

Türk hukuk tarihindeki en garip davalardır. Şüphe olan yerde fail lehine hareket edilir gibi ilkeleri yıkan davalardandır. Kimin aradığı belli olmayan kişilerle ve varsayımla irtibat kurulup, kişilerin terör örgütü ilan edildiği davalardır. Bu davalar yeni adlandırma ile ankesör davalarıdır. Cezaevinde bu davalardan gelenlere "ankesör cemaati" diye ad takılıyordu. Olay artık gırgıra vurulmuştu. Bazen ankesörden yargılananlar gelip soruyorlardı. Biz de gülerek, "Burada hiçbir arkadaşın davasında temel yok, ama sizinkinde var. Sanal temel" diyerek dalga geçiyorduk.

Biraz da realiteye bakalım. Bu davalarla ilgili şöyle bir metot izleniyordu: Türkiye çapında bir sistem geliştirilerek, PTT hatlarından, büfelerdeki sabit yerlerden aranan asker kişiler tespit edilmiş. Sonra buralardan aranma sayısına göre, ayrıca arka arkaya başka kişilerle aranma durumuna göre, sonuçlar çıkarılmış. Bu hatlardan arayan kişilerin mahrem imam dedikleri Cemaat mensubu sivil kişiler olduğu kabul edilmiş. Bu bağlamda, bu delil çerçevesinde soruşturmaya başlanmış. Arka arkaya birkaç asker kişi aranınca, arayan kişinin bunların ortak abisi olduğu kabul edilmiş. Ortada arayan kişinin ne kimliği var, ne de ifadesi.

Arkasından davalar açılmış. Bu kişilerin bir kısmı tutuklandı.

Bir kısmı itirafçı oldu. Tutuklanmayanlar da adli kontrol ile serbest bırakıldı. Sayı itibarıyla en çok işkence gören gruplardan olduğu söyleniyordu. Haklarında kendileri açısından bile hiç delil olmadığı için işkence ile konuşturarak delil bulmaya çalışmışlar.

Ankesör olayının ne kadar sulandırıldığını göstermek için yaşadığım bir olayı anlatayım: Ankara Merkez Komutanlığı'nda gözaltına alınınca, orada bize ailelerimizi telefonla arama imkânı verildi. Ancak cep telefonlarımız yoktu. Bizden ankesörlü telefon kartı alarak ikişerli gruplar halinde giderek ankesörlü hattan ailelerimizi arayabileceğimizi söylediler. Eşimin telefonu benim üzerime kayıtlıydı. Dolayısıyla eşimi aradığımda kendimi aramış gibi oluyordum. Eşimi aradım. Aynı şekilde bazı arkadaşların eşlerinin telefonları da kendi üzerlerine kayıtlıymış. Tabi soruşturma devam ederken gelen HTS kaydında Ankara Merkez Komutanlığı yazmadan 20 Temmuz itibarıyla ardışık arama olarak ankesörlü hattan arandığımız belirtilmiş.[104] Bu durumu dahi izah etmek durumunda kaldık. Bunu Müyesser Yıldız köşesinde de yazdı.

Resmi kayıtlarda gözaltında olduğumuz tarih belliyken, gözaltındayken bile mahrem imamlar bizi dışarıdan aramış gibi kabul edildi. Olayın vahametini, boyutunu siz düşünün. Yine duyduğum bir olay var. Bir astsubay ankesör iddiası üzerine; "Benim özel hayatım var. Cep telefonum başka bir cep telefonundan arandığı tespit edilmesin diye metresim beni ankesörden arıyordu" demiş. Sonra metresini bulmuşlar. Ona astsubayın beyanını sormuşlar. O kadın da ankesörden sevgilisini aradığını söylemiş. Yani astsubayı doğrulamış. Eğer o kadın, "Hayır, ben onu aramadım" deseydi, astsubay tutuklanacaktı. Yani gayri meşru bir hayat sürdüğün anlaşılınca tutuklanmıyorsun. Bu sürecin şifrelerinden biri de budur. Gayrimeşru hayat sürenlere dokunmadılar.

Kendi davamdan örnek vereyim; Yargıtay 9. Ceza Dairesi'nin talebi üzerine gelen kayıtlarda birçok kez ankesörden arandığım

---

104 Belge 20: Ankara Merkez Komutanlığındayken ardışık arandığıma ilişkine HTS kaydı

yazılmış. Ancak aranan yerler belirtilmemiş. Fakat Ankara Cumhuriyet Savcılığı ilk soruşturmaya başladığında ankesör araması olup olmadığı yönünde tespit yaptırmış. Onların temin ettiği belgede aranan yerlerin adı da vardı. Ankesör olarak aranan yerlerin büyük çoğunluğunun askeri kışlalar olduğu belirtilmiş. Akrabalarımdan ve köylülerimden askerlik yapanlar kışlalardan beni aramışlar. Bunları tabi ki dile getirdik.

Ancak burada net bir kumpas durumunu belirtmek istiyorum: Eğer kayıtlar sıhhatli ise, yani girdi yapılmamışsa; telefonumla ilgili ne zaman bilgi istenirse istensin, belirli tarihlerdeki aramaların her zaman aynı olması gerekirdi. Doğal olan budur. Zira kayıtlar tahrif edilmemişse, bunun böyle olması gerekir. Örneğin, 2011 yılı Kasım ayında benim telefonum arandığında, 2018 yılında ve 2019 yılında telefon HTS kayıtları istendiğinde, her iki belgede de 2011 yılı Kasım ayındaki aramaların aynı olması gerekir. Ama benim dosyamda bu şekilde olmadı. Biri Ankara Cumhuriyet Başsavcılığı tarafından, diğeri Yargıtay Başsavcılığı tarafından olmak üzere iki kez HTS kayıtları istenmiş.

Ankara Cumhuriyet Başsavcılığı'nın talebi üzerine 23 Mart 2018 tarihinde gönderilen HTS kaydının 2011 yılı Kasım ayına ilişkin kayıt[105] ile 2019 yılında istenen kayıttaki Kasım ayına ilişkin kaydı karşılaştırdığımda, kayıtların bir kısmının aynı olmadığını tespit ettim. 2018 yılında gönderilen HTS kayıtlarında Kasım 2011 yılına ilişkin telefon trafiğinin bir kısmının 2019 yılında gönderilen kayıtta olmadığını, aksine başka telefon trafiği olduğunu gördüm. Bu belgeler dosyada var.

15 Temmuz sonrasında yapılan yargılamalarda ankesör davaları büyük çoğunluğu oluşturuyordu.

Şimdi gelelim başka bir tespite. Varsayalım bu grup gerçekten dedikleri gibi Cemaat üyesi olsun. Sonuç itibarıyla baktığımızda

---

105 Belge 21: Ankara Cumhuriyet Başsavcılığı tarafından istenmesi üzerine gönderilen HTS kayıtlarının ilgili sayfası

darbeye fiilen katıldığı iddia edilen asker sayısı 2 bin veya 4 bin civarı. Toplamda baktığımızda, jandarma dâhil olmak üzere 20 binden fazla asker kişi tutuklandı. Bu Cemaat darbe yapmaya kalktı ise, niye 2 bin veya 4 bin kişi bu işe kalkıştı da 18 bin asker kenarda durdu? Hâlbuki Cemaat ile ilgili bir iddia daha vardı. Kendi içinde sert bir hiyerarşinin olduğu söyleniyordu. Bir general veya albayın bir öğretmenin emrine girdiği belirtiliyordu. Esasında bu sorunun cevabı şunu da gösteriyor: Darbe girişimi olduğunu varsaydığımızda bile belirttiğimiz sayılar Cemaatin tepe noktasından başlayarak böyle bir emrin verilmediğini ortaya koyuyor. Tabii bunu kumpas olayını göz ardı ederek, sonuçtan hareketle yorum yapınca söylüyorum.

Mevcut görünen tabloda bile böyle bir sonuç ortaya çıkıyor. 20 bin asker içerisinde 2 bin asker olaylara dâhil oluyor. Dâhil olan askerlerin bir kısmı da askeri öğrenci ve erbaş. Bu mevcut bilgi, "15 Temmuz'un Cemaatin darbe girişimi" olduğu iddiasını çökertiyor.

Bilindiği gibi, TSK'daki koruma astsubayları Özel Kuvvetlerde MAK alayında yetiştiriliyordu. İsterlerse korudukları komutanı çok rahat etkisiz hale getirebilecek eğitim alıyorlardı. Üst düzey komutanların birçoğunun emir subayları ve astsubayları ankesör aramalarından tutuklandılar. Bunlar Cemaatçi ise ve Cemaat darbeye kalkıştıysa, bunlar niye harekete geçmedi?

Şu fikrin de hiçbir tutar tarafı yok: *"Cemaat az bir kesimle darbeye başladı, diğerlerini yedek bekletti."* Bu iddia akılla, mantıkla ve de gerçeklerle uyumlu değil. Zira darbenin başarısız olması halinde nelerin yaşanacağını herkes bilir. Bu nedenle darbeye girişen elinde ne varsa kullanır. Başarısız olma ihtimalini düşünmez. Böyle bir işin "B Planı" olmaz.

Bu anlattığım durumdan şu sonuç ortaya çıkıyor: Asker mantığı ile olaylara baktığımızda, darbeyi Cemaat yapmaya kalksaydı ve iddia edildiği gibi koruma astsubayları cemaatçi olsaydı, önce koruma astsubaylarını kullanır ve orgeneralleri etkisiz hale getirirdi. Hâlbuki darbe girişimi başladığında özellikle Birinci Ordu Komutanı hemen televizyonlara çıkıp yönlendirme yapmaya başladı. Birçok komutan demeçler verdi ama "Cemaatçi" denen astsubaylar onlara bir şey yapmadılar; aksine onları korudular. Söz ankesörlülerden açılmışken araya bir anekdot gireyim. İçerideyken hastaneye gidişlerimin birinde, sıra beklerken benim hukukçu olduğumu öğrenen genç bir arkadaş, "İyi de itibarımız ne olacak? Nasıl itibarımızı kazanacağız?" diye sordu. Bu arkadaş ankesörden içeri alınmıştı. Ona verdiğim cevap şuydu: "Zarrab'ı düşün; bir haftada neler yaşadı? Adamı önce Türk Bayrağı önünde vatansever bir kişi olarak konuşturdular. Sonra adam başına gelecekleri öğrenmiş olacak ki Amerika'ya gitti. Bir müddet haber alınamayınca Dışişleri devreye girdi. 'Bizim vatandaşımıza ne yaptınız, çabuk söyleyin' dendi. Bir gün sonra ise 'Zarrab savcılara konuştu mu?' diye sorular sorulmaya başlandı. Hemen akabinde, adamın savcılarla işbirliği yaptığı öğrenilince derhal hain ilan edildi. Mallarına da el konuldu. Yani bir hafta içinde adam vatanseverlikten hainliğe terfi etti. İşte burası Türkiye, bir haftada çok şeyler değişir. Bazı gerçekler ortaya çıkar, bir anda sen vatansever olarak anılmaya başlarsın" dedim. Halen aynı fikirdeyim. Nitekim Şamil Tayyar demedi mi; "Bazı gerçekler ortaya çıktığında, bugün hain görülenlerin vatansever, vatansever görünenlerin de hain olduğu anlaşılacak" diye. Herhalde bildiği bir şeyler var. Benim ise hiç şüphem olmadı. Ancak zaman gerekiyor.

4. Yargıtay 9. Ceza Dairesindeki Davam

a. Genel Olarak

Yargılandığım davadaki olayları anlatmam haklı olarak eleştirilebilir. Senin davandan bize ne diye düşünülebilir. Ancak Türkiye'deki yargılamaların nasıl yapıldığının anlaşılması açısından anlatılması gerektiğini düşünüyorum. Zira yüksek yargı organı mensubu olan ve özel soruşturma usulüne tabi bir insanın dosyasında yapılanlar, diğer dosyalarda neler yapıldığına ayna tutacaktır.

Bu bağlamda, kıyas yapma açısından kendi dosyamdaki bizzat yaşadığım hukuksuzluklara işaret etmek istiyorum. Tanıkların nasıl çelişkili ifade verdiklerini ortaya koymak istiyorum.

Davaya geçmeden önce şu hususu da belirteyim: Askeri hâkim olarak göreve başladığımda kadılarla ilgili bir söz duymuştum, "Kadıların üçte ikisi cehennemdedir" diye. Bu sözün doğruluğunu, dayanağının olup olmadığını merak etmiştim. Zira bu söz bizim atasözü gibi bir sözdü. Cezaevindeyken Kur'an meali ile beraber hadis kitaplarını da okuyordum. Hadislerle İslam diye Diyanet'in 7 ciltlik kitabı Cezaevi kütüphanesinde vardı. O ciltleri okurken kadılarla ilgili yani günümüzdeki hâkimlerle ilgili o hadise birkaç yerde rast geldim. Hadis[106] anlam itibarıyla şöyleydi: Adaletten ayrılarak karar veren hâkim cehennemdedir. İncelemeden karar veren hâkim cehennemdedir; inceleyerek adil karar veren hâkim cennettedir. Bir kere toplumda bilinen ve söylenen anlamıyla hâkimlerin üçte ikisi cehenneme gidecek bilgisi yanlış. Hadis sayı söylemiyor. Hâkimin niteliğinden bahsediliyor. Kriter olarak, hâkimin vasfını esas alıyor. Bu hadisten şu sonuç ortaya çıkıyor: Dosyayı incelemeden karar veren hâkim kararı doğru olsa da yine cehenneme gidecek. Çünkü Allah hâkime önce araştırma görevini yüklemiş. Tarafları eşit şekilde, bir tarafı kayırmadan, tarafsız bir şekilde dinleyecek. Sonra kararını verecek. Adaletten ayrılan hâkime ise hiç şans verilmemiş. Bu tür insanlar doğrudan cehenneme gidecekler. Hâkimler hakkında Allah'ın adaleti böyle tecelli edecek.

Peki, adaletten ayrılmak ne demek? Hâkimler bağlamında şu anlama geliyor: Vicdanına göre değil, yani modern hukuk tabiriyle, Anayasaya, kanuna ve hukuka uygun olarak değil; başka birisinin

---

106 "Hâkimler üç kısımdır. Biri cennette, ikisi ise cehennemdedir. Cennette olan, hakkı bilip ona göre hüküm verendir. Hakkı bildiği halde hüküm vermede zulmeden kişi cehennemdedir. İnsanlar arasında bilgisizce hüküm veren kimse de cehennemdedir." Bkz. Hadislerle İslam, 5. Cilt, 4. Baskı, İstanbul 2017, s.406.

talimatına göre karar vermek, para veya menfaat karşılığı karar vermek. Sincan'da yapılan duruşmada, verilen ara sırasında üye hâkimlerin konuşmalarını düşünün. Mikrofon açık unutulmuşken konuşuyorlar. "Başkan, Saray'dan bir danışmanla görüşüyor" dendi. Bu hâkimlerle ilgili kararı siz verin. Bu hâkimler ölünce nereye gidecekler?

b. Gözaltı ve Tutuklamadaki Sahtekarlıklar

Anlatmaya gözaltı sürecinden başlayayım. Yayınlanan sıkıyönetim görevlendirme listesinde adım bulunmuyordu. Anayasal Düzen Savcısı Necip İşçimen, televizyonlarda AYİM Başkanı ve daire başkanlarının gözaltına alınmasına karar verildiğini söylüyordu. Listede adım olmaması nedeniyle muhtemelen 16 Temmuz itibarıyla verilen gözaltı kararlarında yoktum. Ancak Ankara'da gözaltı işlemleri 4 gün sarktı. Daha sonra bu gözaltı kararları kaldırılarak 19 Temmuz'da yeniden gözaltı kararları verildi.[107] Adım, 19 Temmuz 2016 tarihli gözaltı kararı listesinde yer aldı.

Peki, bu durum nasıl gerçekleşti? Ankara Cumhuriyet Başsavcılığı tarafından düzenlettirilen MASAK raporunda, Askeri Yargıtay Başkanı ile ilgili bölümde, Askeri Yargıtay Başkanının 16 Temmuz 2016 tarihi itibarıyla gözaltına alınan personellerden olduğu yazıyordu. Ancak bu kişi gözaltına hiç alınmadı. Benim 16 Temmuz itibarıyla gözaltı listesinde olmam mümkün değildi. Zira listede ismim yoktu. Ancak sıkıyönetim mahkemelerine görevlendirme listesinin altında yer alan bir nota; listede olmayan diğer askeri hâkimlerin görevlerine devam edecekleri belirtiliyordu. Bu nota dayanılarak, bazı hâkimler hakkında gözaltı işlemleri yaklaşık 6 ay sonra yapıldı.

Bu nota dayalı olarak tutuklanmam için Savcılık tarafından

---

107 Belge 22: Hâkim Tuğamiral Ahmet Zeki Liman hakkında gözaltı kararı olduğunu gösteren MASAK Raporu ilgili sayfası

MSB'ye yazılmış bir yazının olması gerekiyordu. Yoksa savcılığın, kimlerin görevlerine devam edeceklerini kendi imkânlarıyla tespit etmesi mümkün değildi. Ama dosyaların hiçbirisinde böyle bir yazı yoktu. Görevine devam edecek askeri hâkimlerin kim olduğu nereden öğrenildi? Bu soruya da hiç kimse cevap vermedi. Peki o zaman gözaltına alınacak askeri hâkimler listesine nasıl dâhil oldum?

Bu sorunun cevabı şuydu: Muhtemelen, Doğu Perinçek grubu kendi listelerini oluştururken beni fişleme listesine almamışlar. Muhafazakar yapım nedeniyle AKP yanlısı olduğumu düşünmüş olabilirler. 16 Temmuz itibarıyla gözaltına alınması gereken AYİM Başkanı Abdullah Aslan, Askeri Yargıtay Başkanı Ahmet Zeki Liman ve Hâkim Albay Kenan Kenan bazı gözaltıları kaldırmak için girişimlerde bulunmuşlar. Perinçek grubunun listesinden adam sildirtmek için, karşılığında AYİM'den bazı hâkimleri yem olarak kullanmak istemişler. Bu bağlamda geçmişteki davaları nedeniyle hakkında şikayetler bulanan beni ve benimle samimi olan Hâkim Albay Yaşar Yüce'yi bildirmeye karar vermişler. Gözaltındayken meşhur işkenceci polis Tatar lakaplı kişi bizlere; "Sizi buraya biz istemedik, Genelkurmay gönderdi" demişti. Genelkurmay'a tutuklanacakların listesinin nasıl gittiğini de tesadüfen öğrendim. Daha önce bahsettiğim gibi, 15 Temmuz sonrasında Kenan Kenan'ın benim hakkımda girişimlerde bulunacağını tahmin ediyordum. Kendisini telefonla aradığımda, Genelkurmay Başkanı Hulusi Akar'la görüşmeye gittiğini öğrenmiştim. O da hazırladıkları tutuklanacaklar listesini Hulusi Akar'a vermiş; oradan da liste savcılığa gönderilmiş.

Listede ismim yer almayınca, mahkemenin tutuklama kararı vermeyeceğini düşünen Cumhuriyet savcısı Durdu Gökmen, şöyle bir kumpas kurdu: Dört gün gözaltında kaldıktan ve işkenceden geçirildikten sonra ifade vermekte zorlanan bana ve benim durumumda olan birkaç kişiye "Listede adınız var; sıkıyönetim mahkemesine atanacakmışsınız" diyerek bir liste gösterdi. Adımın sıkıyönetim görevlendirme listesinde olmadığını söyleyince elindeki listeyi sallayarak, "buradaki listede var" dedi[108]. Uzaktan baktığımda, tek sayfalık bir listede "sıkıyönetim mahkemeleri..." diye yazan, altında orta bir yerde ismimin ve Yaşar Yüce'nin isminin yer aldığı bir liste olduğunu gördüm. Şaşırdım, zira adımın yayınlanan listede olmadığını 16 Temmuz itibarıyla öğrenmiştim. "Bakın yayınlanan liste ile bu liste çelişkili, benim ismim listede yer almıyor" dedim. Bu beyanımı ve listeler arasında çelişki olduğunu tutanağa geçirttim. Listeleri hazırlayanlardan Barodan gelen avukatla birlikte şikâyetçi olduk. Mahkemede ifadem alınırken daha doğrusu sulh ceza hâkimi ifade alırken bu durumu yine söyledim. Ancak, Sulh Ceza Hâkimi "Listede adınız var, sizi tutuklamam gerekiyor" dedi ve tutuklandık.

Savcının gösterdiği listeye bir türlü ulaşamadım. Yazılı olarak dilekçe verdim. Yine liste gönderilmedi. Yaklaşık 2 sene sonra öğrendik ki Savcının gösterdiği liste Ankara Merkez Komutanlığı tarafından 15 Temmuz sonrası hazırlanan gözaltı listesiymiş. Savcı ise bu listeyi 15 Temmuz öncesinde hazırlanmış gibi suç delili olarak bize gösterdi ve bu listeyi mahkemeye de sundu.

Dava açılınca o listeyi dosyada aradım ama göremedim. Yani Savcı Durdu Gökmen bizi tutuklatmak için böyle bir yol bulmuş. Zira dosyada hiçbir şey yoktu, listede isim yoktu, o şekilde sevk edince tutuklanmama ihtimalini düşünerek uydurma bir liste dosyaya koyma gereği duymuş. Cumhuriyet Savcısı sıfatlı birisi böyle bir sahtekârlık yapabildi. Bu sahtekârlığıyla iki askeri hâkimi tutuklattı. Kader planı var. Ona inanıyorum. O ayrı bir konu ama sebepler planı ise bu şekilde sahtekârlıkla cereyan etti.

---

108 Belge 23: Savcı Durdu Gökmen'in gösterdiği uydurma liste

c. Soruşturma Aşaması

Sahte bir listeyle, Ankara Cumhuriyet Başsavcılığı hakkımızda hukuksuz bir şekilde soruşturmaya başladı. Hakkımda tutuklamayı gerektirecek bir belge olmayınca Doğu Perinçek koalisyonu, bir kumpas daha kurdu. Grubun hazırlamış olduğu büyük bir liste, 27 Temmuz 2016 tarihinde Emniyet Genel Müdürlüğü'nün altındaki Cemal Süreyya parkına bırakılmış. Telefonla ihbar yapılmış.[109] İhbarda belirtilen yerde bulunduğu belirtilen liste daha sonra dosyaya girmiş. O kumpas listeye benim ismimi de eklemişler. Mahrem imam denen bir kişi ile irtibatım olduğu, operasyonel hat diye bir telefon hattı kullandığım yazılmış.

Dosya, Ankara Cumhuriyet Başsavcılığı'ndayken taleplerimizin hiçbirisine cevap verilmedi. Taleplerimiz diyorum, zira dört tutuklu üye birlikte aynı koğuşta kalıyorduk ve her birimiz dilekçe yazıyorduk; ancak dosyada ne tür delil var, hiç birisini öğrenemiyorduk. Bu arada KHK'lar çıkıyor, kanunlarda değişiklikler yapılıyordu. Dosya, militarist yapılı Selda Binboğa Kurtuluş adlı savcıdan alınıp, Mehmet Turgay adlı ondan daha militarist savcıya verilmiş. Bu savcı, bazı emekli askeri hâkimler ve Mehmet Yüzbaşıoğlu ile zaman zaman bir araya gelip toplantılar yapıyorlarmış. Tanıdığım bir avukat, savcıya evrak vermek üzere yanına girmek istediğinde, kâtip "Toplantı halinde, girmeyin" diyerek engel olmuş. Avukat da ayrılmamış, toplantının bitmesini beklemiş. Daha sonra içeriden Mehmet Yüzbaşıoğlu, arkasından askeri hâkim emeklisi İlter Aksoylu ve başka bir avukatın çıktığını görmüş. Mehmet Turgay'ın aynı zamanda Doğu Perinçek grubunun adamı olduğunu sonradan öğrendik. Bu savcıyı da kullandıktan sonra, bir kenara attılar.[110]

---

109 Belge 24: Cemal Süreyya Parkına konulan liste ile ilgili ihbar

110 Bu satırları tekrar gözden geçirirken, internette savcı atamalarına karşı eleştiri yazıları çıkmaya başlamıştı. Hükümet kanadı, Perinçekçi savcıları pasif göreve almaya başlamıştı. Bu savcı da bu minvalde pasif bir göreve alınmış. Bkz. https://www.veryansintv.com/o-istihbarat-baskanini-tespit-eden-savci-bugun-nerede, erişim tarihi; 20.02.2021.

Mehmet Turgay, elindeki bizimle ilgili dosyayı uzun bir süre tuttuktan sonra, yüksek yargı organı mensubu olan kişilerin dosyalarını ayırarak Yargıtay Cumhuriyet Başsavcılığına gönderdi. Dosyanın Yargıtay Cumhuriyet Başsavcılığı'na gittiğini öğrenince, birkaç kez dilekçe yazdık: "İfademizi alın. Listeden bahsediliyor, listenin gerçeğini öğrenmek istiyoruz" dedik. Ancak ifademiz alınmadı.

Yargıtay Cumhuriyet Başsavcılığı'ndaki Savcı Cihan Kahraman, 24 Nisan 2018 tarihinde, benimle ilgili davayı açtı. Tutuklanırken isnat edilen suç, "anayasal düzeni değiştirmeye teşebbüs"tü. Soruşturma devam ederken bu suça "FETÖ yöneticiliği" de eklendi. Ancak ne hikmetse dava "FETÖ üyeliği" suçundan açıldı.

Gördüğüm kadarıyla, bu süreçte savcılar, benim gibi insanlarla yüz yüze gelmekten hep kaçındılar; korktular. Sorulara muhatap olmak istemediler. Zira, ifade almaya kalksalardı kendileri sorgulanacaktı. Davayı açan savcı duruşmaya hiç çıkmadı. İddianame yazan savcıların hiç biri kendi açtığı davaların duruşmasına çıkmadılar. Hâlbuki usul, herkesin kendi açtığı davasına savcı olarak çıkmasıydı.

ç. Dava Aşaması

Hakkımdaki dava, Yargıtay Cumhuriyet Başsavcılığı tarafından 24 Nisan 2018 tarihinde açıldı. Yargıtay 9. Ceza Dairesi, 3 Ekim 2019 tarihine, yaklaşık 5 ay sonraya duruşma günü verdi. Bu sırada Yargıtay 9. Ceza Dairesi'nin Başkanı Burhan Karaloğlu'ydu. 15 Temmuz'dan önce AYİM üyelerinin yargılanmaları farklı bir usule tabiydi. Görev nedeniyle bir suç işlediklerinde Yüce Divan sıfatıyla Anayasa Mahkemesi'nde yargılanmaları gerekiyordu. Şahsi suç işledikleri zaman ise AYİM Genel Kurulunun soruşturma yapılmasına gerek görmesi halinde, Yargıtay Birinci Başkanlar Kurulu'nun soruşturma yapması ve soruşturma sonunda bu kurulun iddianame düzenlemesi gerekiyordu. Yargıtay Ceza Genel Kurulu da açılacak davaya bakıyordu. 15 Temmuz'dan sonra bu kadar üyenin yargılamasının zorluğu ve mahkemeyi etkileme güçleri gibi hususları dikkate alarak, KHK ile kanun değişikliği yapıp yargılama yapma görevini Yargıtay 9. Ceza Dairesi'ne verdiler. Böylece tabi hâkim ilkesinin de canına okudular.

Yargıtay 9. Ceza Dairesi'nde birden fazla heyet oluşturuldu. 15 Temmuz'dan çok sonra üye seçilen Abdurrahman Orkun Dağ, bir heyete başkan olarak atandı. Başkanı bulunduğu heyette yer alan iki üyeden kıdemsizdi. Daha dün seçilen üyenin heyet başkanı olarak görevlendirilmesine rağmen, diğer kıdemli iki üyenin sesi çıkmıyordu.

İrfan Fidan'ın Yargıtay'a dahi uğramadan AYM'ye gönderilişini görünce, Yargıtay'daki üye profilinin ne hale geldiğini iyice anlamış olduk. Neyse konumuza dönelim; Abdurrahman Orkun Dağ başkanlığında bir heyet oluşturulunca, benimle ilgili dosyayı da ikinci duruşmadan sonra onun heyetine verdiler.

Dava açılınca cezaevindeyken bana duruşma tensip tutanağı gönderildi. Haberim olmadan eşim dava dosyasının suretini fotokopi yaptırmış. 13 cilt halinde cezaevine getirmiş. Bir gün ismim okunup, kitapların var denince aşağı inerek mazgalın yanına gittim. Ciltleri görünce çok şaşırdım. Ciltler bayağı bir espri konusu oldu. Koğuş aramaları sırasında, koğuşun üst katında kalıp, aramaya nezaret ediyordum. Her seferinde bu ciltlerin ne olduğunu gardiyanlara izah ediyordum. Duruşmaya kadar, 5 ay süresince savunma hazırlamak üzere çalıştım. Aynı zamanda el yazısıyla hazırladığım savunmayı, haftada bir cezaevi bilgisayarlar bölümüne giderek bilgisayarda yazdım.

Dosyayı inceledikten sonra gördüm ki, hakkımda çok tanık dinlenmiş. AYİM'deki tüm üyeleri dinlemişler. İfadelerin bir kısmını önce Ankara Cumhuriyet Savcılığı almış. Aynı zamanda Genelkurmay Askeri Savcılığı da ifade almak için naip savcı olarak atanmış.

Genelkurmay Askeri Savcılığı'nda ifadelerin bir kısmını Mehmet Yüzbaşıoğlu almış. Yani Mehmet Yüzbaşıoğlu benimle ilgili dosyada, hem savcılık, hem tanıklık yapmış; aynı zamanda benden de şikâyetçi olmuş. Hukukçu olanlar, bu durumun nasıl bir garabet olduğunu anlamışlardır.

Yargıtay 9 Ceza Dairesi, tensip yaparken aleyhime ifade vermiş kim varsa bunların tanık olarak dinlenmesine karar vermiş. Lehime ifade veren kişileri ise tanık listesine koymamış. AYİM'de aynı Daire de görev yaptığımız iki kişi Hakan Ali Turgut ve Bengü Abban'ın dinlenmesine gerek görmemiş. Zira bunlar ifadelerinde benimle ilgili olumsuz hiçbir şey söylememişler. Hatta Mehmet Yüzbaşıoğlu tarafından tüm tanıklara "AYİM'de FETÖ'cü olarak bildiğiniz birileri var mı?" diye aynı soru tekrar tekrar sorulmuş. "FETÖ'cü olduğunu duyardık" diyenlerin beyanını zapta geçirmiş. Lehime bir beyan olunca da soruyu ve cevabı zapta geçirmemiş. Bunu da kâtibin anlattığı bir memurdan öğrendim. Ayrıca, ifade tutanaklarını dikkatli incelediğimde bunu açık olarak tespit ettim.

Mahkeme beni en yakından tanıyan, aynı dairede görev yaptığımız iki tanığı dinlemedi ama başka dairelerdeki aleyhime ifade veren kimler varsa tanık olarak çağırdı. Bu yöntem, yüksek yargı gibi görünen heyetin hem yargılama yapma stratejisini, hem de olaylara bakışını açık gösteriyordu. Kısaca, lehime delil olacak hiçbir şeyi dosyaya koymak istemediler. Aynı yöntemi tüm üyeler için uygulamışlar.

O sırada Yargıtay 9. Ceza Daire Başkanı olan kişinin bir özelliği daha vardı. Doktor olan oğlu ile ilgili bylock iddiası ile açılan soruşturmayı etkilemek üzere adliyeye gittiği basında yazıldı. Her nedense, bu süreçte hukuk dışına çıkanların büyük çoğunluğunda, bu tür irtibatlar vardı. Sırf bu irtibatları nedeniyle başlarına bir şey gelmesin korkusuyla, kraldan fazla kralcı oldular. Hatta zalimlikte zirveyi zorladılar.

İlk duruşmamı Burhan Karaloğlu başkanlığındaki heyet yaptı;

savunma yaptırdılar. Olayları detaylı olarak anlattım. Hastaneye gidip gelirken zaman zaman tutuklu Yargıtay üyeleri ile karşılaşıyordum. Şunu söylüyorlardı: "Burhan Karaloğlu ve Abdurrahman Orkun Dağ tam bir tetikçidir. Diğer heyet Başkanı Maruf Alikanoğlu hakkında ise diğerlerine göre iyi, vicdan sahibi bir insandır" diyorlardı.

1. İlk Duruşmada Yaşadıklarım

İlk duruşmada salona girerken, kapıda kelepçeyi çözdüler. Salon büyük bir salondu. Yargıtay Ceza Genel Kurulu Salonunu duruşma salonuna çevrilmişti. İçeri girerken heyetteki o bakışları hiç unutmuyorum. Yüksek yargı organı mensubu olarak kelepçeli bir şekilde duruşma salonuna götürülmem beni incitti. Duruşma boyunca yanımda iki asker bulundu. Bu manzaralar ve içeride anlatılanlar çocuğum yaşındaki iki askerin olaylara bakışlarını da değiştirdi. Duruşma bitince, salon çıkışındaki küçük bekleme salonunda beklerken bana "Hakkınızdaki iddialar bunlar mı!" diye hayretle sordular. "Evet" deyince çok şaşırdılar. Bundan sonra hemen hemen her duruşmadan sonra bekleme aşamasındayken iki görevli askere ne düşündüklerini sordum. Askerler benzer şekilde cevap verdiler.

İlk duruşmada beni duruşmaya getirip götüren astsubay insan evladıydı. İkinci duruşmada getirip götüren uzman ise ... bir uzman çavuştu. Her ne hikmetse, ertesi gün hastaneye giderken de bu uzman çavuş beni götürdü. Hastanede yanımda görevli olarak bulundu. Bana doğrudan ismimle hitap ederek beni rencide etmeye çalışıyordu. Herhalde bir uzman olarak, bir albaya ismiyle hitap etmesi ona ayrı bir haz veriyordu.

Birinci duruşmada, savunmam bitince başkan bana iki soru sordu. Bunlardan birincisi, odamda bulunan Ahmet Zeki Üçok ile ilgili nottu. Bu hususu yukarıda anlatım. Sanki çok önemli bir delil bulmuşlar gibi soru sorma tarzı vardı. Hafif alaycı, hafif sırıtarak, notlardan bazı kısımları okuyup "Peki bunlar ne?" dedi. Bende bu notları izah ettim. Hıfzı Paşa'yla ilgili yaşadıklarımı anlattım. İkincisi de, 11 Temmuz günü WhatsApp grubuna atmış olduğum bir resimle ilgiliydi. Bu resimle ilgili sorulan soru çok komikti ve aynı zamanda düşündürücüydü. Resimle ilgili olarak hemen şunu açıklayayım. Amcalarımın mesleği ve baba mesleği olarak, çocuk yaştayken kamyon kullanmasını öğrendim. C Sınıfı ehliyetim vardı. Hatta 1993 yılında Ankara Kızılcahamam'da bu ehliyeti alırken, görevli olan polis, mesleğimi öğrenince gülmüştü. "Ne yapacaksınız bu ehliyeti?" demişti. "Ben de bu işi biliyorum, ehliyet alacaksam bari bildiğimin karşılığını alayım" demiştim. Önce şaşırmıştı. Dingilli As 600 kamyonla yola çıktığımızda, nasıl araba kullandığımı görünce hemen durdurdu. "Tamam, yarın gelin ehliyeti alın" dedi. Başkanın bana gösterdiği o resmi, İstanbul Başakşehir'de site içinde gezerken bir kamyonet arkasında gördüm. Fotoğrafını çektim. Espri olsun diye de askeri hâkimler WhatsApp grubuna attım. Cevap olarak, bir kamyon yazısı deyip, fotoğrafı çekme serüvenini açıkladım.[111] Hiç kimseden de tepki gelmedi. Resimde şu yazıyordu: "Selektör yapmanıza gerek yok, zamanı gelince alayınıza yol vercem." Bu yazıdan bizim meslektaşlardan bazıları müthiş anlamlar çıkarmışlar. Kenan Kenan ve Celal Işıklar bu yazıdan dolayı beni darbeci ilan ettiler. Bu kadar da kıt akıllı insanlar. Darbe girişimi içerisinde olan bir insan bırakın böyle bir resmi atmayı, o aşamadan sonra konuşmasını bile değiştirir.

Ancak bu kişiler, kumpasın içinde yer aldıkları için, herkesin güldüğü yerde, derin anlamlar çıkardılar. İşte ilk duruşmada bu hususlara da cevap verdim.

---

111 Belge 25: Kamyonet arkasındaki yazı

2. Tanıkların Durumu ve Mahkemenin Tavrı

Belirttiğim gibi mahkeme, tanıkları tespit ederken aleyhime ifade vermiş kişileri tespit etmiş. Sorgumdan sonra, Ahmet Zeki Üçok'la ilgili notlara dair aleyhime ifade vereceğini düşündükleri için Hıfzı Çubuklu Paşa'nın da tanık olarak dinlenmesine karar verdiler. Sorgum sonrasında bana gösterilen resimle ilgili olarak herhangi bir karar almadılar. Ancak tanıklar dinlenirken özellikle Abdurrahman Orkun Dağ bu resmi sormaya başladı. Bazı tanıklar "Whatsapp gruba kayıtlı değilim, bilmiyorum" dedi. Abdurrahman Beşiroğlu gibi bazı tanıklar ise "Anlamlı bir resimdi" dediler. Avukatım Muhammet Akçay, "O resmin atıldığı tarih itibarıyla herhangi bir anlamı var mıydı?" diye sorunca, özellikle Abdurrahman Beşiroğlu ne söyleyeceğini de şaşırarak, "Hayır yoktu, komik bir resimdi" dedi.

Mahkeme, 11 tanığı da ikinci duruşmaya çağırdı. Şaşırdım, "Bu kadar kişiyi nasıl bir duruşmada dinleyecekler?" diye düşündüm. Duruşmayı saat 14.00'e koydular. Çağırdıkları tanıklardan Hıfzı Çubuklu Paşa ve Mustafa Okşar hariç, diğerlerinin tanıklık statüsü yoktu. Zira tutuklanmama gerekçe gösterilen sıkıyönetim görevlendirme listesinde adları yer alıyordu.

Duruşmaya sıkı bir hazırlık yaptım. Tanıklara sorularımı yazılı olarak hazırladım. Sorularımı duruşmada tek tek soracaktım. İkinci duruşmada Heyete, Daire Başkanı Burhan Karaloğlu başkanlık ediyordu. Tanıkların yarısının ismini okudu. Mahkemede hazır olanların bu tanıklar olduğunu söyledi. Diğer tanıkların gelmediğini açıkladı; tanıkları tek tek çağırmaya başladı. Sonra avukatlarımdan öğrendim; meğer tanıkların hepsi duruşmaya gelmişler. Ancak hepsini dinlemeye zamanlarının yetmeyeceğini düşünerek, tanıkların yarısını göndermişler. Yüksek Yargı Mahkemesi, duruşma yaparken bile gerçeği aykırı tutanak düzenleyebiliyordu.

İkinci duruşmaya 17 Aralık 2018 tarihinde götürüldüm. Beni

aynı salona aldılar. Yine yanımda iki asker, arkada da bir uzman çavuş olacak şekilde sıkı güvenlik altındaydım. Başkan SEGBİS'i açarak, duruşmayı başlattığını söyledi. Tanıkları sırayla içeri almaya başladı; ilk tanık içeri girdikten sonra tanık kürsüsüne aldı. Doğrudan, daha önce kaydedilen kimliğini okudu. Yani kimlik tespitini CMK usulü dışı yaptı. Arkasından "Abdullah Bey .....tarihinde ve .....tarihinde iki defa Savcıya ifade vermişsin, birisi askeri savcıya, biri de Cumhuriyet Savcısına bunlar doğru mu?" diye sordu. Çok şaşırdım. Yıllarca ceza yargısında hem savcı, hem de hâkim olarak görev yapmış biri olarak bu usulü anlayamadım. Hâlbuki kimlik tespitinden ve yeminden sonra tanık olayı anlatmaya başlar. Önce olayla ilgili ifade verir; daha önce verdiği ifadesi var ise gözden geçirilir. Çelişkili bölümler var ise o hususlarla ilgili olarak, çelişkiyi gidermek maksadıyla sorular sorulurdu. Çelişkiler giderilmeye çalışılır, sonra taraflardan tanığın ifadesine karşı diyecekleri sorulurdu. Bu usul, CMK'da açık olarak yer alıyordu.[112] Başkan, tanığın ifadesini vermesini beklemeden "...tarihli ifadeler doğru mu?" diye söze girince çok şaşırdım. Daha da ilginç olanı ise, tanıkların hemen hemen hepsi "Doğru mu?" diye sorulan ifadeleri için içeriğini öğrenmeden, "Doğrudur" dediler. Sıra bana gelip de sorularımı sormaya başlayınca, çoğu daha önceki ifadelerinden farklı ifade verdiler; sorularım üzerine daha önce verdikleri ifadelerini kabul etmediler. Açıkçası, dosya bir de usulden bozulsun diye usule aykırılıkları düzeltme yoluna gitmedim.

Tanıklar dinlenirken rahatsız olduğum diğer bir nokta da şuydu: Tanıklara soru sormaya başladığımda, hoşuna gitmeyen sorular

---

112 CMK Madde 52: (1) Her tanık, ayrı ayrı ve sonraki tanıklar yanında bulunmaksızın dinlenir.

(2) Tanıklar, kovuşturma evresine kadar ancak gecikmesinde sakınca bulunan veya kimliğin belirlenmesine ilişkin hâllerde birbirleri ile ve şüpheli ile yüzleştirilebilirler. ...

Madde 59: (1) Tanık, dinlenmeden önce hakkında tanıklık yapacağı olayla ilgili olarak mahkeme başkanı veya hâkim tarafından, kendisine bilgi verilir; hazır olan sanık, tanığa gösterilir. Sanık hazır değilse kimliği açıklanır. Tanıktan, tanıklık edeceği konulara ilişkin bildiklerini söylemesi istenir ve tanıklık ederken sözü kesilmez.

(2) Tanıklık edilen konuları aydınlatmak, tamamlamak ve bilgilerinin dayandığı durumları gereğince değerlendirebilmek için tanığa ayrıca soru yöneltilebilir.

olunca, başkan bana "Geç, geç, geç" diyordu. Nezaket onun için herhalde yalnızca kadın ismiydi. Bu durumdan çok rahatsız olan avukatım Muhammet Akçay, duruşma sonrasında ziyaretime geldiğinde başkanın bu tavrını dile getirerek, "Cemil Bey, müsaadeniz olursa duruşmada onlara nezaket seviyelerini bildireceğim" dedi. Muhammet Akçay, tanıdığım en nazik insanlardan biriydi. Mahkeme heyetine nezaket çerçevesinde hadlerini de bildiriyordu. Hatta bir duruşmada; "Zaman gelecek, bu günlerin hikâyesini Cemil Çelik'ten dinleyeceğiz" demişti. Tabi bu beyan karşısında, heyetin yüz renklerinin değiştiğini bizzat müşahede ettim. Ancak kendisine, "Muhammet Bey, çocuğum yaşındaki gardiyanlar bana Cemil diye bağırarak hitap ediyorlar. Albay olduğumu bilen bir uzman, 'Cemil' diyerek muhatap oluyor. Her şeyin bir zamanı var, o zaman gelince onlara bunları hatırlatırız" mahiyetinde şeyler söyleyerek, heyetle sert diyaloğa girmemesini istedim.

Tanıklarla ilgili genel mahiyette şunu da söyleyip, tanıkların bazı özellikli beyanlarını anlatmaya geçeyim. Tanıkların hepsine tek tek; "Benim Cemaat ile ilgili olarak herhangi bir bağım olduğuna dair görgüye dayalı, somut bir bilgin var mı?" diye sordum. Hepsi de hayır dediler. Ama bu tanıkların beyanlarına dayalı olarak hakkımda "FETÖ üyeliği"nden dava açılmıştı.

Tanık Hâkim Tümgeneral Abdullah Aslan

Abdullah Aslan, AYİM Başkanı'ydı. Yukarıda da belirttiğim gibi, sıkıyönetim mahkemelerine görevlendirme listesinde AYİM Başkanı olarak görevine devam edeceği belirtiliyordu. Askeri Savcıya verdiği ifadede benimle ilgili olarak, "Hakkında tuttuğum özel dosyayı ilgili yerlere verdim" deyince, aleyhime kullanmak üzeri tanık olarak çağrıldı. Ailecek çok samimi olduğumuz bir insandı. Ancak ismi listede yer alınca tüm ayarları bozuldu. Savcıya 5-6 kez ifade verme durumunda kalmış. 15 Temmuz tarihi itibarıyla Mehmet

Partigöç'le telefon görüşmesi olduğunu tespit ettikleri için üzerine gidiyorlardı. Duruşmada salona girerken, göz göze gelmemek için gayret sarf etti. Ancak 15 Temmuz'un üzerinden yaklaşık 2 yıl geçmişti. Hakkında takipsizlik kararı verilmişti. Bu nedenle biraz rahatlamış görünüyordu. Duruşmada sorularıma doğru cevap vermeye çalıştı. Cumhuriyet Savcılığı ifadelerini hatırlattıkça kızardı. Ne yapacağını da şaşırdı. Kendisine *"Onun hakkında şikâyetler vardı. Ben de bir dosya hazırladım. Dosyayı ilgili yerlere sundum"* demişsiniz. *Benimle ilgili bahsettiğiniz dosya neydi? Dosyada neler vardı? Hakkımdaki dava dosyasını inceledim, dosyada özel bir şey görmedim. Yalnız şikâyetler ve Genelkurmay'ın cevabı vardı. Bu şikâyetlerin dışında başka bir şey var mı?"* diye sorunca, "Hayır" dedi.

Listedeki durumu nedeniyle esir alınmış gibiydi. Öyle ki, Yaşar Yüce ve benim hakkımda verdikleri meslekten ihraç kararını hiçbir zorlama yasa hükmü olmadığı halde Resmi Gazetede yayınladı. Delilsiz kararlarını Tüm Türkiye'ye de göstermiş oldu. Böylece Cemaat aleyhine çalışıyormuş intibaı vermek istedi.

Kendisinden çok büyük cesaret de beklemiyordum. Savcılıktaki ifadelerinin aksine, duruşmada çoğunlukla doğru beyanda bulundu.

Tanık Hâkim Albay Kenan Kenan

Albay Kenan Kenan, belki de en önemli tanıktı. Çünkü benim tutuklanmamı sağlayan, sonra da vermiş olduğu ifade ile tutukluluğumu devam ettiren kişiydi. Diyeceksiniz ki, "Bu itirafçı mı? Sizin tutuklanmanızı nasıl sağladı?" Anlattığım gibi, listede ismim olmayınca, Uyuşmazlık Mahkemesi seçimindeki kini nedeniyle, 15 Temmuz'dan sonra revize ettikleri listeye beni ekleyerek Genelkurmay'a verdi. Listeler hususunda mahir olan, milliyetçi ve muhafazakar görünümlü, ancak menfaatini her şeyin üstünde tutan bir kişiydi. Yaptıklarının karşılığını da aldı. Hiç alakası ve bilgisi olmadığı halde Futbol Federasyonu Başkanlığı'nda avukat oldu. Ayda 60 bin lira civarı para aldığı söyleniyor. Eşini de Danıştay üyesi seçtirdi. Tabii başka ne tür nemalar elde etti, onu ilerideki zaman gösterecek.

Bu kişi aday değilmiş gibi yapıp, ama adaylardan daha aday olacak şekilde Uyuşmazlık Mahkemesi seçimine giriyordu. Esasında bu seçim dönemi, bu kişinin karakterini ortaya koyan bir süreçti. Hâkimler tarafından sevilmediği için kaybedeceği düşüncesiyle doğrudan aday olmadı. Ben de aday olmadım. Seçim günü onu sevmeyenler bana yöneldiler. Hiç kimseye aday olduğum yönünde bir şey söylemedim. Yapılan seçim sonunda başka bir aday kazandı. Ancak Kenan Kenan yapılan seçimi kazanamayınca, bu işi kan davası haline dönüştürdü. Bu sıralarda, "Paralel yapı ile mücadele adı" altında fişlemeler yapmaya başlamış. Bunu 15 Temmuz sonrasında mahkemelerde verdiği ifadelerden öğrendim.[113] Ayrıca, yakın arkadaşı olan Hulusi Gül de zaman zaman Kenan Kenan ile listeler yaptıklarını söylemiş.

Duruşmada, Kenan Kenan'a, "Benim Cemaat ile ilgili irtibatım olduğuna, Cemaatçi olduğuma dair görgüye dayalı, doğrudan bir bilgin var mı?" diye sorduğumda; "Valla talimat alırken yanında olmadığım için bilmiyorum" dedi. Bu cevap üzerine Mahkeme Başkanı, "Bakın siz Hâkim albay olmuşsunuz. Ceza yargısında da bulunmuşsunuzdur. Tanıklığın nasıl yapılması gerektiğini bilmelisiniz. Bildiğiniz, gördüğünüz bir şey varsa söyleyin, yoksa yorum yapmayın" deyip uyarması gerekirdi. Ancak kürsüde öyle bir hâkim yoktu. CMK usulünü dahi bilmeyen, tanığın nasıl dinlenmesi gerektiğini bilmeyen bir kişi vardı.

---

113 Belge 3: Kenan Kenan'ın fişlemeler yaptığına dair duruşmadaki beyanı

Tanık Hâkim Albay Metin Ulukanlıgil

Tanık Metin Ulukanlıgil, savcılıkta verdiği ifadede isim belirtmeden "Bu kişiler durmadan Cumhurbaşkanına hakaret ediyorlardı; Hakan Fidan'a hakaret ediyorlardı" gibi genel ifadeler kullanmış. Duruşmada kendisine, "Benden böyle doğrudan bir şey duydunuz mu?" diye sordum. "Hayır, duymadım" dedi. Sonra öğrendim ki bu kişinin ifadesi dosyasına giren her üye, benim gibi aynı soruyu kendisine sormuş. Verdiği cevaplar da seninle ilgili duymadım şeklindeymiş. Ulukanlıgil, 15 Temmuz'dan sonra Bölge İdare Mahkemesi Başkanı olarak atandı. Tayyip Erdoğan döneminin hâkimlerinden oldu. Yukarıda hakkında detaylı bilgi verdiğim için tekrar etmiyorum.

Tanık Hâkim Albay Mustafa Okşar

Mustafa Okşar, sol görüşlüydü. Hatta aşırı sola yakındı. Ama ilkeleri olan bir insandı. Zaman zaman sözlü tartışmalarımız oluyordu. Kararlarımız farklıydı. Olaylara bakışımız da farklıydı. Tartışmalar sonrası arkasından karşılıklı özür dileyerek çalışmamıza devam ediyorduk. Kendisine de "Mustafa Abi" derdim. Mustafa abi, salona girdiğinde yüzüme bakanlardan biriydi. Kendisine şu soruyu sordum, "Sizin emekli olmanızda benim herhangi bir dahlim oldu mu?" "Hayır, Benim emekliliğimde Cemil'in hiçbir dahli olmadı, hakkımda durmadan tutanak tutuyorlardı, onun üzerine emekli oldum" dedi. Bunu anlatmamın gerekçesine gelince; bahsettiğim tanıkların büyük bir çoğunluğu, Mustafa Okşar'ın emekliliğinde benim katkım olduğunu söylemişler. Hâlbuki emekli olmasına zorlayan Celal Işıklar ve Abdullah Aslan'dı. O hususu bile benim üzerime yıkmaya çalıştılar. Ama fikir ayrılığımız olan, zaman zaman sözlü tartışmalarımız da olan bu kişi verdiği ifadede doğruyu söyledi.

Zaman zaman tekrar ediyorum; bu süreç bir karakter imtiha-nıydı. 15 Temmuz'dan yaklaşık bir sene önce odama gelip yeni rüt-bemi tebrik eden Emekli Askeri Hâkim Yarbay İlter Aksoylu ile konuşurken kendisine, "Önceden sağ sol düşüncesi zaman zaman beni de etkilerdi. Ancak AYİM'de göreve başladıktan sonra fikir-lerimde revizyona gittim. Benim için artık asıl ve önemli olan; bir insanın ilkeli oluşu ve ahlaklı duruşudur. Dindarlığı ve diğer özellikleri bunlardan çok sonra gelir"[114] dedim. Bunları duyunca "Gerçekten mi?" diyerek şaşırma izlenimi verdi. "Evet" dedim. Mus-tafa Okşar ve Hıfzı Çubuklu Paşa, benim bu fikrimi doğrulayan insanlardı.

Tanık Hâkim Albay Celal Işıklar

Türkiye'deki yargılamalarda tanıkların durumunun nasıl oldu-ğunu en açık gösteren kişi Celal Işıklar'dı. İfade verirken beyan-larının neredeyse tamamı yalan üzerine kuruluydu. Duruşmada iddialarının yalan olduğunu delilli olarak ispatladım. Celal Işıklar hakkında yukarıda çok şey yazdım. Tanıklığı konusunda da çok yazılması gereken husus var. Konuyu dağıtmamak ve bu süreçte bu tür insanların olayları nasıl saptırdıklarının görülmesi açısından, tanıklık yaptığı bir olayı ve bizzat yaşadığım bir vakayı anlatayım.

Yalanı açık olarak ortaya çıkan bir olayı şöyleydi; tanıklardan Hâkim Albay Erkan Karadeniz, Dairemizde raportör olarak görev yapıyordu. Üye seçimleri vardı; ancak bu kişi üye olmak için aday olmuyordu. Çünkü üç kez listeye girmesine rağmen Cumhurbaş-kanı tarafından seçilmemişti. Tekrar seçilmeme korkusuyla aday olmuyordu. Seçimden bir gün önce akşamüzeri Celal Işıklar'ın oda-sına uğradım. Odasında Erkan Karadeniz ve Jandarmada görevli bir hâkim yarbay vardı. Bir şey söylemedim, rahatsız etmemek

---

114 Elbette bu düşüncem, normal sosyal ilişkilerim için geçerliydi. Hâkim olarak ise kişinin ideolojisine hiç bak-madım. Başkalarının yaptığı gibi araştırma gereği hiç duymadım.

için kısa bir süre kaldım, sonra çıktım. Zira adaylar olunca, usul gereği odada durmamak gerekiyordu. Celal Işıklar 5-10 dakika sonra odama geldi; "Ya bu Erkan da durmuş durmuş son günü adayım diyor" dedi. Erkan Karadeniz üye seçilirse, askeri sicil itibarıyla benden kıdemli olduğu için önüme geçecekti. Güya bu nedenle onu eleştiriyor gibi konuştu. Hiç cevap vermedim. Yaklaşık 2 saat sonra mı ya da ertesi gün mü Jandarma Genel Komutanlığının Adli Müşavirliği'nde görevli yarbay benim odama da geldi. Aday olmak için oy istedi. Sohbetimiz sırasında, "Erkan Albay da aday olmuş galiba" dedim. "Evet; ben Celal albayın odasındayken, Erkan Karadeniz aday olmak istemiyordu. Ancak Celal Albay onu aday olmaya ikna etmeye çalışıyordu. 'Aday ol, belli olmaz, belki seçilirsin' diyordu" dedi. Bunu söyleyince güldüm hem de derin bir düşünceye daldım; Adam hem albay olmuş, hem daire başkanı, hem de generallik bekliyor. Ama çok basit bir menfaati için çok rahat yalan söyleyebiliyor diye içimden geçirdim. Güya, Erkan Karadeniz seçilirse benden kıdemli olacağı için rahatsız olacağım düşüncesiyle bana karşı onun aday olma durumunu yadırgıyor gibi görünüyor; ama gerçekte de aday olması için ikna etmeye çalışıyordu. Karakter yapısı böyle bir insandı.

Duruşmada bu kişinin beyanları ile ilgili yaklaşık 25 sayfa değerlendirme yazdım ve anlattım. Çelişkileri de ortaya koyan beyanlarını tek tek sıraladım. Bunlardan biri şöyleydi: Savcılıktaki ifadesinde, benim Muharrem Köse ile görüştüğümü, samimi olduğumu söylemiş. Duruşmada, Muharrem Köse ile ilgili ifadesini okuduktan sonra, Celal Işıklar'a bu beyanı nedeniyle şu soruyu sordum: "Siz şu anda Yurtta Sulh Konseyi denen konseye üye olmak iddiasıyla yargılanan, darbe girişimi iddiasıyla tutuklu olan en aşağı 9 veya 10 kadar generalle dostluğunuz var, bunları biliyorum. O zaman bunları nasıl izah edeceksiniz?" Cevap olarak; klasik hareketleriyle başını kaldırıp önce yukarı, sonra sağa, arkasından sola bakarak, "Ben TSK'nın en yaşlı albayıyım. Onlarla görüştüğüm gibi başkalarıyla da görüşüyorum..." gibi açıklamalar yapmaya başladı. Tabii ben o soruyu sorarken, soru sorma maksadıyla sormadım. Amacım söylediğinin saçmalığını ortaya koymaktı. Benim Muharrem Köse ile samimiyetimi darbeci olamama yorumluyor ama diğer kişilerle aynı mahiyetteki kendi ilişkilerini normal görüyordu.

Tanık Hâkim Albay Erkan Karadeniz

Erkan Karadeniz, Dairemizde raportördü. Yaş itibarıyla benden büyüktü ve kıdem itibarıyla da benden kıdemliydi. Sırf bu özellikleri nedeniyle, dosya sunarken kendisini rencide etmemek, rahatsız etmemek için dosyalarla ilgili fazla soru sormuyordum. Gerekirse dosyayı alıp inceliyordum. "Ben üye, o raportör" havasını hiçbir zaman kendisine vermedim. Kendisi de zaman zaman yanıma gelip teşekkür ediyordu. 17 veya 18 Temmuz günü Celal Işıklar benimle görüşmeyeceğini söyledi; sanki darbe emirlerini ben yayınlamışım gibi bir hava estirdi. Hâlbuki listede benim adım yoktu ama onun vardı. Ama kurt puslu havayı sever misali hareket ediyordu. Bir şeyler planladıklarını tahmin ediyordum. Celal Işıklar'ın bana karşı görüşmeyeceği yönündeki beyanından sonra, raportörlerin toplu olarak oturduğu bir sırada yanlarına uğradım. Dedim ki, "Tutuklanmak falan bana öyle fazla koymaz. Ama buradaki insanların tavırlarından çok rahatsız oldum." İşte bu sırada, Erkan Karadeniz de bana, "Aynen katılıyorum" dedi ve beni tasdik etti. Gözaltına alınmamdan sonra ise savcılığa verdiği ifadede yalan yanlış birçok şey söylemiş. Aleyhime ifade verdiği için bunu da tanık listesine yazmışlar. Duruşmada bazı dosyalardan ve kararlardan bahsetti. Savcılık ifadesinde bahsettiği hususları anlattı. Bu bağlamda Zir vadisi dosyasından bahsetti. Kendisine "15 Temmuz sonrasında Genelkurmay Başkanlığı Askeri Mahkemesine kıdemli hâkim olarak atandın. Aynı mahkemede Mehmet Yüzbaşıoğlu da

Genelkurmay Askeri Savcısı olarak görev yaptı. Mustafa Dönmez ile ilgili dosya elinizdeydi. Madem dosyada bir şey yoktuysa niye beraatle sonuçlandırmadınız?" diye sordum. Esasında çok basit ve net bir soruydu. Benimle ilgili 'Kitabın ortasından konuşur' diyenler çok olmuştu. Lafı öyle eveleyip gevelemeyi sevmezdim. Bu soruyu sorunca Mahkeme Başkanı Abdurrahman Orkun Dağ bir anda parladı; ateşlendi. "Yeter! Ben tanıkları sorgulatmam, böyle duruşma olmaz, duruşmayı kesiyorum" dedi. "Çıkarın dışarı" diye görevlilere talimat verdi. Başkanın bu tavrı çok ağrıma gitti. Salondan beni çıkarırlarken avukatım Muhammet Akçay, "Başkanım tanığa bir iki sorum var, lütfen göndermeyin" derken arkamdan bana doğru hareketlendi. Arkamdan gelip omzuma elini koydu ve "Cemil Bey problem yok, rahat olun" dedi. Kendisine cevap vermedim. Sessiz kaldım. Bekleme odasına götürdüler. Askerlerle beraber orada bekledim. Yaklaşık 10 dakika sonra beni salona aldılar. Merak ediyordum, nasıl bir tepki vereceklerdi. Sonra hiçbir şey yaşanmamış gibi tekrar tanık dinlemeye devam ettiler.

Duruşma tekrar başlayınca avukatım gergin bir ortamda tam bir avukatlık örneği sergiledi. Tanığa "İzmir askeri casusluk dosyaları ile ilgili olarak ne biliyorsunuz?" diye sordu. Tanık "Bu dosyaları bilmiyorum" diye cevap verdi. Avukatım, "Ama müvekkilimle ilgili bu dosyalar hakkında kasıtlı kararlar verdiğini söylemişsiniz" dedi. Erkan Karadeniz tekrar "Ben o dosyaları bilmiyorum" dedi. Anladığım kadarıyla, Erkan Karadeniz o dosyaları ifade verdikten sonra incelemiş. Kararların söylediğinin aksi yönde olduğunu öğrenince, yalanı ortaya çıkmasın diye 'Bilmiyorum' dedi. Avukatım iyi yerden yakalamış ve bırakmıyordu. Tekrar, "Ama verdiğiniz ifadede 'Cemil Çelik şöyle şöyle kararlar veriyor' demişsiniz. Dosyaları bilmeden nasıl böyle bir ifade verdiniz" diye sıkıştırınca, yine "Ben o dosyaları bilmiyorum" dedi. Başkan devreye girdi, "Bakın tanıklığınız düşecek" gibi bir şeyler söyledi. Erkan Karadeniz, yıllarca hâkimlik yapmış, raportörlük yapmış; meslekte çok iyi olduğu söylenen isimlerden biriydi. Ama ben o kanaatte değildim. Zira yazmış olduğu bazı kararları toparlamak için başım çatlıyordu. Sunduğu dosyalarda birçok kararı alıp tekrar yazdığım olmuştu. Bu insan önce bazı kararlarla ilgili, beni FETÖ üyesi göstermek için, "Hacı Hasan Mutlu'nun yaptığı gibi o kararlarda FETÖ lehine karar verdiğimi" söylemiş. Aksi durum ortaya çıkınca, lehime olur düşüncesiyle duruşmada kararlarımı bilmediğini iddia etmeye başlamıştı. Hâlbuki tek bir cümle ile durumunu kurtarabilecekti. "Ben kararların öyle olduğunu düşünmüştüm, incelediğimde öyle değilmiş, doğrusu budur" dese, problem kalmayacaktı. Ama kini aklının önüne geçmişti.

Tanık Hâkim Albay Hulusi Gül

Hulusi Gül, savcılık ifadesinde aleyhime olarak, benim Yaşar Yüce ile çok yakın dost olduğumu, yemeklere birlikte gidip geldiğimi, Hakan Ata ile görüştüğümü söylemiş. Yaşar Yüce ve beni kastederek "İkisinin de FETÖ'cü olduklarını düşünüyorum" demiş. Hulusi Gül, Albay Kenan Kenan ile yakın dosttu. Ancak dostluklarının mahiyetini bilmiyordum. 15 Temmuz'dan sonra dostluklarının mahiyetini öğrenmiş olduk. Meğer fişlemeleri birlikte yapıyorlarmış. Duruşmada kendisine; "Sen Askeri Yargıtay da görev yapıyorsun; Kenan Kenan Albay da AYİM'de. Aynı zamanda aranızda 10 yaştan daha fazla bir yaş farkı var. Geçmişte de bildiğim kadarıyla herhangi bir yerde de birlikte çalışmadınız. Ben ise Yaşar Yüce ile Genelkurmay Mahkemesinde birlikte 5 sene çalıştım. O da AYİM üyesi ben de AYİM üyesiyim. Yaşlarımız da aynı. Aynı lojman grubunda oturuyoruz. Mesaiye de devletin aracıyla beraber gidip geliyoruz. Senin Kenan Kenan ile dostluğun garip olmuyor da benim dostluğum niye garip oluyor?" şeklinde bir soru sordum. Ondan sonra başladı saymaya; "Kenan Kenan Albayla, mesleğimiz bir, ideolojimiz bir, hedeflerimiz bir ..." gibi. Zaten ben de ona esasında soru sormadım. Söylediği şeyin saçmalığını ortaya koymak istedim.

Yukarıda belirttiğim gibi, Albay Gül, Askeri Yargıtay'ın kapatılması üzerine Ankara Bölge Adliye Mahkemesi Başkanı olarak atandı. Ancak bir dosya için para verilmesi olayı üzerine Çorum'a düz hâkim olarak gönderildi. Cumhurbaşkanı da televizyonda bu kişiyi doğrudan "FETÖ'cü" ilan etti.

Tanık Hâkim Albay Levent Bilgi

Hâkim Albay Levent Bilgi, Askeri Yargıtay üyesi iken, 15 Temmuz sonrasında Askeri Yargıtay kapandı. Ancak, Levent Bilgi istifa edip meslekten ayrılmadı. Daha alt derece bir yere, düz savcı olarak İstanbul'a atandı.

Askeri Yargıtay üyeliğinden düz savcılığa geçip görev yapmaya devam etmesi bana çok manidar gelmişti. Bildiğim kadarıyla, bu kişi de Doğu Perinçek grubu üyelerindendi. Savcılıkta ifade verirken, Mustafa Dönmez dosyasını anlatarak benimle ilgili çıkarımlarda bulunmuş. Hâkim Albay Erkan Karadeniz'le de çok samimiydi. Görev yaptığı zamanlarda, dosya seçip Askeri Yargıtay'a gönderen askeri hâkimlerden biri olarak biliniyordu. İyi bir askeri hâkim havası oluşturmak istiyordu.

İstanbul'da görev yaptığı için, mahkeme onun ifadesinin talimatla alınmasına karar verdi. Bu sırada daha tahliye olmamıştım. Genç bir avukatı tutup, sırf orada bulunsun ve hazırladığım soruları sorsun diye o ifade için gitmesini istedim.

Sorularımdan bir tanesi de şuydu: "Cemil Çelik'in Cemaatçi olduğuna dair somut bir bilginizi var mı?" Cevap olarak, "Yok, ama onun yönetici olduğunu düşünüyorum" demiş. Yıllarca hâkimlik yapmış bir kişi olmasına rağmen mesnetsiz beyanda bulunmanın ve yorum yapmanın tanıklık olmadığını öğrenememiş bir kişi olduğu, bu cevabıyla ortaya çıkıyordu. Bu kişi şu anda bildiğim kadarıyla İstanbul'da memur suçları bürosunda savcılığa devam ediyor. Öğrendiğim kadarıyla bir Cemaat dosyası almış. Orada da kendini göstermeye çalışıyor.

Boşandıktan hemen sonra başka bir kadınla evlendi. Evlenme süreci ile ilgili de çok dedikodular vardı. Özel hayatı, kendisini ilgilendirdiği için detayına girmiyorum. Ancak onunla aynı dairede görev yapan ve şu anda tutuklu olan bir üye, 15 Temmuz öncesinde eşinden boşanmıştı. İfadesinde, onun boşanmasını Cemaat üyeliği için bir delilmiş gibi anlatmış. Bu nedenle kendi özel hayatıyla ilgili bu kadar bilgi verme gereğini duydum.

Tanık Cami Memuru Vahdettin Yılmaz

Tahliye olduğum duruşmada, aynı zamanda dosyanın mütalaa için savcılığa verilmesine de karar verildi. Ancak sonraki duruşmada savcılık mütalaa vermedi. Dört tanığın dinlenmesini talep etti. Bunlardan birisi de doğduğum ve ilkokul beşinci sınıfa kadar okuduğum köyümün eski imamı Vahdettin Yılmaz'dı. Bu süreçte kumpasın aktörlerinden bir grup da maalesef imamlardı. Ancak ben bu tür insanlara imam demeyeceğim. Zira imamlık Hz. Muhammed'in makamıdır. Bu tür kişilere "Cami memuru" demeyi daha uygun buluyorum. Zira, 15 Temmuz sırasında MİT Başkanının yanında Diyanet İşleri Başkanı Mehmet Görmez de vardı. Muhtemelen kurulan kumpasta cami memurlarına verilen görevi görüşüyorlardı. Sela vermenin ne zaman başlayacağını, ne kadar süreceğini, namaz kıldırma memurlarının başka neler yapabileceklerini tartışıyorlardı. Dolayısıyla kurulan kurgunun önemli bir ayağını da bu memurlar oluşturuyordu. MİT'teki toplantıya ilginç bir misafirin katıldığı daha sonra ortaya çıktı. Aynı saatlerde bu toplantıya Suriyeli cihatçıların lideri Muaz el Hatip de katılmış. Bu kişiye ne tür bir görev verildi? O gece bu kişiler neler yaptılar? Tamamıyla ortaya çıkmadı. Bu soruların cevaplarını muhtemelen önümüzdeki günlerde göreceğiz.

Erzincan'da 2002-2005 yılları arası görev yaptım. Yazları anne ve babam köye gitmeye başlamışlardı. Ben de mecburen yaz tatillerinde onları görmeye köye gidiyordum. Ayrıca köyde doğmuş ve 10 yaşıma kadar köyde büyümüştüm. Vahdettin Yılmaz ise köyde cami memuruydu. Birkaç kez köy meydanında kendisine rast geldim. Bana ayaküstü "Hoş geldin" dedi. Bildiğim kadarıyla anne ve babam İstanbul'dan bunun çocuklarına giyim kuşam gibi malzemeler getiriyordu. Üç çocuğu vardı. Babamla herhangi bir sıkıntı yaşadıklarını da duymadım.

15 Temmuz olayları yaşandıktan sonra, bu kişi bizim köyden beni, babamı ve 3 ya da 4 kişiyi "FETÖ'cü" diye Erzurum Emniyeti Terörle Mücadele Müdürlüğü'ne (TEM)' şikâyet etmiş.[115] Tabi kimliğinin gizli kalmasını istemiş. Bu kişi duruşmada SEGBİS ile ifade verdi. Kendisine "Benimle ilgili somut gördüğün bir şey var mı?" diye sordum. "Yok, köyüne iki üç senede bir gelirdi, İnsanlardan da uzak dururdu" dedi. Savcılıkta verdiği ifadede; 15 Temmuz sonrasında köyün girişinde bir yere çok sayıda kitap atıldığını, bu kitapları babamın attığını duyduğunu, bu kitapları köyde ikamet eden Ahmet Yıldırım'ın gördüğünü, Ahmet Yıldırım'ın da kendisine söylediğini beyan etmiş. Duruşmada bunu tekrar etti. Bunun üzerine Ahmet Yıldırım daha sonra tanık olarak dinlendi. Ahmet Yıldırım verdiği ifadede böyle bir şey görmediğini, duymadığını söyledi. Tanık olarak dinlenen köyün muhtarı, "Bizim köyümüzden kitap atılmadı. Başka köylerden gelip geçenler atmış olabilirler. Bana da kimse kitap bulup getirmedi" dedi. Bizim köy aynı zamanda yol üzereydi; dokuz ya da on köyün yolu bizim köyden geçiyordu. Duruşmada tanık olarak dinlenen Ahmet Yıldırım farkına varmadan bir şey daha söyledi: "Bu imam ben İstanbul'dayken benim yanıma geldi. İfade verdiğini söyledi" dedi. Duruşmada

---

kendisine, "Seninle ne konuştu?" diye sordumsa da detayını anlatmadı. İşte Vahdettin Yılmaz böyle bir kişilik. Duruşma bittikten sonra İstanbul'a gittim. Eşimin üzerine kayıtlı bir evin satış işi vardı. Akrabalardan bazılarını ziyaret ettim. Orada Vahdettin Yılmaz'ın kızının KHK ile kamu avukatlığından atıldığını öğrendim. O çocuğa çok üzüldüm. Mahkeme Başkanı Burhan Karaloğlu'ndan bahsetmiştim; Karaloğlu, oğlu nedeniyle kendisini farklı göstermek için aşırı derecede kendi meslektaşlarına yüklendi. Cezaları ağırdan verdi. Sonra da ikinci yapılan seçimde başkanlığı kaybetti. Bu satırları yazarken normal bir üye olarak görev yapıyordu. Vahdettin Yılmaz da anladığım kadarıyla, onun paralelinde bir devlet memuruydu. Bu süreçte çok dava gördüm. Özellikle Erzurum'da akrabasını şikâyet edene çok rastladım. Bir Erzurumlu olarak onların durumuna üzüldüm. Elbette bu yaptıkları çok övündükleri Dadaşlığa da sığmıyordu. Erzurumluların zulüm yapanlara destek çıktıklarını görünce, bana "Nerelisin?" diye soranlara, "Erzurum'da doğdum ama İstanbul'da büyüdüm, İstanbulluyum" demeye başladım.

Tanık Recep Çelik

Recep Çelik uzaktan akrabam olur. Köyümde doğup büyümüş birisiydi. Babam yaşlarındadır. Kendisini birkaç kez görmüştüm. Karşılaştığımızda çok yakın davranırdı. Bir iki kez de telefonda konuştuğumuzu hatırlıyorum. Anne babası yazları köyde kalıyordu. Sonradan babası vefat etti. Annesi çok yaşlıydı. Annesi, babası vefat edince yazları köyde tek başına kalmaya başladı. Anne ve babam, Recep Çelik'in annesi Safiye teyzeye çok yakın davranıyorlardı. Zaman zaman ihtiyaçlarını görüyorlardı. Sık sık bizim eve gelirdi. Bu nedenle yakından tanıyordum.

15 Temmuzdan birkaç yıl önce köydeydim. Recep Çelik de köye geldi. Maliye ile ilgili bir borç durumu varmış. Babam aracılığıyla

bana, vergi borcu için bir şey yapıp yapamayacağımı sordu. Tavrımı bildikleri için bu tür konularda kimse benden doğrudan talepte bulunmuyordu.

Ben de vergi borcu ile ilgili "Kanunlar açık, uzlaşmaya gidebilir; ama zaten kendisi AKP'nin üyesi. Onlardan niye yardım istemiyor?" diye cevap gönderdim. Bizzat herhangi bir girişimim olmadı.

Recep Çelik, 16 Temmuz'da önce ortaklık yaptığı kişileri, sonra beni, ayrıca yakın akrabası birisini ve başka birkaç kişiyi "FETÖ'cü" diye ihbar etti.[116] Benimle ilgili, "FETÖ okullarında okumuştur; askeri hâkimliği de Cemaatin yardımıyla kazanmıştır" gibi beyanlarda bulunmuş.

Recep Çelik, mahkemeye SEGBİS'le bağlandı. Kendisine, "Bir kere, yarbay değilim, üç yıldır albayım. İkincisi, Cemaat okullarında hiç okumadım, dosyada safahatım var. Üçüncüsü, ben askeri hâkim olmak için imtihana hiç girmedim, hukuk fakültesi birinci sınıf not ortalamasına bakarak mülakatla aldılar. Nereden çıkardınız bunları?" diye sordum. Lafı eveleyip gevelemeden; benimle ilgili somut hiçbir bilgisinin olmadığını, asıl maksadının kendisini batıranları şikâyet etmek olduğunu söyledi. Kendisi Çerkezköy'de bir şirket kurmuş; sonra buradaki işleri iyi gitmemiş, akabinde iflas etmiş. İhbar dilekçesine önce burada çalıştığı iş adamlarını yazmış. Daha sonra köyünden bazı kişileri yazmış. Bu insan duyduğum kadarıyla Köy Derneği ile irtibatlı olarak, köylülerden para toplayıp bir ytong fabrikası kurmuştu. Orayı da batırdı. Köylülerle bal işi yaptı. Hatta babam, 'Oğlum, biz de ortak olalım. Köylülerin yaptığı bir iş' diyerek bana da teklif etti. Ancak kabul etmedim. Duyduğum kadarıyla o işi de batırmış.

Recep Çelik'in babası hastalanmıştı. İstanbul'a gitmesi gerekiyordu. Köyden Erzurum'a yaklaşık 100 kilometre mesafedeki havaalanına gidip uçağa bineceklerdi. Ancak o sırada götürecek kimse yoktu. Köyden havaalanına götürüp, havaalanında uçağa bindirdim. Babası ve annesi çok iyi insanlardı. Onlar için değerdi. Sık sık tekrar ediyorum; bu olaylar, esasında toplumdaki insan karakterlerini açık olarak ortaya koyuyordu. Haklarını yemeyeyim; köyümde dünya kadar başka insan var. Bunlardan bir Recep Çelik böyle bir zafiyet gösterdi. Bu da şikâyet ederken kimliğinin gizli kalmasını istemiş. Tahliye olduktan sonra, "O nasıl tahliye olur, o darbeci değil mi!" diyenler de olmuş.

Annemin köyünden de iki kişi, hakkımda şikâyetçi olmuş[117] ama kayda değer insanlar olmadıkları için onlardan bahsetme gereği duymuyorum.

Bu manzara esasında Türkiye'nin aynasıydı. Bazı önemli makamlara gelmem, hasetlik veya kıskançlık nedeniyle akrabalardan bazılarını rahatsız etmişti.

Diğer yandan, bu süreçte tutuklanan, mahkûm olan insanların hemen hemen hepsi Anadolu'nun farklı illerinden; köylü, esnaf, öğretmen, çiftçi ve memur çocuklarıydı. Bu insanların devlet kademelerinde bir yerlere gelmeleri, derinleri rahatsız etti. Erzurum'dan Ankara'ya acilen gitme durumum olmuştu. Uçakla gitmiştim. Ankara'da samimi olduğum bir komşum vardı. Onunla karşılaştığımda nasıl geldiğimi sordu. Zira ailem yanımda yoktu. Uçakla geldiğimi söyleyip, bir ara da uçağa VIP'den aldıklarını söyleyince bana, "Ya Cemil Bey, işte adamlar, köyden çıkıp bu makamlara gelmeyi hazdedemiyorlar. Devleti kendilerine ait görüyorlar. Sizin gibi insanların peşini bırakmazlar" gibi şeyler söyledi. Zaman kendisini haklı çıkardı. Yaşanan olayların temelinde bir de bu vardı.

---

117 İspir'in Çayırbaşı Köyünden Yaşar Demirli ve Fatih Habip Büyükgöz adlı kişiler kendi akrabalarını ve köylülerini şikayet ederlerken araya beni de karıştırmışlar. Beni tanımadıklarını da söylemişler.

d. Hakkımda Gönderilen İhbar Mektupları

Dava dosyasında bir de ihbar mektupları vardı. Cezaevindeyken incelediğim birçok dava dosyasında bu tür ihbar mektupları gördüm. Dosyaların nasıl oluşturulduğunun ve kimlerin ihbarcı olduklarının görülmesi açısından, bu ihbar mektuplarından da bahsetmek istiyorum. Ancak şöyle bir itiraz olabilir; AKP'lilerin dediği gibi, "Niye günahları ifşa ediyorsun?" diye bir soru akla gelebilir. Birincisi, ben veli bir adam değilim. İkincisi, bazı günahları açıklamakla, başka günahların işlenmesine engel olunacaksa, bana göre açıklamak gerekir. Üçüncüsü, burada açıkladığım günahlar aynı zamanda suç teşkil eden günahlardır. Eğer kişi alakası olmadığı halde birini darbeci olarak ihbar ediyor ise bu günahın bir de suç boyutu vardır. Bu ihbarı yapan kişiler sonucuna da katlanmalıdırlar. O yüzden bu tür insanlarla bu dünyada da mücadele etmeye karar verdim. Yoksa yapanların yanına kar kalıyor anlayışı oluşmaya başlar. Bu da topluma zarar verir.

İlk aşamada işe, bu kişileri ifşa etmekle başlayacağım. Normal bir hukuk düzenine geçilince de "iftira ve suç uydurma" gibi suçlardan zaten işlem yapılması için talepte bulunacağım.

Bir anekdotla olayı detaylı açıklayayım. Başkan Abdullah Aslan ile samimiyetim artınca bundan Celal Işıklar rahatsız olmaya başladı. Bir gün odama geldi. Bu mevzuyu açtı. Güya bana balans ayarı veriyordu. Başkanla fazla samimi olmamam gerektiğini söyledi. Kendisine Turgut Özal'dan dinlediğim olayı anlattım. Turgut Özal, Orta Asya'da bulunurken Nakşibendi tarikatının şeyhinin türbesinde gazetecilere anlatmıştı. Bizzat televizyonda dinledim. Nakşi şeyhi cami avlusunda bulunurken bir kişi şeyhin yanına gelir; "Şeyhim ben hakikat, tarikat ve şeriat nedir bunların ayırımını tam anlayamadım" diye sorar. Şeyh de "Bekle" der, açıklama yapmaz. Bir müddet sonra şadırvana bir kişi gelir. Şeyh onu görünce müridine "Git, onun ensesine bir tokat at" der. O da gider tokat atar.

Abdest alan kişi dönüp bakmaz, bir şey olmamış gibi abdest almaya devam eder. Sonra mürit şeyhin yanına gelir. Şeyh kendisine, "Bak evladım bu hakikat eri bir kişidir, senin ne maksatla kendisine tokat attığını bildiği için sana cevap vermek şöyle dursun, dönüp sana bakmadı bile" der. Bir müddet sonra şadırvana başka birisi gelir. Şeyh onu görünce, "Git ona da bir tokat at" der. Mürit gider ve onun ensesine de bir tokat atar. O kişi kafasını çevirir, "Fesübhanallah" der, abdest almaya devam eder. Mürit şeyhin yanına gelir. Şeyh, "İşte bu kişi tarikat ehlidir. Dönüp senin yüzüne bakıp, senin ne maksatla vurduğunu anlayınca sana cevap vermedi" der. Bir müddet sonra üçüncü bir kişi şadırvana gelir. Abdest almaya başlar. Şeyh git ona da bir tokat at der. Mürit de gider tokat atar. Abdest alan adam doğrulur. Müridin yüzen okkalı bir tokat yapıştırır. Mürit suratını tuta tuta şeyhin yanına gelir. Şeyh kendisine, "Evladım bu kişi ne hakikat eri ne de tarikat ehli; şeriat ehli. Sen ona vurunca o da kısas yaparak sana vurdu" der. Böylece mürit üç kavram arasındaki farkı acı bir tecrübeyle öğrenmiş olur.

Başkan Celal Işıklar'a bu kıssayı anlatıp kendisine, "Ben ne hakikat, ne de tarikat ehliyim; Müslümanım. Bana yapana ben de yapacağım" dedim. Bu minval çerçevesinde ihbarcıları açıklıyorum ki ilk aşamada aleme rezil olsunlar; normal hukuk düzeni geldiğinde ise hukuk çerçevesinde onlarla mücadeleye devam edeceğim.

Bu konuyla ilgili diğer bir nokta da şudur: İslam hukukuna göre, suç işleyenden, millet malını yiyenden; bunları yapan kim, makamı ne olursa olsun, herkesin hesap sorma hakkı vardır. Hazreti Ömer zamanında yaşanmış bir olay anlatılır. Hazreti Ömer ganimet veya zekât olarak gelen kumaştan herkese bir gömleklik kumaş dağıtır. Ancak kendisi minbere çıktığında üzerinde iki gömleklik kumaş olduğu görülür. Hazreti Ömer; "Ey müminler beni dinleyin" diye söze başlayınca yaşlı bir zat ayağa kalkarak "Seni dinlemiyorum" der. Hz. Ömer sorar, "Neden?" O da cevap verir, "Üzerinde iki gömleklik kumaş var. Ama herkese birer gömleklik dağıttın, bunun hesabını ver" der. Hz. Ömer oğlu Abdullah'ı göstererek, "Abdullah anlat" der. O da, "Bana düşen kumaşı da babama verdim. İnsanlar huzuruna çıkıyor. İki parça kumaştan bir elbise yapıp geysin istedim" der. Bunun üzerine yaşlı zat, "Anlat ya Müminlerin Emiri şimdi seni dinliyorum" der.[118]

Konumuza devam edelim. İhbarlardan biri şöyleydi; 20 Temmuz 2016 tarihi itibarıyla cep telefonundan birisi Emniyeti arayarak, "...Askeri Hâkim Yarbay Cemil Çelik FETÖ üyesidir ve burada saklanır" demiş.[119] Bu ihbar mektubunu, dava dosyası bana geldikten sonra gördüm. Mahkeme, mütalaadan sonra bu ihbarın da araştırılmasına karar verdi. Ancak Emniyet ihbar ile ilgili ses kaydının olmadığını bildirdi. Buna rağmen mahkemeden söz konusu ihbarın araştırılmasına devam edilmesini talep ettim. Zira bu kişiyi öğrenip rezil etmek istiyordum. Ancak mahkeme talebi reddetti. Tabii ben bunun peşini bırakmadım. Akrabalarımı da zan altında bırakmamak istiyordum. Kimseye söylemedim ama bazı AKP fanatiği akrabalarımdan şüpheleniyordum.

İhbar bir cep telefonundan yapılmıştı. Tahliye olduktan sonra İstanbul›a gidince eşim, nedenini söylemeden samimi olduğumuz birkaç akrabamızdan o numaraya telefon rehberlerinde bakmalarını istedi. Birisinin telefonunda o numaranın kayıtlı olduğu ortaya çıktı. Bir şahıs adına kayıtlıydı. Bu şahıs da maalesef teyzemin kızının eşi Hanefi Yalçın'dı. Kendisini birkaç kez düğünlerde ve bayram ziyaretlerinde görmüştüm. 20 Temmuz itibarıyla zaten Ankara'daydım ve o gün mesaideyken gözaltına alınmıştım. Yani ihbarı vaka olarak bile doğru değildi.

"Bir insan nasıl bu kadar büyük bir kin içerisinde olabilir?" diye

---

118 Ama bugünlerde Metin Külünk gibi kişiler; *"Bu noktada kaçırdığımız çok önemli bir ayrıntı var. Allah, insana günah işleme özgürlüğü vermiştir. Günahsızlık talep etme hakkı vermemiştir. Af dileme hakkıyla günah işleme özgürlüğü vermiştir. Hz. Peygamber günahları açan değil örtücü olan bir rahmet geleneğinin mimarıdır.17 Aralık'ın felsefi boyutu konuşulmadı. 17 Aralık'la insanların günah işleme özgürlüğüne müdahale edildi. Günahları ortaya saçarak Allah'ın hududuna müdahale ediliyor."* Bkz. https://www.sozcu.com.tr/2014/gundem/17-aralik-gunah-isleme-ozgurlugune-mudaheledir-466326/, erişim tarihi, 03.01.2021.
119 Belge 28: Hanefi Yalçın'ın yaptığı ihbara ilişkin form

çok düşündüm. Ancak onunla ilgili şöyle bir olay yaşadım: Bu kişi evlendikten sonra, bir kadınla aşk yaşamaya başladı ve teyzemin kızından ayrılmaya karar verdi. Sonra evini bilinmeyen bir adrese taşıdı. Teyzem ve eniştem beni arayarak evi bulduklarını, ne yapabileceklerini sordular. O zaman hâkim teğmendim. Teyzeme, "Kızın halen Hanefi'nin resmi eşi. Hanefi'nin kirayla tuttuğu eve girmesi yasal olarak hakkı. Beraber gidin, eşyalarını alın götürün, kapıyı çilingir ile açabilirsiniz" diye yol gösterdim. Onlar da dediğimi yaptılar. Ancak yıllar sonra araları düzeldi. Evliliğe devam ettiler. Herhalde bu olay içine oturmuş olacak ki, kendince bir argüman uydurmuş, beni ihbar etmiş.

Başka bir ihbar daha vardı. 15 Temmuz'dan yaklaşık bir sene önce yapılan ihbardı. Erzurum'a köyüme gittiğimde yakın köylüm, aynı zamanda benim öğretmenliğimi de yapan kişi köye gelmiş. Yanında iki de akrabası varmış. Beni sormuşlar. Sonra arkadaşlarıyla beraber eve geldi. Kapıya çıktım. O sırada bir tanesi cep telefonuyla çekim yapıyordu. Sonra evin balkonuna oturduk. Bu kişi müsaade isteyerek balkonda da fotoğraf çekti. Sonra bu kişi fotoğrafları kendi köylerinin "Kirazli.org" adlı sitesinde paylaşmış. Başlık olarak da "Hemşerimiz Hâkim Yarbay Cemil Çelik'in evini ziyaret" yazmış. O sıralarda TSK'da ahlakla ilgili dosyalara bakıyorduk. TSK'dan atılmış subay ve astsubaylar vardı. Bu dosyalardan bazılarına "Ret" kararı veriyordum. Zira "İç Hizmet Yönetmeliği"nde açık hükümler vardı. Bu hükümler ahlaka aykırı fiilleri olan subay ve astsubayların atılması gerektiğini zorunlu kılıyordu. Atılan bu kişilerin görev yaparken görevlerini de hakkı ile yapamayacakları yönünde tespitler vardı. Ben de mevzuatı esas alarak "iptal" ve "red" kriterlerimi belirledim. Başkasının eşiyle ilişkisi olan, görüntüleri internete yayınlanmış olan ve bu gibi ağır ahlaka aykırı eylemleri nedeniyle atılmış olanlar hakkında "ret" kararı verecektim. Bu eylemlerden atılıp davası reddedilenlerden birkaç personel, aleyhimde propagandaya başladı. Avukatlardan arasından radikal ve militarist isimler de bu kumpasa katkı yaptılar. Şüphelendiğim bir iki kişi vardı ama net bir delil tespit edemediğim için herhangi bir girişimde bulunamadım. Muhtemelen bunlardan bir grup, internette adımı yazarak araştırma yapınca internette yayınlanan bu resimleri bulmuşlar. Oradaki resimlerden birinin altına not olarak;

"Cemil Çelik paralel yapı üyesidir, Fethullah Gülen'in köyüne gidip orada abileri ile görüşür, talimatları alıp Ankara'da karar verir."

diye yazmışlar.[120]

Bu ihbar mektubunu hem MİT'e hem de Genelkurmay'a göndermişler. Fakat gönderilen mektuptaki resim üzerinde "Kirazli. org" sitesinin logosuna kaldırmışlar. İhbar gidince resimle ilgili Genelkurmay araştırma yapmış ayrıca MİT'e yazı yazmış. MİT'ten "Sakıncalı bir durumu yoktur", diye cevap gelmiş.[121] Genelkurmay, hakkımda bir rapor düzenlemiş.[122] Raporda, "Söz konusu köyün Cemil Çelik'in kendi köyü olduğu, resimde bulunan kişilerin akrabası ve ilkokul öğretmeni olduğu, ihbarın doğru olmadığı, şikâyetlerin Cemil Çelik'in vermiş olduğu kararlar üzerine onu etkilemek için yapıldığı" tespiti yapılmış.

Bu ihbar, 15 Temmuz'dan sonra da gündeme gelmiş. Genelkurmay İstihbarat Başkanlığı, 15 Temmuz'dan sonra, 2017 tarihi itibarıyla bu raporun doğru olduğunu bildirmiş.[123] Ben bu yazışmaları ve raporları, dava dosyasını incelemeye başladıktan sonra, yani 2018 yılında gördüm.

Şimdilerde sık sık kumpastan bahsediliyor. Kumpas kuruldu deniyor. Hatta TSK'dan ihraç edildiğimde Sözcü Gazetesi benimle ilgili, "Kumpas hâkimi" gibi bir alt başlık attı. Esasında kumpasların nasıl ve kimler tarafından kurulduğunu bu olay net bir şekilde ortaya koyuyordu.

---

120 Belge 29: Köyümdeki evin balkonunda çekilen resim kullanılarak yapılan ihbar
121 Belge 30: MİT'in balkondaki resimle ilgili cevabı
122 Belge 31: Genelkurmay Başkanlığının hakkımdaki şikayetler üzerine hazırladığı rapor
123 Belge 32: Genelkurmay Başkanlığının raporun doğru olduğuna ilişkin sonraki yazısı

e. Patates Hat Hikâyesi

Hakkımda düzenlenen iddianamede, "patates hat" iddiası yoktu. Ancak Cemal Süreyya parkına konulduğu belirtilen bir zarfta yer alan listede bu tür bir iddia vardı. Herhalde savcı bununla ilgili araştırma yaptı. Ancak bir sonuç çıkmayınca delil olarak kullanmadı. İddianameye de yazmadı. Bu iddia dava açıldıktan sonra duruşmalarda gündeme geldi. Ankara Emniyet Müdürlüğü, başkası üzerine kayıtlı bir telefonu kullandığıma ve bu telefonla mahrem imam denen kişilerle irtibat kurduğuma dair bir tutanak gönderdi. Telefon kayıtları 2013 ve 2014 yıllarına ilişkindi. Bu telefonun İspir bölgesinde ve birkaç yerde benim telefonumla baz verdiğine dair iddia vardı. Savunma olarak, böyle bir telefonu kullanmadığımı, telefonun üzerine kayıtlı olduğu belirtilen kişiyi tanımadığımı, telefon kayıtlarında rahat bir şekilde ekleme ve çıkarmaların yapıldığını söyledim.

Ankesörden aranma noktasında ise; benimle ilgili iki kez belge istenmiş. Bu konuyla ilgili olarak, kayıtların nasıl tahrif edildiğini ve eklemeler yapıldığını yukarıda detaylı anlattım. Ankara Cumhuriyet Savcılığı tarafından istenmesi üzerine gönderilen telefon kayıtları ile Yargıtay 9. Ceza Dairesi tarafından istemi üzerine gelen kayıtların birbirini tutmadığını gördük.

Gerçekten arama var ise hangi kurum yazarsa yazsın, görüşmelerin her iki tarafta aynı çıkması gerekirdi. Bu tespitimi, iki rapor halinde dilekçeyle sundum. Fakat, Yargıtay 9. Ceza Dairesi Emniyet Müdürlüğünde görevli bir polise, TEM Şube de görevli olabilir, bilirkişilik yaptırdı. Ne biz bilirkişiyi gördük, ne de bilirkişi raporu duruşmada sunulurken bilirkişi bizi gördü. Hâlbuki CMK hükümleri gereği, bilirkişi atanırken ve rapor sunulurken iki tarafa, taraflara diyecekleri sorulmalıydı.

Diğer yandan, Emniyet Müdürlüğünde görevli bir polisin atanmaması gerekirdi. Çünkü tarafsız olamazdı. Ayrıca iddianameye

Emniyet Genel Müdürlüğü şikayetçi sıfatıyla yazılmıştı. Yani taraf durumu vardı. İkincisi; bilirkişinin bilgisinin ne kadar olduğunu bilmiyorduk. Rapor sunulduktan sonra da aynı şeyleri söyledim. Zira, 15 Temmuz'dan önce ve sonra kurumlara yazı yazılmıştı. MİT'e ve Emniyet'e yazılar yazılarak hakkımdaki bilgi, belge ve raporlar istenmişti. Gelen cevaplar sakıncalı durumum olmadığı yönündeydi. Bu kayıtlar varken, 15 Temmuz'dan sonra Cemal Süreyya Parkı'na bırakıldığı belirtilen bir zarftaki listelerde, yüzlerce subay ve astsubay yanında benim de başkasına ait bir telefonu kullandığımın yazılması yine bir kumpasın işaretiydi. Yani kısacası çok iyi bir kumpas çalışması yapılmıştı. "Dosyalarda bir şey olmayınca, mecburen böyle bir delil uydurma gereği duyulmuş" diye savunma yapmıştım.

SONUÇ

Görüldüğü üzere, konuları anlatırken, her hususla ilgili bir sonuç çıkarmaya çalıştım. Ancak adet olduğu üzere, bu tür kitaplarda bir de genel bir "Sonuç" bölümü bulunur. Ben de bu güzel teamüle uyarak bazı hususları bu kısımda tekrar belirtmek istiyorum.

Öncelikle şunu söyleyelim;

Cemaatin Devleti ele geçirmek için ta 1960'lı yıllarda faaliyetine başladığı iddianamelerde yer alsa da bu iddianın oturduğu hiçbir hukuki dayanak bulunmamaktadır. Aksine, Erbakan tarafından Gülen'e "Partimizden siyasete gir" diye teklif yapılmış; ancak Gülen bu teklifi kabul etmemiş. Ülkeyi ele geçirmek isteyen insan niye bu teklifi reddetsin? Görüldüğü kadarıyla, Gülen gerek hitabet, gerek hafıza, gerek kabiliyet açısından bir partiyi rahat yönetecek bir birikime sahip. Ancak Gülen, amacına eğitim faaliyetleriyle ulaşmayı tercih etmiş. Amacını konuşmalarında birçok kez açıklamış; maksadının iyi insanlar yetiştirme olduğunu söylemiş.

İddianamelerde iddia edildiği gibi, bu yapının hedefinin devleti ele geçirmek olduğu ve bunu da yıllar önce başlattığı doğru olsaydı; Cemaate ait yurt ve okullarda yetiştirilen çocukların açıklamalarında kesinlikle bu durumu görmemiz gerekirdi. Ancak ne iddianamelerde bu konuda bir tespit bulunmaktadır, ne de ben herhangi bir yerde bu doğrultuda bir beyana rastladım. Aksine, Cemaate terör örgütü diyen kişiler; başta Tayyip Erdoğan olmak üzere, sonra da neredeyse tüm bakanlar çocuklarını bu okullara göndermişler. Bu iddianın yalan olduğunu, esasında kendileri de bizzat eylemleriyle ortaya koymuşlar.

Savcılar iddianameleri yazarken, "Işık Evleri" ve okullardan bahsedip, aynı zamanda zanlılara, "Buralarda başka kimler vardı? Kimler geliyordu?" şeklinde sorular sormuşlar. Zanlıların durumlarını anlatırken, iddianamelere hangi okula gittiklerini, hangi evde kaldıklarını da yazmışlar. Etkin pişmanlık gösteren kişilerin eylemleri olarak; buralarda bulunmalarını, abileriyle ilişkilerini, abilerinin kim olduklarını söylemelerini, evlerde gördüklerini ve yaptıkları faaliyetleri anlatmalarını etkin pişmanlık olarak belirtmişler. Etkin pişmanlık gösteren bu kişilerin açıklamalarıyla, sırf bu yerlere gittiler diye birçok askeri doktoru, sivil doktoru, mühendisi, esnafı, hâkimi tutuklatmışlar. Peki bunlar suç ise, savcılar Berat Albayrak, Sümeyye Erdoğan, ... gibi kişiler hakkında niye soruşturma açmadılar? Hadi onlara savcıların gücü yetmedi diyelim; AKP il başkanlarının, belediye başkanlarının, parti yöneticilerinin çocuklarına niye soruşturma açmadılar? Niye onları etkin pişmanlıktan yararlandırmadılar? Hani soruşturmalarda eşitlik vardı? Hani kim olursa olsun, kanunda yazan eylemi gerçekleştiren her kişi hakkında soruşturma yapılması gerekiyordu. Demek ki, bu yerlerde terör faaliyeti olduğuna, iddianameleri yazan savcılar da inanmamışlar.

Bu yapı, terör örgütü ve faaliyetlerini 1960'lı yıllarda başlattı diyorlar. İddiayı dile getiren en tepedekiler, o yıllardan sonra doğan kızlarını, Cemaatin en faal olduğu zamanlarda kendi kullandıkları tabirle "silahlı terör örgütü" mensuplarıyla evlendirmişler. O zaman doğal olarak şu soruyu sormak gerekiyor: Onlar terörist ise kızlarınızı niye onlarla evlendirdiniz?

Tayyip Erdoğan'la Cemaat geçmişte anlaşmış gibi görünse ve toplumda böyle bir algı oluşmuşsa da, esasında bu anlaşmanın hiç olmadığı anlaşılıyor. Tayyip Erdoğan, menfaati gerektirdiği için Cemaatle anlaşmış gibi bir algı oluşturmuş. Böylece kendi tabanına da hoş görünmüş. Ancak fırsatını bulduğunda, hemen harekete geçmiş. Tayyip Erdoğan'ın aksine, AKP'nin alt yapısı, 17/25 Aralık'a kadar samimi olarak Cemaatle ilişki içinde olmuş. Zira, her milletvekili, İl ve ilçe başkanları, hatta kendi atadıkları valileri ve kaymakamları bile Cemaatin faaliyetlerine katılmışlar; başarılarını övmüşler. Bununla ilgili birçok fotoğraf ve video basına yansıdı.

Erdoğan'la Yaşar Büyükanıt'n Dolmabahçe Sarayı'ndaki görüşmesi halen esrarını korumaktadır. Ancak, o görüşmeden sonra Sauna ve Atabeyler gibi vakalar bir daha olmadı. Acaba neden? Bu konuda şimdilik soru sormakla yetinelim.

Dolmabahçe görüşmesinden yıllar sonra, Tayyip Erdoğan, Doğu Perinçek'in ifadesiyle onun yanına niçin gitti? Neden ittifak yaptılar? Onu oraya gitmeye kim ve ne zorladı? Sauna Davası'nda kaybolan 63 CD içerisinde kimin görüntüleri vardı? Bu görüntüler CD'ler içinde Doğu Perinçek'in eline mi geçti? Tayyip Erdoğan, Doğu Perinçek'in bir numaralı düşmanıyken bu CD'ler nedeniyle mi onunla dost haline geldi? Yüzbaşı Gökhan Nuri Bozkır konuşunca, bu esrarengiz olayın da çözüleceğini düşünüyorum. (Bu bölümü yazdıktan iki gün sonra Nuri Gökhan Bozkır konuşmaya başladı. Şimdilik MİT adına silah kaçakçılığı yaptığını anlattı. Bakalım CD'lerle ilgili konuşacak mı?)

Atabeyler Davası'nda failler, "Mühimmatlar bize ait. BİM mağazalarını bombalayacaktık" diye açık itirafta bulundular. Bu ifadeleri duruşma tutanaklarına geçti. Bu dosyaya kumpas diyen Hüseyin Ersöz gibi avukatlara ve onları destekleyenlere hala nasıl inanacağız? Bu davadaki deliller ortadayken, dava nasıl kumpas olur? Bu davada faillerin anlattığı olaylarla darbe alt yapısı oluşturulmaya çalışılırken, bu yapı darbe fikrinden bir anda niye vazgeçti? Atabeyler Davası bu noktalarda deliller barındırmaktadır.

Zir Vadisi diye adlandırılan davada, krokiden yola çıkarak mühimmatların ele geçirildiği o olayda, karşımıza yine Doğu Perinçek ve ekibi çıkıyor. Peki, bunlar Tayyip Erdoğan'a karşı sert bir mücadele yürütürlerken neden bir anda durdular? Yoksa başka bir yol mu buldular? Tayyip Erdoğan'ı yanlarına getirtecek kozları nelerdi? Ne tür şantajları yaptılar? Belirttiğimiz gibi Tayyip Erdoğan zaten hazırdı. Belki yaptıklarını onlar olmadan da tek başına yapacaktı ama onlara mecbur kaldı.

15 Temmuz'u haber veren vakalara da kısa kısa göz atalım:
AYİM'de üye olan Hâkim Albay Kenan Kenan, 15 Temmuz'dan altı
ay kadar önce, "Bakın göreceksiniz buradan bazı üyeler, eli kelep-
çeli olarak gidecekler" dedi. 15 Temmuz'u kurgulayanlarla beraber
olmadan böyle bir şey söylemek mümkün değildir, zira yüksek
yargı üyelerinin dokunulmazlığı vardı. 15 Temmuz öncesinde, yasa-
lar itibarıyla söylediğinin gerçekleşmesi mümkün değildi. Demek
ki, olağan dönemden olağanüstü bir döneme geçileceğini biliyordu
ve bu yüzden kurdu bu cümleyi.

15 Temmuz öncesinde, AYİM İkinci Daire'deki üyeler, heyet
kurulamayacak olmasını dahi göze alarak izne ayrılmak istediler.
Zira, bir hafta sonra ne yaşanacağını çok iyi biliyorlardı. Anka-
ra'da bulunmak istemediler. Aynı şekilde, Birinci Daire Başkanı,
beni o gün için Ankara'da tutmak istedi. Çünkü, 15 Temmuz gibi
bir kurgu hazırlandığını o da biliyordu. Tüm izin haklarını kullan-
masına rağmen, 15 Temmuz günü Ankara'da olmamak için, hakkı
olmadığı halde yer ayarlayarak kampa gitti.

Kumpasın en önemli parçalarından birisi de, Cumhuriyet Sav-
cısı Okan Bato'dur. Kendisi normal bir düz savcı iken, 15 Tem-
muz öncesinde Genelkurmay Karargahı'na talimat vererek birçok
generalin gözaltına alınmasını istemiş. Bir savcı bunu yapabilir
mi? Mümkün değil. İlker Başbuğ'un tutuklanmasını ve Ergene-
kon yargılamalarının yapılmasını isteyen Tayyip Erdoğan, bu kez
aynı görevi Okan Bato'ya vermiş. Peki neden? Zira, Genelkur-
may MEDAS sistemine bir emir yüklendiğinde, emir doğrultu-
sunda hemen harekete geçecek generallerin olması istenmiş. Ama
durumu fark eden yüzlerce birlik komutanı faaliyete geçmemiş.

Mehmet Yüzbaşıoğlu, 15 Temmuz sonrasında Genelkurmay
Askeri Savcısı olarak atandı. Hatta Sabah gazetesi "Kutsal görevi
üstlenenler" diye manşet attı. Bu kişi, 15 Temmuz'dan altı ay kadar
önce emekli olmaya karar verdi. Kendisiyle birlikte aynı ideo-
lojiye sahip 6 kişi de emekli olmaya karar verdi. Her nedense 15

Temmuz'dan aylar önce bir anda emekli olmaktan vazgeçmişler. Neden? Doğu Perinçek grubunun, kurulan kumpası haber vererek emekliliklerini engellediği anlaşılıyor.

Cumhurbaşkanlarına suikast halinde suçluların iade edilmelerine ilişkin sözleşme, 1957 yılında imzalanmışken, Meclis'te neden 15 Temmuz'dan birkaç gün önce kabul edildi? Cevap olarak, planlanan kurgu gereği olarak, yurt dışına kaçmaların olması halinde kaçanların geri getirilmelerinin hedeflendiğini söyleyebiliriz.

Darbe girişimi söylentileri varken alınması gereken ilk tedbir, darbeye karışma ihtimali olan generallerin emekliye sevk edilmesi için gerekli ortamın hazırlanması ve öncelikle bu konuyu kolaylaştırıcı yasal bir düzenlemenin yapılmasıdır. Ortak akıl bunu gerektirir. Ancak Hükümet bırakın böyle bir yasa çıkarmayı, aksine EMASYA denen ve zamanında darbeye zemin hazırladığı söylenen protokolden daha ağır yetkileri veren kanunu, 2016 yılı Haziran ayında Meclis'e sevk etti. Haziran ayında, Kanunu Meclis'ten geçirdi. 14 Temmuz 2016 tarihinde de Cumhurbaşkanı Erdoğan'ın onayıyla Resmi Gazete'de yayınlandı. Böylece sıkıyönetim ilanına ilişkin bir emir yayınlandığında, askerin daha kolay sokağa çıkması için zemin hazırlanmış oldu.

Balıkesir Astsubay Hazırlama Okulundaki bir astsubay, okuldan mezuniyetleri engellemenin olağanüstü bir hal yaşanmadan mümkün olmadığını bildiği halde, 2016 yaz döneminde okuldan kimsenin mezun olmayacağını açık açık söylemiş. Bu beyan da kurgunun en alt seviyede dahi bilindiğini göstermektedir.

Savcı Serdar Coşkun, daha bazı birlikler harekete geçmeden, o birlikler harekete geçmiş gibi bir tutanak düzenlemiş. MİT binası askerler tarafından kuşatılmadığı halde, "MİT binası askerlerle çevrilmiş" gibi tespit yapmış. Olaylar başlayınca, detaylı bir tutanak hazırlama işiyle uğraşmamak için, kendisine önceden bildirilen plan doğrultusunda tutanağı hazırladığı anlaşılıyor. Yani bizzat kumpası bildiği için, böyle bir tutanağı hazırlamaktan çekinmemiş.

Planın tıkır tıkır işleyeceğini düşünmüş. Ama bazı birlikler harekete geçmeyince tutanak, kumpası ortaya çıkarmış oldu.

15 Temmuz günü yaşanan olaylardan bazıları da, o günün kumpas sonucu oluşturulan bir gün olduğunu gösteriyor. Bunları kısa kısa belirtelim:

Birincisi, Hâkim Albay olan Metin Ulukanlıgil'in o günkü eylemleridir. Ulukanlıgil, 'Sıkıyönetim Mahkemeleri Görevlendirme Listesi'ni Whatsapp grubunda yayınlattı. "Bana gönderildi ben de yayınladım" dediyse de kendisine kimin gönderdiğini açıklamadı. Aynı kişiyi ilk tutuklamalarda, sulh ceza hâkimliklerine liste verirken görenler var.

İkincisi, Mehmet Yüzbaşıoğlu'nun o günkü eylemleridir. Kendisine gelen bir telefonda "Mustafa Dönmez" ismi söylenmesi üzerine, korkudan panikliyor ama 15 Temmuz gecesi ise sağı solu gezip duruyor. Ne yaşanacağını bilmese, öyle gezer miydi? Normal hayatlarında cesareti az olanların o gece aslan kesilmelerinin, cesaretlerinden değil de kurguyu bilmelerinden kaynaklandığı anlaşılıyor.

Üçüncüsü, Efkan Ala'nın tavrıdır. 17/25 Aralıkta korkmayan, "Kırın kapıları, alın" diyecek kadar cesaret gösteren Efkan Ala, 15 Temmuz'da kaçmaya çalışmış. Zira kumpas kendisine bildirilmemiş. Gerçek bir darbe girişimi olduğunu zannederek kaçmaya çalışmış. Ama kurgudan haberdar olanlar ise o gün büyük cesaret sahipleriymiş gibi tavır sergilediler.

Dördüncüsü, Marmaris'te olan çatışmadır. Tayyip Erdoğan'ı almak için, otele Gökhan Şahin Sönmezateş ve ekibinden daha önce giden başka bir ekip var. Otelin önünde polisle çatışmaya giriyorlar, iki polis şehit oluyor. Çatışma ve polislerin şehit olmasına rağmen, bu olay da araştırılmadı.

Beşincisi, Hakan Fidan'ın tavrıdır. 7 Şubat Soruşturması nedeniyle savcılığa ifade vermeye gitmeyen Hakan Fidan, olay günü darbenin merkezine gitmiş, görüşme yapmış. Yani daha önce tutuklanmaktan korkmuş ama 15 Temmuz günü ölmekten korkmamış.

Girişim kurgu ve kurgulayanlardan biri de kendisi olunca, Genelkurmay'a gitmede bir tehlike görmemiş anlaşılan. Muhtemelen Hulusi Akar'la son kontrolleri yapmak istemiş. Altıncısı, o gün koruma olarak görevlendirilen personelin tavrıdır. Hükümetin üst düzey adamlarının yanlarındaki korumalarının neredeyse yarısı 15 Temmuz'dan sonra ihraç edildi. Üst düzey generallerin korumalarının da çoğu meslekten atıldı. Cemaat darbe yapmaya kalktı ise, niye kendisine bağlı olduğu iddia edilen bu korumaları kullanıp bu kişileri etkisiz hale getirmedi? Bütün bunları üst üste koyduğumuzda, o gün çok büyük bir kumpasın sahnelendiği gerçeği kendiliğinden ortaya çıkıyor.

Sözde darbe girişimi sonrası yaşanan bazı olaylar da kumpasa işaret etmektedir. Bunları da kısa kısa belirtelim. Soru çok basit; ortada gerçekten bir darbe girişimi var ise, Hulusi Akar'la Hakan Fidan, Türkiye Büyük Millet Meclisi'nde kurulan Araştırma Komisyonu'na neden ifade vermedi? Gerçekten bir darbe girişimi var ise, yapacakları tek şey o gün yaşananları olduğu gibi anlatmaktı. Ama gitmediler, zira kumpasın ortaya çıkmasından endişe ettiler.

O gece Ankara Büyükşehir Belediyesi'nin büyük kamyonları, yüklü şekilde birliklerin önlerine çekilmiş. Bu görevlerini de aksatmadan, karıştırmadan yapabilmişler. Şoförlerin bu kadar koordineli işi bir anda yapmaları; önceden çalışıldığını, tatbikatının yapıldığını göstermektedir.

15 Temmuz sonrası ilk yapılan iş, AYM'nin iki üyesinin gözaltına alınması ve yüksek yargı organı mensuplarının tutuklanması oldu. O gün itibarıyla mevcut olan hukuk düzeninde bu mümkün değilken, ilk önce bu işlerin yapılması, daha önce yapılmış bir hazırlığın olduğunu açıkça göstermektedir.

Türkiye'deki yargı hiyerarşisi içerisinde en yüksek mahkeme olan AYM'nin iki üyesinin 16 Temmuz'da gözaltına alınması, aynı zamanda yargının artık Millet adına değil, Tayyip Erdoğan adına işleyeceğinin işaretiydi. Kumpasın en önemli hedeflerinden birinin de bunu sağlamak olduğu anlaşılmaktadır.

Darbe girişiminin tam bir kurgu olduğunu ortaya koyan en net delillerden biri de, davaların açılmasından sonra ortaya çıkan askeri hâkimler fişleme listesidir. Bu liste, Mehmet Yüzbaşıoğlu'nun içinde olduğu komisyonun, Ankara 25. Ağır Ceza Mahkemesi'ne gönderdiği dosyaların içinden çıktı. Listedeki hatalar ile sıkıyönetim görevlendirme listesinde yapılan hatalar hemen hemen aynı. Bu hatalar, sıkıyönetim görevlendirme listesini tutuklu olan kişilerin hazırlamadığını göstermektedir.

Darbe girişiminin "Planlayıcısı" olduğu iddia edilen Mehmet Partigöç hakkında, eşine yazdığı iddia edilen bir not yayınlandı. Partigöç ise bunu inkâr etti. Hakkındaki iddianamede ise bu not hiç yer almadı. Böyle bir not yazmadığı anlaşılınca savcı iddianameye koymadı. Ama o gün itibarıyla bu not üzerinden önemli bir algı oluşturuldu ve darbenin planlayıcısı olarak Mehmet Partigöç gösterildi.

Mehmet Partigöç ve kendi dairesinde görev yapan kişiler, darbe emrini yayınladıkları iddiasını kabul etmediler. Savcılık veya mahkeme, bilirkişi atayarak, bu emirlerin hangi bilgisayardan sisteme sokulduğunu tespit etmesi gerekirken, bu araştırmayı yapmadı. Zira, bu emirlerin nereden yayınlandığı teknik olarak ortaya konulunca, darbe kumpasının kim tarafından kurgulandığının ortaya çıkacağından korkuldu.

Darbe girişimi içerisinde olduğu iddia edilen asker sayısı, bazı iddianamelerde toplamda 2 bin civarı; bazılarında ise 4 bin civarı olarak yazılmış. Halbuki, TSK'dan "FETÖ üyeliği" iddiasıyla 20 binden fazla asker atıldı. Darbe girişimini Cemaat yaptıysa, bu kadar insan niye darbeye katılmadı? Halbuki darbe geleneğimize bakıldığında, bir emir üzerine tüm birliklerin verilen emri yerine getirdiğini görüyoruz. Esasında bu sayılar da, 15 Temmuz'un darbe girişiminden ziyade bir kumpas olduğunu gösteriyor.

Büyük davalarda hâkimlerin araştırma yapmaktan çekinmesi, en kritik noktalarda araştırmaya girmemeleri, sonra da muhalif gazeteci Müyesser Yıldız'ı bile şaşırtacak şekilde kararlar vermeleri, mahkemelerin de kumpasın parçası olduğunu göstermektedir. Bu mahkemelerin başkanları daha sonra istisnasız Yargıtay'a üye seçildiler. Dosyalara bu hâkimlerin değil de Saray'da bazı danışmanların karar verdikleri, bunların da kendilerine gönderilen kararı okudukları gerçeği açık bırakılan bir mikrofon aracılığıyla net bir şekilde ortaya çıktı.

Bu vakalarla birlikte, yargılandığım davadaki duruma bakalım: Yargılandığım davada, gerek soruşturma sırasında, gerekse de kovuşturma aşamasında izlenen usul de, kumpasın işaretlerini taşıyor. Ayrıca, Türkiye'de soruşturma ve yargılama süreçlerinin nasıl işlediğini net olarak gösteriyor. Düşünün bir kere; bir Cumhuriyet Savcısı, bir yüksek yargı organı üyesine tuzak kurabiliyorsa, gözaltı listesini darbecilerin yayınladığı liste olarak gösterebiliyorsa, normal vatandaş hakkında neler yapmaz?

15 Temmuz sonrasında yapılan ihbarlarda özellikle gerçeğe uymayan iddialar ve bilerek yalan yanlış söylemler ve fotoğraf üzerinden yapılan algılar; kumpas kurmanın bu insanlar için hiç zor olmadığını ortaya koyuyor. Bu ihbarcı ve kumpasçı kişiliklerin yöneticilerinin onlardan kalır yanları yoktur herhalde. Onlardan daha az mahir değillerdir.

Benim yargılandığım davadaki tanıkların durumu, maalesef muhafazakâr ve milliyetçi kesimin çoğunluk durumunun ne kadar yozlaştığını açık olarak gösteriyor. Hâlbuki rahat bir şekilde yalan söyleme, saptırma yapma, düşmanlıkta aşırılığa gitme ve gaddarlaşma gibi durumlar, Müslüman kişinin vasfı değildir.

Biraz da salt hukuk açısından olayı değerlendirelim: 15 Temmuz öncesinde, Cemaat üyelerinin terörist olarak kabul edilmesinin mümkün olmadığını, nedenleriyle detaylı olarak belirttim. Ancak, yargılamalarda hukukun genel kuralları tersine döndürüldü.

Kumpas darbe girişiminin, Cemaat sempatizanları tarafından planlanıp yapıldığı kabul edildi. Bu kabul doğrultusunda da, Cemaatin 15 Temmuz öncesi tüm faaliyetleri terör eylemi sayıldı. Bu şekilde yaftaladıkları insan sayısının 500 bin kişi olduğu belirtiliyor. 100 bine yakın insan da tutuklandı. Devlet, PKK'nin 5 bin silahlı teröristiyle, 30 yıldır baş edemezken; "terörist" diye yaftaladıkları yüz bine yakın insanı, hem de çok kısa bir sürede, nasıl tutuklayıp cezaevlerine doldurdu? Kamuoyuna yansıyan bir tane dahi direnme olmadı. Suç aleti olarak; Cemaat yayınevlerinin yayınladığı kitapları, dergileri gösterdiler. Turgut Özal tarafından kaldırtılmadan önceki TCK 163. Maddeye dayalı olarak yapılan gözaltı işlemlerinde, kitapların suç unsuru olarak gösterilmesi gibi, bu kitaplar ve dergiler de "suç aleti" unsuru olarak kabul edildi.

Bir de 15 Temmuz sonrası duruma hukuk açısından bakalım. Bir an için, 15 Temmuz'un "Cemaatin darbe girişimi" olduğuna inanalım. Bu faraziyede dahi, sözde darbe girişimine katılanlar dışında, diğer Cemaat mensuplarının terör örgütü mensubu olduğu iddia edilebilir mi? Cumhurbaşkanının "Darbe girişimini eniştemden öğrendim" dediği bir ortamda; öğretmen, işadamı, mühendis, avukat, hâkim gibi sivil kişilerin, 15 Temmuz girişimini bilmeleri elbette mümkün değildir.

Silahlı terör örgütlerinin kullandığı araçlar genelde, tabanca, tüfek, silah ve mühimmat gibi malzemelerdir. Bunların kullanılmasıyla, bir yeri patlatma, tuzak kurma ve suikast düzenleme gibi eylemler gerçekleştirilir. Cemaatin böyle bir faaliyeti delilleriyle ortaya konmadığı halde; bankaya para yatırma, çocuğu okula gönderme, yurt müdürlüğü, okul müdürlüğü yapma ve bunlar gibi yasal mevzuata uygun faaliyetler, nasıl terör faaliyeti olarak kabul edilebilir?

Gelelim kitaptan çıkan en önemli sonuca. Birinci bölümde açıkladığımız gibi, terör eylemleri yalnız kişi ve kişi gruplarınca gerçekleştirilmemektedir. Terör suçunun faili, Devlet aygıtı da olabilmektedir. Yapılanlara bakılınca, "Ortada bir devlet terörü mü var?" sorusunu sormamız gerekiyor. Bu soruya cevap vermek için genel duruma göz attığımızda şöyle bir tablo karşımıza çıkmaktadır: Yasal yollarla iktidar olan AKP hükümeti, zamanla yasal olmayan işlere girmiş. Özellikle ihale yolsuzlukları nedeniyle yargılanma korkusu, paranoya olarak ruhlarını, zihinlerini çepeçevre sarmalamış. İhale yolsuzlukları nedeniyle yargılanmaktan korkan bu kişiler ve gruplar, iktidarı kaybetmemek için ellerindeki yasal yetkilerini de kullanarak, yasal olmayan işleri genişletmeye başlamışlar. Bu bağlamda; silah kaçakçılığı da dâhil olmak üzere, uluslararası çapta organizasyonların içine dalmışlar. Suçlar büyüyünce, bir daha yargı önüne gitmemek için, bu kez "devlet terörü" denen faaliyetleri başlatmışlar. Ülkeyi bir daha seçim yapılmayacak, dolayısıyla hiç yargılanmayacakları bir ortama taşımak plan yapmışlar.

Kısaca, AKP'nin tüm organlarına, zerrelerine kadar sızdığı Devlet, terörizme kaymış. Bu minvalde, İzmir'de son zamanlarda ortaya çıkan suç organizasyonu, Okan Bato'nun girişimleri, fişlemeler, İran Devrim Muhafızları Ordusu liderinin Türkiye'deki faaliyetleri, silah ve uyuşturucu kaçakçılığı ve yasa dışı silahlı örgütleri desteklemeler gibi eylemler, "Devlet Terörizmi"nin unsurları olarak karşımıza çıkıyor.

Sonuç olarak şunu diyebiliriz; suça bulaşmış insanlar, yargı önüne gitmemek için, kendilerini yargılatabilecek masum insanları "terörist" ilan etmeye çalıştılar. Bu maksatla 15 Temmuz'u planladılar ama tam başarı sağlayamadılar. Zira, ülke şeklen de olsa halen demokrasiyle yönetiliyor. Dolayısıyla, bu planları yapanların, ileride yargı önüne çıkmaları ihtimal dâhilinde görünüyor.

BELGELER

Belge 1: AYİM Genel Kurulunun Hüseyin Ersöz'ün şikayeti ile ilgili kararı

**ASKERİ YÜKSEK İDARE MAHKEMESİ
GENEL KURUL TOPLANTI TUTANAĞI**

AYİM Genel Kurulu, Askeri Yüksek İdare Mahkemesi Başkanlığının 25 Nisan 2016 tarih ve GENSEK : 2016/215/İda.İşl.Md.sayılı yazısı uyarınca 16 Mayıs 2016 Pazartesi günü saat 14:30'da AYİM Genel Kurul Toplantı Salonunda toplandı.

Yoklama yapıldı. Askeri Yüksek İdare Mahkemesi 1 nci Daire Üyesi Hak.Alb.Cemil ÇELİK'in 1602 sayılı Askeri Yüksek İdare Mahkemesi Kanununun 19/2'nci maddesi uyarınca görüşülecek konunun doğrudan şahıslarıyla ilgili olması nedeniyle toplantıya katılmadığı, bu Üye hariç diğer üyelerin tamamının toplantıya katıldıkları ve Genel Kurul toplantı ve karar nisabının bulunduğu görüldü.

Askeri Yüksek İdare Mahkemesi Başkanı Hakim Tümgeneral Abdullah ARSLAN tarafından oturum açıldı. Gündeme ilişkin olarak; " Askeri Yüksek İdare Mahkemesi 1 nci Daire Üyesi Hak.Alb.Cemil ÇELİK'in şikayet edildiği sanık Murat EREN vekili Av.Hüseyin ERSÖZ imzalı, 02.03.2016 tarihli şikayet dilekçesi, 1602 sayılı Askeri Yüksek İdare Mahkemesi Kanunu kapsamında değerlendirilmek üzere MSB.lığının 17.03. 2016 tarihli MAİY:37337036-9160-803-16/As.Adlt.İşl.Per.Mslk.Ynt.Ş.(37-10-16) "Başvuru" konulu yazısı Ek'inde Askeri Yüksek İdare Mahkemesi Başkanlığı'na gönderilmiştir. 1602 sayılı Askeri Yüksek İdare Mahkemesi Kanununun ilgili maddeleri uyarınca ismi geçen Üye hakkındaki şikayetin Genel Kurul tarafından değerlendirilerek bir karar vermek üzere toplanmış bulunuyoruz" şeklinde özet bilgi verdi.

Murat EREN vekili Av.Hüseyin ERSÖZ imzalı 02.03.2016 tarihli şikayet dilekçesi, MSB.lığının 17.03.2016 tarihli MAİY:37337036-9160-803-16/As. Adlt.İşl.Per.Mslk.Ynt.Ş. (37-10-16) "Başvuru" konulu yazısı, sanık Murat EREN hakkında Genelkurmay Askeri Mahkemesinde yapılan yargılamalara ilişkin 7 klasör halindeki dava dosyalarının ilgili bölümleri okundu, yapılacak işlemlerle ilgili görüşmeye başlandı.

Başkan şikayet dilekçesindeki AYİM üyesi ile ilgili olan bölümü izah etti.

Söz konusu şikayet dilekçesinden; 2006 yılında Murat EREN hakkında başlayan ceza yargılamasına ilişkin olarak, ceza yargılamasının değişik aşamalarında karar veren askeri hakimlerin ve yüksek mahkeme üyelerinin şikayet edildiği, bu kapsamda o dönem Genelkurmay Askeri Mahkemesinde görevli olup, 2011 yılında Mahkememize Üye seçilen Hak.Alb.Cemil ÇELİK'in de şikayet edildiği anlaşılmıştır.

Bahsi geçen şikayet dilekçesinde şikayet şu şekilde geçmektedir. "Genelkurmay Başkanlığı Askeri Mahkemesinin 2016/147 Esas sayılı dosyasında Mahkeme Başkanı olarak görev yapan ve Müvekkiliniz hakkında mahkumiyet kararı veren Askeri Hakim Cemil ÇELİK, Ergenekon Davası Sanığı M. D.'i yargılayan heyette de yer almış bu yargılama sırasında tarafsızlığını kaybettiğine dair olumsuz davranışları basına yansımıştır. Müvekkilimizin yargılandığı dava sırasında da tarafsızlığını kaybettiğini

$\lfloor (Ek - 6) \rfloor$

gösteren hal ve davranışlar içinde bulunan Askeri Hakim Cemil ÇELİK, halen Askeri Yüksek İdare Mahkemesi Üyesi olarak görev yapmaktadır"," Genelkurmay Askeri Mahkemesinin 2012/147 E. sayılı dosyasında yanlı ve sistematik şekilde hukuka aykırı karar ve uygulamalar gerçekleştiren Askeri Hakim Cemil ÇELİK,... hakkında inceleme/soruşturma başlatılması" iddia ve talep edilmiştir. dedi.

Başkan, ceza yargılama sürecine ilişkin olarak Genelsekreter'den ceza yargılama sürecini özetlemesini istedi;

Genelsekreter söz aldı: Murat EREN vekili Av.Hüseyin ERSÖZ imzalı, 02.03.2016 tarihli şikayet dilekçesi, MSB.lığının 17.03.2016 tarihli MAİY.:37337036-9160-803-16/As. Adlt.İşl.Per.Mslk.Ynt.Ş. (37-10-16) " Başvuru" konulu yazısı, sanık Murat EREN hakkında Genelkurmay Askeri Mahkemesince yapılan yargılamalara ilişkin 7 klasör halindeki dava dosyaları ve Anayasa Mahkemesinin 09.09.2015 tarih ve Başvuru Numarası 2013/2661 sayılı kararı esas alınmak suretiyle ceza sürecini izah ediyorum dedi.

2006 yılında dönemin Başbakan Danışmanına ve onun iş yerlerine, silahlı saldırı hazırlığı olduğuna yönelik 18/5/2006 tarihinde e-postayla yapılan ihbar üzerine, emniyet güçlerince; başvurucu dahil üç askeri personel ile bir sivil şahıs takibe alınmış, Cumhuriyet Başsavcılığının izni ile ihbarda adı geçen sivil şahsın evinde 30/5/2006 tarihinde yapılan aramada, çeşitli patlayıcılar ve yatak odasında Genelkurmay Başkanlığına ait ve "Gizli" ibareli bir kitapçık ve Memorex ibareli 200 nolu delil olarak numaralandırılan bir CD ele geçirilmiştir.

İhbarda, çetenin lideri olduğu belirtilen Murat EREN de, aynı gün aramadan yaklaşık bir saat önce söz konusu evden elinde bir kutu ile çıkarken görüldüğünden takibe alınmış; yakalanmasını müteakip başvurucunun evinde yapılan aramada, dizüstü bilgisayar ve bir adet taşınabilir diske (mobil disk) el konulmuştur.

Aramalarda ele geçen bazı eşyaların askeri mühimmat olması nedeniyle askeri savcılıkça, 1/6/2006 tarihinde soruşturma başlatılmıştır.

Cumhuriyet Savcılığı 10/7/2006 tarihinde, yürütmekte olduğu soruşturmanın askeri gizlilik dereceli bilgi ve belgelere ilişkin kısmı yönünden görevsizlik kararı vermiş ve Askeri Savcılığa ulaşan bu soruşturma askeri mühimmatlarla ilgili yürütülen soruşturma ile birleştirilmiştir.

Askeri Savcılıkça, 18/8/2006 tarihinde; Murat EREN dahil ihbarda adı geçen üç askeri personel ile sivil şahıs hakkında iştirak hâlinde askeri eşyayı gizlemek; ayrıca Murat EREN hakkında, devletin güvenliğine ve siyasal yararlarına ilişkin bilgileri açıklamak; diğer iki askeri personel hakkında, göreve ilişkin sırrın açıklanması ve sivil şahıs hakkında devletin güvenliği ile ilgili belgeleri elinde bulundurmak suçlarından; ceza davası açılmıştır.

Bu arada Murat EREN, ceza davasının açılmasından sonra 30/8/2006 tarihinde Yüksek Askeri Şûra kararıyla Türk Silahlı Kuvvetlerinden ihraç edilmiştir.

Yapılan yargılama neticesinde; Genelkurmay Askeri Mahkemesinin 29.05.2007 tarih ve Esas No.: 2007/59, Karar No.:2007/155 sayılı kararı ile "iştirak halinde askeri eşyayı gizlemek", "devletin güvenliği ve siyasal yararlarına ilişkin bilgileri açıklamak" ve " emre itaatsizlikte ısrar" suçunu işlediği kanaatiyle mahkumiyetine oybirliği ile karar verilmiştir.

Söz konusu kararın temyiz edilmesi üzerine yapılan yargılamada Askeri Yargıtay'ın 06.01.2009 tarih ve Esas No.:2009/1, Karar No.:2009/1 sayılı kararı ile noksan soruşturma yönünden bozulmuştur.

Bozma kararına uyularak yapılan yargılama neticesinde Genelkurmay Askeri Mahkemesinin 01.04.2010 tarih ve Esas No.: 2010/33, Karar No.:2010/133 sayılı kararı ile "iştirak halinde askeri eşyayı gizlemek (HAGB) ", "yasaklanan bilgileri açıklamak (2 YIL 6 AY) " ve " emre itaatsizlikte ısrar (HAGB)" suçunu işlediği kanaatiyle mahkumiyetine oybirliği ile karar verilmiştir.

Söz konusu "yasaklanan bilgileri açıklamak" suçundan mahkumiyete ilişkin kararın temyiz edilmesi üzerine yapılan yargılamada Askeri Yargıtay'ın 20.03.2012 tarih ve Esas No.:2012/281, Karar No.:2012/362 sayılı kararı ile suç vasfı yönünden bozulmuştur.

Bozma kararına uyularak yapılan yargılama neticesinde Genelkurmay Askeri Mahkemesinin 11.10.2012 tarih ve Esas No.: 2012/147, Karar No.:2012/128 sayılı kararı ile " devletin güvenliği ve siyasal yararlarına ilişkin bilgileri açıklamak (4YIL-2 AY)"suçunu işlediği kanaatiyle mahkumiyetine oybirliği ile karar verilmiştir.

Başvurucunun temyizini inceleyen ilgili Daire 6/2/2013 tarihinde, usul ve esas yönlerinden hukuka uygun bulunan mahkumiyet hükmünün onanmasına, karar vermiştir.

Başvurucu cezasının onanması sonrasında, karar düzeltme, itiraz ve dört kez de yargılamanın yenilenmesi taleplerinde bulunmuştur.

Bu taleplerinden de lehine sonuç çıkmaması üzerine Anayasa Mahkemesine bireysel başvuru yapılmış ise de; Anayasa Mahkemesinin 09.09.2015 tarih ve Başvuru Numarası 2013/2661 sayılı kararı ile özetle" ...yargılama süreçlerinde verilen kararlarda bariz takdir hatası veya açık keyfilik oluşturan herhangi bir durumun tespit edilmediği, Anayasadaki temel ilkelere , kanunlara veya yargılama usullerine ilişkin düzenlemelere aykırı olmadığı, yargılamaların sonucu itibariyle adil olmadığına ilişkin iddiaların ciddi bulunmadığı..." gibi hususlara vurgu yapılarak neticeten açıkça dayanaktan yoksun olması nedeniyle kabul edilemez olduğuna oybirliği ile karar verilmiştir. dedi

Sayın Üye Kenan KENAN söz aldı; Başkanlık makamı eksik evrakları gönderse idi daha iyi inceleme yapabilirdik dedi.

|EL-۹۱

Sayın Başkan; neden ciddi bulunarak Genel Kurula getirildiği hususunda bilgi verdi.

Sayın Üye Metin ULUKANLIGİL söz aldı. Daha önce iki Mahkeme kararı gönderilse idi daha şık olurdu, daha rahat karar verirdik dedi.

Sayın Başkan söz aldı. Dava dosyalarını ilgili Mahkemeden getirttik isteyen bakabilir bir kısıtlama yok dedi.

Sayın Üye Ayhan AKARSU söz aldı. Hukuksal açıdan incelendiğinde nihai kararlar esastır. Nihai kararlarda AYİM üyelerinin ismi yok dedi.

Sayın Üye Kenan KENAN söz aldı. Ben usul açısından söylüyorum esasla ilgili söylüyorum dedi.

Başkan söz aldı. Neden Genel Kurula getirildiği hususunda ayrıntılı bilgi verdi. Kurumlar en yetkili organlarında görüşerek cevap veriyor. Ben de Genel Kurula getirdim dedi.

Hep birlikte ve hukuka uygun bir şekilde ele alıp karar vermek durumundayız dedi.

Sayın üye Kenan KENAN söz aldı. Ben usul açısından söylüyorum Genel Kurulda kısa sürede kara alabilirdik. Bu açıdan söylüyorum dedi.

Görüşmelere devam edildi,

Başkan ; ilave söz almak isteyen olup olmadığını sordu, ilave söz almak isteyen olmadı, oylamaya geçildi.

Davacı vekilinin hakim ve savcıların yargı yetkisi ve takdiri kapsamında yapmış oldukları değerlendirmelere ilişkin olarak soyut iddialarından öteye gitmeyen ve hukuki dayanaktan açıkça yoksun olduğu davacı vekilinin, 2013/2661 Başvuru numaralı bireysel başvurusu sonucunda anayasa mahkemesince 09.09.2015 tarihinde verilen "Başvurunun açıkça dayanaktan yoksun olması" şeklindeki kabul edilemez olduğuna yönelik kararı da nazara alınarak herhangi bir işlem yapılmasını haklı gösterecek bir hususa rastlanmadığı kanaatiyle,

Mahkememiz 1 nci Daire Üyesi Hak.Alb.Cemil ÇELİK hakkında Türkiye Cumhuriyeti Anayasasının 157'nci maddesi ve 1602 Sayılı Askeri Yüksek İdare Mahkemesi Kanununun 32'nci ve 33'ncü maddeleri uyarınca HERHANGİ BİR İŞLEM YAPILMASINA YER OLMADIĞINA Üye Hak.Alb.Kenan KENAN, Üye Hak. Alb. Metin ULUKANLIGİL ve Üye Hak.Alb. Abdurrahman BEŞİROĞLU'nun ayrışık gerekçesi ve OYBİRLİĞİ ile ve KESİN olarak karar verildi.

Yapılacak başkaca bir işlem kalmadığından Genel Kurul Toplantısına son verildi. 16 Mayıs 2016

16 MAYIS 2016 Tarihli Genel Kurul Toplantı Tutanağının Son Sayfasıdır.

BAŞKAN	ÜYE	ÜYE
Abdullah ARSLAN Hâk.Tümg.	H.Hasan MUTLU Hak.Alb.	Celal IŞIKLAR Hak.Alb.
ÜYE Gürbüz GÜMÜŞAY Hak.Alb.	ÜYE Coşkun GÜNGÖR Hak.Alb.	ÜYE M.Aydan AL Hak.Alb.
ÜYE Muhittin KARATOPRAK Hak.Alb.	ÜYE Kenan KENAN Hak.Alb.	ÜYE Ayhan AKARSU Hak.Alb.
ÜYE Metin ULUKANLIGIL Hak.Alb.	ÜYE Yüksel DOĞAN Hak.Alb.	ÜYE Mehmet AKBULUT Hak.Alb.
ÜYE Fikret ERES Hak.Alb.	ÜYE Turgay AKGÜL Hv.S/S.Kur.Alb.	ÜYE Ertuğrul ŞAHİN P.Kur.Alb.
ÜYE Salih BUÇUKOĞLU Topçu Kur.Alb.	ÜYE Abdurrahman BEŞİROĞLU Hak. Alb.	ÜYE Yaşar YÜCE Hak.Alb.
ÜYE	ÜYE Şerif BEK J.Kur.Alb.	ÜYE Ahmet UÇAR P.Kur.Alb.
ÜYE Hamdi DEMİRALAY Dz.Kur.Alb.	ÜYE Bengü ABBAN Hv.Hak.Alb.	ÜYE Hakan Ali TURGUT Hak.Yb.

Belge 2: Metin Ulukanlıgil'in WhatsApp askeri hâkimler grubuna liste atması

Belge 3: Kenan Kenan'ın fişlemeler yaptığına dair duruşmadaki beyanı

Tanık Kenan KENAN: Haber kaynaklarım var demedim. Yani bana bilgi geliyor, çok yerden bilgi geliyor. Hani ben bilinen (anlaşılamadı) değilim ki. Bu konuda bana çok yerden bilgi geldi. Ama ben bu bilgileri kaynak bu söyledi, bu söyledi diye söyleyemem. Söylemem bir.

Sanıklar Bedrettin ÖZGÜR ve Uğur AYDIN vekilleri Av. Muhammet AKÇAY: Anladım efendim. Anladım. Anladım.

Tanık Kenan KENAN: İkincisi, benim onuruma yakışmaz, bana yakışmaz.

Sanıklar Bedrettin ÖZGÜR ve Uğur AYDIN vekilleri Av. Muhammet AKÇAY: Ben şöyle.

Tanık Kenan KENAN: Üçüncüsü faydası da yok şeye.

Sanıklar Bedrettin ÖZGÜR ve Uğur AYDIN vekilleri Av. Muhammet AKÇAY: Ben mahkemeye hitap ediyorum. Müsaade buyurursanız.

Tanık Kenan KENAN: Tamam.

Sanıklar Bedrettin ÖZGÜR ve Uğur AYDIN vekilleri Av. Muhammet AKÇAY: Efendim şöyle. Ceza Muhakemesi'nde tanığın işte ben böyle, bana böyle söylendi, haber kaynağı açıklayamam. Efendim Ceza Muhakemesi'nde böyle tanıklık olmaz. Kuşlar mı söyledi? Mesela yani bu haber kaynağı nedir? Yani onun güvenilirliğini mahkeme bilmek zorundadır. Ben talep ediyorum, mahkeme sorsun, haber kaynağınız nedir? Ya bize bu, budur efendim. Ya bu böyle olmaz efendim. Ya kuşlar mı söyledi? Ya ben mahkemeden talep ediyorum ki, sayın KENAN'a sorulsun. Haber kaynağım dedi ben öyle anladım. Ya da o bilgi kaynağı her neyse. Onu mahkeme sorsun efendim. Cevabı verir vermez. Yani benim talebim budur. Takdir, takdir mahkemenindir. Teşekkür ediyorum.

Tanık Kenan KENAN: Öncelikle şu şeyi düzelteyim. Bu haber kaynağı diye haber kaynağını ispatsızlar kullanır. Ben ispatsız değilim. Ben sadece bilinen bir şahıs olduğum için bir sürü şahıslar bana bu yaptıyla ilgili duyduklarını, bildiklerini bana anlattılar. Dolayısıyla bu haber kaynağı falan değildi. Bunlar benim samimiyetime güvendiler, benim güvenilirliğime güvenerek bana söylenen bilgiler. Ben de bu bilgileri alıp da bunlar FETÖ'cüdür diye Cumhuriyet Savcılığına şikayet dilekçesi de yazmadım. Sadece kanaat olarak sorulduğunda ve bu şekilde bilgiler var diye, atamalar esas alınırken, bu şekilde bilgiler var diye söyledim. Yoksa yani haber kaynağı diye bir şey olmaz. Ben ispatsız değilim.

Başkan Abdullah TANRIKULU: İddia makamından dinlenen tanık beyanına, savcı bey var mı sormak istediğiniz? Bir 10 dakika ara verelim.

İş bu çözüm tutanağı Bilirkişiler Çiğdem SARI ve Volkan TUNÇ tarafından düzenlenmiştir. 28/06/2018

Çiğdem SARI
Bilirkişi
E-imza

Volkan TUNÇ
Bilirkişi
E-imza

80/81

Belge 4: Mustafa Şentop'un fişleme yaptığını beyan ettiği ifadesi

barındırdığından, Halil bu devlette çalıştığı için eminim. Onun başkalarının yarattığı cehennemde yanmasına izin vermemek benim vatandaşlık görevim ve bir anlamda vatan borcumdur. Çünkü tersi devleti ve ülkesi için çalışmış insanların zarar görmesi olacaktır. Halil'in başka hiçbir amacı olmadı. Benim gibi sade hiçbir gruba üye olmayan hür bir vatandaşı buraya getiren, bunları anlatmama neden olan konu ise şudur. Haklı ile haksızın ayıklanmasında ben de tarafımı belli etmeliyim. Böylece, değerlilar bu devletin geleceği için yanlışlardan zarar görmeden ayıklanabilsin.

Ben Halil Murat Berbereri tanıyorum, inanıyorum, güveniyorum. O neyse ben de oyum. Onun hiçbir yanlışı olamaz. Bu kadar emin olmasam bu karmakarışık, risklive tehlikeli süreçte gelip onun adına konuşmaya dahi cesaret edemezdim" demiştir.

TANIK MUSTAFA ŞENTOP (AHMET OĞLU NAZİRE'DEN OLMA, 06/08/1968 DOĞUMLU) 03/03/2017 TARİHLİ BEYANINDA:

Soruşturma kapsamında ismi geçen askeri hakim Eren Şen'i Marmara Üniversitesi'nde öğrencilik yıllarından beri tanırım. Öğretim üyeliği yaptığım süre içinde çok öğrencim oldu, hepsini hatırlamam mümkün değil; ancak Eren Şen dikkat çekici fizik özelliği (çok uzun boy) ve öğrenciliği sonrasında zaman zaman arayıp sorması dolayısıyla temasını devam ettirmesi sebepleriyle hatırladığım öğrenciler arasındadır. Üniversite yıllarından da tanıdığım kadarıyla kendisi muhafazakar bir hayat tarzına sahiptir.

Üniversiteden mezun olduktan sonra Askeri Hakim adaylığı sınavına girerek mesleğe başladığını biliyorum, 2011 yılında henüz öğjyerken yanıma gelerek "hocam TSK'ya milliyetçi duygularla girdik, ancak burada durum farklı, istifa etmeyi düşünüyorum" şeklinde rahatsızlığını ifade etmişti. Ben bunu o dönem FETÖ/PDY terör örgütünün baskısı ve TSK içinde oluşturulan atmosferden rahatsızlık olarak algılamıştım. O zaman ben de kendisine meslekten ayrılmasının doğru olacağını, sivil hayatta, hukuk mesleklerine devamının uygun olacağını söylemiştim. Bilahare, staj sonrası Ağrı'ya askeri hakim olarak tayin olduğunu öğrendim. Partideki görevim (Genel Başkan Yardımcılığı) münasebetiyle Türkiye'nin bir çok yerini ziyaret ederken Ağrı'ya da uğradığım zamanlarda, kendisiyle, sanırım bir kez, görüşmüşlüğüm de olmuştur. Hatırladığım kadarıyla, 2013 yılında bana tayininin gündemde olduğunu, Van ve Şırnak illerine tayinin muhtemel olduğunu, annesi ve kızkardeşi ile yakın irtibatının devamı bakımından Van'da görevlendirilmesini arzu ettiğini söylemişti. Ben de Van'da tayin olabilmesi için kendisine referans olarak durumunu o tarihte Milli Savunma Bakanı olarak görev yapmakta olan İsmet Yılmaz Bey'e ilettim. Bakan Bey de alaka göstererek Eren Şen'in Van'a tayin olması için elinden geleni yapmıştı. Ancak buna rağmen, yani Bakan Bey'in talimatına ve bütünüyle usulüne uygun bir talep olmasına rağmen Eren Şen'in tayini Şırnak'a çıkmıştı. Hatta süreci hem Bakanlıkta hem Başbakanlıkta takip etmemize, Bakan Bey'in her aşamada talimatları olmasına rağmen sonucun farklı olması, o zaman gerek Milli Savunma Bakanlığında gerekse aradaki süreçlerde FETÖ'nün ne kadar güçlü ve sonuç alıcı olduğunu bana bir kere daha göstermişti. Öbür taraftan Eren Şen'e karşı Bakanlıktaki FETÖ yapılanmasının ciddi bir defans uyguladığını da fark etmiştim.

17/25 Aralık'tan önce gerçekleşen bu olaydan sonra Eren Şen'le görüşmemiz devam etti. Bu arada ağırlıklı olarak askeri yargı içinde olmak üzere, hakim ve savcılar arasında FETÖ yapılanması ile irtibatlı isimleri bana çeşitli vesilelerle aktarmaya çalıştı. FETÖ'nün yargıdaki yapılanması konusunda, ilk olarak Kasım 2011'de daha sonra Şubat 2012'de bazı kritik isimlerle ilgili ikazlarını bir milletvekili olarak hükümetimizin yetkililerine iletmiştim. Şubat 2012'de MİT Müsteşarı ile alakalı FETÖ eyleminden sonra Özel Yetkili Mahkemelere ilişkin değişiklik sürecinde, FETÖ'cülerin tasfiyesine yönelik önerilerim sebebiyle kanun hazırlama sürecinde dışlandığımı da belirtmeliyim. 2012'de avukatlıktan hakimliğe geçiş sınavında soruların çalınması ihtimalini dile getiren ve bu konuda uğraşarak adım atılmasını sağlayan da benim. Ortaya koyduğum gayretlerle, sınavının iptalini sağladım. Ancak olayın soruşturmasının bütün ikazlarıma rağmen, FETÖ'cü bir başsavcıvekiline verilmesi suretiyle kapatılmasına, sınavın iptali işleminin de

336

Bu Bilişim Sistemindeki bu dokümana http://vatandas.uyap.gov.tr adresinden X/rhElg - eXZlt3s - I+G8Znd - vumP2o= ¥R503943

FETÖ mensuplarının etkili olduğu idare mahkemesinde iptaline engel olamamıştım. Bu süreçte, 2012 Aralık ayında yüzlerce kişiden oluşan yargıdaki FETO'cü hakim ve savcıların listesini yine ilgili mercilere iletmiştim. Ağustos 2013'te Adalet Akademisi'nde ve HSYK'da kanunla değişiklik yapılmasına ve FETÖ yapılanmasına neşter vurulmasına dair önerilerimi de ilgili mercilere iletmiştim. Bütün bu olaylar, 17/25 Aralık'tan çok önce gerçekleşmiş bir erken alarm durumu idi. O tarihlerde FETÖ'yü bir tehlike olarak gören insan sayısı bir kaç kişiden ibaretti.

Bütün bu çalışmaları yürütürken sivil yargıda bilgi aldığım bir çok arkadaşım, eski öğrencilerim mevcuttu. Askeri yargı ve TSK yapılanması ise çok uzak olduğum bir alandı- Eren Şen bu alanda FETÖ'nün TSK ve askeri yargı yapılanması alanında çok fazla ve çok etkili bilgiler veren kişi olmuştur. Sadece askeri yargı değil, TSK üst düzey yapılanması hakkında, Yüksek Askeri Şura hazırlıkları dahil bir çok hususta Eren Şen'in kıymetli bilgiler verdiğini bu bilgilerin FETÖ mücadelesinde çok işe yaradığını ifade etmeliyim. Bütün bunlar 17/25 Aralık sürecinin çok öncesinde gerçekleşmiştir. Daha sonra Eren Şen'i HSYK'daki tanıdığım arkadaşlarla irtibatlandırıp sivil yargı yapılanmasına dair bildiklerini paylaşmasını sağladım. 15 Temmuz öncesinde ve hemen akabinde FETÖ'cü hakim ve savcılara ilişkin hazırlanan listenin oluşumunda Eren Şen'in çok önemli katkıları olduğunu biliyorum, bunu başka arkadaşlar da takdir edeceklerdir.

17/25 Aralık öncesinden (yaklaşık 2012 sonlarından itibaren) başlamak üzere, Eren Şen'in FETÖ ile irtibatının olmadığına, tam aksine FETÖ ile mücadelede çok yararlı bilgiler vermek suretiyle mücadelenin yargı ayağına önemli katkılar sağladığına bizzat şahidim.

15 Temmuz işgal teşebbüsünden bir süre önce, görev yaptığı yerdeki ekibi, değerli Hakim Albay Mehmet YÜZBAŞIOĞLU (halen Genelkurmay Başsavcısı ve FETÖ mücadelesinin önemli ismi) ile beni tanıştırmış ve birkaç vatansever ve FETÖ karşıtı Jandarma subayından da bahsetmişti. Bilahare onlarla da tanıştık. O subaylardan birisi 15 Temmuz akşamı darbe girişimini bastırmak amacıyla darbecilere karşı direndiği esnada vurularak gazi olan Albay Nurettin ALKAN'dı.

Bütün bu olayları ve bizzat şahitliklerimi değerlendirdiğim zaman, Eren Şen'in FETÖ/PDY terör örgütü üyesi olmadığını, bilakis FETÖ ile yargı ve TSK örgütlenmesi bakımından yürütülen mücadelede daha 17/25 Aralık öncesinden başlamak üzere aktif bir rol aldığını, vermiş olduğu bilgilerle FETÖ üyesi askeri hakimler ile sivil hakim ve savcıların tespit edilmesinde çok büyük katkılar sunduğunu ifade etmeyi bir zaruret ve vicdan borcu olarak görmekteyim. Bu büyük hizmetleri dikkate alınmadan Eren Şen'in itham edilmesi en çok FETÖ'cüleri memnun eder, FETÖ mücadelesini rencide eder. Eren Şen'in masum olduğuna inanıyorum. " demiştir.

TANIK İLTER AKSOYLU (VELİ OĞLU EMİNE'DEN OLMA, 23/09/1968 BEYANINDA: "Ben Askeri Hakim olan ve şuan dosyanız

Belge 5: Tümg. Ömer Şevki Gençtürk beyanı

Başkan Murat İlhan: "Peki evet beyanlarınızı aldık taraflara doğrudan soru sorma hakkı tanıyoruz o ilk verdiğiniz ifadede size ait değil mi savcılıkta siz verdiniz bunları?"

Müşteki Ömer Şevki Gençtürk: "Evet"

Başkan Murat İlhan: "Peki sorusu olanları alalım."

Sanık Erhan Caha: "Komutanım hoş geldiniz. Sizinle benim ortak tanıdığım olan ve sizden benimle bahsederken sizin için Şevki abi diye bahseden Hakim Albay Metin Ulukanlıgil bu olaydan 1 veya 3 ay önce beni ziyaret ederek Türk Silahlı Kuvvetlerine yakın zamanda bir operasyon yapılacağını beni tanıdıklarını ve sevdiklerini dolayısı ile benimde onlarla bir hareket etmem konusunda bana önce bir zarar görmemem için üstü kapalı bir tehdit arkasından da Cumhurbaşkanı ile görüşebildiklerini istedikleri yere beni tayin ettirebilecekleri konusunda yine üstü kapalı bir, rüşvet teklif ederek bir görüşme yaptık. Ve bu görüşme ile ilgili bir karar verdikten sonra adres olarak sizi gösterdi. Daha sonra takip ettiğimde benim yanımdan ayrılıp giderken gidiyormuş gibi yaptı sizin yanınıza geldi. Bu görüşmeden bilginiz var mı? Türk Silahlı Kuvvetlerinde bir operasyon yapılacağı ile ilgili önceden bilginiz oldu mu?"

Müşteki Ömer Şevki Gençtürk: "Aranızdaki konuşmadan bilgim yok, ikinizin arasındaki konu. Metin Ulukanlıgil'i tanıyorum, Kenan Kenan'ı da tanıyorum bu iki (bir kelime anlaşılamadı.) AİHM üyesiydiler. Türk Silahlı Kuvvetlerindeki hakim yapılanmasında kritik görevlerde bulunan FETÖ'cülerin tespitinde bu iki arkadaşla komuta katının bilgisi ile müşterek çalıştık. Atamalarını da hazırladık yeni duruma göre ancak atamayı kuvvet komutanına imzalattık ancak Genelkurmay ve MSB'den maalesef geçiremedik o esnada darbe oldu zaten."

Başkan Murat İlhan: "Peki böyle bir görüşme içeriğinden haberiniz var mı?"

Müşteki Ömer Şevki Gençtürk: "Haberim yok."

Başkan Murat İlhan: "Peki. Başka sorusu olan?"

Sanık Oğuzhan Çelikoğlu: "Sayın başkanım müsaadenizle bir kaç sorum olacak. Sayın komutanım mesaiyi genelde saat kaçta terk ederdiniz?"

Müşteki Ömer Şevki Gençtürk: "Mesaiyi kurmay başkanımız gittikten sonra terk ederdik. Bu her gün değişik olurdu. Genelde 21.00'den önce terk etmezdik. 21.00'den sonra terk ederdik."

Sanık Oğuzhan Çelikoğlu: "Size arzı veya evrak imzası bulunan personel size 20.00 - 21.00 sıralarında arz yaptığı, olur muydu veya daha geç saatlerde veya hafta sonu?"

Müşteki Ömer Şevki Gençtürk: "Çok acil evrakların haricinde o saatte arz

Belge 6: Kenan Kenan'ın WhatsApp askeri hâkimler grubuna yazdığı mesaj

17:53   ⌗ %1

< 94   Bir zamanlar As.Hak.diler
Abdurrahman, AHMET, Ahmet Neşet Uncu, A

Kenan Kenan

Arkadaşlar hala neyi tartışıyorsunuz. Bu ülkede darbeye teşebbüs edildi ve bunu Yabancı ordular değil içimizdeki soysuz hainler yaptı. Sisler aydınlandığında herşey ayan beyan ortaya çıkacak. Buna şaşırdık mı ben şahsen şaşırmadım. Yayınlanan listelerde o yapıyla hiç ilişkisi olmadığını bildiğimiz isimler olmakla birlikte çoğu isimler bayağı tanıdık geliyor.

Belge 7: Yasin Değirmenci kararı ilgili sayfası

GENSEK NO. : 2014/1454
ESAS NO. : 2014/399
KARAR NO. : 2015/263

teknik takip gibi somut bilginin olmadığı anlaşılmaktadır. İki sanıkla irtibatı olduğu yönündeki iddiayla ilgili olarak ise; bu iki kişinin (S.G ve H.K) TSK Personeli olduğu, iddianamede sanık sıfatlarının bulunduğu, ancak davacının bu iki personelle ilgili olarak irtibatını makul şekilde açıkladığı; bu bağlamda biriyle geçmişte aynı yerde görev yaptıkları, diğeriyle ise eşinin görev yaptığı yerde çalışması nedeniyle tanıştıkları, dolayısıyla iki personelle ilgili olarak irtibatının makul olduğu anlaşılmaktadır. Diğer yandan davacının bu yöndeki savunmasının aksine, davalı idare tarafından bir argüman ortaya konulmamıştır. Her ne kadar davacıyla ilgili olarak iddianamede örgüt üyesi olma ve kişisel verileri temin etme suçlarıyla ilgili olarak dava açılmış ise de; bu davanın halen derdest olduğu, iddianame ile hakkında davacıdan daha ağır suçlamalarla dava açılan ve halen yargılanan askeri personel bulunduğu, onlar hakkında ayırma işlemi yapılmadığı, kaldı ki idarenin de ayırma işlemini başlatırken davacının bu yönünü sebep olarak göstermeyip ahlaki nedeni gerekçe yaparak ayırma işlemini başlattığı görülmektedir. İdarenin davacı dışındaki bazı personelle ilgili ise işlem yapmadan önce yargılama sonucunu beklediği anlaşılmaktadır. Yukarıda değerlendirmesini yaptığımız ahlaki durum dışında davacının iddianamede yer alan diğer askeri personelden ayrılmasını gerektirecek bir husus görülmemektedir. Bu bağlamda karar vermek için yargılama sonucunun beklenmesine de gerek görülmemiştir.

Sonuç olarak, davacı hakkında dijital veriler dışında eskort bayanlarla irtibatı olduğuna dair bilgi ve kayıtların bulunmadığı, telefon konuşması, teknik takip gibi fiziki bağın tespit edilmediği, dolayısıyla davacının eskort bayanlarla ilişkisinin somut olarak ortaya konulmadığı, evinde yapılan aramada ele geçen pornografik görüntülerin ise tek başına ayırma işlemini yapmaya yetecek vahamette olmadığı, diğer yandan kişisel verileri elde etmek ve örgüt üyesi olmakla ilgili olarak ise idarenin bu hususları ayırma gerekçesi yapmadığı gibi hakkında bu tür iddialardan daha ağır suçlamalar olan diğer personelle ilgili ayırma işlemi yapılmadığı, yargılama sonucunun beklendiği anlaşılmakla, davacı hakkında tesis edilen ayırma işleminde birey-kamu yararı dengesi gözetilmediği, ölçülülük ilkesine uyulmadığı ve takdir yetkisinin objektif kullanılmadığı, dolayısıyla dava konusu işlemin hukuka aykırı olduğu sonucuna varılarak ayırma işlemin iptali ile davacının statü dışına geçirdiği sürede ödenmemiş aylıklarının hak ediş tarihlerinden ödeme tarihine kadar yasal faizi ile birlikte ödenmesine karar verilmiştir.

Açıklanan nedenlerle;

1. Hukuka aykırı bulunan ayırma işleminin İPTALİNE,

2. Davacının statü dışında geçirdiği sürelere ilişkin özlük haklarının tahakkuk tarihlerinden ödeme tarihlerine kadar aybeay yasal faizi ile birlikte ÖDENMESİNE,

3- 1602 Sayılı Kanunun 71'inci maddesi uyarınca yargılama giderlerinin davalı idareye yükletilmesine, buna göre sarf edilen 53.00-TL. (Elli Üç Türk Lirası) posta giderinin davalı idareden alınarak davacıya verilmesine, genel bütçeye dahil davalı idare 492 Sayılı Harçlar Kanununun 13/j maddesi uyarınca harçtan muaf olduğundan ayrıca harca hükmedilmesine yer olmadığına, davacının peşin yatırmış olduğu 134.00-TL. (Yüz Otuz Dört Türk Lirası) harcın istemi halinde kendisine iadesine,

4. Duruşmalı olarak yapılan yargılama sonucunda hüküm tarihinde yürürlükte bulunan Avukatlık Asgari Ücret Tarifeleri uyarınca tespit edilen 3000 TL. (Üç Bin Türk Lirası) vekalet ücretinin davalı idareden alınarak davacıya verilmesine,

5. Gizlilik dereceli belgeler ile özlük ve sicil dosyasının iadesine,

10 MART 2015 tarihinde Üye Hv.S/S Kur.Alb.Turgay AKGÜL ve Üye Topçu Kur. Alb. Salih BUÇUKOĞLU'nun Karşı oyları ve OYÇOKLUĞU ile karar verildi.

BAŞKAN	ÜYE	ÜYE	ÜYE	ÜYE
Dr. Celâl IŞIKLAR	Fikret ERES	Turgay AKGÜL	Salih BUÇUKOĞLU	Dr.Cemil ÇELİK
Hâk.Alb.	Hâk.Alb.	Hv.S/S.Kur.Alb.	Topçu Kur.Alb.	Hâk.Alb.
A.Y.B.		(Karşı Oy)	(Karşı Oy)	

5

ISG

Belge 8: Savcı Serdar Coşkun'un düzenlediği 16.07.2016 tarihli tutanak

TUTANAKTIR

Ankara'da 15/07/2016 günü saat 21:00 sıralarında bir kısım askeri birliklerde hareketlilik başladığı, aynı saatlerde İstanbul'daki Boğaziçi ve Fatih Sultan Mehmet Köprülerinin Jandarma Kuvvetleri tarafından ulaşıma kapatıldığının haber kanallarında yayınlandığı, Ankara'daki Emniyet birimlerinden edinilen bilgiye göre askeri birliklerin bir grubunun emir komuta zinciri dışında darbe yapmaya kalkıştığını bildirdiği, bu haberle birlikte savaş uçaklarının saat 21:00 sıralarında Ankara semalarında uçuşlara başladığı, bu uçuşların halkı korkutmak için alçak uçuş şeklinde gerçekleştirildiği, helikopterlerin havalanıp bazı kamu binalarına saldırı gerçekleştirdiği, savaş uçakları ve helikopterde kamu binalarına ateş açılmaya başladığı, Ankara Yenimahalle'deki Milli İstihbarat Teşkilatı binalarının askeri birliklerce kuşatıldığı, MİT ile kuşatan askeri birliklerin çatışmaya girdiği, aynı şekilde TSK ya bağlı zırhlı birliklerin Ankara'da kritik kamu kurumlarını silahlı olarak kuşattığı, kamu kurumlarındaki görevlilerin hedef alındığı, ateş açıldığı, ölümlerin meydana geldiği, Gölbaşı'nda Özel Kuvvetler Komutanlığının bombalandığı, Emniyet İstihbarat Daire Başkanlığının hava saldırısına uğradığı, Ankara Emniyet Müdürlüğünü zırhlı birliklerin kuşatıp içeriye girdiği, uçakların alçak uçuş yapıp bombalamalar gerçekleştirdiği, Cumhurbaşkanlığı Külliyesinin kuşatıldığı, Cumhurbaşkanlığı Genel Sekreteri ve bazı kamu görevlilerinin kuşatan askeri birliklerce rehin alınıp götürüldüğü, TRT'ye el koyan askeri birliklerin yayın akışını durdurduğu, basın açıklaması yaptıkları, TSK'nin yönetime el koyduğunu açıkladıkları, aynı şekilde bazı özel televizyon kanallarının kuşatılıp askeri birliklerce ele geçirildiği, Ankara'da Genelkurmay Başkanlığı'nda çatışma çıktığı, bir kısım askeri personelin rehin tutulduğu, TBMM'nin bombalandığı, bu bombalamalar sırasında ölümler meydana geldiği, uçakların bombalamalara katıldığı, TSK'nın içindeki bir cuntanın darbe yapmaya kalkıştığının öğrenilmesi üzerine halkın meydanlara çıktığı, darbeyi sivil inisiyatifin önlemeye çalıştığı, savaş uçaklarının halkın toplandığı yerlerde ses bombaları patlatıp kişileri yıldırmaya çalıştığı, Genelkurmay sitesinde basın açıklaması yapıldığı, darbenin gerekçesinin 3 sayfa basın açıklaması şeklinde kamuoyuna duyurulduğu, tüm Bakanlıklara "harekat yıldırım" öncelik derecesi, gizli 152215C TEM 16 tarih saat gruplu, YSK 26702250-1920-97480-16 PER.PL.YNT.D.GEN.AMİRAL/1 dosya numaralı mesaj formunun "Yurtta Sulh Konseyi Başkanı" imzası ile yayımlandığı, kaleme alanın Kurmay Albay Cemil Turhan, Tuğgeneral Mehmet PARTİGÖÇ olduğu, her ile bir sıkıyönetim komutanı atandığı, ayrıca sıkıyönetim mahkemelerinde görevlendirmeler yapıldığı (Askeri Savcı ve Hakim), aynı şekilde diğer atamalar başlığı altında Kuvvet Komutanlıkları, Genelkurmay Başkanlığı ve diğer askeri makamlara atamalar yapıldığı, darbeyi gerçekleştirmeye çalışan kişilerin çeşitli askeri makamlara bu atamaları yaptıklarının kamuoyuna duyurulduğu, bombalama ve darbe teşebbüsü sırasında kaç kişinin öldüğünün kesin şekilde belli olmadığı, ancak bir çok sivil, polis ve askerin olaylar sırasında öldüğünün anlaşıldığı, benzer şekilde İstanbul ve diğer illerde de uçak ve askeri helikopterlerin benzer fiillerde bulunduğu, Türkiye genelinde Fethullah Gülen in askeri birimlerde yapılanan kadrolarının mevcut hükümeti yıkmak ve devlet yönetimini ele geçirmek üzere Anayasa'yı ihlal eden darbe teşebbüsünde bulundukları anlaşıldığından resen bu tutanak düzenlenip olayların soruşturulmasına başlanmıştır. 16/07/2016 Saat:01:00

Serdar COŞKUN

Cumhuriyet Savcısı

Belge 9: Twitter'daki 15 Temmuzu bildiren tweet mahiyetinde yazılar

Fotoğraf & Siyaset

1-Reis hayatının en önemli hizmetini yapacak bu topraklarda. Bugün 6 asker Haşhaşi'nin tutuklanması bunun ilk adımı. TSK'da büyük temizlik.

Fotoğraf & Siyaset

2- Gerçek "Milli Ordu" yolunda TSK içinde ne kadar gezici, solcu, paralel ve diğer cemaatlerin ajanı varsa temizlenecek. Sona doğru..

Fotoğraf & Siyaset

3- TSK içinde her cemaatin adamı var, örgütlüler. Bu pislik tamamen temizlenip İslam dünyasının umudu bir ordu oluşacak. Başkomutan REİS.

Fotoğraf & Siyaset

4- Bu coğrafya ve İslam dünyasının lideri olan Reis'e yakışır bir ordu kurulacak. TSK'daki tüm ajan fareler titresin. Büyük harekat kapıda.

Fotoğraf & Siyaset

13- Çok yakında ordusuna namaz kıldıran genelkurmay başkanları göreceğiz. Reis karşısında haddini bilen, saygılı yiğit askerler göreceğiz.

Fotoğraf & Siyaset

5- Bu yaz Kurban temizliği zamanı. TSK içindeki tüm ajan uzantılar kurban edilecek bu toprağa, temizlenecek. Başkomutan REİS; böyle biline..

Fotoğraf & Siyaset

6- Paralel pisliği temizlendi. Sıra TSK'da. TSK içinde ayyaş, başörtüsü düşmanı, namaz düşmanı ne kadar deyyus varsa temizlenecek.

Fotoğraf & Siyaset

7- Şu an terörün önündeki en büyük engel TSK içindeki kripto yapılar, millet düşmanları. Bu yapıların elemanları temizlenecek.

Fotoğraf & Siyaset

8-Özellikle milli duruş ve din düşmanı Kemalist hainler TSK dan paralel köpeklerle beraber temizlenecek.Reis başkomutan olduğunu gösterecek

Fotoğraf & Siyaset

9- Darbeler hep laiklikten çıktı, bu bitecek. Ordu tamamen milli refleksle hareket edecek. Başkomutanlık gerçek kimliği ile REİSde görülecek

Fotoğraf & Siyaset

10- Peygamber ocağı diye dini sömüren ordu değil, gerçek bir Peygamber ocağı ve ordusu olacak. Gerçek Anadolu'lu Halife ordusu kurulacak.

Fotoğraf & Siyaset

11- TSK nın emirleri ABD'den alma zilleti bitecek. Ordu emri milletten, milletin seçtiği BAŞKANdan yani Reis'in nden direkt alacak..

Fotoğraf & Siyaset

12- Reis'in MİLLİ ordusu ülkemize hayırlı olsun. Artık ordu başında operasyonlara katılan bir Başkan göreceksiniz. Hayal gibi bir gelecek..

10.07.2016
DARBEYE İŞARET

Belge 10: Celal Işıklar'ın Adalet Akademisine seçim tarihleri

EK - 35

DR. HÂK.ALB. CELAL IŞIKLAR'IN TÜRKİYE ADALET AKADEMİSİNDEKİ GÖREV TARİHLERİ

Sıra No.	GÖREV TARİHLERİ
1	24.09.2008 - 21.09.2012
2	21.09.2012 - 14.03.2014
3	14.03.2014-27.04.2017

Şevket ÖRS
Hava Personel Albay
AYİM.Gensek Yrd.

108

Belge 11: Celal Işıklar ile ilgili istihbarat kaydı

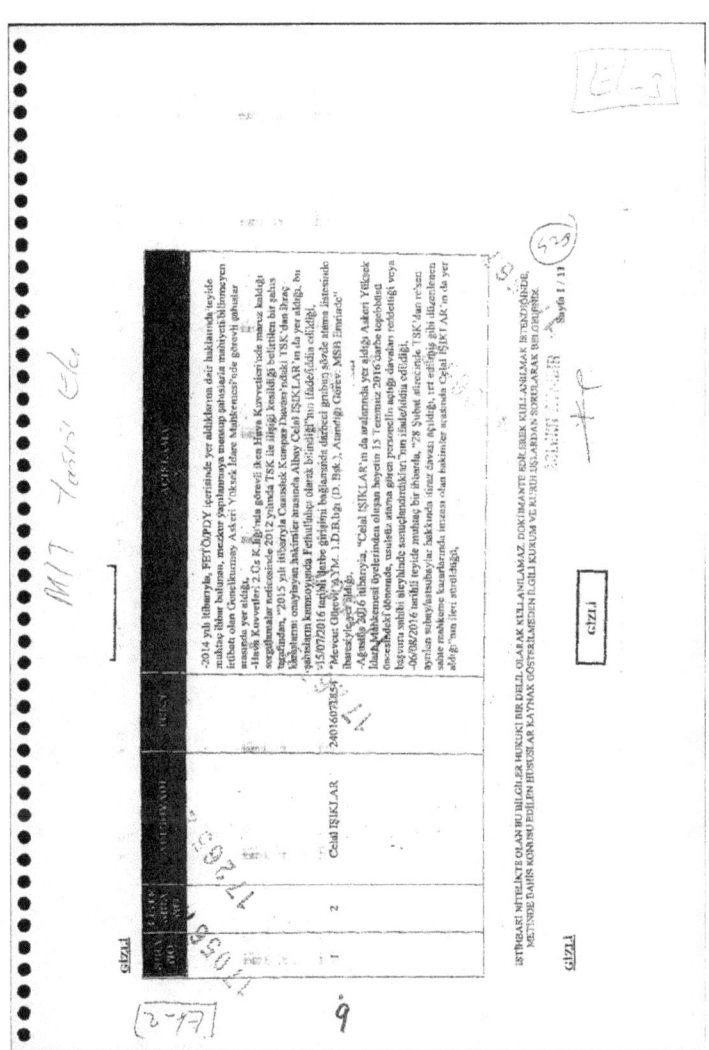

Belge 12: Meslekten ihraç etmek için savunma yapmam istenmesi üzerine yazdığım dilekçe

11 X. 2 sh.

156

ASKERİ YÜKSEK İDARE MAHKEMESİ BAŞKANLIĞIMA

İlgi: Askeri Yüksek İdare Mahkemesi Başkanlığının 07.09.2016
tarih, GENSEK 2016/551/İDA.15L.MD. konulu yazısı

İlgi yazı ile meslekte kalmamın uygun olup olmadığı ve meslekten çıkarılıp çıkarılmamın uygun olup olmadığı hususunda Başkanlar Kurulunca yapılacak değerlendirmeye esas olmak üzere 7 gün içerisinde savunma yapmam istenmiştir.

Öncelikle savunma yapabilmem için hakkımdaki iddiaların ve iddialara ilişkin belgelerin/delillerin tamamının ya tarafıma gönderilmesi ya da AYİM'e celbedilecek tarafıma incelettirilmesi gerekmektedir.

Hakkımdaki bilgi ve belgeleri bilmeden, varsa tanık ifadeleri, benimle ilgili şüpheli ifadeleri ve diğer bilgi ve belgeleri bilmeden savunma yapmam mümkün görünememektedir. Bu haliyle savunma yapsam dahi somut iddiaları ve delilleri bilmeden yapacağım savunma soyut olacaktır. Aynı zamanda hukuki bir savunma olmayacaktır.

Sonuç olarak; hakkımdaki bilgi ve belgelerin gönderilmesi veya tarafıma incelettirilmesine imkan tanınması halinde savunma yapmamın uygun olacağını, bu hususun Başkanlar Kurulunca değerlendirilerek talebimin reddedilmesi halinde, soyut iddialar karşısında savunma yapılması için tarafıma süre verilmesini saygılarımla arz ederim. 19.09.2016.

19.9.16

Abdurrahman PEÇİROĞLU
Hakim Albay
Genel S.

ASLI GİBİDİR

CEMİL ....
Hakim ....

Belge 13: AYİM Başkanlar Kurulunun dilekçemi savunma kabul ederek, tekrar savunmamı almayacakları yönünde vermiş olduğu karar

T.C.
ASKERİ YÜKSEK İDARE MAHKEMESİ
BAŞKANLAR KURULU KARARI

07 Ekim 2016

Karar No. : 154 (4 Nolu Ara karar)

Askeri Yüksek İdare Mahkemesi Başkanlar Kurulu; AYİM Başkanının daveti üzerine 1602 sayılı Kanunun 27'nci maddesine göre 07 Ekim 2016 günü saat 09:30'da Genel Kurul salonunda gündemindeki konuyu görüşmek üzere; Başkan Hâk.Tümg. Abdullah ARSLAN, Üyeler 3'ncü Daire Başkanı Hak.Alb.Gürbüz GÜMÜŞAY, 2'nci Daire Başkanı Hak.Alb.Coşkun GÜNGÖR, 1'nci Daire Başkanı Hak.Alb.Mehmet Aydan AL ve AYİM Başkanlar Kurulu'nun 06.09.2016 tarih ve 154 (1 ve 3 Nolu Ara Karar) nolu ara karar gereği davet edilen AYİM Başsavcısı Hak.Alb. Celal IŞIKLAR'dan müteşekkil olarak toplandı.

Toplantı Gündemi: FETÖ/PDY terör örgütüne üye oldukları iddiasıyla Ankara Cumhuriyet Başsavcılığı'nca haklarında soruşturma yürütülen Askeri Yüksek İdare Mahkemesi 1'nci Daire Üyesi Hak.Alb.Cemil ÇELİK, 2 nci Daire Üyeleri Hak.Alb. Yaşar YÜCE, P.Kur.Alb. Ertuğrul ŞAHİN ve Dz.Kur.Alb.Hamdi DEMİRALAY ve 3'üncü Daire Üyesi J.Kur.Alb. Şerif BEK'in 1 nci Daire Üyeleri Hv.S.S Kur.Alb.Turgay AKGÜL ile Topçu Kur.Alb. Salih BUÇUKOĞLU hakkında 668 sayılı Kanun Hükmünde Kararname'nin 4'üncü maddesinin sekizinci fıkrasının (b) bendi ile değişik 667 sayılı Kanun Hükmünde Kararname'nin 3'üncü maddesi kapsamında işlem yapılması ve Askeri Yüksek İdare Mahkemesi 1 nci Daire Üyesi Hak.Alb.Cemil ÇELİK'in savunmasında ileri sürdüğü talepler hakkında bir karar verilmesi.

Başkan gündemi özetledi; Bu kapsamda; AYİM Başkanlar Kurulu'nun 29.09.2016 tarih ve 154 (3 nolu ara karar) nolu kararında alınan kararların gereğinin yerine getirildiği, gelen belgelerin değerlendirilmesi ile varsa alınacak ilave kararların alınması amacıyla toplanıldığını izah ettikten sonra gündem maddesini müzakereye açıyorum dedi.

AYİM Başkanlar Kurulu'nun gündemine ilişkin dosya incelendi. Bu kapsamda; AYİM Başkanlar Kurulu'nun 29.09.2016 tarih ve 154 (3 nolu ara kararı) nolu kararından sonra dosyaya giren evraklar; Askeri Yüksek İdare Mahkemesi 1'inci Daire Üyesi Hak.Alb.Cemil ÇELİK'in 19.09.2016 tarihli yazılı savunması, Genelkurmay İstihbarat Başkanlığı'nın 30.09.2016 tarih ve "elde edilen bilgi" konulu (Hak.Alb.Cemil ÇELİK'in FETÖ/PDY tarafından mahrem hizmetler olarak adlandırılan askeri personel sorumlularından olduğuna ilişkin) yazısı ve MSB.lığı kışlasında bulunan personel giriş-çıkış turnikelerinin krokisinin geldiği görüldü ve gelen evraklar okundu.

Okunan belgelerden; Askeri Yüksek İdare Mahkemesi 1'inci Daire Üyesi Hak.Alb.Cemil ÇELİK'in 19.09.2016 tarihli yazılı savunmasında; savunma yapılabilmesi için hakkındaki iddiaların ve iddialara ilişkin belgelerin tarafına gönderilmesi veya AYİM'e celbedilerek incelemesine imkan verilmesi, aksi durumda somut iddiaları ve delilleri bilmeden yapacağı savunmanın soyut olacağını, bu nedenle talebinin Başkanlar Kurulu'nda değerlendirilerek, talebinin reddedilmesi durumunda, soyut iddialar karşısında savunma yapılabilmesi için tarafına süre verilmesini talep ettiği görülmüştür.

Gelen evraklar ve talepler üzerine yapılan müzakere sonunda;

KARAR :

1. 667 sayılı KHK kapsamında yapılacak değerlendirmenin; adli suç veya disiplin suçu niteliğindeki somut bir eylemin soruşturulması mahiyetinde olmadığı, burada yapılacak değerlendirmenin; Askeri Yüksek İdare Mahkemesi Üyelerinin belli bir yapıyla herhangi bir bağlantısına ilişkin kanaatin oluşumuna yönelik bir süreç olduğu, ayrıca yasada ilgilinin dosyayı incelemesi veya suret almasına müsaade edileceğine ilişkin açık bir düzenleme de bulunmadığı dikkate alınarak, Askeri Yüksek İdare Mahkemesi 1'inci Daire Üyesi Hak.Alb.Cemil ÇELİK'in vaki taleplerinin REDDİNE,

2. AYİM Başkanlar Kurulu'nun 29.09.2016 tarih ve 154 (3 nolu ara kararı) nolu kararında belirtildiği üzere AYİM 1 nci Daire Üyeleri Hv.S.S.Kur.Alb.Turgay AKGÜL ile Topçu Kur.Alb. Salih BUÇUKOĞLU,

Abdurrahman BAŞARAN
Hakim Albay
Genel Sekreter

Belge 14: Hulusi Gül'ün Ankara Cumhuriyet Başsavcılığına vermiş olduğu 25.08.2016 tarihli ifade.

Adalet İşleri Başkanlığında personel meslek yönetim şube müdürü olarak görev yapıyordu. İsmail KARATAŞ ın burada görevli olduğu 2013 yılında halen TRT Kürdi haber müdürü olarak görev yapan ve TSK dan ayrılmış olan Gülabi ERYAMAN birgün bana bir tanıdığının o yıl askeri hakimlik sınavına girip kazanamadığını, soruların kazanan adaylara verildiğini duyduğunu, bana söyleyince bende böyle şeyler duyuyorum, duyumların doğru olabilir demiştim.

İsmail KARATAŞ Malatya da adli müş. olarak görev yaparken bir tarihte Gen. Kur. Askeri Mahkemesinde karşılaşmıştık. O dönemde hükümet çözüm sürecini uyguluyordu ve terör olayları yaşanmıyordu. İsmail KARATAŞ bu şekilde giderse ülkenin bölüneceğini söyleyerek kendisinin Malatya da sınırda görev yapan subay ve astsubaylara "sınırdan geçen kaçakçılara ve gördüğü teröristlere ateş etmeleri gerektiğini ateş etmezlerse görevlerini yapmamış olacaklarını" söylediğini ifade etmişti.

Bizim dairede görevli olan Haluk ZEYBEL, Hakan ATA, Şeref AYYILDIZ ve bunlarla birlikte hareket eden Yusuf Tamer ÇETİN birçok kez hükümet ve Cumhurbaşkanımız aleyhine ifadeler kullanıyorlardı ve gündemdeki hükümet aleyhine veya hükümetin desteklemediği olayları bunlar savunuyorlardı. Örneğin MİT Tırları olayı, Anayasa Mahkemesinin bazı önemli kararları konusunda olduğu gibi.

Bildiğim kadarıyla Fetullahçı yapılanmaya dahil yada yakın duran üyelerin en az 2 telefon hattı bulunur. Bu numaralardan biri herkes tarafından bilinen numaradır. Diğeri ise kolay kolay kimseye vermedikleri numaralardır. Hakan ATA üye seçildiğinde bendeki numarasından hayırlı olmak için aradığımda kendisine ulaşamadım. Durumu İsmail KARATAŞ veya Yunus YILMAZ a sorduğumda bana başka bir numara vermişlerdi. Ondan aradığımda da aktif olmasına rağmen kendisine ulaşamamıştım. Kendisinin kullandığı numaralardan biri 0533 731 88 51 dir. Diğerinin numaralarını tam hatırlamıyorum ama aklımda kaldığı kadarıyla ... 804 19 43 (gsm operatörünü hatırlamıyorum) Birde daha çok İphone telefonu kullanıyorlardı. Hatta bir ara İsmail KARATAŞ Amerika dan getirttip pasaporta işlettiğini belirttiği bir telefonu Turgay ÖZTOPRAK a teslim etmek üzere bana vermişti. Bende ona teslim etmiştim.

Haluk ZEYBEL ile üye seçilmemden kısa bir süre sonra yaptığım bir konuşmada bana "sen gidip AYİM üyesi olan Kenan KENAN Albaya hakim ve savcıların profilleri hakkında bilgi mi veriyorsun, eğer öyle ise artık benim seninle işim bitti" diyerek öfkesini dile getirmişti. Bu dönemde ve öncesinde ben zaman zaman Kenan Albayın yanına gidiyordum. Kendisi FETÖ ile irtibatlı olduğunu düşündüğüm hakim ve savcıların isimlerini soruyordu. Bende bildiklerimi söylüyordum. Kenan Albayda bunların özellikle üye seçilmemeleri için çalışıyordu. Bu dönemde Kenan Albayın odasının dinlendiğini konuşuluyordu.

İsimlerini saydığım ve Fetullahçı yapılanmaya dahil yada yakın olabileceğini düşündüğüm üyeler aşamalarda genellikle birlikte hareket ediyor. Alt derecede kendilerine yakın gördükleri hakimlerin verdikleri kararlar olduğunda aşamalarda o üyelerin yada hakimlerin verdikleri kararlar doğrultusunda oy kullanıyorlardı. Eğer herhangi bir askerin bulunduğu pozisyonda görev yapmasını istemiyorlarsa ilk derecede ve Yargıtay da ona göre oy kullanıyorlardı. Örneğin daireler kurulunun 2015/101 Esas numaralı dosyasına konu olayda içlerinde Tuğgeneral Haluk ŞELVİ nin de olduğu bir heyet F16 uçaklarının yaptığı bir arıza ile ilgili olarak tuttukları tutanak davaya konu olmuştur. Gen Kur Askeri Mahkemesinde sanıkların mahkumiyetine karar verilmiş ve temyiz üzerine Askeri Yargıtay 4 Dairesinde karar subût yönünde bozulmuştu, ancak karara Mehmet ŞİMŞEK ve Turgay ÖZTOPRAK muhalif kalmıştı ve Gen Kur Askeri Mahkemesi direnme kararı ile tekrar mahkumiyet hükmü kurmuştu. Dosyada daireler kurulan geldiğinde bu üyelere yakın olduğunu bildiğim Şeref AYYILDIZ ın karşı oyuna rağmen oy çokluğu ile direnme kararı bozulmuştu.

Balyoz davasında bilirkişilik yapan Kara pilot kurmay yarbay Ahmet ERDOĞAN

24

Belge 15: Mehmet Avcıoğlu'nun Tahliye Kararına İtiraz Dilekçesi

T.C.
MİLLİ SAVUNMA BAKANLIĞI
Hukuk Hizmetleri Genel Müdürlüğü

Sayı : 30865397-641.04-E.581652   7 Ekim 2019
Konu : Tahliye Kararına İtiraz (Sanık Cemil
ÇELİK)

YARGITAY 9. CEZA DAİRESİNE
(İlk Derece Mahkemesi Sıfatıyla)
Esas No: 2018/48

İlgi   : Yargıtay 9. Ceza Dairesi'nin 2018/48 Esas sayılı dosyası (İlk Derece Mahkemesi
Sıfatıyla).

Yargıtay 9. Ceza Dairesi'nin (ilk derece Mahkemesi sıfatıyla) 2018/48 Esas sayılı
dosyasının 03/10/2019 tarihli duruşmasında sanık Cemil ÇELİK hakkında tahliye kararı
verilmiştir.

Ekte sunulan dilekçede açıklanan ve Daire takdir edilecek gerekçelerle adı geçen
sanığın tahliye edilmesine ilişkin kararın kaldırılarak yeniden tutuklanmasına karar
verilmesini arz ederim.

e-imza

Mehmet AVCIOĞLU
Hakim Tuğgeneral
Bakan a.
Genel Müdür

Ek : Tahliye Kararına İtiraz Dilekçesi (1 sayfa)

Not: 5070 sayılı Elektronik İmza Kanunu çerçevesinde bu belge elektronik imza ile imzalanmıştır.
Evrak Doğrulama Kodu : CRH4ORGVQWXQNFRAJHMU Evrak Takip Adresi: www.turkiye.gov.tr/msb-ebys (TSK için https://dogrulama.msb.bok)
Milli Savunma Bakanlığı Hukuk Hizmetleri Genel Müdürlüğü Davalar Dairesi Başkanlığı   Bilgi için: Oguzhan YÜKSEL
Güvenevler Mahallesi Kuzgun Caddesi No:51 Aşağıayrancı/Çankaya/ANKARA   Avukat
Tel.No:(0312) 466 07 37   Telefon No:(312) 466 07 37-2435
www.msb.gov.tr

EK-1

YARGITAY 9. CEZA DAİRESİNE
(İlk Derece Mahkemesi Sıfatıyla)
Esas No: 2018/48

TAHLİYE KARARINA
İTİRAZ EDEN : Milli Savunma Bakanlığı

VEKİLİ : Av.Oğuzhan YÜKSEL

TAHLİYE KARARI VERİLEN
SANIK : Cemil ÇELİK

AÇIKLAMALAR :

1.   Sanık Cemil ÇELİK hakkında "silahlı terör örgütüne üye olma" suçundan açılan kamu davasının 03/10/2019 tarihli duruşmasında, adı geçen sanığın **tahliyesine** karar verilmiştir.

2.   Ceza Muhakemesi Kanunu'nun 100'üncü maddesi;

   "(1) Kuvvetli suç şüphesinin varlığını gösteren somut delillerin ve bir tutuklama nedeninin bulunması halinde, şüpheli veya sanık hakkında tutuklama kararı verilebilir. İşin önemi, verilmesi beklenen ceza veya güvenlik tedbiri ile ölçülü olmaması halinde, tutuklama kararı verilemez.

   (2) Aşağıdaki hallerde bir tutuklama nedeni var sayılabilir:

   a) Şüpheli veya sanığın kaçması, saklanması veya kaçacağı şüphesini uyandıran somut olgular varsa.
   b) Şüpheli veya sanığın davranışları;
   1. Delilleri yok etme, gizleme veya değiştirme,
   2. Tanık, mağdur veya başkaları üzerinde baskı yapılması girişiminde bulunma hususlarında kuvvetli şüphe oluşturuyorsa.

   (3) Aşağıdaki suçların işlendiği hususunda kuvvetli şüphe sebeplerinin varlığı halinde, tutuklama nedeni varsayılabilir:
   ......,
   9. Suç işlemek amacıyla örgüt kurma (iki, yedi ve sekizinci fıkralar hariç, madde 220),
   10. Devletin Güvenliğine Karşı Suçlar (madde 302, 303, 304, 307, 308),
   11. Anayasal Düzene ve Bu Düzenin İşleyişine Karşı Suçlar (madde 309, 310, 311, 312, 313, 314, 315),..... " hükmünü amirdir.

3.   Sanığın üzerine atılı suçun vasıf ve mahiyeti ile katalog suçlardan olması, kanunda öngörülen cezanın üst sınırı, mevcut delil durumu dikkate alındığında ve hükmedilen adli kontrol tedbirlerinin yetersiz kalacağı değerlendirilmekle tahliye kararına itiraz ediyoruz.

SONUÇ VE İSTEM :   Yukarıda açıklanan gerekçelerle, adı geçen sanık hakkında 03/10/2019 tarihinde verilen tahliye kararının kaldırılarak yeniden tutuklanmasına karar verilmesini arz ve talep ederim.07/10/2019

Av.Oğuzhan YÜKSEL
Milli Savunma Bakanlığı Vekili

Belge 16: 19 Temmuz 2016 tarihli gözaltı kararı-Necip İşçimen

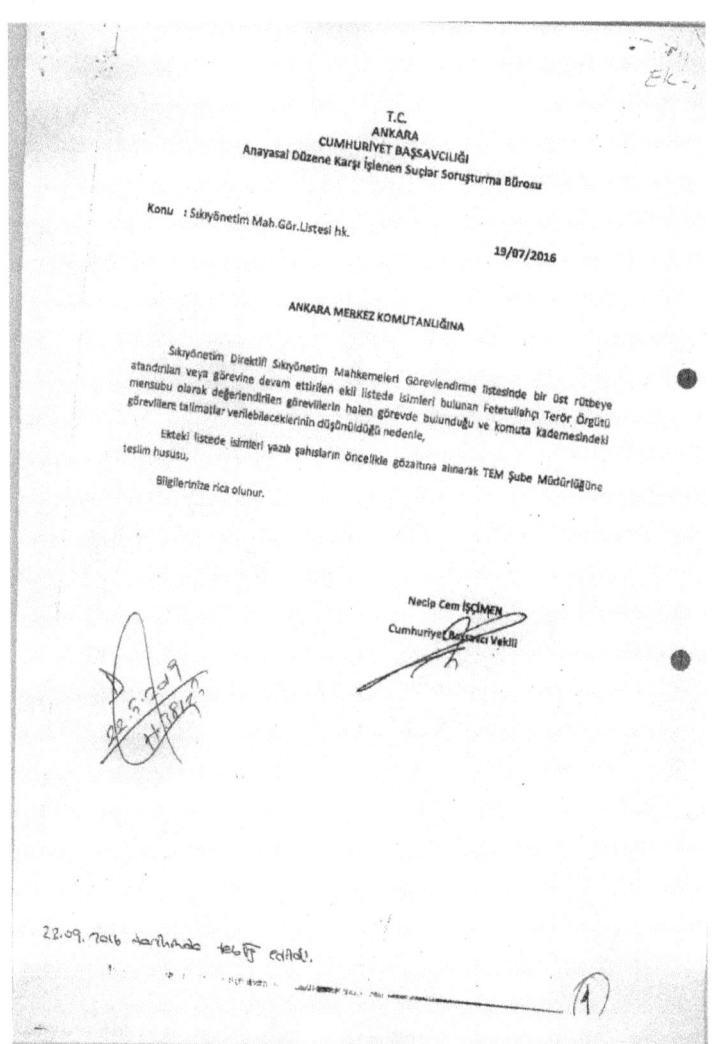

EK-3

T.C.
ANKARA
CUMHURİYET BAŞSAVCILIĞI
Anayasal Düzene Karşı İşlenen Suçlar Soruşturma Bürosu

Konu : Sıkıyönetim Mah.Gör.Listesi hk.

19/07/2016

ANKARA MERKEZ KOMUTANLIĞINA

Sıkıyönetim Direktifi Sıkıyönetim Mahkemeleri Görevlendirme listesinde bir üst rütbeye atandırılan veya görevine devam ettirilen ekil listede isimleri bulunan Fetetullahçı Terör Örgütü mensubu olarak değerlendirilen görevlilerin halen görevde bulunduğu ve komuta kademesindeki görevlilere talimatlar verilebileceklerinin düşünüldüğü nedenle,

Ekteki listede isimleri yazılı şahısların öncelikle gözaltına alınarak TEM Şube Müdürlüğüne teslim hususu,

Bilgilerinize rica olunur.

Necip Cem İŞÇİMEN
Cumhuriyet Başsavcı Vekili

22.09.7016 tarihinde tebliğ edildi.

(1)

Belge 17: Askeri hâkimler fişleme listesi

7 05 2007

SIRA NO	
1	Hakim Albay Muharrem KÖSE; Genelkurmay Başkanlığı Adli Müşaviri
2	Hakim Albay Mehmet Emin YAPAR; Kara Kuvvetleri Komutanlığı Adli Müşaviri
3	
4	Hakim Albay Haluk ZEYBEL; Askeri Yargıtay Üyesi
5	
6	Hakim Albay Turgay ÖZTOPRAK; Askeri Yargıtay Üyesi
7	Hakim Albay Şeref AYYILDIZ; Askeri Yargıtay Üyesi
8	Hakim Albay Yaşar YÜCE; Askeri Yüksek İdare Mahkemesi Üyesi
9	Hakim Albay Cemil ÇELİK; Askeri Yüksek İdare Mahkemesi Üyesi
10	Hakim Albay Erhan ERMİŞOĞLU; Genelkurmay Mahkemesi Kıdemli Hakimi
11	Hakim Albay İsmail KARATAŞ; 2. Ordu Komutanlığı Adli Müşaviri
12	Hakim Yarbay Mehmet Oğuz AKKUŞ; Genelkurmay Adli Müşavirliği
13	Hakim Yarbay Mehmet Ali ALMIŞ; MSB Askeri Adalet İşleri Başkanı
14	Hakim Yarbay Mehmet ŞİMŞEK; Askeri Yargıtay Üyesi
15	
16	Hakim Yarbay Ali Müjdat ESKİ; Genelkurmay Askeri Savcısı
17	Hakim Yarbay Seyfi BULDUK; Genelkurmay Mahkemesi Hakimi
18	Hakim Yarbay Ali Fuat BAHÇAVAN; Genelkurmay Adli Müşavirliği
19	Hakim Yarbay Yunus YILMAZ; MSB Kanunlar ve Kararlar Daire Başkanlığında Şube Müdürü
20	Hakim Yarbay Uğur AYDIN; Genelkurmay Askeri Savcısı
21	Hakim Binbaşı Ali KOÇYİĞİT; Kara Kuvvetleri Komutanlığı Askeri Savcısı
22	Hakim Binbaşı Yasin AKDENİZ; MSB Askeri Adalet İşleri Bşk. Ceravciri Şube Müdürü
23	Hakim Binbaşı Selahattin KARAKAYA; MSB Askeri Adalet İşleri Başkanlığında Şube Müdürü
24	Hakim Binbaşı Kurtuluş KAYA; Genelkurmay Askeri Savcısı
25	Hakim Yüzbaşı Sefa MUMCU; 9. Kolordu Komutanlığı Askeri Savcısı ← KK. Ad.müş.
26	Hakim Yüzbaşı İbrahim ALPSOY; 8. Kolordu Komutanlığı Askeri Mahkeme Hakimi
27	Hakim Yüzbaşı Fahri KARAKAYA; 9. Kolordu Komutanlığı Askeri Mahkeme Hakimi
28	Hakim Üsteğmen Hasan ERASLAN; Genelkurmay Adli Müşavirliği
29	Hakim Üsteğmen Erhan ALP; Jandarma Asayiş Kolordu Komutanlığı Askeri Savcısı
30	Hakim Üsteğmen Mustafa ERUYAR; MSB Askeri Adalet İşleri Başkanlığında Şube Müdürü
31	Hakim Üsteğmen Harun Bilol MERT; 7. Kolordu Komutanlığı Askeri Savcısı ← KK.Ad.müş.
32	Hakim Üsteğmen Mustafa CAN; 8. Kolordu Komutanlığı Askeri Mahkeme Hakimi
33	Hakim Üsteğmen Hasan KAYRAN; Jandarma Asayiş Kolordu Komutanlığı Askeri Savcısı
34	Hakim Üsteğmen Hasan Hüseyin ŞAHİN; 5. Piyade Eğitim Komutanlığı Askeri Savcısı
35	Hakim Üsteğmen Serdar ÇAMİÇİ; Genelkurmay Mahkemesi Hakimi

6 000308

SIRA NO	
36	Hakim Üsteğmen Süleyman ÜLKER; Kara Kuvvetleri Komutanlığı Mahkemesi Hakimi
37	Hakim Üsteğmen Abdullah ÜNAL; Kara Kuvvetleri Komutanlığı Adli Müşavirliği
38	Hakim Üsteğmen Tuncay ZENGİN; Kara Kuvvetleri Komutanlığı Adli Müşavirliği
39	Hakim Üsteğmen Turgay TONGA; Kara Kuvvetleri Komutanlığı Adli Müşavirliği
40	Hakim Üsteğmen Cemal YURTSEVEN; MSB Askeri Adalet İşleri Başkanlığı Proje Subayı
41	Hakim Üsteğmen Ramazan AVCI; MSB Askeri Adalet İşleri Başkanlığı Şube Müdürü
42	Hakim Üsteğmen Sefine UYAR; Genelkurmay Adli Müşavirliği
43	Hakim Üsteğmen Rıdvan GÜNEŞ; Ege Ordu Komutanlığı Askeri Savcısı
44	Hakim Üsteğmen Yakup ÖZ; 2. Ordu Komutanlığı Mahkemesi Hakimi
45	Hakim Üsteğmen Muhammet TEKİNŞEN; 2. Ordu Komutanlığı Mahkemesi Hakimi
46	Hakim Üsteğmen Ramazan AKTAŞ; 2. Ordu Komutanlığı Mahkemesi Hakimi
47	Hakim Üsteğmen Uğur TURAL; 2. Ordu Komutanlığı Askeri Savcısı
48	Hakim Üsteğmen Abdülcelil TÜRKDOĞAN; 3. Ordu Komutanlığı Mahkemesi Hakimi
49	Hakim Üsteğmen Gültekin ÖZDEMİR; 3. Ordu Komutanlığı Askeri Savcısı
50	Hakim Üsteğmen Selma YILMAZ ÇİTLİ; 2. Kolordu Mahkemesi Hakimi
51	Hakim Üsteğmen Sezer ÇİTLİ; 2. Kolordu Askeri Savcısı
52	Hakim Üsteğmen Uğur GÜLTEKİN; 2. Kolordu Askeri Savcısı
53	Hakim Üsteğmen Muhammet VURAN; 5. Kolordu Mahkemesi Hakimi
54	Hakim Üsteğmen İsmail SAVCI; 5. Kolordu Askeri Savcısı
55	Hakim Üsteğmen Emin Veli İNAN; 5. Kolordu Askeri Savcısı
56	Hakim Üsteğmen Numan BİBER; 7. Kolordu Komutanlığı Mahkemesi Hakimi
57	Hakim Üsteğmen Yunus Emre TAŞOVA; 7. Kolordu Askeri Savcısı
58	Hakim Üsteğmen Orhan ÇELİK; 8. Kolordu Mahkemesi Hakimi
59	Hakim Üsteğmen Gani ÇETİNTAŞ; 6. Mekanize Tümen Komutanlığı Askeri Savcısı
60	Hakim Üsteğmen Rıdvan AKAY; 5. Zırhlı Tugay Komutanlığı Mahkemesi Hakimi
61	Hakim Üsteğmen Beyhullah ABAKAM; 5. Zırhlı Tugay Komutanlığı Askeri Savcısı
62	Hakim Üsteğmen Cengiz TOPAL; 5. Piyade Eğitim Tugay Komutanlığı Askeri Savcısı
63	Hakim Üsteğmen İlyas DAMARSEÇKİN; Genelkurmay Askeri Savcısı
64	Hakim Üsteğmen Akif UŞ; Genelkurmay Mahkemesi Hakimi
65	Hakim Üsteğmen Sümeyye GÜL; Genelkurmay Adli Müşavirliği
66	Hakim Üsteğmen İbrahim Halil DİŞÇİ; Kara Kuvvetleri Askeri Savcısı
67	Hakim Üsteğmen Turgut KAPAN; Jandarma Genel Komutanlığı Askeri Savcısı
68	Hakim Üsteğmen Züleyha DEMİR; 1. Ordu Komutanlığı Askeri Savcısı
69	Hakim Üsteğmen Arif BAKIR; 1. Ordu Komutanlığı Askeri Savcısı
70	Hakim Üsteğmen Yasin GÜVENDİ; 2. Ordu Komutanlığı Mahkemesi Hakimi

17522

S 053005

SIRA NO	
71	Hakim Üsteğmen Cafer KARAKURT; 2. Ordu Komutanlığı Askeri Savcısı
72	Hakim Üsteğmen Fatih DAĞLI; 3. Ordu Komutanlığı Mahkemesi Hakimi
73	Hakim Üsteğmen Rıfat ASLAN; 3. Ordu Komutanlığı Mahkemesi Hakimi
74	Hakim Üsteğmen Mesut KAYINTU; Ege Ordu Komutanlığı Askeri Savcısı
75	Hakim Üsteğmen Nurettin AÇIK; 8. Kolordu Komutanlığı Askeri Savcısı
76	Hakim Üsteğmen Serkan KIZILCA; 2. Kolordu Komutanlığı Mahkemesi Hakimi
77	Hakim Üsteğmen Mehmet Nesin ATMACA; 2. Kolordu Komutanlığı Askeri Savcısı
78	Hakim Üsteğmen Murat YILDIZ; 3. Kolordu Komutanlığı Mahkemesi Hakimi
79	Hakim Üsteğmen Samer OKCANOĞLU; 5. Kolordu Komutanlığı Mahkemesi Hakimi
80	Hakim Üsteğmen Mevlit KÖMÜR; 5. Kolordu Komutanlığı Askeri Savcısı
81	Hakim Üsteğmen Muhammet YÜKSEL; 8. Kolordu Komutanlığı Mahkemesi Hakimi
82	Hakim Üsteğmen Sezai ZENGİN; 9. Kolordu Komutanlığı Mahkemesi Hakimi
83	Hakim Üsteğmen Faruk SAVAŞ; 6. Mekanize Piyade Tümen Komutanlığı Mahkemesi Hakimi
84	Hakim Üsteğmen Haşim BOYNUEĞRİ; 6. Mekanize Piyade Tümen Komutanlığı Askeri Savcısı
85	Hakim Üsteğmen Hüseyin CANSEVER; 6. Mekanize Piyade Tümen Komutanlığı Askeri Savcısı
86	Hakim Üsteğmen Hamza BADILLI; Dağ ve Komando Okulu Mahkemesi Hakimi
87	Hakim Üsteğmen Şuayip KARAYEL; Dağ ve Komando Okulu Askeri Savcısı
88	Hakim Üsteğmen Abdulkadir DEMİR; 5. Zırhlı Tugay Komutanlığı Mahkemesi Hakimi
89	Hakim Üsteğmen İsmail SİYAHGÜL; 5. Piyade Eğitim Tugay Komutanlığı Mah. Hakimi
90	Hakim Teğmen Tutan ÖZEN; Kara Kuvvetleri Komutanlığı Mahkemesi Hakimi
91	Hakim Üsteğmen Saadet US; Kara Kuvvetleri Komutanlığı Askeri Savcısı
92	Hakim Üsteğmen Abdullah AVLIK; Kara Kuvvetleri Komutanlığı Askeri Savcısı
93	Hakim Üsteğmen Ahmet Musab TAMER; Jandarma Genel Komutanlığı Mahkemesi Hakimi
94	Hakim Üsteğmen Halil İbrahim BORAN; Jandarma Genel Komutanlığı Askeri Savcısı
95	Hakim Üsteğmen Ayhan DOĞAN; 1. Ordu Komutanlığı Mahkemesi Hakimi
96	Hakim Üsteğmen Nilgün GÜVENDİ; 2. Ordu Komutanlığı Askeri Savcısı
97	Hakim Üsteğmen Süleyman AKGÜL; 3. Ordu Komutanlığı Mahkemesi Hakimi
98	Hakim Üsteğmen Fetih GÖLCÜ; 3. Ordu Komutanlığı Mahkemesi Hakimi
99	Hakim Üsteğmen Metin KESKİN; 3. Ordu Komutanlığı Askeri Savcısı
100	Hakim Üsteğmen Alper ÖZDEMİR; 3. Ordu Komutanlığı Askeri Savcısı
101	Hakim Üsteğmen Mehmet DİNÇER; Kıbrıs Türk Barış Kuvvetleri Komutanlığı Mah. Hak.
102	Hakim Üsteğmen Mehmet ÖZKILIÇ; Kıbrıs Türk Barış Kuvvetleri Komutanlığı Askeri Sav.
103	Hakim Üsteğmen Musa BİRLİK; 3. Kolordu Komutanlığı Askeri Savcısı
104	Hakim Üsteğmen Oğuz Kaan ORMAN; 2. Kolordu Komutanlığı Mahkemesi Hakimi
105	Hakim Üsteğmen Süleyman ÇAKIR; 8. Kolordu Komutanlığı Mahkemesi Hakimi

11-513

4 000004

SIRA NO	
106	Hakim Üsteğmen Mustafa KAYITÇI; 8. Kolordu Komutanlığı Askeri Savcısı
107	Hakim Üsteğmen Fahrettin GÜNGÖR; 9. Kolordu Komutanlığı Askeri Savcısı
108	Hakim Üsteğmen İbrahim YILDIRIM; 9. Kolordu Komutanlığı Mahkemesi Hakimi
109	Hakim Üsteğmen Hüseyin KULABER; 9. Kolordu Komutanlığı Askeri Savcısı
110	Hakim Üsteğmen Ketin DAG; 9. Kolordu Komutanlığı Askeri Savcısı
111	Hakim Üsteğmen Hasan ÖZBEK; 6. Mekanize Piyade Tümen Komutanlığı Askeri Savcısı
112	Hakim Üsteğmen Ahmet AKDOĞAN; 5. Zırhlı Tugay Komutanlığı Mahkemesi Hakimi
113	Hakim Üsteğmen Ersin YEŞİLYURT; 5. Zırhlı Tugay Komutanlığı Askeri Savcısı
114	Hakim Üsteğmen Fatih TAŞKIN; 5. Piyade Eğitim Tugay Komutanlığı Mahkemesi Hakimi
115	Hakim Üsteğmen Mustafa BOZKURT; 5. Piyade Eğitim Tugay Komutanlığı Mah. Hakimi
116	Hakim Üsteğmen İsa YILMAZ; 5. Piyade Eğitim Tugay Komutanlığı Askeri Savcısı
117	Hakim Üsteğmen Ahmet PEKSÖZ; 23. Jandarma Sınır Tümen Komutanlığı Askeri Savcısı ...
118	Hakim Üsteğmen Celalettin KUĞA; 23. Jandarma Sınır Tümen Komutanlığı Mahkemesi Hak ...
119	Hakim Üsteğmen Abdurrahim ÖZKAN; Kara Kuvvetleri Komutanlığı Mahkemesi Hakimi
120	Hakim Teğmen Mehmet Sadık ÖZGÜVEN; Genelkurmay Askeri Savcısı
121	Hakim Teğmen Süleyman ÇELEBİ; Kara Kuvvetleri Komutanlığı Mahkemesi Hakimi
122	Hakim Teğmen Muhammed ŞENGÜL; Jandarma Genel Komutanlığı Mahkemesi Hakimi
123	Hakim Teğmen Yasin BOZOĞLU; Jandarma Genel Komutanlığı Askeri Savcısı
124	Hakim Teğmen Revza Nur GÜNGÖR; 9. Kolordu Komutanlığı Mahkemesi Hakimi
125	Hakim Teğmen Veli AKCİL; 9. Kolordu Komutanlığı Mahkemesi Hakimi
126	Hakim Teğmen Ali Rıza BAYANA; 9. Kolordu Komutanlığı Asker Savcısı
127	Hakim Teğmen Önder Serkan ÖZBEK; Jandarma Asayiş Kolordu Komutanlığı Mah. Hakimi
128	Hakim Teğmen Akif EKER; Jandarma Asayiş Kolordu Komutanlığı Askeri Savcısı
129	Hakim Teğmen Yusuf ASLAN; 23. Jandarma Sınır Tümen Komutanlığı Mahkemesi Hakimi
130	Hakim Teğmen Kadir KURT; 23. Jandarma Sınır Tümen Komutanlığı Mahkemesi Hakimi
131	Hakim Teğmen Yakup Cemil KAHVECİ; Kıbrıs Türk Barış Kuvvetleri Kom. Askeri Savcısı
132	Hakim Teğmen Fatih YILDIZLI; 7. Kolordu Komutanlığı Askeri Savcısı
133	Hakim Teğmen Celal TOPCI; 7. Kolordu Komutanlığı Mahkemesi Hakimi
134	Hakim Teğmen Mehmet Akif KARADAŞ; 3. Ordu Komutanlığı Mahkemesi Hakimi
135	Hakim Teğmen Ali SEVAL; 5. Piyade Eğitim Tugay Komutanlığı Mahkemesi Hakimi
136	Hakim Teğmen Ahmet SEZEN; Dağ ve Komando Okul Komutanlığı Askeri Savcısı
137	Hakim Teğmen Cennet Eda SEZEN; Dağ ve Komando Okul Komutanlığı Mah. Hakimi
138	Hakim Teğmen Mustafa ŞAHİN; Ege Ordu Komutanlığı Askeri Savcısı
139	Hakim Teğmen Salih KOCAOĞLU; 5. Zırhlı Tugay Komutanlığı Mahkemesi Hakimi
140	Hakim Teğmen Hasan KOÇAK; 1. Ordu Komutanlığı Askeri Savcısı

17-524

SIRA NO	
141	Hakim Teğmen İbrahim Halil BALIK; 3. Kolordu Komutanlığı Askeri Savcısı
142	Hakim Teğmen Erkan KARAATAY; 23. Jandarma Sınır Tümen Komutanlığı Askeri Savcısı
143	Hakim Teğmen Zafer SEVER; 5. Kolordu Komutanlığı Mahkemesi Hakimi
144	Hakim Teğmen Yunus MERMER; 3. Kolordu Komutanlığı Mahkemesi Hakimi
145	Dz. Hakim Binbaşı Yalçın DİLSİZOĞLU; Genelkurmay Adli Müşavirliği
146	Dz. Hakim Üsteğmen Engin KÜÇÜK; Deniz Kuvvetleri Komutanlığı Mahkemesi Hakimi
147	Dz. Hakim Üsteğmen Oğuz SEKMEN; Güney Deniz Saha Komutanlığı Mahkemesi Hakimi
148	Dz. Hakim Üsteğmen Özer TUNÇ; Deniz Harp Okulu Disiplin Subaylığı
149	Dz. Hakim Üsteğmen Feyyaz Erkam SARAÇ; Güney Deniz Saha Komutanlığı Askeri Savcısı
150	Dz. Hakim Üsteğmen Erol KÖRNES; Güney Deniz Saha Komutanlığı Askeri Savcısı
151	Dz. Hakim Üsteğmen Berkan Doğan ÜNEŞ; Deniz Kuvvetleri Komutanlığı Askeri Savcısı
152	Dz. Hakim Üsteğmen İsmail MINGIR; Genelkurmay Askeri Savcısı
153	Dz. Hakim Üsteğmen Şafak Kadir BARAN; Kuzey Deniz Saha Komutanlığı Askeri Savcısı
154	Dz. Hakim Üsteğmen Muhammed BIÇAKCIGİL; Deniz Kuvvetleri Komutanlığı Mah. Hakimi
155	Dz. Hakim Üsteğmen Adem IRMAK; Donanma Komutanlığı Askeri Savcısı
156	Dz. Hakim Teğmen Akın ÇELİK; Deniz Kuvvetleri Komutanlığı Mahkemesi Hakim
157	Dz. Hakim Teğmen Mustafa BEK; Deniz Kuvvetleri Komutanlığı Mahkemesi Hakimi
158	Dz. Hakim Teğmen Cüneyt FIDIR; Güney Deniz Saha Komutanlığı Mahkemesi Hakimi
159	Dz. Hakim Teğmen Şahin ÇİFTEL; Deniz Kuvvetleri Komutanlığı Askeri Savcısı
160	Dz. Hakim Teğmen Fatih PEKER; Kuzey Deniz Saha Komutanlığı Askeri Savcısı
161	Dz. Hakim Teğmen Seyfullah ÖZKAN; Kuzey Deniz Saha Komutanlığı Mahkemesi Hakimi
162	Dz. Hakim Teğmen Murat ÇETİNBAŞ; Kuzey Deniz Saha Komutanlığı Mahkemesi Hakimi
163	Dz. Hakim Teğmen Umut GÖK; Kuzey Deniz Saha Komutanlığı Mahkemesi Hakimi
164	Dz. Hakim Teğmen Hüseyin AYYILDIZ; Donanma Komutanlığı Mahkemesi Hakimi
165	Dz. Hakim Teğmen Erdal SEVİNÇ; Donanma Komutanlığı Mahkemesi Hakimi
166	Dz. Hakim Teğmen İsmail PEKTAŞ; Donanma Komutanlığı Askeri Savcısı
167	Dz. Hakim Teğmen Ümit YAMAN; Donanma Komutanlığı Askeri Savcısı
168	Hv. Hakim Yarbay Bedrettin ÖZGÜR; Hava Kuvvetleri Komutanlığı Adli Müşaviri
169	
170	Hv. Hakim Yüzbaşı Fırat ÇİNİCİ; Hava Kuvvetleri Komutanlığı Mahkemesi Hakimi
171	Hv. Hakim Yüzbaşı Mehmet Burak KIZILTAN; 2. Hava Kuvveti Komutanlığı Asker Savcısı
172	Hv. Hakim Üsteğmen Doğan KARTAL; Hava Kuvvetleri Komutanlığı Mahkemesi Hakimi
173	Hv. Hakim Üsteğmen Fatih BAĞLAN; 1. Hava Kuvveti Komutanlığı Askeri Savcısı
174	Hv. Hakim Üsteğmen Regaip CIBA; 2. Hava Kuvveti Komutanlığı Askeri Savcısı
175	

SIRA NO	
176	Hv. Hakim Üsteğmen Emrah GÜL; 2. Hava Kuvveti Komutanlığı Mahkemesi Hakimi
177	Hv. Hakim Üsteğmen Şerafettin AYDEMİR; 2. Hava Kuvveti Komutanlığı Mahkemesi Hakimi
178	Hv. Hakim Üsteğmen Hamit Erdem ŞAHAN; 2. Hava Kuvveti Komutanlığı Mahkeme Hakimi
179	Hv. Hakim Üsteğmen Mustafa ULUPINAR; Hava Eğitim Komutanlığı Askeri Savcısı
180	Hv. Hakim Üsteğmen Taha EROL; Hava Kuvvetleri Komutanlığı Askeri Savcısı
181	Hv. Hakim Üsteğmen Cevher EREN; 1. Hava Kuvveti Komutanlığı Mahkemesi Hakimi
182	Hv. Hakim Üsteğmen Yunus Emre KESKİN; 1. Hava Kuvveti Komutanlığı Mahkemesi Hak.
183	Hv. Hakim Üsteğmen İhsan HOŞ; Hava Eğitim Komutanlığı Mahkemesi Hakimi
184	Hv. Hakim Teğmen Namık AKPINAR; 2. Hava Kuvveti Komutanlığı Mahkemesi Hakimi
185	Hv. Hakim Teğmen Emrullah DOLGUN; 2. Hava Kuvveti Komutanlığı Askeri Savcısı
186	Hv. Hakim Teğmen Erhan SAĞLAM; Hava Eğitim Komutanlığı Askeri Savcısı
187	Hakim Binbaşı Erkan AĞIN; Genel Kurmay Adli Müşaviri
188	Hakim Üsteğmen Zafer ÖĞRETİCİ; 1. Ordu Komutanlığı Askeri Mahkemesi
189	Hakim Üsteğmen Hamit Can YÜKSEL; 1. Ordu Komutanlığı Askeri Mahkemesi
190	Hakim Yüzbaşı Serkan ÖZALP; Ege Ordu Komutanlığı Askeri Mahkemesi
191	Hakim Üsteğmen Tuba Özkan; 7. Kolordu Askeri Mahkemesi
192	Hakim Yarbay Hakan YILDIRAN; 7. Kolordu Komutanlığı Askeri Savcılığı
193	Hakim Üsteğmen Metin ÜNAL; 7. Kolordu Komutanlığı Askeri Savcılığı
194	Hakim Üsteğmen Onur EMÜR; 7. Kolordu Komutanlığı Askeri Savcılığı
195	Hakim Yüzbaşı Hüseyin ÇAKAN; Deniz Kuvvetleri Adli Müşavirliği
196	Hakim Üsteğmen İsmail Mutlu GÖKTAŞ; Deniz Kuvvetleri Askeri Savcılığı
197	Hakim Yüzbaşı İrfan AY; Donanma Komutanlığı Askeri Mahkemesi,
198	Hakim Yüzbaşı Kani YOLCU; Donanma komutanlığı Askeri Savcılığı
199	Hakim Yüzbaşı İlhan İPEK; Hava Kuvvetleri Askeri Mahkemesi
200	Hakim Albay Şaban Ömir GÜL; Hava Kuvvetleri Askeri Savcılığı
201	Hakim Yüzbaşı Gökhan ÖZDEMİRBAĞ; Hava Kuvvetleri Askeri Savcılığı
202	Hakim Yüzbaşı Tuna ÖZKAN; Mah.Hv.Kv.Yrd. Ve Dışhm. Komutanlığı Askeri Savcılığı
203	Hakim Binbaşı Alp ARSLAN; Jandarma Genel Komutanlığı Askeri Savcılığı
204	Hakim Yüzbaşı Nazmi ŞENGÜL; Sahil G. Komutanlığı Hukuk Müşavirliği,
205	Özgür TÜFEKÇİ; Hava Harp Okulu Kom. Disiplin Subaylığı
206	Hakim Albay Yusuf Tur::et ÇETİN; Askeri Yargıtay 1. Daire Üyesi
207	Hakim Albay Arif Fikret ÖZEY; Askeri Yargıtay 2. Daire Üyesi
208	Hakim Albay Hakan KUTLU; Askeri Yargıtay 1. Daire Üyesi
209	Hakim Albay Kamil SEVİMLİ; Askeri Yargıtay 3. Daire Üyesi
210	Hakim Albay Sevilay TEMİZYÜREK BATIR; Askeri Yargıtay 3. Daire Üyesi

000??

SIRA NO	
211	Hakim Albay İlker UÇDU; Askeri Yargıtay 4. Daire Üyesi
212	Hakim Yüzbaşı Necmettin AKSOY; Askeri Yargıtay Başsavcılığı
213	Hakim Albay Gürbüz GÜMÜŞAY; AYİM 3. Daire Başkanı
214	Hakim Albay Muhittin KARATOPRAK; AYİM 3. Daire Üyesi
215	Hakim Albay Ayhan AKARSU; AYİM 3. Daire Üyesi
216	Hakim Üsteğmen Mustafa KAYAALP; AYİM 3. Daire Raportör
217	Hakim Yarbay Muhsin ÖZYURT; AYİM Başsavcılığı
218	Hakim Yüzbaşı Özkan DOĞDU ····
219	Hakim Yüzbaşı Cengiz DEMİRTAŞ ····
220	Hakim Albay Hakan ATA; Askeri Yargıtay Üyesi
221	Hakim Albay Hamza İLBEĞİ; Askeri Yargıtay Üyesi
222	Hakim Albay Özcan ERSAYIN; Askeri Yargıtay Üyesi
223	Hakim Albay Coşkun GÜNGÖR; AYİM Üyesi
224	Hayrettin KALDIRIMCI; Genel Kurmay Adli Müşaviri (Yeni atanan) ····
	Not; 65 Askeri Hakim Adayının Tamamı PDY Mensubudur.

218

Belge 18: Sıkıyönetim mahkemeleri görevlendirme listesi

SIKIYÖNETİM MAHKEMELERİ GÖREVLENDİRME LİSTESİ

S.No.		ADI SOYADI	MEVCUT GÖREV YERİ	ATANDIĞI GÖREV YERİ
1	Dr.Hak.Alb.	MUHARREM KÖSE	GNKUR.BŞK.LIĞI HUKUK İŞLERİ MÜDÜRLÜĞÜ (HUK.İŞL.MD.)	
2	Hak.Alb.	MEHMET OĞUZ AKKUŞ	GNKUR.BŞK.LIĞI ADLİ MÜŞAVİRLİĞİ (CEZA HUK.İŞL.ŞB.MD.)	GNKUR.BŞK.LIĞI ADLİ MÜŞAVİRLİĞİ (ADLİ MÜŞAVİR)
3	Hak.Bnb.	ERKAN AĞIN		XXX.LIĞI ASKERİ SAVCILIĞI VE ANKARA 2 NOLU SIKIYÖNETİM ASKERİ SAVCILIĞI (ASKERİ SAVCI)
4	Üs.Hak.Yb.	DOĞAN UYSAL	GNKUR.BŞK.LIĞI ADLİ MÜŞAVİRLİĞİ (U.HUK.İŞL.PRJ.ŞB.)	3.KOR.K.LIĞI ADLİ MÜŞAVİRLİĞİ (ADLİ MÜŞAVİR)
5	Hv.Hak.Yb.	DERYA YAMAN	GNKUR.BŞK.LIĞI ADLİ MÜŞAVİRLİĞİ (UZ.HUK.İŞL.PRJ.ŞB.)	MSB.LIĞI EMRİNE
6	Hak.Alb.	ERHAN ERMİŞOĞLU	GNKUR.BŞK.LIĞI ADLİ MÜŞAVİRLİĞİ (GN.PL.VE YNT.ŞB.MD.)	MSB.LIĞI EMRİNE
7	Dr.Hak.Alb.	SEYFİ BULDUK	GNKUR.BŞK.LIĞI ASKERİ MAHKEMESİ (AS.HAK.)	GNKUR.BŞK.LIĞI ASKERİ MAHKEMESİ VE ANKARA 1 NOLU SIKIYÖNETİM ASKERİ MAHKEMESİ (AS.HAK.)
8	Hv.Hak.Yb.	HASAN BABAN	GNKUR.BŞK.LIĞI ASKERİ MAHKEMESİ (AS.HAK.)	2.OR.K.LIĞI ASKERİ MAHKEMESİ VE ANKARA 1 NOLU SIKIYÖNETİM ASKERİ MAHKEMESİ (AS.HAK.)
9	Hak.Öğm.	SERDAR ÇAMİÇİ	GNKUR.BŞK.LIĞI ASKERİ MAHKEMESİ (AS.HAK.)	MSB.LIĞI EMRİNE
10	Hak.Öğm.	AKİF US	GNKUR.BŞK.LIĞI ASKERİ MAHKEMESİ (AS.HAK.)	GNKUR.BŞK.LIĞI ASKERİ MAHKEMESİ VE ANKARA 1 NOLU SIKIYÖNETİM ASKERİ MAHKEMESİ (AS.HAK.)
11	Hak.Yb.	ALİ MÜJDAT ESKİ	GNKUR.BŞK.LIĞI ASKERİ MAHKEMESİ (AS.HAK.)	GNKUR.BŞK.LIĞI ASKERİ MAHKEMESİ VE ANKARA 1 NOLU SIKIYÖNETİM ASKERİ MAHKEMESİ (AS.HAK.)
12	Hak.Yb.	UĞUR AYDIN	GNKUR.BŞK.LIĞI ASKERİ SAVCILIĞI (YRD.AS.SAV.)	2.OR.K.LIĞI ASKERİ SAVCILIĞI VE ANKARA 5 NOLU SIKIYÖNETİM ASKERİ SAVCILIĞI (ASKERİ SAVCI)
13	Hak.Bnb.	KURTULUŞ KAYA	GNKUR.BŞK.LIĞI ASKERİ SAVCILIĞI (YRD.AS.SAV.)	1.OR.K.LIĞI ASKERİ MAHKEMESİ VE İSTANBUL 1 NOLU SIKIYÖNETİM ASKERİ MAHKEMESİ (AS.HAK.)
14	Dr.Hak.Öğm.	İSMAİL MINGIR	GNKUR.BŞK.LIĞI ASKERİ SAVCILIĞI (YRD.AS.SAV.)	3.OR.K.LIĞI ADLİ MÜŞAVİRLİĞİ (ADLİ MÜŞAVİR)
15	Hak.Öğm.	İLYAS DAMARBEÇKİN	GNKUR.BŞK.LIĞI ASKERİ SAVCILIĞI (YRD.AS.SAV.)	GNKUR.BŞK.LIĞI ASKERİ SAVCILIĞI VE ANKARA 1 NOLU SIKIYÖNETİM ASKERİ SAVCILIĞI (YRD.ASKERİ SAVCI)
16	Hak.Tğm.	MEHMET SADIK ÖZGÜVEN	GNKUR.BŞK.LIĞI ASKERİ SAVCILIĞI (YRD.AS.SAV.)	GNKUR.BŞK.LIĞI ASKERİ SAVCILIĞI VE ANKARA 1 NOLU SIKIYÖNETİM ASKERİ SAVCILIĞI (YRD.ASKERİ SAVCI)
17	Hak.Yzb.	SEFA MUNDU	GNKUR.BŞK.LIĞI ASKERİ SAVCILIĞI (YRD.AS.SAV.)	GNKUR.BŞK.LIĞI ASKERİ SAVCILIĞI VE ANKARA 1 NOLU SIKIYÖNETİM ASKERİ SAVCILIĞI (YRD.ASKERİ SAVCI)
18	Hak.Öğm.	HARUN BİROL MERT	XXX.LIĞI ADLİ MÜŞAVİRLİĞİ (HUK.İŞL.ŞB.MD.YRD.)	7.KOR.K.LIĞI ASKERİ MAHKEMESİ VE DİYARBAKIR 1 NOLU SIKIYÖNETİM ASKERİ MAHKEMESİ (AS.HAK.)
19	Hak.Yb.	UĞUR IRICI	XXX.LIĞI ADLİ MÜŞAVİRLİĞİ (HUK.İŞL.ŞB.MD.YRD.)	KTBK.K.LIĞI ADLİ MÜŞAVİRLİĞİ (ADLİ MÜŞAVİR)
20	Hak.Öğm.	TURAN ÖZEN	XXX.LIĞI ASKERİ MAHKEMESİ (AS.HAK.)	MSB.LIĞI EMRİNE
21	Hak.Öğm.	SÜLEYMAN ÜLKER	XXX.LIĞI ASKERİ MAHKEMESİ (AS.HAK.)	XXX.LIĞI ASKERİ MAHKEMESİ VE ANKARA 2 NOLU SIKIYÖNETİM ASKERİ MAHKEMESİ (AS.HAK.)
22	Hak.Öğm.	ABDURRAHİM ÖZKAN	XXX.LIĞI ASKERİ MAHKEMESİ (AS.HAK.)	XXX.LIĞI ASKERİ MAHKEMESİ VE ANKARA 2 NOLU SIKIYÖNETİM ASKERİ MAHKEMESİ (AS.HAK.)
23	Hak.Tğm.	SÜLEYMAN ÇELEBİ	XXX.LIĞI ASKERİ MAHKEMESİ (AS.HAK.)	XXX.LIĞI ASKERİ MAHKEMESİ VE ANKARA 2 NOLU SIKIYÖNETİM ASKERİ MAHKEMESİ (AS.HAK.)
24	Hak.Alb.	NACİ AKDEMİR	XXX.LIĞI ASKERİ SAVCILIĞI (AS.SAV.)	XXX.LIĞI ASKERİ MAHKEMESİ VE ANKARA 2 NOLU SIKIYÖNETİM ASKERİ MAHKEMESİ (AS.HAK.)
25	Hak.Bnb.	ALİ KOÇYİĞİT	XXX.LIĞI ASKERİ SAVCILIĞI (AS.SAV.)	MSB.LIĞI EMRİNE
26	Hak.Öğm.	İBRAHİM HALİL DİŞÇİ	XXX.LIĞI ASKERİ SAVCILIĞI (YRD.AS.SAV.)	XXX.LIĞI ASKERİ SAVCILIĞI VE ANKARA 2 NOLU SIKIYÖNETİM ASKERİ SAVCILIĞI (YRD.ASKERİ SAVCI)
27	Hak.Öğm.	SAADET US	XXX.LIĞI ASKERİ SAVCILIĞI (YRD.AS.SAV.)	XXX.LIĞI ASKERİ SAVCILIĞI VE ANKARA 2 NOLU SIKIYÖNETİM ASKERİ SAVCILIĞI (YRD.ASKERİ SAVCI)
28	Hak.Öğm.	ABDULLAH AVLIK	XXX.LIĞI ASKERİ SAVCILIĞI (YRD.AS.SAV.)	XXX.LIĞI ASKERİ SAVCILIĞI VE ANKARA 2 NOLU SIKIYÖNETİM ASKERİ SAVCILIĞI (YRD.ASKERİ SAVCI)
29	Hak.Alb.	FERHAN KUŞÇAN	1.OR.K.LIĞI ADLİ MÜŞAVİRLİĞİ (ADLİ MÜŞAVİR)	XXX.LIĞI ASKERİ SAVCILIĞI VE ANKARA 2 NOLU SIKIYÖNETİM ASKERİ SAVCILIĞI (YRD.ASKERİ SAVCI)
30	Hak.Alb.	BÜLENT ÇOLAK	1.OR.K.LIĞI ASKERİ MAHKEMESİ (AS.HAK.)	MSB.LIĞI EMRİNE
31	Hak.Alb.	KAMİL HALUK YAVUZ	1.OR.K.LIĞI ASKERİ MAHKEMESİ (AS.HAK.)	MSB.LIĞI EMRİNE
32	Hak.Öğm.	ZAFER ÖĞRETİCİ	1.OR.K.LIĞI ASKERİ MAHKEMESİ (AS.HAK.)	MSB.LIĞI EMRİNE
33	Hak.Öğm.	HAMİT CAN YÜKSEL	1.OR.K.LIĞI ASKERİ MAHKEMESİ (AS.HAK.)	1.OR.K.LIĞI ASKERİ MAHKEMESİ VE İSTANBUL 1 NOLU SIKIYÖNETİM ASKERİ MAHKEMESİ (AS.HAK.)
34	Hak.Öğm.	AYHAN DOĞAN	1.OR.K.LIĞI ASKERİ MAHKEMESİ (AS.HAK.)	1.OR.K.LIĞI ASKERİ MAHKEMESİ VE İSTANBUL 1 NOLU SIKIYÖNETİM ASKERİ MAHKEMESİ (AS.HAK.)
35	Dr.Hak.Alb.	DİNÇER URAL	1.OR.K.LIĞI ASKERİ MAHKEMESİ (AS.HAK.)	1.OR.K.LIĞI ASKERİ MAHKEMESİ VE İSTANBUL 1 NOLU SIKIYÖNETİM ASKERİ MAHKEMESİ (AS.HAK.)
36	Hak.Alb.	İHSAN IŞIK	1.OR.K.LIĞI ASKERİ SAVCILIĞI (AS.SAV.)	MSB.LIĞI EMRİNE
37	Hak.Öğm.	ARİF BABIR	1.OR.K.LIĞI ASKERİ SAVCILIĞI (YRC.AS.SAV.)	MSB.LIĞI 6'EMRİNE
38	Hak.Öğm.	ZÜLEYHA DEMİR	1.OR.K.LIĞI ASKERİ SAVCILIĞI (YRD.AS.SAV.)	1.OR.K.LIĞI ASKERİ SAVCILIĞI VE İSTANBUL 1 NOLU SIKIYÖNETİM ASKERİ SAVCILIĞI (YRD.ASKERİ SAVCI)
39	Hak.Tğm.	HASAN KOÇAK	1.OR.K.LIĞI ASKERİ SAVCILIĞI (YRD. AS.SAV.)	1.OR.K.LIĞI ASKERİ SAVCILIĞI VE İSTANBUL 1 NOLU SIKIYÖNETİM ASKERİ SAVCILIĞI (YRD.ASKERİ SAVCI)

No	Rütbe	İsim		
40	Hak.Öğm.	MUHAMMET TEKİNŞEN	2.OR.K.LIĞI ASKERİ MAHKEMESİ (AS.HAK.)	2.OR.K.LIĞI ASKERİ MAHKEMESİ VE MALATYA SIKIYÖNETİM ASKERİ MAHKEMESİ (AS.HAK.)
41	Hak.Öğm.	RAMAZAN AKTAŞ	2.OR.K.LIĞI ASKERİ MAHKEMESİ (AS.HAK.)	2.OR.K.LIĞI ASKERİ MAHKEMESİ VE MALATYA SIKIYÖNETİM ASKERİ MAHKEMESİ (AS.HAK.)
42	Hak.Öğm.	YASİN GÜVENÇ	2.OR.K.LIĞI ASKERİ MAHKEMESİ (AS.HAK.)	2.OR.K.LIĞI ASKERİ MAHKEMESİ VE MALATYA SIKIYÖNETİM ASKERİ MAHKEMESİ (AS.HAK.)
43	Hak.Öğm.	UĞUR TURAL	2.OR.K.LIĞI ASKERİ SAVCILIĞI (YRD.AS.SAV.)	2.OR.K.LIĞI ASKERİ SAVCILIĞI VE MALATYA SIKIYÖNETİM ASKERİ MAHKEMESİ (AS.HAK.)
44	Hak.Öğm.	CAFER KARAKURT	1.OR.K.LIĞI ASKERİ SAVCILIĞI (YRD. AS.SAV.)	3.OR.K.LIĞI ASKERİ SAVCILIĞI VE MALATYA SIKIYÖNETİM ASKERİ SAVCILIĞI (ASKERİ SAVCI)
45	Hak.Öğm.	NİLGÜN GÜVENDİ	1.OR.K.LIĞI ASKERİ SAVCILIĞI (YRD. AS.SAV.)	2.OR.K.LIĞI ASKERİ SAVCILIĞI VE MALATYA SIKIYÖNETİM ASKERİ SAVCILIĞI (YRD.ASKERİ SAVCI)
46	Hak.Alb.	AHMET ALTINAY	1.OR.K.LIĞI ADLİ MÜŞAVİRLİĞİ (ADLİ MÜŞAVİR	MSB.LIĞI EMRİNE
47	Hak.Öğm.	FATİH DAĞLI	3.OR.K.LIĞI ASKERİ MAHKEMESİ (AS.HAK.)	3.OR.K.LIĞI ASKERİ MAHKEMESİ VE ERZİNCAN SIKIYÖNETİM ASKERİ MAHKEMESİ (AS.HAK.)
48	Hak.Öğm.	SÜLEYMAN AKIGÜL	3.OR.K.LIĞI ASKERİ MAHKEMESİ (AS.HAK.)	3.OR.K.LIĞI ASKERİ MAHKEMESİ VE ERZİNCAN SIKIYÖNETİM ASKERİ MAHKEMESİ (AS.HAK.)
49	Hak.Öğm.	FETİH GÖLCÜ	3.OR.K.LIĞI ASKERİ MAHKEMESİ (AS.HAK.)	3.OR.K.LIĞI ASKERİ MAHKEMESİ VE ERZİNCAN SIKIYÖNETİM ASKERİ MAHKEMESİ (AS.HAK.)
50	Hak.Tğm.	MEHMET AKİF KARADAŞ	3.OR.K.LIĞI ASKERİ MAHKEMESİ (AS.HAK.)	3.OR.K.LIĞI ASKERİ MAHKEMESİ VE ERZİNCAN SIKIYÖNETİM ASKERİ MAHKEMESİ (AS.HAK.)
51	Hak.Öğm.	GÜLTEKİN ÖZDEMİR	3.OR.K.LIĞI ASKERİ SAVCILIĞI (YRD.AS.SAV.)	3.OR.K.LIĞI ASKERİ SAVCILIĞI VE ERZİNCAN SIKIYÖNETİM ASKERİ MAHKEMESİ (AS.HAK.)
52	Hak.Öğm.	ALPER ÖZDEMİR	3.OR.K.LIĞI ASKERİ SAVCILIĞI (YRD.AS.SAV.)	3.OR.K.LIĞI ASKERİ SAVCILIĞI VE ERZİNCAN SIKIYÖNETİM ASKERİ SAVCILIĞI (ASKERİ SAVCI)
53	Hak.Öğm.	METİN KESKİN	3.OR.K.LIĞI ASKERİ SAVCILIĞI (YRD.AS.SAV.)	3.OR.K.LIĞI ASKERİ SAVCILIĞI VE ERZİNCAN SIKIYÖNETİM ASKERİ SAVCILIĞI (YRD.ASKERİ SAVCI)
54	Hak.Alb.	UĞUR ZEYBEK	EGE OR.K.LIĞI ADLİ MÜŞAVİRLİĞİ (ADLİ MÜŞAVİR)	3.OR.K.LIĞI ASKERİ SAVCILIĞI VE ERZİNCAN SIKIYÖNETİM ASKERİ SAVCILIĞI (YRD.ASKERİ SAVCI)
55	Hak.Alb.	LEVENT TİFTİK	EGE OR.K.LIĞI ASKERİ MAHKEMESİ (AS.HAK.)	MSB.LIĞI EMRİNE
56	Hak.Alb.	MUSTAFA METİN ÖZMEN	EGE OR.K.LIĞI ASKERİ MAHKEMESİ (AS.HAK.)	MSB.LIĞI EMRİNE
57	Hak.Bnb.	YENER MUTLU KAYNAR	EGE OR.K.LIĞI ASKERİ MAHKEMESİ (AS.HAK.)	MSB.LIĞI EMRİNE
58	Hak.Yzb.	ŞEFKAN ÖZALP	EGE OR.K.LIĞI ASKERİ MAHKEMESİ (AS.HAK.)	MSB.LIĞI EMRİNE
59	Hak.Öğm.	RİFAT ARBLAN	EGE OR.K.LIĞI ASKERİ MAHKEMESİ (AS.HAK.)	EGE OR.K.LIĞI ASKERİ MAHKEMESİ VE İZMİR 1 NOLU SIKIYÖNETİM ASKERİ MAHKEMESİ (AS.HAK.)
60	Hak.Alb.	HAKAN KAPLAYAN	EGE OR.K.LIĞI ASKERİ MAHKEMESİ (AS.HAK.)	EGE OR.K.LIĞI ASKERİ MAHKEMESİ VE İZMİR 1 NOLU SIKIYÖNETİM ASKERİ MAHKEMESİ (AS.HAK.)
61	Hak.Alb.	VELİ BAYNAM	EGE OR.K.LIĞI ASKERİ SAVCILIĞI (YRD.ASKERİ SAVCI)	MSB.LIĞI EMRİNE
62	Hak.Öğm.	RIDVAN GÜNEŞ	EGE OR.K.LIĞI ASKERİ SAVCILIĞI (YRD.ASKERİ SAVCI)	MSB.LIĞI EMRİNE
63	Hak.Öğm.	MESUT KAYINTU	EGE OR.K.LIĞI ASKERİ SAVCILIĞI (YRD.ASKERİ SAVCI)	EGE OR.K.LIĞI ASKERİ SAVCILIĞI VE İZMİR 1 NOLU SIKIYÖNETİM ASKERİ SAVCILIĞI (YRD.ASKERİ SAVCI)
64	Hak.Tğm.	MUSTAFA ŞAHİN	EGE OR.K.LIĞI ASKERİ SAVCILIĞI (YRD.ASKERİ SAVCI)	EGE OR.K.LIĞI ASKERİ SAVCILIĞI VE İZMİR 1 NOLU SIKIYÖNETİM ASKERİ SAVCILIĞI (YRD.ASKERİ SAVCI)
65	Hak.Yzb.	ZİYA KEMAL GÖZDAŞ	KTBK K.LIĞI ASKERİ SAVCILIĞI (YRD.ASKERİ SAVCI)	EGE OR.K.LIĞI ASKERİ SAVCILIĞI VE İZMİR 1 NOLU SIKIYÖNETİM ASKERİ SAVCILIĞI (YRD.ASKERİ SAVCI)
66	Hak.Yzb.	ONUR SERT	KTBK K.LIĞI ASKERİ MAHKEMESİ (AS.HAK.)	MSB.LIĞI EMRİNE
67	Hak.Öğm.	MAVİYE YILMAZOĞLU ÖZBEK	KTBK K.LIĞI ASKERİ MAHKEMESİ (AS.HAK.)	MSB.LIĞI EMRİNE
68	Hak.Alb.	GÖKHAN GÖKTAŞ	KTBK K.LIĞI ASKERİ SAVCILIĞI (ASKERİ SAVCI)	MSB.LIĞI EMRİNE
69	Hak.Tğm.	YAKUP CEMİL KAHVECİ	KTBK K.LIĞI ASKERİ SAVCILIĞI (YRD.ASKERİ SAVCI)	KTBK K.LIĞI ASKERİ SAVCILIĞI (ASKERİ SAVCI)
70	Hak.Yzb.	AKIN BOYACI	2.KOR.K.LIĞI ASKERİ MAHKEMESİ (AS.HAK.)	MSB.LIĞI EMRİNE
71	Hak.Yzb.	MELİH CAN KIROVA	2.KOR.K.LIĞI ASKERİ MAHKEMESİ (AS.HAK.)	MSB.LIĞI EMRİNE
72	Hak.Öğm.	SELMA YILMAZ ÇİTLİ	2.KOR.K.LIĞI ASKERİ MAHKEMESİ (AS.HAK.)	2.KOR.K.LIĞI ASKERİ MAHKEMESİ VE ÇANAKKALE SIKIYÖNETİM ASKERİ MAHKEMESİ (AS.HAK.)
73	Hak.Öğm.	SEKAN KIZILCA	2.KOR.K.LIĞI ASKERİ MAHKEMESİ (AS.HAK.)	2.KOR.K.LIĞI ASKERİ MAHKEMESİ VE ÇANAKKALE SIKIYÖNETİM ASKERİ MAHKEMESİ (AS.HAK.)
74	Hak.Öğm.	OĞUZ KAAN ORMAN	2.KOR.K.LIĞI ASKERİ MAHKEMESİ (AS.HAK.)	2.KOR.K.LIĞI ASKERİ MAHKEMESİ VE ÇANAKKALE SIKIYÖNETİM ASKERİ MAHKEMESİ (AS.HAK.)
75	Hak.Alb.	ERCÜMENT AYHAN GÖRAL	2.KOR.K.LIĞI ASKERİ SAVCILIĞI (ASKERİ SAVCI)	MSB.LIĞI EMRİNE
76	Hak.Üğm.	SEZER ÇİTLİ	2.KOR.K.LIĞI ASKERİ SAVCILIĞI (YRD. ASKERİ SAVCI)	2.KOR.K.LIĞI ASKERİ SAVCILIĞI VE ÇANAKKALE SIKIYÖNETİM ASKERİ SAVCILIĞI (ASKERİ SAVCI)
77	Hak.Öğm.	UĞUR GÜLTEKİN	2.KOR.K.LIĞI ASKERİ SAVCILIĞI (YRD. ASKERİ SAVCI)	2.KOR.K.LIĞI ASKERİ SAVCILIĞI VE ÇANAKKALE SIKIYÖNETİM ASKERİ SAVCILIĞI (ASKERİ SAVCI)
78	Hak.Öğm.	MEHMET NESİM ATMACA	2.KOR.K.LIĞI ASKERİ SAVCILIĞI (YRD. ASKERİ SAVCI)	2.KOR.K.LIĞI ASKERİ SAVCILIĞI VE ÇANAKKALE SIKIYÖNETİM ASKERİ SAVCILIĞI (YRD.ASKERİ SAVCI)
79	Hak.Yzb.	ABDULLAH AHMET BUYURAN	3.KOR.K.LIĞI ADLİ MÜŞAVİRLİĞİ (ADLİ MÜŞAVİR)	MSB.LIĞI EMRİNE
80	Hak.Alb.	İBRAHİM YILMAZ	3.KOR.K.LIĞI ASKERİ BŞK.KOM.GR.OZ.KH.ADLİ MÜŞAVİRLİĞİ (ADLİ MÜŞAVİR)	MSB.LIĞI EMRİNE

81	Hak.Alb.	NECİP YILMAZ	3.KOR.K.LIĞI ASKERİ MAHKEMESİ (AS.HAK.)	
82	Hak.Yb.	MURAT KADEROĞLU	3.KOR.K.LIĞI ASKERİ MAHKEMESİ (AS.HAK.)	MSB.LIĞI EMRİNE
83	Hak.Bnb.	MURAT SEVİM	3.KOR.K.LIĞI ASKERİ MAHKEMESİ (AS.HAK.)	MSB.LIĞI EMRİNE
84	Hak.Ütğm.	MURAT YILDIZ	3.KOR.K.LIĞI ASKERİ MAHKEMESİ (AS.HAK.)	MSB.LIĞI EMRİNE
85	Hak.Tğm.	YUNUS MERMER	3.KOR.K.LIĞI ASKERİ MAHKEMESİ (AS.HAK.)	3.KOR.K.LIĞI ASKERİ MAHKEMESİ VE İSTANBUL 2 NOLU SIKIYÖNETİM ASKERİ MAHKEMESİ (AS.HAK.)
86	Hak.Alb.	RECAİ ERTÜRK	3.KOR.K.LIĞI ASKERİ MAHKEMESİ (AS.HAK.)	3.KOR.K.LIĞI ASKERİ MAHKEMESİ VE İSTANBUL 2 NOLU SIKIYÖNETİM ASKERİ MAHKEMESİ (AS.HAK.)
87	Hak.Ütğm.	MUSA BİRLİK	3.KOR.K.LIĞI ASKERİ SAVCILIĞI (ASKERİ SAVCI)	MSB.LIĞI EMRİNE
88	Hak.Ütğm.	MEHMET DİNÇER	3.KOR.K.LIĞI ASKERİ SAVCILIĞI (YRD.ASKERİ SAVCI)	3.KOR.K.LIĞI ASKERİ SAVCILIĞI VE İSTANBUL 2 NOLU SIKIYÖNETİM ASKERİ SAVCILIĞI (ASKERİ SAVCI)
89	Hak.Tğm.	İBRAHİM HALİL BALIK	3.KOR.K.LIĞI ASKERİ SAVCILIĞI (YRD.ASKERİ SAVCI)	3.KOR.K.LIĞI ASKERİ SAVCILIĞI VE İSTANBUL 2 NOLU SIKIYÖNETİM ASKERİ SAVCILIĞI (YRD.ASKERİ SAVCI)
90	Hak.Alb.	MUHTEŞEM OKSEL	5.KOR.K.LIĞI ADLİ MÜŞAVİRLİĞİ (ADLİ MÜŞAVİR)	3.KOR.K.LIĞI ASKERİ SAVCILIĞI VE İSTANBUL 2 NOLU SIKIYÖNETİM ASKERİ SAVCILIĞI (YRD.ASKERİ SAVCI)
91	Hak.Alb.	KIYMET AYYILDIZ	5.KOR.K.LIĞI ASKERİ MAHKEMESİ (AS.HAK.)	MSB.LIĞI EMRİNE
92	Hak.Yb.	YAKUP DURANOĞLU	5.KOR.K.LIĞI ASKERİ MAHKEMESİ (AS.HAK.)	MSB.LIĞI EMRİNE
93	Hak.Yb.	CİHANGİR AYDIN	5.KOR.K.LIĞI ASKERİ MAHKEMESİ (AS.HAK.)	MSB.LIĞI EMRİNE
94	Hak.Ütğm.	MUHAMMET VURAN	5.KOR.K.LIĞI ASKERİ MAHKEMESİ (AS.HAK.)	MSB.LIĞI EMRİNE
95	Hak.Ütğm.	ŞUAYİP HANAYEL	5.KOR.K.LIĞI ASKERİ MAHKEMESİ (AS.HAK.)	5.KOR.K.LIĞI ASKERİ MAHKEMESİ VE TEKİRDAĞ SIKIYÖNETİM ASKERİ MAHKEMESİ (AS.HAK.)
96	Hak.Ütğm.	SAMET OKCANOĞLU	5.KOR.K.LIĞI ASKERİ MAHKEMESİ (AS.HAK.)	5.KOR.K.LIĞI ADLİ MÜŞAVİRLİĞİ (ADLİ MÜŞAVİR)
97	Hak.Tğm.	ZAFER SEVER	5.KOR.K.LIĞI ASKERİ MAHKEMESİ (AS.HAK.)	5.KOR.K.LIĞI ASKERİ MAHKEMESİ VE TEKİRDAĞ SIKIYÖNETİM ASKERİ MAHKEMESİ (AS.HAK.)
98	Hak.Bnb.	EROL TURAN	5.KOR.K.LIĞI ASKERİ MAHKEMESİ (AS.HAK.)	5.KOR.K.LIĞI ASKERİ MAHKEMESİ VE TEKİRDAĞ SIKIYÖNETİM ASKERİ MAHKEMESİ (AS.HAK.)
99	Hak.Ütğm.	İSMAİL SAVCI	5.KOR.K.LIĞI ASKERİ SAVCILIĞI (ASKERİ SAVCI)	MSB.LIĞI EMRİNE
100	Hak.Ütğm.	EMİN VELİ İNAN	5.KOR.K.LIĞI ASKERİ SAVCILIĞI (YRD.ASKERİ SAVCI)	5.KOR.K.LIĞI ASKERİ SAVCILIĞI VE TEKİRDAĞ SIKIYÖNETİM ASKERİ SAVCILIĞI (ASKERİ SAVCI)
101	Hak.Ütğm.	MEVLÜT KÖMÜR	5.KOR.K.LIĞI ASKERİ SAVCILIĞI (YRD.ASKERİ SAVCI)	5.KOR.K.LIĞI ASKERİ SAVCILIĞI VE TEKİRDAĞ SIKIYÖNETİM ASKERİ SAVCILIĞI (YRD.ASKERİ SAVCI)
102	Hak.Yb.	HAKAN CANDAR	7.KOR.K.LIĞI ADLİ MÜŞAVİRLİĞİ (ADLİ MÜŞAVİR)	5.KOR.K.LIĞI ASKERİ SAVCILIĞI VE TEKİRDAĞ SIKIYÖNETİM ASKERİ SAVCILIĞI (YRD.ASKERİ SAVCI)
103	Hak.Yb.	MEHMET SIDKI KÖK	7.KOR.K.LIĞI ASKERİ MAHKEMESİ (AS.HAK.)	MSB.LIĞI EMRİNE
104	Hak.Ütğm.	TUBA ÖZKAN	7.KOR.K.LIĞI ASKERİ MAHKEMESİ (AS.HAK.)	MSB.LIĞI EMRİNE
105	Hak.Ütğm.	YAKUP ÖZ	7.KOR.K.LIĞI ASKERİ MAHKEMESİ (AS.HAK.)	7.KOR.K.LIĞI ASKERİ MAHKEMESİ VE DİYARBAKIR 1 NOLU SIKIYÖNETİM ASKERİ MAHKEMESİ (AS.HAK.)
106	Hak.Ütğm.	NUMAN BİBER	7.KOR.K.LIĞI ASKERİ MAHKEMESİ (AS.HAK.)	7.KOR.K.LIĞI ASKERİ MAHKEMESİ VE DİYARBAKIR 1 NOLU SIKIYÖNETİM ASKERİ MAHKEMESİ (AS.HAK.)
107	Hak.Tğm.	CELAL TOPÇU	7.KOR.K.LIĞI ASKERİ MAHKEMESİ (AS.HAK.)	7.KOR.K.LIĞI ASKERİ MAHKEMESİ VE DİYARBAKIR 1 NOLU SIKIYÖNETİM ASKERİ MAHKEMESİ (AS.HAK.)
108	Hak.Yb.	HAKAN YILDIRAN	7.KOR.K.LIĞI ASKERİ MAHKEMESİ (AS.HAK.)	7.KOR.K.LIĞI ASKERİ MAHKEMESİ VE DİYARBAKIR 1 NOLU SIKIYÖNETİM ASKERİ MAHKEMESİ (AS.HAK.)
109	Hak.Ütğm.	METİN ÜNAL	7.KOR.K.LIĞI ASKERİ SAVCILIĞI (ASKERİ SAVCI)	7.KOR.K.LIĞI ASKERİ SAVCILIĞI VE DİYARBAKIR 1 NOLU SIKIYÖNETİM ASKERİ SAVCILIĞI (ASKERİ SAVCI)
110	Hak.Ütğm.	ÖMER EMİR	7.KOR.K.LIĞI ASKERİ SAVCILIĞI (YRD.ASKERİ SAVCI)	7.KOR.K.LIĞI ASKERİ SAVCILIĞI VE DİYARBAKIR 1 NOLU SIKIYÖNETİM ASKERİ SAVCILIĞI (YRD.ASKERİ SAVCI)
111	Hak.Ütğm.	YUNUS EMRE TAŞOVA	7.KOR.K.LIĞI ASKERİ SAVCILIĞI (YRD.ASKERİ SAVCI)	7.KOR.K.LIĞI ASKERİ SAVCILIĞI VE DİYARBAKIR 1 NOLU SIKIYÖNETİM ASKERİ SAVCILIĞI (YRD.ASKERİ SAVCI)
112	Hak.Tğm.	FATİH YILDIZLI	7.KOR.K.LIĞI ASKERİ SAVCILIĞI (YRD.ASKERİ SAVCI)	7.KOR.K.LIĞI ASKERİ SAVCILIĞI VE DİYARBAKIR 1 NOLU SIKIYÖNETİM ASKERİ SAVCILIĞI (YRD.ASKERİ SAVCI)
113	Hak.Alb.	HAKAN BEZİRGAN	8.KOR.K.LIĞI ADLİ MÜŞAVİRLİĞİ (ADLİ MÜŞAVİR)	7.KOR.K.LIĞI ASKERİ SAVCILIĞI VE DİYARBAKIR 1 NOLU SIKIYÖNETİM ASKERİ SAVCILIĞI (YRD.ASKERİ SAVCI)
114	Hak.Yb.	OLCAY YEŞİLKAYA	8.KOR.K.LIĞI ASKERİ MAHKEMESİ (AS.HAK.)	MSB.LIĞI EMRİNE
115	Hak.Ütğm.	MUHAMMET YÜKSEL	8.KOR.K.LIĞI ASKERİ MAHKEMESİ (AS.HAK.)	MSB.LIĞI EMRİNE
116	Hak.Ütğm.	SÜLEYMAN ÇAKIR	8.KOR.K.LIĞI ASKERİ MAHKEMESİ (AS.HAK.)	8.KOR.K.LIĞI ASKERİ MAHKEMESİ VE ELAZIĞ SIKIYÖNETİM ASKERİ MAHKEMESİ (AS.HAK.)
117	Hak.Alb.	ALAATTİN KARAKAYA	8.KOR.K.LIĞI ASKERİ SAVCILIĞI (ASKERİ SAVCI)	8.KOR.K.LIĞI ASKERİ MAHKEMESİ VE ELAZIĞ SIKIYÖNETİM ASKERİ MAHKEMESİ (AS.HAK.)
118	Hak.Ütğm.	ORHAN ÇELİK	8.KOR.K.LIĞI ASKERİ SAVCILIĞI (YRD.ASKERİ SAVCI)	MSB.LIĞI EMRİNE
119	Hak.Ütğm.	NURETTİN AÇIK	8.KOR.K.LIĞI ASKERİ SAVCILIĞI (YRD.ASKERİ SAVCI)	8.KOR.K.LIĞI ASKERİ SAVCILIĞI VE ELAZIĞ SIKIYÖNETİM ASKERİ SAVCILIĞI (ASKERİ SAVCI)
120	Hak.Ütğm.	MUSTAFA KAVUKÇU	8.KOR.K.LIĞI ASKERİ SAVCILIĞI (YRD.ASKERİ SAVCI)	8.KOR.K.LIĞI ASKERİ SAVCILIĞI VE ELAZIĞ SIKIYÖNETİM ASKERİ SAVCILIĞI (YRD.ASKERİ SAVCI)
121	Hak.Alb.	FEVZİ ÖRKUNT CANYAŞ	8.KOR.K.LIĞI ADLİ MÜŞAVİRLİĞİ (ADLİ MÜŞAVİR)	MSB.LIĞI EMRİNE

Atanamayanlar

3/11

④   ⑧ ...o 4 Selçy. 4/11   [Ek-3]

122	Hak.Bnb.	MURAT GÜNDOĞAN	9.KOR.K.LIĞI ASKERİ MAHKEMESİ (AS.HAK.)	MSB.LIĞI EMRİNE
123	Hak.Yzb.	FAHRİ KARAKAYA	9.KOR.K.LIĞI ASKERİ MAHKEMESİ (AS.HAK.)	
124	Hak.Ütğm.	SEZAİ ZENGİN	9.KOR.K.LIĞI ASKERİ MAHKEMESİ (AS.HAK.)	9.KOR.K.LIĞI ADLİ MÜŞAVİRLİĞİ (ADLİ MÜŞAVİR)
125	Hak.Ütğm.	İBRAHİM YILDIRIM	9.KOR.K.LIĞI ASKERİ MAHKEMESİ (AS.HAK.)	9.KOR.K.LIĞI ASKERİ MAHKEMESİ VE ERZURUM SIKIYÖNETİM ASKERİ MAHKEMESİ (AS.HAK.)
126	Hak.Tğm.	REVZA NUR GÜNGÖR	9.KOR.K.LIĞI ASKERİ MAHKEMESİ (AS.HAK.)	9.KOR.K.LIĞI ASKERİ MAHKEMESİ VE ERZURUM SIKIYÖNETİM ASKERİ MAHKEMESİ (AS.HAK.)
127	Hak.Tğm.	VELİ AKÇİL	9.KOR.K.LIĞI ASKERİ MAHKEMESİ (AS.HAK.)	9.KOR.K.LIĞI ASKERİ MAHKEMESİ VE ERZURUM SIKIYÖNETİM ASKERİ MAHKEMESİ (AS.HAK.)
128	Hak.Ütğm.	FAHRETTİN GÜNGÖR	9.KOR.K.LIĞI ASKERİ MAHKEMESİ (AS.HAK.)	9.KOR.K.LIĞI ASKERİ MAHKEMESİ VE ERZURUM SIKIYÖNETİM ASKERİ MAHKEMESİ (AS.HAK.)
129	Hak.Ütğm.	KERİM DAĞ	9.KOR.K.LIĞI ASKERİ SAVCILIĞI (YRD.ASKERİ SAVCI)	9.KOR.K.LIĞI ASKERİ SAVCILIĞI VE ERZURUM SIKIYÖNETİM ASKERİ SAVCILIĞI (ASKERİ SAVCI)
130	Hak.Ütğm.	HÜSEYİN KULABER	9.KOR.K.LIĞI ASKERİ SAVCILIĞI (YRD.ASKERİ SAVCI)	9.KOR.K.LIĞI ASKERİ SAVCILIĞI VE ERZURUM SIKIYÖNETİM ASKERİ SAVCILIĞI (YRD.ASKERİ SAVCI)
131	Hak.Tğm.	ALİ RIZA BAYANA	9.KOR.K.LIĞI ASKERİ SAVCILIĞI (YRD.ASKERİ SAVCI)	9.KOR.K.LIĞI ASKERİ SAVCILIĞI VE ERZURUM SIKIYÖNETİM ASKERİ SAVCILIĞI (YRD.ASKERİ SAVCI)
132	Hak.Yzb.	MEHMET ÇORAK	9.KOR.K.LIĞI ASKERİ SAVCILIĞI (YRD.ASKERİ SAVCI)	9.KOR.K.LIĞI ASKERİ SAVCILIĞI VE ERZURUM SIKIYÖNETİM ASKERİ SAVCILIĞI (YRD.ASKERİ SAVCI)
133	Hak.Ütğm.	TUFAN ÖNSİPAHİOĞLU	8.MKNZ.P.TÜM.K.LIĞI ASKERİ MAHKEMESİ (AS.HAK.)	MSB.LIĞI EMRİNE
134	Hak.Yzb.	HASAN TAHSİN ÖZBIRKINTI	8.MKNZ.P.TÜM.K.LIĞI ASKERİ MAHKEMESİ (AS.HAK.)	MSB.LIĞI EMRİNE
135	Hak.Ütğm.	HÜSEYİN TANFER AYHAN	8.MKNZ.P.TÜM.K.LIĞI ASKERİ MAHKEMESİ (AS.HAK.)	MSB.LIĞI EMRİNE
136	Hak.Ütğm.	FARUK BAVAŞ	8.MKNZ.P.TÜM.K.LIĞI ASKERİ MAHKEMESİ (AS.HAK.)	MSB.LIĞI EMRİNE
137	Hak.Alb.	ATİLLA CÜNEYT ÇİÇEK	8.MKNZ.P.TÜM.K.LIĞI ASKERİ MAHKEMESİ (AS.HAK.)	8.MKNZ.P.TÜM.K.LIĞI ASKERİ MAHKEMESİ VE ADANA SIKIYÖNETİM ASKERİ MAHKEMESİ (AS.HAK.)
138	Hak.Ütğm.	SAMİ ÇETİNTAŞ	8.MKNZ.P.TÜM.K.LIĞI ASKERİ SAVCILIĞI (ASKERİ SAVCI)	MSB.LIĞI EMRİNE
139	Hak.Ütğm.	MUSTAFA HASİM SOYMUŞERİ	8.MKNZ.P.TÜM.K.LIĞI ASKERİ SAVCILIĞI (YRD.ASKERİ SAVCI)	8.MKNZ.P.TÜM.K.LIĞI ASKERİ SAVCILIĞI VE ADANA SIKIYÖNETİM ASKERİ SAVCILIĞI (ASKERİ SAVCI)
140	Hak.Ütğm.	HÜSEYİN CANSEVER	8.MKNZ.P.TÜM.K.LIĞI ASKERİ SAVCILIĞI (YRD.ASKERİ SAVCI)	8.MKNZ.P.TÜM.K.LIĞI ASKERİ SAVCILIĞI VE ADANA SIKIYÖNETİM ASKERİ SAVCILIĞI (YRD.ASKERİ SAVCI)
141	Hak.Ütğm.	HASAN ÖZBEK	8.MKNZ.P.TÜM.K.LIĞI ASKERİ SAVCILIĞI (YRD.ASKERİ SAVCI)	8.MKNZ.P.TÜM.K.LIĞI ADLİ MÜŞAVİRLİĞİ (ADLİ MÜŞAVİR)
142	Hak.Alb.	MURAT GÜVEN	DAĞ KOMD.OK.VE EĞT.MRK.K.LIĞI ADLİ MÜŞAVİRLİĞİ (ADLİ MÜŞAVİR)	8.MKNZ.P.TÜM.K.LIĞI ASKERİ SAVCILIĞI VE ADANA SIKIYÖNETİM ASKERİ SAVCILIĞI (YRD.ASKERİ SAVCI)
143	Hak.Alb.	ZAFER METİN	DAĞ KOMD.OK.VE EĞT.MRK.K.LIĞI ASKERİ MAHKEMESİ (AS.HAK.)	MSB.LIĞI EMRİNE
144	Hak.Ütğm.	PINAR GÜNDÜZ	DAĞ KOMD.OK.VE EĞT.MRK.K.LIĞI ASKERİ MAHKEMESİ (AS.HAK.)	MSB.LIĞI EMRİNE
145	Hak.Ütğm.	HAMZA BADILLI	DAĞ KOMD.OK.VE EĞT.MRK.K.LIĞI ASKERİ MAHKEMESİ (AS.HAK.)	MSB.LIĞI EMRİNE
146	Hak.Tğm.	CENNET EDA SEZEN	DAĞ KOMD.OK.VE EĞT.MRK.K.LIĞI ASKERİ MAHKEMESİ (AS.HAK.)	DAĞ KOMD.OK.VE EĞT.MRK.K.LIĞI ADLİ MÜŞAVİRLİĞİ (ADLİ MÜŞAVİR)
147	Hak.Yb.	GÖKHAN YILMAZ	DAĞ KOMD.OK.VE EĞT.MRK.K.LIĞI ASKERİ MAHKEMESİ (AS.HAK.)	DAĞ KOMD.OK.VE EĞT.MRK.K.LIĞI ASKERİ MAHKEMESİ VE ISPARTA SIKIYÖNETİM ASKERİ MAHKEMESİ (AS.HAK.)
148	Hak.Ütğm.	CELALETTİN KUŞA	DAĞ KOMD.OK.VE EĞT.MRK.K.LIĞI ASKERİ SAVCILIĞI (YRD.ASKERİ SAVCI)	MSB.LIĞI EMRİNE
149	Hak.Yzb.	AHMET SEZEN	DAĞ KOMD.OK.VE EĞT.MRK.K.LIĞI ASKERİ SAVCILIĞI (YRD.ASKERİ SAVCI)	DAĞ KOMD.OK.VE EĞT.MRK.K.LIĞI ASKERİ SAVCILIĞI VE ISPARTA SIKIYÖNETİM ASKERİ SAVCILIĞI (ASKERİ SAVCI)
150	Hak.Yzb.	AHMET TANYER	DAĞ KOMD.OK.VE EĞT.MRK.K.LIĞI ASKERİ SAVCILIĞI (YRD.ASKERİ SAVCI)	DAĞ KOMD.OK.VE EĞT.MRK.K.LIĞI ASKERİ SAVCILIĞI VE ISPARTA SIKIYÖNETİM ASKERİ SAVCILIĞI (YRD.ASKERİ SAVCI)
151	Hak.Ütğm.	RIDVAN AKAY	5.ZH.TUG.K.LIĞI ASKERİ MAHKEMESİ (AS.HAK.)	MSB.LIĞI EMRİNE
152	Hak.Ütğm.	ABDULKADİR DEMİR	5.ZH.TUG.K.LIĞI ASKERİ MAHKEMESİ (AS.HAK.)	5.ZH.TUG.K.LIĞI ASKERİ MAHKEMESİ VE GAZİANTEP SIKIYÖNETİM ASKERİ MAHKEMESİ (AS.HAK.)
153	Hak.Ütğm.	AHMET AKDOĞAN	5.ZH.TUG.K.LIĞI ASKERİ MAHKEMESİ (AS.HAK.)	5.ZH.TUG.K.LIĞI ADLİ MÜŞAVİRLİĞİ (ADLİ MÜŞAVİR)
154	Hak.Tğm.	SALİH KOCAOĞLU	5.ZH.TUG.K.LIĞI ASKERİ MAHKEMESİ (AS.HAK.)	5.ZH.TUG.K.LIĞI ASKERİ MAHKEMESİ VE GAZİANTEP SIKIYÖNETİM ASKERİ MAHKEMESİ (AS.HAK.)
155	Hak.Ütğm.	MEHMET YAŞAR GOYNÜK	5.ZH.TUG.K.LIĞI ASKERİ MAHKEMESİ (AS.HAK.)	5.ZH.TUG.K.LIĞI ASKERİ MAHKEMESİ VE GAZİANTEP SIKIYÖNETİM ASKERİ MAHKEMESİ (AS.HAK.)
156	Hak.Ütğm.	BEYTULLAH ABAKAM	5.ZH.TUG.K.LIĞI ASKERİ SAVCILIĞI (YRD.ASKERİ SAVCI)	MSB.LIĞI EMRİNE
157	Hak.Ütğm.	ERSİN YEŞİLYURT	5.ZH.TUG.K.LIĞI ASKERİ SAVCILIĞI (YRD.ASKERİ SAVCI)	5.ZH.TUG.K.LIĞI ASKERİ SAVCILIĞI VE GAZİANTEP SIKIYÖNETİM ASKERİ SAVCILIĞI (ASKERİ SAVCI)
158	Hak.Ütğm.	İSMAİL SIYAHGÖL	5.ZH.TUG.K.LIĞI ASKERİ SAVCILIĞI (YRD.ASKERİ SAVCI)	5.ZH.TUG.K.LIĞI ASKERİ SAVCILIĞI VE GAZİANTEP SIKIYÖNETİM ASKERİ SAVCILIĞI (YRD.ASKERİ SAVCI)
159	Hak.Ütğm.	FATİH TAŞKIN	5.P.EĞT.TUG.K.LIĞI ASKERİ MAHKEMESİ (AS.HAK.)	5.P.EĞT.TUG.K.LIĞI ASKERİ MAHKEMESİ VE SIVAS SIKIYÖNETİM ASKERİ MAHKEMESİ (AS.HAK.)
160	Hak.Ütğm.	MUSTAFA BOZKURT	5.P.EĞT.TUG.K.LIĞI ASKERİ MAHKEMESİ (AS.HAK.)	5.P.EĞT.TUG.K.LIĞI ADLİ MÜŞAVİRLİĞİ (ADLİ MÜŞAVİR)
161	Hak.Tğm.	ALİ SEVAL	5.P.EĞT.TUG.K.LIĞI ASKERİ MAHKEMESİ (AS.HAK.)	5.P.EĞT.TUG.K.LIĞI ASKERİ MAHKEMESİ VE SIVAS SIKIYÖNETİM ASKERİ MAHKEMESİ (AS.HAK.)
162	Hak.Ütğm.	HASAN HÜSEYİN ŞAHİN	5.P.EĞT.TUG.K.LIĞI ASKERİ SAVCILIĞI (YRD.ASKERİ SAVCI)	5.P.EĞT.TUG.K.LIĞI ASKERİ SAVCILIĞI VE SIVAS SIKIYÖNETİM ASKERİ SAVCILIĞI (ASKERİ SAVCI)

② no 'l, bege 5/11   

163	Kur.D.Gn.	CENGİZ TOPAL	S.P.EĞT.TUG.K.LIĞI ASKERİ SAVCILIĞI (YRD.ASKERİ SAVCI)	S.P.EĞT.TUG.K.LIĞI ASKERİ SAVCILIĞI VE SIVAS SIKIYÖNETİM ASKERİ SAVCILIĞI (YRD.ASKERİ SAVCI)
164	İnat.Ögm.	İSA YILMAZ	S.P.EĞT.TUG.K.LIĞI ASKERİ SAVCILIĞI (YRD.ASKERİ SAVCI)	S.P.EĞT.TUG.K.LIĞI ASKERİ SAVCILIĞI VE SIVAS SIKIYÖNETİM ASKERİ SAVCILIĞI (YRD.ASKERİ SAVCI)
165	Dz.Hak.Yzb.	MUSTAFA ERHAN YÜKSEL	DZ.K.K.LIĞI ADLİ MÜŞAVİRLİĞİ (ADLİ MÜŞAVİR)	MSB.LIĞI EMRİNE
166	Dz.Hak.Yzb.	HÜSEYİN ÇAKAN	DZ.K.K.LIĞI ADLİ MÜŞAVİRLİĞİ (ADLİ MÜŞAVİR YRD.)	
167	Hak.Ütgm.	FEYYAZ ERKAM SARAÇ	DZ.K.K.LIĞI ADLİ MÜŞAVİRLİĞİ (HUK.İŞL.MD.)	DZ.K.K.LIĞI ADLİ MÜŞAVİRLİĞİ (ADLİ MÜŞAVİR)
168	Dz.Hak.Alb.	İHSAN ÖZCAN	DZ.K.K.LIĞI ASKERİ MAHKEMESİ (AS.HAK.)	GN.DZ.ŞH.K.LIĞI ADLİ MÜŞAVİRLİĞİ (ADLİ MÜŞAVİR)
169	Dz.Hak.Snd.	İSMAİL VOLKAN ŞAHİN	DZ.K.K.LIĞI ASKERİ MAHKEMESİ (AS.HAK.)	MSB.LIĞI EMRİNE
170	Dz.Hak.Ögm.	MUHAMMET BIÇANÇGİL	DZ.K.K.LIĞI ASKERİ MAHKEMESİ (AS.HAK.)	MSB.LIĞI EMRİNE
171	Dz.Hak.Tğm.	AKIN ÇELİK	DZ.K.K.LIĞI ASKERİ MAHKEMESİ (AS.HAK.)	DZ.K.K.LIĞI ASKERİ MAHKEMESİ VE ANKARA 3 NOLU SIKIYÖNETİM ASKERİ MAHKEMESİ (AS.HAK.)
172	Dz.Hak.Tğm.	MUSTAFA SEK	DZ.K.K.LIĞI ASKERİ MAHKEMESİ (AS.HAK.)	DZ.K.K.LIĞI ASKERİ MAHKEMESİ VE ANKARA 3 NOLU SIKIYÖNETİM ASKERİ MAHKEMESİ (AS.HAK.)
173	Dz.Hak.Tğm.	RUKIYE ONLU BOZKURT	DZ.K.K.LIĞI ASKERİ SAVCILIĞI (YRD.ASKERİ SAVCI)	DZ.K.K.LIĞI ASKERİ MAHKEMESİ VE ANKARA 3 NOLU SIKIYÖNETİM ASKERİ MAHKEMESİ (AS.HAK.)
174	Dz.Hak.Ögm.	İSMAİL MUTLU GÖKTAŞ	DZ.K.K.LIĞI ASKERİ SAVCILIĞI (YRD.ASKERİ SAVCI)	MSB.LIĞI EMRİNE
175	Dz.Hak.Ögm.	UMUT GÖK	DZ.K.K.LIĞI ASKERİ SAVCILIĞI (YRD.ASKERİ SAVCI)	DZ.K.K.LIĞI ASKERİ SAVCILIĞI VE ANKARA 3 NOLU SIKIYÖNETİM ASKERİ SAVCILIĞI (YRD.ASKERİ SAVCI)
176	Dz.Hak.Tğm.	ŞAHİN ÇİFTEL	DZ.K.K.LIĞI ASKERİ SAVCILIĞI (YRD.ASKERİ SAVCI)	DZ.K.K.LIĞI ASKERİ SAVCILIĞI VE ANKARA 3 NOLU SIKIYÖNETİM ASKERİ SAVCILIĞI (YRD.ASKERİ SAVCI)
177	Dz.Hak.Tğm.	AHMET ŞIKLAR	DONANMA K.LIĞI ADLİ MÜŞAVİRLİĞİ (ADLİ MÜŞAVİR)	DZ.K.K.LIĞI ASKERİ SAVCILIĞI VE ANKARA 3 NOLU SIKIYÖNETİM ASKERİ SAVCILIĞI (YRD.ASKERİ SAVCI)
178	Dz.Hak.Alb.	ÖZCAN CELEP	DONANMA K.LIĞI ASKERİ MAHKEMESİ (AS.HAK.)	MSB.LIĞI EMRİNE
179	Dz.Hak.Yzb.	İRFAN AY	DONANMA K.LIĞI ASKERİ MAHKEMESİ (AS.HAK.)	MSB.LIĞI EMRİNE
180	Dz.Hak.Tğm.	ERDAL SEVİNÇ	DONANMA K.LIĞI ASKERİ MAHKEMESİ (AS.HAK.)	DONANMA K.LIĞI ASKERİ MAHKEMESİ VE KOCAELİ SIKIYÖNETİM ASKERİ MAHKEMESİ (AS.HAK.)
181	Dz.Hak.Tğm.	HÜSEYİN AYYILDIZ	DONANMA K.LIĞI ASKERİ MAHKEMESİ (AS.HAK.)	DONANMA K.LIĞI ASKERİ MAHKEMESİ VE KOCAELİ SIKIYÖNETİM ASKERİ MAHKEMESİ (AS.HAK.)
182	Dz.Hak.Tğm.	KAAN YOLCU	DONANMA K.LIĞI ASKERİ MAHKEMESİ (AS.HAK.)	DONANMA K.LIĞI ASKERİ MAHKEMESİ VE KOCAELİ SIKIYÖNETİM ASKERİ MAHKEMESİ (AS.HAK.)
183	Dz.Hak.Snd.	ADEM IRMAK	DONANMA K.LIĞI ASKERİ SAVCILIĞI (YRD.ASKERİ SAVCI)	DONANMA K.LIĞI ASKERİ SAVCILIĞI VE KOCAELİ SIKIYÖNETİM ASKERİ SAVCILIĞI (ASKERİ SAVCI)
184	Dz.Hak.Ögm.	İSMAİL FEKTAŞ	DONANMA K.LIĞI ASKERİ SAVCILIĞI (YRD.ASKERİ SAVCI)	DONANMA K.LIĞI ASKERİ SAVCILIĞI VE KOCAELİ SIKIYÖNETİM ASKERİ SAVCILIĞI (YRD.ASKERİ SAVCI)
185	Dz.Hak.Tğm.	ÜMİT YAMAN	DONANMA K.LIĞI ASKERİ SAVCILIĞI (YRD.ASKERİ SAVCI)	DONANMA K.LIĞI ASKERİ SAVCILIĞI VE KOCAELİ SIKIYÖNETİM ASKERİ SAVCILIĞI (YRD.ASKERİ SAVCI)
186	Dz.Hak.Alb.	CUMHUR ERYÜKSEL	KZ.DZ.ŞH.K.LIĞI ADLİ MÜŞAVİRLİĞİ (ADLİ MÜŞAVİR)	DONANMA K.LIĞI ASKERİ SAVCILIĞI VE KOCAELİ SIKIYÖNETİM ASKERİ SAVCILIĞI (YRD.ASKERİ SAVCI)
187	Dz.Hak.Alb.	EMİNE ÖZGÖR	KZ.DZ.ŞH.K.LIĞI ADLİ MÜŞAVİRLİĞİ (ADLİ MÜŞAVİR YRD.)	MSB.LIĞI EMRİNE
188	Dz.Hak.Alb.	TAMER GÜÇLÜ	KZ.DZ.ŞH.K.LIĞI ASKERİ MAHKEMESİ (AS.HAK.)	MSB.LIĞI EMRİNE
189	Dz.Hak.Ögm.	SEYFULLAH ÖZKAN	KZ.DZ.ŞH.K.LIĞI ASKERİ MAHKEMESİ (AS.HAK.)	KZ.DZ.ŞH.K.LIĞI ASKERİ MAHKEMESİ VE İSTANBUL 3 NOLU SIKIYÖNETİM ASKERİ MAHKEMESİ (AS.HAK.)
190	Dz.Hak.Tğm.	MURAT ÇETİNBAŞ	KZ.DZ.ŞH.K.LIĞI ASKERİ MAHKEMESİ (AS.HAK.)	KZ.DZ.ŞH.K.LIĞI ASKERİ MAHKEMESİ VE İSTANBUL 3 NOLU SIKIYÖNETİM ASKERİ MAHKEMESİ (AS.HAK.)
191	Dz.Hak.Yzb.	ÖNER ŞENTEPE	KZ.DZ.ŞH.K.LIĞI ASKERİ SAVCILIĞI (ASKERİ SAVCI)	KZ.DZ.ŞH.K.LIĞI ASKERİ MAHKEMESİ VE İSTANBUL 3 NOLU SIKIYÖNETİM ASKERİ MAHKEMESİ (AS.HAK.)
192	Dz.Hak.Ögm.	ŞAFAK KADİR BARAN	KZ.DZ.ŞH.K.LIĞI ASKERİ SAVCILIĞI (YRD.ASKERİ SAVCI)	MSB.LIĞI EMRİNE
193	Dz.Hak.Yzb.	FATİH PEKER	KZ.DZ.ŞH.K.LIĞI ASKERİ SAVCILIĞI (YRD.ASKERİ SAVCI)	KZ.DZ.ŞH.K.LIĞI ASKERİ SAVCILIĞI VE İSTANBUL 3 NOLU SIKIYÖNETİM ASKERİ SAVCILIĞI (ASKERİ SAVCI)
194	Dz.Hak.Tğm.	ALİ ÖZDEN	GN.DZ.ŞH.K.LIĞI ADLİ MÜŞAVİRLİĞİ (ADLİ MÜŞAVİR)	KZ.DZ.ŞH.K.LIĞI ASKERİ SAVCILIĞI VE İSTANBUL 3 NOLU SIKIYÖNETİM ASKERİ SAVCILIĞI (YRD.ASKERİ SAVCI)
195	Dz.Hak.Alb.	NAZLAN CANBAY YANIKOĞLU	GN.DZ.ŞH.K.LIĞI ASKERİ MAHKEMESİ (AS.HAK.)	MSB.LIĞI EMRİNE
196	Dz.Hak.Ögm.	OĞUZ SERKMEN	GN.DZ.ŞH.K.LIĞI ASKERİ MAHKEMESİ (AS.HAK.)	MSB.LIĞI EMRİNE
197	Dz.Hak.Tğm.	CÜNEYT FIDIR	GN.DZ.ŞH.K.LIĞI ASKERİ MAHKEMESİ (AS.HAK.)	GN.DZ.ŞH.K.LIĞI ASKERİ MAHKEMESİ VE İZMİR 2 NOLU SIKIYÖNETİM ASKERİ MAHKEMESİ (AS.HAK.)
198	Dz.Hak.Alb.	HALUK ULUGÖL	GN.DZ.ŞH.K.LIĞI ASKERİ SAVCILIĞI (ASKERİ SAVCI)	GN.DZ.ŞH.K.LIĞI ASKERİ MAHKEMESİ VE İZMİR 2 NOLU SIKIYÖNETİM ASKERİ MAHKEMESİ (AS.HAK.)
199	Dz.Hak.Alb.	FİLİZ TÜRKOĞLU	GN.DZ.ŞH.K.LIĞI ASKERİ SAVCILIĞI (YRD.ASKERİ SAVCI)	MSB.LIĞI EMRİNE
200	Dz.Hak.Yzb.	MUSTAFA UFUK KÖK	GN.DZ.ŞH.K.LIĞI ASKERİ SAVCILIĞI (YRD.ASKERİ SAVCI)	MSB.LIĞI EMRİNE
201	Dz.Hak.Tğm.	EROL KÖRNES	GN.DZ.ŞH.K.LIĞI ASKERİ SAVCILIĞI (YRD.ASKERİ SAVCI)	GN.DZ.ŞH.K.LIĞI ASKERİ SAVCILIĞI VE İZMİR 2 NOLU SIKIYÖNETİM ASKERİ SAVCILIĞI (ASKERİ SAVCI)
202	Hv.Hak.Alb.	İLHAN İPEK	HV.K.K.LIĞI ASKERİ MAHKEMESİ (AS.HAK.)	HV.K.K.LIĞI ASKERİ MAHKEMESİ VE ANKARA 4 NOLU SIKIYÖNETİM ASKERİ MAHKEMESİ (AS.HAK.)
203	Hv.Hak.Yzb.	FIRAT ÇINICI	HV.K.K.LIĞI ASKERİ MAHKEMESİ (AS.HAK.)	HV.K.K.LIĞI ASKERİ MAHKEMESİ VE ANKARA 4 NOLU SIKIYÖNETİM ASKERİ MAHKEMESİ (AS.HAK.)

5/11

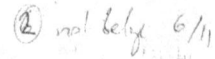 

No		İsim		
204	Hv.Hak.Yzb.	DOĞAN KARTAL	HV.K.K.LIĞI ASKERİ MAHKEMESİ (AS.HAK.)	HV.K.K.LIĞI ASKERİ MAHKEMESİ VE ANKARA 4 NOLU SIKIYÖNETİM ASKERİ MAHKEMESİ (AS.HAK.)
205	Hv.Hak.Alb.	ŞABAN ÜMİT GÜL	HV.K.K.LIĞI ASKERİ SAVCILIĞI (ASKERİ SAVCI)	HV.K.K.LIĞI ASKERİ SAVCILIĞI VE ANKARA 4 NOLU SIKIYÖNETİM ASKERİ SAVCILIĞI (ASKERİ SAVCI)
206	Hv.Hak.Yzb.	GÖKHAN ÖZDEMİRSAĞ	HV.K.K.LIĞI ASKERİ SAVCILIĞI (YRD.ASKERİ SAVCI)	HV.K.K.LIĞI ASKERİ SAVCILIĞI VE ANKARA 4 NOLU SIKIYÖNETİM ASKERİ SAVCILIĞI (ASKERİ SAVCI)
207	Hv.Hak.Ütğm.	TAHA EROL	HV.K.K.LIĞI ASKERİ SAVCILIĞI (YRD.ASKERİ SAVCI)	HV.K.K.LIĞI ASKERİ SAVCILIĞI VE ANKARA 4 NOLU SIKIYÖNETİM ASKERİ SAVCILIĞI (YRD.ASKERİ SAVCI)
208	Dz.Hak.Yb.	HASAN YILDIRIM	MU.H.HV.KV.VE HV.FZ.SVN.K.LIĞI ADLİ MÜŞAVİRLİĞİ (ADLİ MÜŞAVİR)	
209	Hv.Hak.Yb.	SERHAT BOZBAŞ	MUH.HV.KV.VE HV.FZ.SVN.K.LIĞI ADLİ MÜŞAVİRLİĞİ (YRD.ADLİ MÜŞAVİR)	MSB.LIĞI EMRİNE
210	Hv.Hak.Yzb.	YUSUF HATİP	MUH.HV.KV.VE HV.FZ.SVN.K.LIĞI ASKERİ MAHKEMESİ (AS.HAK.)	MSB.LIĞI EMRİNE
211	Hv.Hak.Ütğm.	CEVHER EREN	MUH.HV.KV.VE HV.FZ.SVN.K.LIĞI ASKERİ MAHKEMESİ (AS.HAK.)	MSB.LIĞI EMRİNE
212	Hv.Hak.Ütğm.	YUNUS EMRE KESKİN	MUH.HV.KV.VE HV.FZ.SVN.K.LIĞI ASKERİ MAHKEMESİ (AS.HAK.)	MUH.HV.KV.VE HV.FZ.SVN.K.LIĞI ASKERİ MAHKEMESİ VE ESKİŞEHİR SIKIYÖNETİM ASKERİ MAHKEMESİ (AS.HAK.)
213	Hv.Hak.Alb.	BURAK ÖZCAN	MUH.HV.KV.VE HV.FZ.SVN.K.LIĞI ASKERİ SAVCILIĞI (YRD.ASKERİ SAVCI)	MUH.HV.KV.VE HV.FZ.SVN.K.LIĞI ASKERİ MAHKEMESİ VE ESKİŞEHİR SIKIYÖNETİM ASKERİ MAHKEMESİ (AS.HAK.)
214	Hv.Hak.Ütğm.	FATİH BAĞLAN	MUH.HV.KV.VE HV.FZ.SVN.K.LIĞI ASKERİ SAVCILIĞI (YRD.ASKERİ SAVCI)	MSB.LIĞI EMRİNE
215	Hv.Hak.Alb.	AYMAN BORGUCU	MUH.HV.KV.VE HV.FZ.SVN.K.LIĞI ASKERİ SAVCILIĞI (YRD.ASKERİ SAVCI)	MUH.HV.KV.VE HV.FZ.SVN.K.LIĞI ASKERİ SAVCILIĞI VE ESKİŞEHİR SIKIYÖNETİM ASKERİ SAVCILIĞI (ASKERİ SAVCI)
216	Hv.Hak.Ütğm.	EMRAH GÜL	MUH.HV.KV.VRD.VE BHHM K.LIĞI ASKERİ MAHKEMESİ (AS.HAK.)	MSB.LIĞI EMRİNE
217	Hv.Hak.Ütğm.	ŞERAFETTİN AYDEMİR	MUH.HV.KV.VRD.VE BHHM K.LIĞI ASKERİ MAHKEMESİ (AS.HAK.)	MUH.HV.KV.VRD.VE BHHM K.LIĞI ASKERİ MAHKEMESİ VE DİYARBAKIR 2 NOLU SIKIYÖNETİM ASKERİ MAHKEMESİ (AS.HAK.)
218	Hv.Hak.Ütğm.	HAMİT ERDEM ŞAHAN	MUH.HV.KV.VRD.VE BHHM K.LIĞI ASKERİ MAHKEMESİ (AS.HAK.)	MUH.HV.KV.VRD.VE BHHM K.LIĞI ASKERİ MAHKEMESİ VE DİYARBAKIR 2 NOLU SIKIYÖNETİM ASKERİ MAHKEMESİ (AS.HAK.)
219	Hv.Hak.Ütğm.	NAMIK AJKPINAR	MUH.HV.KV.VRD.VE BHHM K.LIĞI ASKERİ MAHKEMESİ (AS.HAK.)	MUH.HV.KV.VRD.VE BHHM K.LIĞI ASKERİ MAHKEMESİ VE DİYARBAKIR 2 NOLU SIKIYÖNETİM ASKERİ MAHKEMESİ (AS.HAK.)
220	Hv.Hak.Yzb.	MEHMET BURAK KIZILTAN	MUH.HV.KV.VRD.VE BHHM K.LIĞI ASKERİ SAVCILIĞI (YRD.AS.SAV.)	MUH.HV.KV.VRD.VE BHHM K.LIĞI ASKERİ SAVCILIĞI VE DİYARBAKIR 2 NOLU SIKIYÖNETİM ASKERİ MAHKEMESİ (AS.HAK.)
221	Hv.Hak.Yzb.	TUNA ÖZKAN	MUH.HV.KV.VRD.VE BHHM K.LIĞI ASKERİ SAVCILIĞI (YRD.AS.SAV.)	MUH.HV.KV.VRD.VE BHHM K.LIĞI ASKERİ SAVCILIĞI VE DİYARBAKIR 2 NOLU SIKIYÖNETİM ASKERİ SAVCILIĞI (ASKERİ SAVCI)
222	Hv.Hak.Ütğm.	REŞAİP OBA	MUH.HV.KV.VRD.VE BHHM K.LIĞI ASKERİ SAVCILIĞI (YRD.AS.SAV.)	MUH.HV.KV.VRD.VE BHHM K.LIĞI ASKERİ SAVCILIĞI VE DİYARBAKIR 2 NOLU SIKIYÖNETİM ASKERİ SAVCILIĞI (ASKERİ SAVCI)
223	Hv.Hak.Ütğm.	EMRULLAH DOLGUN	MUH.HV.KV.VRD.VE BHHM K.LIĞI ASKERİ SAVCILIĞI (YRD.AS.SAV.)	MUH.HV.KV.VRD.VE BHHM K.LIĞI ASKERİ SAVCILIĞI VE DİYARBAKIR 2 NOLU SIKIYÖNETİM ASKERİ SAVCILIĞI (ASKERİ SAVCI)
224	Hv.Hak.Alb.	TAYYAR GÜNERİ	HV.EĞT.K.LIĞI ADLİ MÜŞAVİRLİĞİ (ADLİ MÜŞAVİR)	MSB.LIĞI EMRİNE
225	Hv.Hak.Alb.	EROL ER	HV.EĞT.K.LIĞI ADLİ MÜŞAVİRLİĞİ (ADLİ MÜŞAVİR)	MSB.LIĞI EMRİNE
226	Hv.Hak.Yb.	ALİ FUAT KUMRAL	HV.EĞT.K.LIĞI ASKERİ MAHKEMESİ (AS.HAK.)	MSB.LIĞI EMRİNE
227	Hv.Hak.Ütğm.	DOĞAN TURAN	HV.EĞT.K.LIĞI ASKERİ MAHKEMESİ (AS.HAK.)	MSB.LIĞI EMRİNE
228	Hv.Hak.Ütğm.	İHSAN KOŞ	HV.EĞT.K.LIĞI ASKERİ MAHKEMESİ (AS.HAK.)	MSB.LIĞI EMRİNE
229	Hv.Hak.Yzb.	MURAT YILDIRIM	HV.EĞT.K.LIĞI ASKERİ MAHKEMESİ (AS.HAK.)	HV.EĞT.K.LIĞI ASKERİ MAHKEMESİ VE İZMİR 3 NOLU SIKIYÖNETİM ASKERİ MAHKEMESİ (AS.HAK.)
230	Hv.Hak.Alb.	MUSTAFA ULUPINAR	HV.EĞT.K.LIĞI ASKERİ SAVCILIĞI (ASKERİ SAVCI)	MSB.LIĞI EMRİNE
231	Hv.Hak.Ütğm.	ERHAN SAĞLAM	HV.EĞT.K.LIĞI ASKERİ SAVCILIĞI (YRD.ASKERİ SAVCI)	HV.EĞT.K.LIĞI ASKERİ SAVCILIĞI VE İZMİR 3 NOLU SIKIYÖNETİM ASKERİ SAVCILIĞI (YRD.ASKERİ SAVCI)
232	Hv(K.K)Hak.Alb.	MEHMET EMİN TEKPINAR	J.GN.K.LIĞI ADLİ MÜŞAVİRLİĞİ (ADLİ MÜŞAVİR)	HV.EĞT.K.LIĞI ASKERİ SAVCILIĞI VE İZMİR 3 NOLU SIKIYÖNETİM ASKERİ SAVCILIĞI (YRD.ASKERİ SAVCI)
233	Hak.Alb.	MEHMET YÜZBAŞIOĞLU	J.GN.K.LIĞI ADLİ MÜŞAVİRLİĞİ (İDARİ DAVA ŞB.MD.)	MSB.LIĞI EMRİNE
234	Hak.Alb.	AYDIN SEVİŞ	J.GN.K.LIĞI ASKERİ MAHKEMESİ (AS.HAK.)	MSB.LIĞI EMRİNE
235	Hak.Yb.	HAYDAR MIDIK	J.GN.K.LIĞI ASKERİ MAHKEMESİ (AS.HAK.)	MSB.LIĞI EMRİNE
236	Hak.Ütğm.	MEHMET ÖZKILIÇ	J.GN.K.LIĞI ASKERİ MAHKEMESİ (AS.HAK.)	J.GN.K.LIĞI ASKERİ MAHKEMESİ VE ANKARA 5 NOLU SIKIYÖNETİM ASKERİ MAHKEMESİ (AS.HAK.)
237	Hak.Ütğm.	AHMET MUSAB TAMER	J.GN.K.LIĞI ASKERİ MAHKEMESİ (AS.HAK.)	J.GN.K.LIĞI ASKERİ MAHKEMESİ VE ANKARA 5 NOLU SIKIYÖNETİM ASKERİ MAHKEMESİ (AS.HAK.)
238	Hak.Tğm.	MUHAMMET ŞENGÜL	J.GN.K.LIĞI ASKERİ MAHKEMESİ (AS.HAK.)	J.GN.K.LIĞI ASKERİ MAHKEMESİ VE ANKARA 5 NOLU SIKIYÖNETİM ASKERİ MAHKEMESİ (AS.HAK.)
239	Hak.Brg.	ALP ARSLAN	J.GN.K.LIĞI ASKERİ SAVCILIĞI (YRD.ASKERİ SAVCI)	J.GN.K.LIĞI ASKERİ MAHKEMESİ VE ANKARA 5 NOLU SIKIYÖNETİM ASKERİ MAHKEMESİ (AS.HAK.)
240	Hak.Ütğm.	TURGUT KAPAN	J.GN.K.LIĞI ASKERİ SAVCILIĞI (YRD.ASKERİ SAVCI)	J.GN.K.LIĞI ASKERİ SAVCILIĞI VE ANKARA 5 NOLU SIKIYÖNETİM ASKERİ SAVCILIĞI (YRD.ASKERİ SAVCI)
241	Hak.Ütğm.	HALİL İBRAHİM BORAN	J.GN.K.LIĞI ASKERİ SAVCILIĞI (YRD.ASKERİ SAVCI)	J.GN.K.LIĞI ASKERİ SAVCILIĞI VE ANKARA 5 NOLU SIKIYÖNETİM ASKERİ SAVCILIĞI (YRD.ASKERİ SAVCI)
242	Hak.Tğm.	YASİN BOZOĞLU	J.GN.K.LIĞI ASKERİ SAVCILIĞI (YRD.ASKERİ SAVCI)	J.GN.K.LIĞI ASKERİ SAVCILIĞI VE ANKARA 5 NOLU SIKIYÖNETİM ASKERİ SAVCILIĞI (YRD.ASKERİ SAVCI)
243	Hak.Alb.	İBRAHİM UÇAR	J.ASYŞ.KOR.K.LIĞI ADLİ MÜŞAVİRLİĞİ (ADLİ MÜŞAVİR)	MSB.LIĞI EMRİNE
244	Hak.Yb.	HÜSEYİN GEDİK	J.ASYŞ.KOR.K.LIĞI ASKERİ MAHKEMESİ (AS.HAK.)	MSB.LIĞI EMRİNE

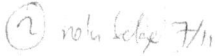 

245	Hak.Öğm.	SONAT GÜVENÇ	J.ASYŞ.KOR.K.LIĞI ASKERİ MAHKEMESİ (AS.HAK.)	MSB.LIĞI EMRİNE
246	Hak.Öğm.	MUSTAFA CAN	J.ASYŞ.KOR.K.LIĞI ASKERİ MAHKEMESİ (AS.HAK.	J.ASYŞ.KOR.K.LIĞI ASKERİ MAHKEMESİ VE VAN SIKIYÖNETİM ASKERİ MAHKEMESİ (AS.HAK.)
247	Hak.Tğm.	ÖNDER SERKAN ÖZBEK	J.ASYŞ.KOR.K.LIĞI ASKERİ MAHKEMESİ (AS.HAK.)	J.ASYŞ.KOR.K.LIĞI ASKERİ MAHKEMESİ VE VAN SIKIYÖNETİM ASKERİ MAHKEMESİ (AS.HAK.)
248	Hak.Öğm.	ERHAN ALP	J.ASYŞ.KOR.K.LIĞI SAVCILIĞI (YRD.ASKERİ SAVCI)	J.ASYŞ.KOR.K.LIĞI ASKERİ SAVCILIĞI VE VAN SIKIYÖNETİM ASKERİ SAVCILIĞI (ASKERİ SAVCI)
249	Hak.Öğm.	HASAN KAYIRAN	J.ASYŞ.KOR.K.LIĞI SAVCILIĞI (YRD.ASKERİ SAVCI)	J.ASYŞ.KOR.K.LIĞI ASKERİ SAVCILIĞI VE VAN SIKIYÖNETİM ASKERİ SAVCILIĞI (YRD.ASKERİ SAVCI)
250	Hak.Tğm.	AKİF EKER	J.ASYŞ.KOR.K.LIĞI SAVCILIĞI (YRD.ASKERİ SAVCI)	J.ASYŞ.KOR.K.LIĞI ASKERİ SAVCILIĞI VE VAN SIKIYÖNETİM ASKERİ SAVCILIĞI (YRD.ASKERİ SAVCI)
251	Hak.Öğm.	OĞUZHAN ÖNSEL	23.J.SNR.TÜM.K.LIĞI ASKERİ MAHKEMESİ (AS.HAK.)	J.ASYŞ.KOR.K.LIĞI ASKERİ SAVCILIĞI VE VAN SIKIYÖNETİM ASKERİ SAVCILIĞI (ASKERİ SAVCI)
252	Hak.Tğm.	YUSUF ASLAN	23.J.SNR.TÜM.K.LIĞI ASKERİ MAHKEMESİ (AS.HAK.)	MSB.LIĞI EMRİNE
253	Hak.Tğm.	KADİR KURT	23.J.SNR.TÜM.K.LIĞI ASKERİ MAHKEMESİ (AS.HAK.)	23.J.SNR.TÜM.K.LIĞI ASKERİ MAHKEMESİ VE ŞIRNAK SIKIYÖNETİM ASKERİ MAHKEMESİ (AS.HAK.)
254	Hak.Öğm.	ABDULCELİL TÜRKDOĞAN	23.J.SNR.TÜM.K.LIĞI ASKERİ SAVCILIĞI (YRD.ASKERİ SAVCI)	23.J.SNR.TÜM.K.LIĞI ASKERİ MAHKEMESİ VE ŞIRNAK SIKIYÖNETİM ASKERİ MAHKEMESİ (AS.HAK.)
255	Hak.Tğm.	ERKAN KARATAY	23.J.SNR.TÜM.K.LIĞI ASKERİ SAVCILIĞI (YRD.ASKERİ SAVCI)	23.J.SNR.TÜM.K.LIĞI ASKERİ SAVCILIĞI VE ŞIRNAK SIKIYÖNETİM ASKERİ SAVCILIĞI (YRD.ASKERİ SAVCI)
256	Dz.Hak.Yb.	BÜLENT KARDEŞ	SAHİL GÜV.K.LIĞI HUKUK MÜŞAVİRLİĞİ (HUKUK MÜŞAVİRİ)	23.J.SNR.TÜM.K.LIĞI ASKERİ SAVCILIĞI VE ŞIRNAK SIKIYÖNETİM ASKERİ SAVCILIĞI (YRD.ASKERİ SAVCI)
257	Dz.Hak.Yzb.	NAZMİ ŞENGÜL	SAHİL GÜV.K.LIĞI HUKUK MÜŞAVİRLİĞİ (HUKUK MÜŞAVİRİ YRD.)	MSB.LIĞI EMRİNE
258	Dz.Hak.Yzb.	MEHMET ÇÖKELEK	SAHİL GÜV.K.LIĞI DİSİPLİN SUBAYLIĞI (DİS.SB.)	SAHİL GÜV.K.LIĞI HUKUK MÜŞAVİRLİĞİ (HUKUK MÜŞAVİRİ)
259	Hak.Alb.	RECEP TEOMAN AKÇA	HARP AK.K.LIĞI DİSİPLİN SUBAYLIĞI (DİS.SB.)	MSB.LIĞI EMRİNE
260	Hak.Yb.	HAKAN KESGİN	EDOK.K.LIĞI DİSİPLİN SUBAYLIĞI (DİS.SB.)	MSB.LIĞI EMRİNE
261	Hak.Alb.	TAMER IŞIR	K.K.LOJ.K.LIĞI DİSİPLİN SUBAYLIĞI (DİS.SB.)	MSB.LIĞI EMRİNE
262	Hak.Alb.	ENDER ANAKU	P.OK.K.LIĞI DİSİPLİN SUBAYLIĞI (DİS.SB.)	MSB.LIĞI EMRİNE
263	Dz.Hak.Yzb.	VOLKAN YETİŞTİRİCİ	AKSAZ DZ.ÜS.K.LIĞI DİSİPLİN SUBAYLIĞI (DİS.SB.)	MSB.LIĞI EMRİNE
264	Dz.Hak.Yzb.	ERDEM EKER	MAYIN FİLOSU K.LIĞI DİSİPLİN SUBAYLIĞI (DİS.SB.)	MSB.LIĞI EMRİNE
265	Dz.Hak.Yzb.	MELİH YILDIRIM	AMFİBİ GÖREV. GRUP K.LIĞI DİSİPLİN SUBAYLIĞI (DİS.SB.)	MSB.LIĞI EMRİNE
266	Hv.Hak.Yzb.	ÖZGÜR TÜFENÇİ	HAVA HARP OKUL K.LIĞI DİSİPLİN SUBAYLIĞI (DİS.SB.)	HV.EĞT.K.LIĞI ADLİ MÜŞAVİRLİĞİ (ADLİ MÜŞAVİR)
267	Hv.Hak.Tğm.	HASAN AKGÜZÜ	MSB.AD.İŞL.BŞK.LIĞI (STAJER HAKİM)	MUH.HV.KV.VE HV.FZ.SVN.K.LIĞI MÜŞAVİRLİĞİ (ADLİ MÜŞAVİR)
268	Hv.Hak.Tğm.	SADİ DAĞLI	MSB AS.ADLT.İŞL.BŞK.LIĞI (STAJER HAKİM)	HV.EĞT.K.LIĞI ASKERİ SAVCILIĞI VE İZMİR 3 NOLU SIKIYÖNETİM ASKERİ SAVCILIĞI (ASKERİ SAVCI)
269	Hv.Hak.Tğm.	TAHA DEMİR	MSB AS.ADLT.İŞL.BŞK.LIĞI (STAJER HAKİM)	HV.EĞT.K.LIĞI ASKERİ SAVCILIĞI VE İZMİR 3 NOLU SIKIYÖNETİM ASKERİ SAVCILIĞI (ASKERİ SAVCI)
270	Hv.Hak.Tğm.	ALİ KOCATÜRK	MSB AS.ADLT.İŞL.BŞK.LIĞI (STAJER HAKİM)	DİYARBAKIR 2 NOLU SIKIYÖNETİM ASKERİ MAHKEMESİ VE MUH.HV.KV.VE HV.FZ.SVN.K.LIĞI ASKERİ MAHKEMESİ (AS.HAK.)
271	Hv.Hak.Tğm.	ŞAHİN ALTINTAŞ	MSB AS.ADLT.İŞL.BŞK.LIĞI (STAJER HAKİM)	MUH.HV.KV.VE HV.FZ.SVN.K.LIĞI ASKERİ SAVCILIĞI VE ESKİŞEHİR SIKIYÖNETİM ASKERİ SAVCILIĞI (AS.HAK.)
272	Hv.Hak.Tğm.	MUHAMMET ALİ OLGUN	MSB AS.ADLT.İŞL.BŞK.LIĞI (STAJER HAKİM)	MUH.HV.KV.VE HV.FZ.SVN.K.LIĞI ASKERİ MAHKEMESİ VE ESKİŞEHİR SIKIYÖNETİM ASKERİ MAHKEMESİ (AS.HAK.)
273	Hv.Hak.Tğm.	SALİH KÜÇÜK	MSB AS.ADLT.İŞL.BŞK.LIĞI (STAJER HAKİM)	MUH.HV.KV.VE HV.FZ.SVN.K.LIĞI ASKERİ SAVCILIĞI VE ESKİŞEHİR SIKIYÖNETİM ASKERİ SAVCILIĞI (YRD.ASKERİ SAVCI)
274	Hv.Hak.Tğm.	İBRAHİM SEÇKİN	MSB AS.ADLT.İŞL.BŞK.LIĞI (STAJER HAKİM)	HV.EĞT.K.LIĞI ASKERİ MAHKEMESİ VE İZMİR 3 NOLU SIKIYÖNETİM ASKERİ MAHKEMESİ (AS.HAK.)
275	Hv.Hak.Tğm.	YAVUZ TIKDAĞ	MSB AS.ADLT.İŞL.BŞK.LIĞI (STAJER HAKİM)	HV.EĞT.K.LIĞI ASKERİ MAHKEMESİ VE İZMİR 3 NOLU SIKIYÖNETİM ASKERİ MAHKEMESİ (AS.HAK.)
276	Hv.Hak.Tğm.	HALİL İBRAHİM KESER	MSB AS.ADLT.İŞL.BŞK.LIĞI (STAJER HAKİM)	HV.K.K.LIĞI ASKERİ MAHKEMESİ VE ANKARA 4 NOLU SIKIYÖNETİM ASKERİ MAHKEMESİ (AS.HAK.)
277	Dz.Hak.Tğm.	ATAHAN YÜKSEL	MSB AS.ADLT.İŞL.BŞK.LIĞI (STAJER HAKİM)	MUH.HV.KV.VE HV.FZ.SVN.K.LIĞI ASKERİ MAHKEMESİ VE ESKİŞEHİR SIKIYÖNETİM ASKERİ MAHKEMESİ (AS.HAK.)
278	Dz.Hak.Tğm.	BAHRİ ALTINTAŞ	MSB AS.ADLT.İŞL.BŞK.LIĞI (STAJER HAKİM)	GN.DZ.BH.K.LIĞI ASKERİ SAVCILIĞI VE İZMİR 2 NOLU SIKIYÖNETİM ASKERİ SAVCILIĞI (YRD.ASKERİ SAVCI)
279	Dz.Hak.Tğm.	AHMET ARIK	MSB AS.ADLT.İŞL.BŞK.LIĞI (STAJER HAKİM)	GN.DZ.BH.K.LIĞI ASKERİ SAVCILIĞI VE İZMİR 2 NOLU SIKIYÖNETİM ASKERİ MAHKEMESİ (AS.HAK.)
280	Dz.Hak.Tğm.	AHMET BİLMİŞ	MSB AS.ADLT.İŞL.BŞK.LIĞI (STAJER HAKİM)	GN.DZ.BH.K.LIĞI ASKERİ MAHKEMESİ VE İZMİR 2 NOLU SIKIYÖNETİM ASKERİ MAHKEMESİ (AS.HAK.)
281	Dz.Hak.Tğm.	OSMAN AKSOY	MSB AS.ADLT.İŞL.BŞK.LIĞI (STAJER HAKİM)	KZ.DZ.BH.K.LIĞI ASKERİ SAVCILIĞI VE İSTANBUL 3 NOLU SIKIYÖNETİM ASKERİ SAVCILIĞI (YRD.ASKERİ SAVCI)
282	Dz.Hak.Tğm.	TALİK ÖZBEK	MSB AS.ADLT.İŞL.BŞK.LIĞI (STAJER HAKİM)	KZ.DZ.BH.K.LIĞI ASKERİ SAVCILIĞI VE İSTANBUL 3 NOLU SIKIYÖNETİM ASKERİ SAVCILIĞI (YRD.ASKERİ SAVCI)
283	Dz.Hak.Tğm.	CEMAL ARPACI	MSB AS.ADLT.İŞL.BŞK.LIĞI (STAJER HAKİM)	KZ. İZ.BH.K.LIĞI ASKERİ MAHKEMESİ VE İSTANBUL 3 NOLU SIKIYÖNETİM ASKERİ MAHKEMESİ (AS.HAK.)
284	Dz.Hak.Tğm.	MUHAMMET FATİH ÖZTÜRK	MSB AS.ADLT.İŞL.BŞK.LIĞI (STAJER HAKİM)	GN.DZ.BH.K.LIĞI ASKERİ SAVCILIĞI VE İZMİR 2 NOLU SIKIYÖNETİM ASKERİ SAVCILIĞI (YRD.ASKERİ SAVCI)
285	Dz.Hak.Tğm.	RECEP DEMİRYUMRUK	MSB AS.ADLT.İŞL.BŞK.LIĞI (STAJER HAKİM)	DONANMA K.LIĞI ASKERİ MAHKEMESİ VE KOCAELİ SIKIYÖNETİM ASKERİ MAHKEMESİ (AS.HAK.)
				DZ.K.K.LIĞI ASKERİ MAHKEMESİ VE ANKARA 3 NOLU SIKIYÖNETİM ASKERİ MAHKEMESİ (AS.HAK.)

7/..

286	Dz.Hak.Tğm.	RAMAZAN AYDIN	MSB AS.ADLT.İŞL.BŞK.LIĞI (STAJER HAKİM)	DZ.K.K.LIĞI ASKERİ SAVCILIĞI VE ANKARA 3 NOLU SIKIYÖNETİM ASKERİ SAVCILIĞI (YRD.ASKERİ SAVCI)
287	Dz.Hak.Tğm.	ÖNDER YILDIZ	MSB AS.ADLT.İŞL.BŞK.LIĞI (STAJER HAKİM)	KZ.DZ.SH.K.LIĞI ASKERİ MAHKEMESİ VE İSTANBUL 3 NOLU SIKIYÖNETİM ASKERİ MAHKEMESİ (AS.HAK.)
288	Hak.Tğm.	HALİL İBRAHİM KIR	MSB AS.ADLT.İŞL.BŞK.LIĞI (STAJER HAKİM)	
289	Hak.Tğm.	HİLAL TAŞOVA	MSB AS.ADLT.İŞL.BŞK.LIĞI (STAJER HAKİM)	KTBK.K.LIĞI ASKERİ MAHKEMESİ (AS.HAK.)
290	Hak.Tğm.	FİGEN YEĞİT	MSB AS.ADLT.İŞL.BŞK.LIĞI (STAJER HAKİM)	3.OR.K.LIĞI ASKERİ SAVCILIĞI VE ERZİNCAN SIKIYÖNETİM ASKERİ SAVCILIĞI (YRD.ASKERİ SAVCI)
291	Hak.Tğm.	VEYSEL UÇAR	MSB AS.ADLT.İŞL.BŞK.LIĞI (STAJER HAKİM)	3.KOR.K.LIĞI ASKERİ MAHKEMESİ VE İSTANBUL 2 NOLU SIKIYÖNETİM ASKERİ MAHKEMESİ (AS.HAK.)
292	Hak.Tğm.	HASAN HÜSEYİN KILIÇ	MSB AS.ADLT.İŞL.BŞK.LIĞI (STAJER HAKİM)	6.MKNZ.P.TÜM.K.LIĞI ASKERİ MAHKEMESİ VE ADANA SIKIYÖNETİM ASKERİ SAVCILIĞI (YRD.ASKERİ SAVCI)
293	Hak.Tğm.	TUGAY KAHYA	MSB AS.ADLT.İŞL.BŞK.LIĞI (STAJER HAKİM)	1.OR.K.LIĞI ASKERİ SAVCILIĞI VE İSTANBUL 1 NOLU SIKIYÖNETİM ASKERİ SAVCILIĞI (YRD.ASKERİ SAVCI)
294	Hak.Tğm.	COŞKUN GÖRBÜZ	MSB AS.ADLT.İŞL.BŞK.LIĞI (STAJER HAKİM)	6.MKNZ.P.TÜM.K.LIĞI ASKERİ MAHKEMESİ VE ADANA SIKIYÖNETİM ASKERİ MAHKEMESİ (AS.HAK.)
295	Hak.Tğm.	BAYRAM ÖZKAN	MSB AS.ADLT.İŞL.BŞK.LIĞI (STAJER HAKİM)	5.ZH.TUG.K.LIĞI ASKERİ MAHKEMESİ VE GAZİANTEP SIKIYÖNETİM ASKERİ MAHKEMESİ (AS.HAK.)
296	Hak.Tğm.	MERT YILMAZ	MSB AS.ADLT.İŞL.BŞK.LIĞI (STAJER HAKİM)	8.KOR.K.LIĞI ASKERİ SAVCILIĞI VE ELAZIĞ SIKIYÖNETİM ASKERİ SAVCILIĞI (YRD.ASKERİ SAVCI)
297	Hak.Tğm.	FATİH SAVAŞ	MSB AS.ADLT.İŞL.BŞK.LIĞI (STAJER HAKİM)	8.KOR.K.LIĞI ASKERİ MAHKEMESİ VE TEKİRDAĞ SIKIYÖNETİM ASKERİ MAHKEMESİ (AS.HAK.)
298	Hak.Tğm.	OKTAY ÖZTÜRK	MSB AS.ADLT.İŞL.BŞK.LIĞI (STAJER HAKİM)	1.OR.K.LIĞI ASKERİ MAHKEMESİ VE İSTANBUL 1 NOLU SIKIYÖNETİM ASKERİ MAHKEMESİ (AS.HAK.)
299	Hak.Tğm.	İBRAHİM ASLAN	MSB AS.ADLT.İŞL.BŞK.LIĞI (STAJER HAKİM)	8.KOR.K.LIĞI ASKERİ SAVCILIĞI VE TEKİRDAĞ SIKIYÖNETİM ASKERİ SAVCILIĞI (YRD.ASKERİ SAVCI)
300	Hak.Tğm.	AHMET ÇEVİK	MSB AS.ADLT.İŞL.BŞK.LIĞI (STAJER HAKİM)	ÇNKUR.BŞK.LIĞI ASKERİ MAHKEMESİ VE ANKARA 1 NOLU SIKIYÖNETİM ASKERİ MAHKEMESİ (AS.HAK.)
301	Hak.Tğm.	ŞAMİL KAYA	MSB AS.ADLT.İŞL.BŞK.LIĞI (STAJER HAKİM)	2.OR.K.LIĞI ASKERİ MAHKEMESİ VE MALATYA SIKIYÖNETİM ASKERİ MAHKEMESİ (AS.HAK.)
302	Hak.Tğm.	AYDIN KELEŞ	MSB AS.ADLT.İŞL.BŞK.LIĞI (STAJER HAKİM)	ÇNKUR.BŞK.LIĞI ASKERİ SAVCILIĞI VE ANKARA 1 NOLU SIKIYÖNETİM ASKERİ SAVCILIĞI (YRD.ASKERİ SAVCI)
303	Hak.Tğm.	TUNAHAN SAVRAN	MSB AS.ADLT.İŞL.BŞK.LIĞI (STAJER HAKİM)	EGE OR.K.LIĞI ASKERİ MAHKEMESİ VE İZMİR 1 NOLU SIKIYÖNETİM ASKERİ MAHKEMESİ (AS.HAK.)
304	Hak.Tğm.	YAHYA YILMAZ	MSB AS.ADLT.İŞL.BŞK.LIĞI (STAJER HAKİM)	23.J.SNR.TÜM.K.LIĞI ASKERİ SAVCILIĞI VE ŞIRNAK SIKIYÖNETİM ASKERİ SAVCILIĞI (YRD.ASKERİ SAVCI)
305	Hak.Tğm.	ENGİN KURU	MSB AS.ADLT.İŞL.BŞK.LIĞI (STAJER HAKİM)	SİVİ KOMD.OK VE EĞT.MERK.K.LIĞI ASKERİ SAVCILIĞI VE ISPARTA SIKIYÖNETİM ASKERİ SAVCILIĞI (YRD.ASKERİ SAVCI)
306	Hak.Tğm.	EMRE MENTEŞ	MSB AS.ADLT.İŞL.BŞK.LIĞI (STAJER HAKİM)	DAĞ KOMD.OK VE EĞT.MERK.K.LIĞI ASKERİ MAHKEMESİ VE ISPARTA SIKIYÖNETİM ASKERİ MAHKEMESİ (AS.HAK.)
307	Hak.Tğm.	KUBİLAY REÇBER	MSB AS.ADLT.İŞL.BŞK.LIĞI (STAJER HAKİM)	9.KOR.K.LIĞI ASKERİ SAVCILIĞI VE ERZURUM SIKIYÖNETİM ASKERİ SAVCILIĞI (YRD.ASKERİ SAVCI)
308	Hak.Tğm.	MURAT IŞIK	MSB AS.ADLT.İŞL.BŞK.LIĞI (STAJER HAKİM)	EGE OR.K.LIĞI ASKERİ SAVCILIĞI VE İZMİR 1 NOLU SIKIYÖNETİM ASKERİ SAVCILIĞI (YRD.ASKERİ SAVCI)
309	Hak.Tğm.	BURHAN BEYAZIT	MSB AS.ADLT.İŞL.BŞK.LIĞI (STAJER HAKİM)	3.KOR.K.LIĞI ASKERİ MAHKEMESİ VE İSTANBUL 2 NOLU SIKIYÖNETİM ASKERİ MAHKEMESİ (AS.HAK.)
310	Hak.Tğm.	ALİ ÖZBU	MSB AS.ADLT.İŞL.BŞK.LIĞI (STAJER HAKİM)	6.MKNZ.P.TÜM.K.LIĞI ASKERİ SAVCILIĞI VE ADANA SIKIYÖNETİM ASKERİ SAVCILIĞI (YRD.ASKERİ SAVCI)
311	Hak.Tğm.	HAMZA AKKAŞ	MSB AS.ADLT.İŞL.BŞK.LIĞI (STAJER HAKİM)	23.J.SNR.TÜM.K.LIĞI ASKERİ MAHKEMESİ VE ŞIRNAK SIKIYÖNETİM ASKERİ MAHKEMESİ (AS.HAK.)
312	Hak.Tğm.	BAKİ KILIÇ	MSB AS.ADLT.İŞL.BŞK.LIĞI (STAJER HAKİM)	2.KOR.K.LIĞI ASKERİ MAHKEMESİ VE ÇANAKKALE SIKIYÖNETİM ASKERİ MAHKEMESİ (AS.HAK.)
313	Hak.Tğm.	MUSTAFA SÜNTER	MSB AS.ADLT.İŞL.BŞK.LIĞI (STAJER HAKİM)	DAĞ KOMD.OK VE EĞT.MERK.K.LIĞI ASKERİ MAHKEMESİ VE ISPARTA SIKIYÖNETİM ASKERİ MAHKEMESİ (AS.HAK.)
314	Hak.Tğm.	ESMA KANTEMÜR	MSB AS.ADLT.İŞL.BŞK.LIĞI (STAJER HAKİM)	KTBK.K.LIĞI ASKERİ MAHKEMESİ (AS.HAK.)
315	Hak.Tğm.	KAMİL UYSAL	MSB AS.ADLT.İŞL.BŞK.LIĞI (STAJER HAKİM)	5.ZH.TUG.K.LIĞI ASKERİ SAVCILIĞI VE GAZİANTEP SIKIYÖNETİM ASKERİ SAVCILIĞI (YRD.ASKERİ SAVCI)
316	Hak.Tğm.	İBRAHİM GÜLERER	MSB AS.ADLT.İŞL.BŞK.LIĞI (STAJER HAKİM)	8.KOR.K.LIĞI ASKERİ SAVCILIĞI VE ELAZIĞ SIKIYÖNETİM ASKERİ SAVCILIĞI (YRD.ASKERİ SAVCI)
317	Hak.Tğm.	ONUR ERGENÇ	MSB AS.ADLT.İŞL.BŞK.LIĞI (STAJER HAKİM)	KTBK.K.LIĞI ASKERİ MAHKEMESİ (AS.HAK.)
318	Hak.Tğm.	İBRAHİM YİĞİT	MSB AS.ADLT.İŞL.BŞK.LIĞI (STAJER HAKİM)	23.J.SNR.TÜM.K.LIĞI ASKERİ MAHKEMESİ VE ŞIRNAK SIKIYÖNETİM ASKERİ MAHKEMESİ (AS.HAK.)
319	Hak.Tğm.	SERDAR ÖZCAN	MSB AS.ADLT.İŞL.BŞK.LIĞI (STAJER HAKİM)	J.ASYŞ.KOR.K.LIĞI ASKERİ SAVCILIĞI VE VAN SIKIYÖNETİM ASKERİ SAVCILIĞI (YRD.ASKERİ SAVCI)
320	Hak.Tğm.	BİLAL BALABAN	MSB AS.ADLT.İŞL.BŞK.LIĞI (STAJER HAKİM)	9.KOR.K.LIĞI ASKERİ MAHKEMESİ VE ERZURUM SIKIYÖNETİM ASKERİ MAHKEMESİ (AS.HAK.)
321	Hak.Tğm.	RECEP AKYOL	MSB AS.ADLT.İŞL.BŞK.LIĞI (STAJER HAKİM)	2.KOR.K.LIĞI ASKERİ SAVCILIĞI VE ÇANAKKALE SIKIYÖNETİM ASKERİ SAVCILIĞI (YRD.ASKERİ SAVCI)
322	Hak.Tğm.	MUSTAFA AÇAR	MSB AS.ADLT.İŞL.BŞK.LIĞI (STAJER HAKİM)	J.ASYŞ.KOR.K.LIĞI ASKERİ MAHKEMESİ VE VAN SIKIYÖNETİM ASKERİ MAHKEMESİ (AS.HAK.)
323	Hak.Tğm.	ABDULLAH SAİD YÜCEHALİL	MSB AS.ADLT.İŞL.BŞK.LIĞI (STAJER HAKİM)	6.MKNZ.P.TÜM.K.LIĞI ASKERİ MAHKEMESİ VE ADANA SIKIYÖNETİM ASKERİ MAHKEMESİ (AS.HAK.)
324	Hak.Tğm.	GALİP TEZEL	MSB AS.ADLT.İŞL.BŞK.LIĞI (STAJER HAKİM)	8.KOR.K.LIĞI ASKERİ MAHKEMESİ VE ELAZIĞ SIKIYÖNETİM ASKERİ MAHKEMESİ (AS.HAK.)
325	Hak.Tğm.	EMRE KABAK	MSB AS.ADLT.İŞL.BŞK.LIĞI (STAJER HAKİM)	KTBK.K.LIĞI ASKERİ MAHKEMESİ (YRD.ASKERİ SAVCI)
326	Hak.Tğm.	MAHMUT TORTUMLU	MSB AS.ADLT.İŞL.BŞK.LIĞI (STAJER HAKİM)	ÇNKUR.BŞK.LIĞI ASKERİ SAVCILIĞI VE ANKARA 1 NOLU SIKIYÖNETİM ASKERİ SAVCILIĞI (YRD.ASKERİ SAVCI)

8/11

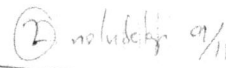

337	Hak.Tğm.	YÜKSEL ÇOBAN	MSB AS.ADLT.İŞL.BŞK.LIĞI (STAJER HAKİM)	3.KOR.K.LIĞI ASKERİ MAHKEMESİ VE İSTANBUL 2 NOLU SIKIYÖNETİM ASKERİ MAHKEMESİ (AS.HAK.)
328	Hak.Tğm.	AYDIN BAŞARANOĞLU	MSB AS.ADLT.İŞL.BŞK.LIĞI (STAJER HAKİM)	GN.KUR.BŞK.LIĞI ASKERİ MAHKEMESİ VE ANKARA 1 NOLU SIKIYÖNETİM ASKERİ MAHKEMESİ (AS.HAK.)
329	Hak.Tğm.	ÖMMÜGÜLSÜM ÖZGÜVEN	MSB AS.ADLT.İŞL.BŞK.LIĞI (STAJER HAKİM)	J.GN.K.LIĞI ASKERİ MAHKEMESİ VE ANKARA 5 NOLU SIKIYÖNETİM ASKERİ MAHKEMESİ (AS.HAK.)
330	Hak.Tğm.	TUĞRUL AKKOYUNLU	MSB AS.ADLT.İŞL.BŞK.LIĞI (STAJER HAKİM)	J.ASYS.KOR.K.LIĞI ASKERİ MAHKEMESİ VE VAN SIKIYÖNETİM ASKERİ MAHKEMESİ (AS.HAK.)
331	Hak.Tğm.	HASAN SALİH AKÇA	MSB AS.ADLT.İŞL.BŞK.LIĞI (STAJER HAKİM)	6.ZH.TUG.K.LIĞI ASKERİ SAVCILIĞI VE GAZİANTEP SIKIYÖNETİM ASKERİ SAVCILIĞI (YRD.ASKERİ SAVCI)
332	Hk.Hak.Alb.	AHMET ZEKİ LİMAN	AS.YRGT.BŞK.LIĞI (BŞK.)	MSB.LIĞI EMRİNE
333	Hk.Hak.Alb.	YAVUZ SAYALGI	AS.YRGT.2. BŞK.LIĞI (2.BŞK.)	MSB.LIĞI EMRİNE
334	Dr.Hak.Alb.	SÜLEYMAN KAYMAKÇI	AS.YRGT.1.D.BŞK.LIĞI (D.BŞK.)	MSB.LIĞI EMRİNE
335	Hk.Hak.Alb.	YAVUZ ÇOLAK	AS.YRGT.1.D. (ÜYE)	MSB.LIĞI EMRİNE
336	Hak.Alb.	MALLIK ZEYBEL	AS.YRGT.1.D. (ÜYE)	ASKERİ YARGITAY BAŞKANLIĞI (BAŞKAN)
337	Hak.Alb.	YUSUF TAMER ÇETİN	AS.YRGT.1.D. (ÜYE)	ASKERİ YARGITAY BAŞSAVCILIĞI (BAŞSAVCI)
338	Hak.Alb.	MEHMET AVCIOĞLU	AS.YRGT.1.D. (ÜYE)	MSB.LIĞI EMRİNE
339	Hak.Yb.	HULUSİ GÜL	AS.YRGT.1.D. (ÜYE)	MSB.LIĞI EMRİNE
340	Hak.Alb.	REMZİ IGREK	AS.YRGT.2.D.BŞK.LIĞI (D.BŞK.)	MSB.LIĞI EMRİNE
341	Hak.Alb.	ZAFER YAĞLIOĞLU	AS.YRGT.2.D. (ÜYE)	MSB.LIĞI EMRİNE
342	Hak.Alb.	LEVENT BİLGİ	AS.YRGT.2.D. (ÜYE)	MSB.LIĞI EMRİNE
343	Hak.Alb.	HAKAN GÜNDÜZ	AS.YRGT.2.D. (ÜYE)	MSB.LIĞI EMRİNE
344	Hak.Alb.	ARİF FİKRET ÖZEV	AS.YRGT.2.D. (ÜYE)	MSB.LIĞI EMRİNE
345	Hak.Alb.	ERSUN ÇETİN	AS.YRGT.2.D. (ÜYE)	AS.YRGT.1.D. (ÜYE)
346	Hak.Alb.	ÖZCAN ERSAYIN	AS.YRGT.3.D.BŞK.LIĞI (D.BŞK.)	MSB.LIĞI EMRİNE
347	Dr.Hak.Alb.	ALİ TANJU SARISÜ	AS.YRGT.3.D. (ÜYE)	MSB.LIĞI EMRİNE
348	Hak.Alb.	HAKAN KUTLU	AS.YRGT.3.D. (ÜYE)	MSB.LIĞI EMRİNE
349	Hak.Alb.	KAMİL SEVİMLİ	AS.YRGT.3.D. (ÜYE)	AS.YRGT.1.D. (ÜYE)
350	Hak.Alb.	SEVİLAY TEMİZYÜREK BATIR	AS.YRGT.3.D. (ÜYE)	AS.YRGT.2.D. (ÜYE)
351	Hak.Yb.	ERDOĞAN AKDUMAN	AS.YRGT.3.D. (ÜYE)	AS.YRGT.2.D. (ÜYE)
352	Hak.Alb.	SEMİH PALAVAROĞLU	AS.YRGT.3.D. (ÜYE)	MSB.LIĞI EMRİNE
353	Hak.Alb.	KEMAL ÖZCAN	AS.YRGT.4.D.BŞK.LIĞI (D.BŞK.)	MSB.LIĞI EMRİNE
354	Hk.Hak.Alb.	FARUK GÖKAY KAYA	AS.YRGT.4.D. (ÜYE)	MSB.LIĞI EMRİNE
355	Hak.Alb.	ABDULKADİR KARAKAŞ	AS.YRGT.4.D. (ÜYE)	MSB.LIĞI EMRİNE
356	Hak.Alb.	TURGAY ÖZTOPRAK	AS.YRGT.4.D. (ÜYE)	J.GN.K.LIĞI ASKERİ SAVCILIĞI VE ANKARA 1 NOLU SIKIYÖNETİM ASKERİ SAVCILIĞI (ASKERİ SAVCI)
357	Dr.Hak.Alb.	İLKER UÇDU	AS.YRGT.4.D. (ÜYE)	AS.YRGT.1.D. (ÜYE)
358	Hak.Alb.	ARSLAN DURU	AS.YRGT.4.D. (ÜYE)	MSB.LIĞI EMRİNE
359	Hak.Alb.	MEHMET ŞİMŞEK	AS.YRGT.4.D. (ÜYE)	AS.YRGT.1.D. (ÜYE)(AS.YRGT.GENEL SEKRETER)
360	Dr.Hak.Alb.	MEHMET ALİ UZUN	ASKERİ YARGITAY BAŞSAVCILIĞI (BAŞSAVCI)	MSB.LIĞI EMRİNE
361	Hak.Alb.	VELİ ÇALIŞKAN	ASKERİ YARGITAY BAŞSAVCILIĞI (BSAV. YRD.)	MSB.LIĞI EMRİNE
362	Dr.Hak.Yb.	MEHMET YAYLA	ASKERİ YARGITAY BAŞSAVCILIĞI (BSAV. YRD.)	MSB.LIĞI EMRİNE
363	Hk.Hak.Yb.	AHMET MİTHAT AGAR	ASKERİ YARGITAY BAŞSAVCILIĞI (BSAV. YRD.)	MSB.LIĞI EMRİNE
364	Hak.Bnb.	ÖSER CİHAT POYRAZ	ASKERİ YARGITAY BAŞSAVCILIĞI (BSAV. YRD.)	MSB.LIĞI EMRİNE
365	Dr.Hak.Tbn.	NECMETTİN AKBOY	ASKERİ YARGITAY BAŞSAVCILIĞI (BSAV. YRD.)	DZ.K.K.LIĞI ASKERİ SAVCILIĞI VE ANKARA 3 NOLU SIKIYÖNETİM ASKERİ SAVCILIĞI (ASKERİ SAVCI)
366	Hk.Hak.Tbn.	KENAN TAŞ	AS.YRGT.4.D. (RAPORTÖR)	MSB.LIĞI EMRİNE
367	Dr.Hak.Alb.	CELAL IŞIKLAR	AYİM 1.D.BŞK.LIĞI (D.BŞK.)	MSB.LIĞI EMRİNE

9/11

(9)   Ortak belge 10/11

368	Hak.Alb.	FİKRET ERES	AYİM 1.D. (ÜYE)	
369	Hv.Hak.Alb.	BENGÜ ABBAN	AYİM 1.D. (ÜYE)	MSB.LIĞI EMRİNE
370	Hak.Yb.	HAKAN ALİ TURGUT	AYİM 1.D. (ÜYE)	MSB.LIĞI EMRİNE
371	Hak.Alb.	KENAN KENAN	AYİM 2.D. (ÜYE)	MSB.LIĞI EMRİNE
372	Hak.Alb.	METİN ULUKANLIGİL	AYİM 2.D. (ÜYE)	MSB.LIĞI EMRİNE
373	Hak.Alb.	ABDURRHMAN BEŞİROĞLU	AYİM 2.D. (ÜYE)	MSB.LIĞI EMRİNE
374	Hak.Alb.	GÜRBÜZ GÜMÜŞAY	AYİM 2.D. (ÜYE)	MSB.LIĞI EMRİNE
375	Hak.Alb.	MEHMET AYDANAL	AYİM 3.D.BŞK.LIĞI (D.BŞK)	AYİM BAŞSAVCILIĞI (BAŞSAVCI)
376	Hak.Alb.	MUHİTTİN KARATOPRAK	AYİM 3.D. (ÜYE)	MSB.LIĞI EMRİNE
377	Hak.Alb.	AYHAN AKARSU	AYİM 3.D. (ÜYE)	AYİM 1.D. (ÜYE)
378	Hak.Alb.	MEHMET AKBULUT	AYİM 3.D. (ÜYE)	AYİM 2.D. (ÜYE)
379	Hak.Öğm.	AHMET PEKGÖZ	AYİM 3.D. (ÜYE)	AYİM 1.D. (ÜYE)
380	Hak.Alb.	ERKAN KARADENİZ	AYİM 1.D. (RAPORTÖR)	J.ASYŞ.KOR.K.LIĞI ADLİ MÜŞAVİRLİĞİ (ADLİ MÜŞAVİR)
381	Hv.Hak.Yb.	MÜJDAT TUNA	AYİM 1.D. (RAPORTÖR)	MSB.LIĞI EMRİNE
382	Hak.Yb.	OĞUZ ÜSTÜNEL	AYİM 2.D. (RAPORTÖR)	MSB.LIĞI EMRİNE
383	Hv.Hak.Alb.	HAKAN ABBAN	AYİM GENELSEKRETERLİK (İNC.VE AYR.ŞB.MD.)	MSB.LIĞI EMRİNE
384	Hak.Alb.	MÜGE YÜKSEL	AYİM 3.D. (RAPORTÖR)	MERİ.LIĞI EMRİNE
385	Hak.Yb.	HASAN ÇAĞRICI	AYİM 3.D. (RAPORTÖR)	MSB.LIĞI EMRİNE
386	Hak.Öğm.	MUSTAFA KAYAALP	AYİM 3.D. (RAPORTÖR)	MSB.LIĞI EMRİNE
387	Hak.Alb.	HACI HASAN MUTLU	AYİM 3.D. (RAPORTÖR)	AYİM 1.D. (RAPORTÖR)
388	Hak.Yb.	MUHSİN ÖZYURT	AYİM BAŞSAVCILIĞI (BAŞSAVCI)	MSB.LIĞI EMRİNE
389	Hak.Alb.	YUSUF ŞEKER	AYİM BAŞSAVCILIĞI (SAV.)	1.OR.K.LIĞI ADLİ MÜŞAVİRLİĞİ (ADLİ MÜŞAVİR)
390	Hak.Yb.	MEHMET ALP	AYİM BAŞSAVCILIĞI (SAV.)	MSB.LIĞI EMRİNE
391	Hv.Hak.Alb.	OĞUZ PORTAŞ	AYİM BAŞSAVCILIĞI (SAV.)	MSB.LIĞI EMRİNE
392	Hak.Alb.	İHSAN BÜLBÜL	AYİM BAŞSAVCILIĞI (SAV.)	MSB.LIĞI EMRİNE
393	Hak.Alb.	OKŞAN ÇİDEM	MSB.LIĞI (MATI)	MSB.LIĞI EMRİNE
394	Dz.Hak.Alb.	ESAT MAHMUT YILMAZ	MSB.LIĞI HUK.MÜŞV. VE DAV. D. BŞK.LIĞI (D.BŞK.)	MSB.LIĞI EMRİNE
395	Hak.Bnb.	SERDAR YAZICI	MSB.LIĞI HUK.MÜŞV. VE DAV. D. BŞK.LIĞI (D.BŞK.YRD.)	MSB.LIĞI EMRİNE
396	Dz.Hak.Yb.	METİN YILMAZ	MSB.LIĞI HUK.MÜŞV. VE DAV. D. BŞK.LIĞI (İD.DAV.VE MÜT.ŞB.MD.)	MSB.LIĞI EMRİNE
397	Hv.Hak.Bnb.	EVREN MAY DOĞRU	MSB.LIĞI HUK.MÜŞV. VE DAV. D. BŞK.LIĞI (AD.DAV.VE MÜT.ŞB.MD.)	MSB.LIĞI EMRİNE
398	Dz.Hak.Alb.	MURAT YANMAN	MSB.LIĞI HUK.MÜŞV. VE DAV. D. BŞK.LIĞI (BİLG.HUK.HİZ.ŞB.MD.)	MSB.LIĞI EMRİNE
399	Hak.Alb.	YUNUS YILMAZ	MSB.LIĞI KAN.VE KAR.D. BŞK.LIĞI (YAB.İŞL. VE KOOR.TKP.ŞB.MD.)	MSB.LIĞI EMRİNE
400	Hak.Yb.	CİHAN OSMAN ÇELİK	MSB.LIĞI KAN.VE KAR.D. BŞK.LIĞI (YAB.İŞL. VE KOOR.TKP.ŞB.TET.HAK.)	KKK.LIĞI ASKERİ MAHKEMESİ VE ANKARA 2 NOLU SIKIYÖNETİM ASKERİ MAHKEMESİ (AS.HAK.)
421	Dz.Hak.Bnb.	BAHADIR ÖSTÜNEL	MSB.LIĞI KAN.VE KAR.D. BŞK.LIĞI (TÜZ.YÖN.TET.VE İŞL.ŞB.TBT.HAK.)	MSB.LIĞI EMRİNE
402	Hak.Alb.	MEHMET ALİ ALMIŞ	MSB.LIĞI AS.ADLT.İŞL.BŞK.LIĞI (D.BŞK.)	MSB.LIĞI EMRİNE
403	Hak.Srb.	YASİN AKDENİZ	MSB.LIĞI AS.ADLT.İŞL.BŞK.LIĞI (MÜT.YET.VE AS.CZTUT.EV.İŞL.ŞB.MD.)	1.OR.K.LIĞI ASKERİ SAVCILIĞI VE İSTANBUL 1 NOLU SIKIYÖNETİM ASKERİ SAVCILIĞI (ASKERİ SAVCI)
404	Hak.Yzb.	İBRAHİM ALPSOY	MSB.LIĞI AS.ADLT.İŞL.BŞK.LIĞI (PER.MSLK.YNT.ŞB.MD.)	EGE.OR.K.LIĞI ADLİ MÜŞAVİRLİĞİ (ADLİ MÜŞAVİR)
405	Hak.Öğm.	MUSTAFA ERLIYAR	MSB.LIĞI AS.ADLT.İŞL.BŞK.LIĞI (KRİ.VE İDD.TBT.VE İŞL.SB.)	EGE.OR.K.LIĞI ASKERİ SAVCILIĞI VE İZMİR 1 NOLU SIKIYÖNETİM ASKERİ SAVCILIĞI (ASKERİ SAVCI)
406	Hak.Öğm.	CEMAL YURTSEVEN	MSB.LIĞI AS.ADLT.İŞL.BŞK.LIĞI (PER.MSLK.YNT.ŞB.PL.VE KOOR.SB.)	EGE.OR.K.LIĞI ASKERİ MAHKEMESİ VE İZMİR 1 NOLU SIKIYÖNETİM ASKERİ MAHKEMESİ (AS.HAK.)
407	Hak.Öğm.	RAMAZAN AVCI	MSB.LIĞI AS.ADLT.İŞL.BŞK.LIĞI (RAP.TET. VE İŞL.SB.)	7.OR.K.LIĞI ADLİ MÜŞAVİRLİĞİ (ADLİ MÜŞAVİR)
408	Hak.Alb.	BAHADIR ACAR	MSB.LIĞI AS.ADLT.TEF.KRL.BŞK.LIĞI (TEF.KRL.BŞK)	3.OR.K.LIĞI ADLİ MÜŞAVİRLİĞİ (ADLİ MÜŞAVİR) MSB.LIĞI EMRİNE

10/..

409	Hak.Alb.	HÜSEYİN KORKUSUZ	MSB.LIĞI AS.ADLT. TEF.KRL.BŞK.LIĞI (MÜF.)	MSB.LIĞI EMRİNE
410	Hak.Alb.	GÜNAY GÜZEL	MSB.LIĞI AS.ADLT. TEF.KRL.BŞK.LIĞI (MÜF.)	MSB.LIĞI EMRİNE
411	Hv.Hak.Yb.	ERDEM ORDUOĞLU	MSB.LIĞI AS.ADLT. TEF.KRL.BŞK.LIĞI (MÜF.)	MSB.LIĞI EMRİNE
412	Hak.Yb.	MUSTAFA KEMAL EQŞAR	MSB.LIĞI AS.ADLT. TEF.KRL.BŞK.LIĞI (MÜF.)	MSB.LIĞI EMRİNE
413	Dz.Hak.Yb.	SIDDIK SUYSAL	MSB.LIĞI AS.ADLT. TEF.KRL.BŞK.LIĞI (MÜF.)	MSB.LIĞI EMRİNE

NOT: (*) YUKARIDA İSİMLERİ BULUNMAYAN DİĞER ASKERİ HAKİMLER MEVCUT GÖREVLERİNE DEVAM EDECEKTİR.

(**) ASKERİ HAKİMLER VE ASKERİ MAHKEME VE SAVCILIKLAR HAKKINDA MEVZUATTA MSB'LIĞINA VERİLEN YETKİ VE GÖREVLER İKİNCİ BİR EMRE KADAR GNKUR. ADLİ MÜŞAVİRLİĞİ TARAFINDAN KULLANILACAKTIR.

Belge 19: Çalışma odasının aranması sırasında bulunan el yazılı metin

DOKÜMAN İNCELEME VE TESPİT TUTANAĞI

SORUŞTURMA NO	Yargıtay 4. Nolu Daire 13.11.2017 Tarihli Fezleke
İNCELEME TARİHİ	04.12.2017

15.07.2016 tarihinde Fetullahçı Terör Örgütü (FETÖ/PDY) mensubu bir kısım Asker ve Sivil örgüt mensubunun Anayasal Düzeni Değiştirmeye Teşebbüs Etmek, Meclisi Ortadan Kaldırmaya Teşebbüs Etmek ve Meşru Seçimlerle Gelmiş Hükümeti Cebir ve Şiddet Kullanarak Ortadan Kaldırmaya Teşebbüs suçuyla ilişkin Ankara Cumhuriyet Başsavcılığınca yürütülen soruşturmaya esas olmak üzere Ankara Cumhuriyet Başsavcılığı: 2016/103592 sayılı yazısı ve Yargıtay 4. Nolu daire 13.11.2017 tarihli fezlekesine eklenmek üzere AYİM (Askeri Yüksek İdare Mahkemesi) 1. daimi üyesi Cemil Çelik'in AYİM 4. Kat 434 nolu makam odasında yapılan aramada elde edilen 1 adet delil poşeti içerisindeki dokümanların, 668 sayılı KHK'nin ilgili maddesi uyarınca yapılan incelemesinde;

"Zekinin ifadesi, kod ismi..." ibaresi ile başlayan net olarak okunamadığı için içeriği tam olarak anlaşılamayan arkalı önlü yazılmış 5 sayfa A4 kağıdından ibaret notlar olduğu görülmüş olup, taranan belgeler CD/DVD ortamında ekte gönderilmiştir.

İş bu tutanak tarafımızdan tanzim edilerek altı birlikte imzalanmıştır.04.12.2017

207431
TEM Şube Gör.

284039
TEM Şube Gör.

Belge 20: Ankara Merkez Komutanlığındayken ardışık arandığıma ilişkine HTS kaydı

EK-65

19

DİGERNUMARA	DİGERADISOYADI	ANKESÖR İli	HedefNumara	HedefAdSoyad	HEDEF NUMARA BAZ İLİ	TARİH	SAAT	SÜRE	TİP
2164472993	ANKESÖR	İSTANBUL	5323650609	RECEP TEOMAN AKÇA	İSTANBUL	26.11.2010	22:20:00	54 sn.	Arandı
2164472993	ANKESÖR	İSTANBUL	5434932545	MEHMET EMİN TEKPINAR	ANKARA	26.11.2010	22:28:00	113 sn.	Arandı
2324615759	TÜRK TELEKOMÜNİKASYON A.S (ANKESÖRLÜ TEL.MD.)	İZMİR	5419237880	HAMİT ERDEM ŞAHAN	İZMİR	19.06.2011	17:59:00	151 sn.	Arandı
2324615753	TÜRK TELEKOMÜNİKASYON A.S (ANKESÖRLÜ TEL.MD.)	İZMİR	5426037145	MUSTAFA ULUPINAR	İZMİR	19.06.2011	18:02:00	209 sn.	Arandı
2327554035	ANKESÖRLÜ TELEFON MÜD. SMART KARTLI ANKESÖR	İZMİR	5436884403	DOĞAN TURAN	ANKARA	22.02.2011	18:19:00	152 sn.	Arandı
2327554035	ANKESÖRLÜ TELEFON MÜD. SMART KARTLI ANKESÖR	İZMİR	5427262326	RAMAZAN AVCI	ANKARA	22.02.2011	18:22:00	333 sn.	Arandı
3122886342	ANKESÖRLÜ TELKOM MÜDÜRLÜĞÜ	ANKARA	5398144321	HALİL İBRAHİM BORAN	KIRIKKALE	13.07.2011	20:08:00	70 sn.	Arandı
3122886142	ANKESÖRLÜ TELKOM MÜDÜRLÜĞÜ	ANKARA	5448669546	MUSTAFA KAYIKÇI	KIRIKKALE	15.07.2011	20:13:00	122 sn.	Arandı
3122886313	ANKESÖRLÜ TELKOM MÜDÜRLÜĞÜ	ANKARA	5339238928	ABDULKADİR İZMİR	ANKARA	16.07.2011	10:44:00	85 sn.	Arandı
3122886313	ANKESÖRLÜ TELKOM MÜDÜRLÜĞÜ	ANKARA	5546891364	ŞUAYİP KARAYEL	ANKARA	16.07.2011	10:46:00	28 sn.	Arandı
3172886336	MALTEPE ANKESÖRLÜ TELEFON	ANKARA	5052236058	GÜRSEL KENAR	ANKARA	30.03.2007	21:19:00	45 sn.	Arandı
3172886336	MALTEPE ANKESÖRLÜ TELEFON	ANKARA	5052873779	ERDEM KILIÇ	ANKARA	30.03.2007	21:21:00	182 sn.	Arandı
3122887130	TÜRK TELEKOMÜNİKASYON N A.S.	ANKARA	5539800250	ŞERİF BEK	ANKARA	20.07.2016	19:21:00	191 sn.	Arandı
3122887130	TÜRK TELEKOMÜNİKASYON N A.S.	ANKARA	5327058170	HAMDİ DEMİRALAY	ANKARA	20.07.2016	19:29:00	113 sn.	Arandı
3122887134	TÜRK TELEKOMÜNİKASYON N A.S.	ANKARA	5366144651	HALUK ZEYBEL	UŞAK	20.07.2016	13:33:00	82 sn.	Arandı
3122887134	TÜRK TELEKOMÜNİKASYON N A.S.	ANKARA	5416318770	YAŞAR YÜCE	ANKARA	20.07.2016	13:42:00	99 sn.	Arandı
3122887134	Kayıt Bulunamadı	ANKARA	5437457389	CEMİL ÇELİK	ANKARA	20.07.2016	13:49:00	199 sn.	Arandı
3122887134	TÜRK TELEKOMÜNİKASYON N A.S.	ANKARA	5536800250	ŞERİF BEK	ANKARA	20.07.2016	13:54:00	80 sn.	Arandı
3122887194	TÜRK TELEKOMÜNİKASYON N A.S.	ANKARA	5058041944	HAKAN ATA	ANKARA	20.07.2016	14:01:00	164 sn.	Arandı
3122887398	TÜRK TELEKOMÜNİKASYON AS ANKESÖRLÜ TELEKOM MÜD	ANKARA	5072952101	TURGAY TONGA	KIRIKKALE	29.05.2011	18:12:00	40 sn.	Arandı
3122887398	TÜRK TELEKOMÜNİKASYON AS ANKESÖRLÜ TELEKOM MÜD	ANKARA	5546616851	ABDURRAHİM ÖZKAN	ANKARA	29.05.2011	18:14:00	131 sn.	Arandı
3123883040	ANKARA İL TELEKOM MÜDÜRLÜĞÜ ANKESÖRLÜ TELEFON MÜDÜRLÜĞÜ	ANKARA	5416411928	RAMAZAN AKTAŞ	ANKARA	24.11.2011	16:32:00	229 sn.	Arandı
3123883040	ANKARA İL TELEKOM MÜDÜRLÜĞÜ ANKESÖRLÜ TELEFON MÜDÜRLÜĞÜ	ANKARA	5079751597	FATİH DAĞLI	ANKARA	24.11.2011	16:37:00	19 sn.	Arandı
3123883040	TÜRK TELEKOMÜNİKASYON N A.S.	ANKARA	5079751597	FATİH DAĞLI	İSTANBUL	17.12.2011	16:03:00	189 sn.	Arandı
3123883040	TÜRK TELEKOMÜNİKASYON N A.S.	ANKARA	5416411928	RAMAZAN AKTAŞ	SAMSUN	17.12.2011	16:06:00	18 sn.	Arandı
3123885523	ANKARA İL TELEKOM MÜDÜRLÜĞÜ ANKESÖRLÜ TELEFON MÜDÜRLÜĞÜ	ANKARA	5326418670	ERKAN KARADENİZ	ANKARA	09.01.2010	14:32:00	34 sn.	Arandı
3123885523	ANKARA İL TELEKOM MÜDÜRLÜĞÜ ANKESÖRLÜ TELEFON MÜDÜRLÜĞÜ	ANKARA	5323159390	MEHMET ALİ UZUN	ANKARA	09.01.2010	14:35:00	44 sn.	Arandı
3123887961	TÜRK TELEKOMÜNİKASYON N A.S.	ANKARA	5079802398	TAHA DEMİR	ANKARA	09.07.2014	09:01:00	64 sn.	Arandı
3123887961	TÜRK TELEKOMÜNİKASYON N A.S.	ANKARA	5535717508	KUBİLAY REŞBER	ANKARA	09.07.2014	09:05:00	69 sn.	Arandı

BİLİRKİŞİ KURULU RAPORU SAYFA 82 / 84

Belge 21: Ankara Cumhuriyet Başsavcılığı tarafından istenmesi üzerine gönderilen HTS kayıtları ilgili sayfası

AdSoyad	NUMARA	TİP	DİĞERNUMARA	TARİH	saat	SÜRE	DİĞERADISOYADI	ADRES
CEMAL ÇELİK		Arandı	2822630940	2007-06-21	21:47:44	120 sn.	KÖPRÜ BAŞI- ANKESÖR	YAVUZ MAH. TINTINPINAR KÖPRÜ BAŞI NO:115 / YAVUZ MERKEZ
CEMAL ÇELİK		Aradı	2822630940	2007-06-22	15:17:28	26 sn.	KÖPRÜ BAŞI- ANKESÖR	YAVUZ MAH. TINTINPINAR KÖPRÜ BAŞI NO:115 / YAVUZ MERKEZ
CEMAL ÇELİK	5433457389	Arandı	3252534252	2007-07-10	18:19:06	11 sn.	TELEKOM MÜDÜRLÜĞÜ SMART KARTU ANKESÖ	MUSTAFA KEMALPAŞA MAH. İSKENDERUN YOLU 121..AN ALAY YEMEKHANE
CEMAL ÇELİK	5433457389	Arandı	3252534253	2007-07-11	13:03:23	5 sn.	TELEKOM MÜDÜRLÜĞÜ SMART KARTU ANKESÖ	MUSTAFA KEMALPAŞA MAH. İSKENDERUN YOLU 121..AN ALAY YEMEKHANE
CEMAL ÇELİK	5433457389	Arandı Yönlendirme	3262333562	2007-07-28	14:54:42	41 sn.	Kayıt Bulunamadı- TELEKOM MÜDÜRLÜĞÜ SM	Kayıt Bulunamadı - MUSTAFA KEMALPAŞA MAH. İSKENDERUN YOLU 7 BLT
CEMAL ÇELİK	5433457389	Arandı	4852167105	2007-08-30	07:28:06	6 sn.	ANKESÖR	GAZPAŞA M. TÜMEN ULUDERE C. ANKESÖR NO:./ MERKEZ
CEMAL ÇELİK		Arandı Yönlendirme	3124882503	2008-04-30	19:31:25	99 sn.	CEMAL ÇELİK - ANKESÖRLÜ TELEFON İMİRİ.	ASAĞI DİKMEN MAH. MSB.LOJ. 588 SOK. ORDU PAZARI NO: / ÇIŞKAN ÇANKAYA,ANKARA
CEMAL ÇELİK		Arandı	4652242415	2008-07-18	18:14:14	0 sn.	İL TELEKOM MÜD ANKESÖR	-- 59.TOP.TUG.UÇAKSAV.TABURU.NO. / MERKEZ,ERZİNCAN
CEMAL ÇELİK		Arandı	4652242415	2008-07-18	18:15:46	3 sn.	İL TELEKOM MÜD ANKESÖR	-- 59.TOP.TUG.UÇAKSAV.TABURU.NO. / MERKEZ,ERZİNCAN
CEMAL ÇELİK		Arandı	3732320923	2008-08-11	16:10:15	29 sn.	TELEKOM MÜDÜRLÜĞÜ SMART KARTU ANKESÖ	MÜDTÜ MAH.İNÖNÜ PARKI SK. PARK BÜFE NO:./ ERGSUZANOGUL,DAK
CEMAL ÇELİK		İradi	2159801401	2008-12-27	17:12:26	4 sn.	ANKESÖR	FINDIK ŞATI MAH.HATIPOLU CD. NO:46 / PENDİK,İSTANBUL
CEMAL ÇELİK		Arandı	3128880718	2011-01-27	23:39:52	16 sn.	ANKESÖRLÜ TELEKOM	MERKEZ MAH. ESENBOĞA HAVAALANI TAV YENİ İÇ HATLAR TERMİNAL.. BİNASI NO:./ ESENBOĞA KÖYÜ ÇUBUK,ANKARA
CEMAL ÇELİK		Arandı	3128880718	2011-01-27	23:41:03	15 sn.	ANKESÖRLÜ TELEKOM	MERKEZ MAH ESENBOĞA HAVAALANI TAV YENİ İÇ HATLAR ANKARA BİNASI NO:./ ESENBOĞA KÖYÜ ÇUBUK,ANKARA
CEMAL ÇELİK		Aradı	3128880718	2011-01-27	23:41:28	40 sn.	ANKESÖRLÜ TELEKOM	MERKEZ MAH ESENBOĞA HAVAALANI TAV YENİ İÇ HATLAR TERMİNAL.. BİNASI NO:./ ESENBOĞA KÖYÜ ÇUBUK,ANKARA
CEMAL ÇELİK		Arandı	3128880719	2011-01-28	00:10:04	31 sn.	ANKESÖRLÜ TELEKOM	MERKEZ MAH ESENBOĞA HAVAALANI TAV YENİ İÇ HATLAR TERMİNAL.. BİNASI NO:./ ESENBOĞA KÖYÜ ÇUBUK,ANKARA
CEMAL ÇELİK		Arandı	3128860550	2012-01-27	12:29:20	7 sn.	ANKESÖRLÜ TELEKON TELEFON MÜDÜRLÜĞÜ	ERLER MAH ZİRHLİ BİRLİKLER EĞT.TUĞM OKUL. KONT 1.ALAY..ER AL BU EG.ALANI NO:./ ETİMESGUT,ANKARA
CEMAL ÇELİK		Arandı	3128853277	2012-01-27	08:46:24	137 sn.	ANKESÖRLÜ TELEFON	ERLER MAH 2ZIRHLİ BİRLİKLER EGT TUM OKUL KOM 1.TANK.TB.1.TANK BL EGT ALANI NO:./ ETİMESGUT,ANKARA
CEMAL ÇELİK		Arandı	3128853374	2012-01-27	12:29:59	30 sn.	ANKESÖRLÜ TELEFON	ERLER MAH 2ZIRHLI BIRLIKLER EGT TUM OKUL KOM 1.TANK.TB 1.TANK BL.EGT.ALANI NO:./ ETİMESGUT,ANKARA
CEMAL ÇELİK		Arandı	4123351038	2012-03-14	21:07:34	97 sn.	SMART KARTU ANKESÖR	-- ANKESÖR 1.TANK TABURU NO:0 -/- BİLGE KIŞLASI KAYAPINAR,DİYARBAKIR
CEMAL ÇELİK		Arandı	3128860045	2012-04-14	13:38:42	64 sn.	ANKESÖRLÜ TELEFON MÜDÜRLÜĞÜ	NIZILAY MAH SÜMER SK SORAK KÖŞESI NO:-/-MALTEPE ÇANKAYA,ANKARA
CEMAL ÇELİK		Aradı	4123351124	2012-04-26	20:17:18	15 sn.	SMART KARTU ANKESÖR	-- 16 MKNZ TUG. MEHMETÇIK GAZINOS NO:0 -/- BİLGE KIŞLASI KAYAPINAR,DİYARBAKIR
CEMAL ÇELİK		Arandı	4123351124	2012-04-26	20:18:32	16 sn.	SMART KARTU ANKESÖR	-- 16 MKNZ TUG. MEHMETÇIK GAZINOS NO:0 -/- BİLGE KIŞLASI KAYAPINAR,DİYARBAKIR
CEMAL ÇELİK		Aradı	4123351124	2012-04-26	20:19:33	16 sn.	SMART KARTU ANKESÖR	-- 16 MKNZ TUG. MEHMETÇIK GAZINOS NO:0 -/- BİLGE KIŞLASI KAYAPINAR,DİYARBAKIR

Belge 22: Hâkim Tuğamiral Ahmet Zeki Liman hakkında gözaltı kararı olduğunu gösteren MASAK Raporu ilgili sayfası

EL - 9,1

arasında yer aldığı tespit edilmiştir. Söz konusu para transfer ilişkilerinin örgüt üyeliği ve darbe teşebbüsü kapsamında araştırılması gerektiği değerlendirilmektedir.

- Analiz konusu kişilerin para transfer ilişkisi içerisinde olduğu kişiler hakkında Başkanlığımız veri tabanında yer alan bilgiler üzerinden yapılan araştırmalarda; şahıslardan bazıları ile hakkında Başkanlığımız bünyesinde FETÖ/PDY ve diğer konularda çalışma yürütülen bazı gerçek kişiler ile para transferlerine rastlanmış olup söz konusu para transfer ilişkilerine ilgili bölümde yer verilmiştir. Bu kapsamda haklarında FETÖ/PDY ile ilgili soruşturma yürütülen kişiler arasında ortak para transfer ilişkisi tespit edilen ve ara kademe olabileceği değerlendirilen şahıslara rastlanmıştır. Bu kişiler hakkında doğrudan bir soruşturma yürütülmemesine rağmen FETÖ/PDY ile ilgili yürütülen farklı soruşturmaların şüphelileri ile para transfer ilişkisi tespit edilmiştir.

- Analiz konusu kişilerin para transfer ilişkisi içerisinde olduğu kişilerin yöneticikurucu olduğu dernekler tespit edilmiştir. Söz konusu dernekler arasında; İlim Yayma Cemiyeti, Atatürkçü Düşünce Derneği, Hür ve Kabul Edilmiş Masonlar Derneği, Küresel Doktorlar Derneği, Müstakil Sanayici ve İşadamları Derneği, Kimse Yok Mu Dayanışma ve Yardımlaşma Derneği, Türk Ocakları Derneği, Türkiye Emekli Astsubaylar Derneği, Uluslararası Polis Birliği (IPA) Türkiye Başkanlığı, Ülkücü İşçiler Derneği gibi derneklerin olduğu tespit edilmiştir.

- Açık kaynaklarda yer alan bilgilere göre Askeri Yargıtay Başkanı olarak görev yapan Ahmet Zeki LİMAN ile analiz konusu şahıslardan bazıları arasında düşük tutarlı para transfer işlemlerine rastlanmıştır. Emniyet Genel Müdürlüğü'nün 27/07/2016 tarihli yazısına göre; 15/07/2016 tarihli darbe teşebbüsü kapsamında yürütülen çalışmalarda gözaltına alınan askeri personel arasında yer almaktadır. Yapılan açık kaynak araştırmalarında; şahıs hakkında cemaat yapılanmasının Askeri Yargıtay yapılanmasında önemli roller üstlendiğine yönelik haberlere ulaşılmıştır. Bununla birlikte, 18/08/2016 tarihi itibariyle, şahıs hakkında Başkanlığımıza intikal eden bir adli talep bulunmamaktadır.

Analiz konusu kişilerden HAYRETTİN KALDIRIMCI, YAŞAR YÜCE, SAADET US, AHMET BİLMİŞ, SEFA MUMCU, AKİF US, HÜSEYİN ÇAKAN, İBRAHİM ALPSOY, TURGAY ÖZTOPRAK, YUNUS YILMAZ, YUSUF TAMER ÇETİN, MEHMET OĞUZ AKKUŞ, SERDAR ÇAMİÇİ ve ABDULLAH SAİD YÜCEHALİL hakkında FETÖ/PDY ile ilgili farklı soruşturmalar yürütüldüğü tespit edilmiştir.

Analiz konusu kişilerin akrabaları tespit edilmiş olup söz konusu kişiler hakkında FETÖ/PDY ile ilgili olarak yürütülen soruşturmalara ilişkin bilgilere yer verilmiştir. Ayrıca bu kişilerin çalıştıkları firmalardan bazıları hakkında FETÖ/PDY ile ilgili çalışmalar yürütüldüğü tespit edilmiştir. Analiz konusu kişilerin akrabalarının para transfer işlemleri tespit edilerek FETÖ/PDY ile ilgili çalışmalarda adı geçenler ile bağlantıları tespit edilerek varsa soruşturmalara ilişkin bilgilere yer verilmiştir.

Bu bilgiler 5549 sayılı Suç Gelirlerinin Aklanmasının Önlenmesi Hakkında Kanun'un 22. Maddesi gereğince sır saklama yükümlülüğüne tabi olup, bilgilerin gizliliği hususunda gerekli özenin gösterilmesi gerekmektedir.

Sayfa 190

35

Belge 23: Savcı Durdu Gökmen'in gösterdiği uydurma liste

Belge 24: Cemal Süreyya Parkına konulan liste ile ilgili ihbar

GİZLİ

(1)   11. X   24.   (149)

T.C.
İÇİŞLERİ BAKANLIĞI
Emniyet Genel Müdürlüğü

Sayı :45599763.56586-(12220)   27/07/2016
       1331-1090/ 2523-111254
Konu :Telefon İhbarı

ANKARA CUMHURİYET BAŞSAVCILIĞINA
(Anayasal Düzene Karşı İşlenen Suçlar Soruşturma Bürosu)

27.07.2016 tarihinde saat 20.28 sıralarında TEM Dairesi Başkanlığı Nöbetçi Amirliği hizmetlerinde kullanılan 0312 4622600 numaralı telefonu 0312 4880011 numaralı telefondan arayan ve ismini vermek istemeyen erkek bir şahıs bir konu hakkında rütbeli bir personelle görüşmek istediğini belirtmesi üzerine kendisi ile yapılan telefon görüşmesinde *"FETÖ/PDY ile ilgili ihbar yapmak istediğini, elinde çok önemli bilgilerin olduğunu, bu bilgileri kapalı bir zarf içerisinde EGM binasının alt kısmında kalan Cemal Süreyya isimli parktaki çocuk kaydıraklarının karşısında otobüs durağının arka hizasında kalan çöp bidonunun içerisine bıraktığını, bu bilgilerin detaylı bir şekilde incelenmesi sonucunda FETÖ/PDY ile alakalı çok önemli konuların çözüleceğini, gerçeklerin ortaya çıkacağını, bu bilgilerin çok önemli olmasından dolayı acele oradan alınmasının gerektiğini, can güvenliğinden endişe duyduğu için ismini vermek istemediğini"* ifade etmiştir.

Telefon ihbarında belirtilen çöp bidonu içerisinde yapılan araştırma neticesinde, ihbarda belirtilen 23*32 cm ebatlarında sarı renkli bir zarf bulunmuş ve içerisinde 11 sayfadan ibaret bir isim listesi ile beyaz renkli ikinci zarf içerisinde ise 6 sayfadan oluşan isim listesi olduğu tespit edilmiş ve görevlilerce tutanak düzenlenmiştir.

Söz konusu telefon ihbarı hakkında görevlilerce tanzim edilen tutanak ile elde edilen sarı zarf içerisindeki beyaz zarf içindeki 6 sayfalık isim listesi ile ilgili çalışmalarımız devam etmekte olup sarı zarf içindeki 11 sayfa isim listeleri hakkında yapılan inceleme neticesinde adı geçen şahıslardan 28'i hakkında daha önce FETÖ/PDY'den şüpheli olarak işlem yapıldığı, 25 şahsın 15 Temmuz darbe kalkışması ile ilgili yakalandığı, Anayasal Düzene Karşı İşlenen Suçlar Soruşturması kapsamında alınan ifadelerde 19'u hakkında diğer şüphelilerin ifade verdiği tespit edilmiş, konu ile ilgili form düzenlenerek yapılan çalışmalar dijital ortamda yazı ekinde gönderilmiştir.

Arz ederim.

Atanur AYDIN
Terörle Mücadele Dairesi Başkanı a.
Daire Başkan Yardımcısı
2. Sınıf Emniyet Müdürü

Eki:
1-Telefon Görüşme Tutanağı (2 Sayfa)
2-Beyaz Zarf içinde (6 Sayfa İsim Listesi)
3-Sarı Zarf içinde (11 Sayfa İsim Listesi)
4-Dijital Bilgiler (1 adet 8GB Toshiba Marka USB Bellek)

GİZLİ   GİZLİ

Belge 25: Kamyonet arkasındaki yazı

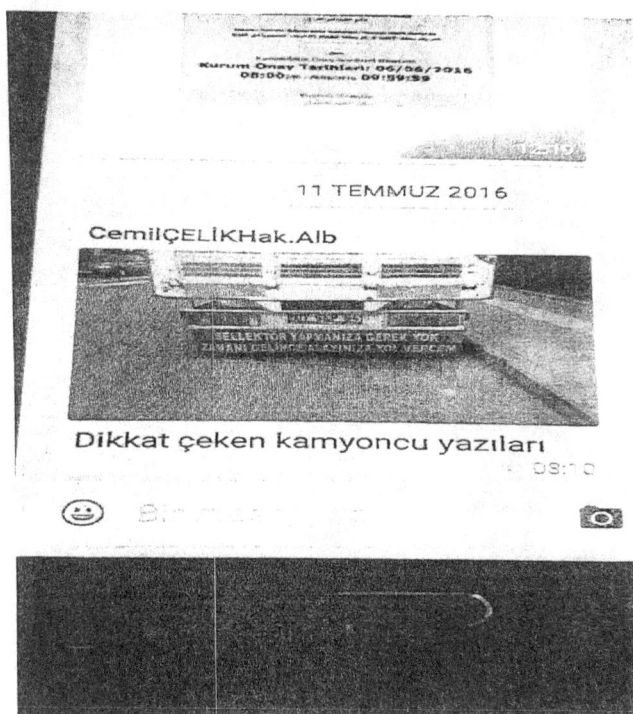

"ASKERİ YARGIÇLAR" isimli WhatsApp grubuna Hak. Alb. Cemil ÇELİK tarafından 11.07.2016 tarihinde saat 08.10'da yazılan mesaj.

Belge 26: Cami Memuru Vahdettin Yılmaz'ın şikayet evrakı

Polis İfadesi

7 kl. 2 sln.

85

BİLGİ ALMA TUTANAĞI

Bilginin Alındığı Yer	Yunus mah. İspir/Erzurum
İfadenin Alındığı Tarih ve Saat	17.02.2017/14:00
Şahsın Kimlik Bilgileri	
T.C. Kimlik No	Nüfus Cüzdanı
	39202 260240
Adı Soyadı	Vahdettin YILMAZ
Baba ve Ana Adı	Haydar - Bınnaz
Doğum Yeri ve Tarihi	İspir / 10.08.1969
Nüfusa Kayıtlı olduğu Yer	
Cinsiyeti	Erkek
Medeni Hali	Evli
Devamlı İkamet Adresi Tel.	Yunus Mah. İspir/Erzurum
Eğitim Durumu	Önlisans
Mesleği	İman-Hatip
İş adresi	Yunus mah. / 0532 558 80 01
Aylık Gelir Durumu	

Yukarıdaki kimlik bilgileri doğrudur ve bana aittir. İfademi kendi hür irademle verebilirim dedi ve ifadesine geçildi. Bana göstermiş olduğunuz 20.07.2016 tarihli 817490 Başvuru sayılı BİMER evrakındaki ihbar icariyi bana aittir. Bu yörede 27-28 yıldır köylerde imamlık yapmışımdır. İspir ilçesinin yunus mahallesinde 5 yıldır çalışmaktayım. Bu görev yerimden önceki İspir ilçesinin Kırık köyünde (mahalle) 15 yıl görev yaptım. Köy imamlığı yaptığım için köyde ne olur ne bitor kesinlikle benim haberim olurdu. 584 köyü bu Kırık köyünden olan ve şahsende tanımış olduğum 2-3 sınada bir köyüne gelen Genel Kurmayda çalıştığını bildiğim Hakim Albay olan Cemil ÇELİK'in (babasının adı İlbeyi) köyüler tarafından görkese tarafınca camide yakın olmakla bilmekteyiz. Hatta

Belge 27: Recep Çelik'in şikayet evrakı

BİLGİ ALMA TUTANAĞI

İFADENİN ALINDIĞI YER : Erzurum Terörle Mücadele Şube Müdürlüğü
İFADENİN ALINDIĞI TARİH VE SAATİ : 20/07/2016 saat: 00.05

Kimliğime ilişkin soruları doğru olarak cevaplamam gerektiği, doğru cevap vermemem
veya yanlış bilgi verdiğim takdirde hakkımda cezai kovuşturma yapılabileceği söylendi.(147/1-a)

İFADE VERENİN : NÜFUS CÜZDANINA GÖRE
T.C. VATANDAŞLIK NUMARASI : 18478950642
ADI VE SOYADI : Recep ÇELİK
BABA VE ANA ADI : Yaşar ve Safiye oğlu
DOĞUM YERİ VE TARİHİ : İspir 15.07.1953
NÜFUSA KAYITLI OLDUĞU YER : Erzurum İspir Kırık Köyü
CİLT NO-AİLE SIRA NO-SIRA NO : 0044/00055/0025
UYRUĞU - CİNSİYETİ : T.C. Erkek
MEDENİ HALİ- ÇOCUK SAYISI : Evli 3 Çocuk
EĞİTİM DURUMU : İlkokul Mezunu
İKAMET ADRESİ : Elmalı Mahallesi Küme Evleri No:14 İspir
İŞ YERİ ADRESİ : Emekli
TELEFONU (EV-İŞ-CEP-İRTİBAT) : 05322361054
FAX NUMARASI :
ELEKTRONİK POSTA ADRESİ :
MESLEĞİ, EKONOMİK DURUMU : Emekli

SORU: 16.07.2016 GÜNÜ İSPİR İLÇESİ KIRIK MAHALLESİ CAMİİ ÇAY OCAĞINDA FETÖ/PDY YAPILANMALARI İLE İLGİLİ KONUŞULAN KONULAR HAKKINDA BİLGİ VERİNİZ.

CEVAP: Yukarıda belirttiğim kimlik bilgileri bana ait olup doğrudur. Ben 1953 yılında Erzurum İli İspir İlçesi Kırık Köyünde dünyaya geldim, iş gereği 1963 yılında İstanbul İline göç ettik sonra 1986 yılında Tekirdağ iline gittim orada taş ocağı ve kum ocağı işletmeleri kurdum bayağı ilerlettim 55 kadar personelim oldu o bölgede tanınır hale geldim. 2006 yılında İş gereği Danış Grubuna ait Atılım Beton firmasının yetkilileri Umut DANIŞ, Cemil DANIŞ, Ersin DANIŞ isimli şahıslar benden malzeme almaya başladılar ve beni HİMMET vermeye zorladılar, Asya Finans Bankla iş yapmamı önererek referans oldular, bir müddet sonra para vermek istemedim, yukarıda ismini verdiğim şahıslar ve o dönem banka yetkilileri bana kumpas kurarak iflas etmeme sebep oldu, bu şahıslar Tekirdağ İli Çerkezköy İlçesinde ATTILIM BETON firması adı altında faaliyetlerini yürütüyor Umut DANIŞ isimli şahısın FETÖ/PDY terör örgütü lideri ile görüştüğünü onlara yakın şahıslardan duydum sürekli yurtdışına geziler tertiplerlerdi halen aynı şekilde devam ettiklerini biliyorum tamamen FETÖ terör örgütünün finansörleri olduğunu düşünüyorum. banka hesapları kontrol edildiği zaman anlaşılacaktır. bu konuyu FETÖ/PDY terör örgütünün hareket tarzını bildiğimiz için anlattım.

16.07.2016 günü Erzurum İli İspir İlçesi Kırık Mahallesi Cami Çay ocağına 11.00 sıralarında sohbet amaçlı gittim, çay ocağında köyün tamamına yakın oradaydı, darbe girişimi konusu üzerinde konuşuyorduk, Köyün Muhtarı Muharrem YILDIRIM çay ocağının hitaben "KOMŞULARIMIZDAN BİRTANESİ DARBENİN OLACAĞINI 3 GÜN ÖNCESİNDEN OLACAĞINI BANA SÖYLEDİ" dedi, bende söz aldım "SAYIN MUHTAR BÜTÜN KOMŞULARI ZAN ALTINDA BIRAKMA İSMİNİ AÇIKLA" deyince muhtar köy sakini olan Salih YILDIRIM'ın söylediğini belirtti, bende muhtara Savcılığa git bildir dedim bir şey söylemedi, bende ikametime gittim ve Jandarmayı aradım ihbarda bulundum, ihbarla ilgili olarak Salih YILDIRIM, kendisi, Abdurrahman EROĞLU, Halis TOKSÖZ ve Elbeyi ÇELİK isimli şahısları köy sakini olduğu için tanıyorum bu şahıslarla hiçbir husumetim yoktur ama kendileri Paralel yapı içerisinde faaliyet yürütüyorlar, sık sık kendi evlerinde toplantı yapıyorlar, FETÖ/PDY terör öğütün sürekli savunarak propaganda yapıyorlar hatta Elbey ÇELİK isimli şahsın oğlu Cemil ÇELİK duyduğum kadarı ile Paralel yapıya ait okullarda okuyarak mezun oldu askeri okulu bitirerek Jandarma Hakim Albay olarak görev yapmaktadır bu sınavı da paralel yapının kazandırdığını düşünüyorum.

dedim ve daha da görüşmedim,

Ben bu şahısların FETÖ/PDY terör örgütü ile bağlantılı olduklarını bildiğimden darbe yapılacağını 3 gün önceden duyduklarını düşünüyorum, deminde söylediğim gibi benim bu şahıslarla herhangi bir husumetim yoktur, sadece Devletime yardımcı olmak için bu bilgileri verdim, kimlik bilgilerimin gizli kalmasını istiyorum.

Bu bilgi alma tutanağı tarafımızdan tanzimle okunup/okutturulup doğruluğu anlaşıldıktan sonra altı birlikte imza altına alınmıştır. 20/07/2016 saat. 01.10

İFADEYİ ALAN

323829
Komiser

İFADEYİ YAZAN

78102
Pol. Me.

Bilgisine Başvurulan

Recep ÇELİK

Belge 28: Hanefi Yalçın'ın yaptığı ihbara ilişkin form

EBYS-2016.07.20-21.18.57.775-34

HİZMETE ÖZEL
T.C.
İSTANBUL VALİLİĞİ
Emniyet Müdürlüğü
Muhabere Elektronik Şube Müdürlüğü
155 İHBAR FORMU

İHBAR NO: 6805
AİDİYET NO: 91255

Tarih   20.07.2016 Saat: 11.05

İhbar Bölgesi

Türü   155 POLİS İMDAT İHBARI

Sevk Edilen Yer   Müdüriyet Makamı
İstihbarat Şube Müdürlüğü
Terörle Mücadele Şube Müdürlüğü

Konusu   FETÖ Üyesi

Muhbirin İsmi

Adresi

Telefon No   5322862782

155 ihbar hattını 20.07.2016 günü saat 11.05 sıralarında arayan ve sesinden erkek olduğu anlaşılan şahsın yapmış olduğu ihbarda;

"1.Etap 17.Blok karşısındaki sarı bloğun 2.Kat D:4'te Askeri Hâkim Yarbay Cemil Çelik FETÖ üyesidir ve burada saklanır" diyerek telefonu kapatması üzerine;

155 ihbar formu Haber Merkezi Grup Amirliğince çözülerek herhangi bir araştırma ve değiştirme yapılmadan imza altına alınmış olup 155 ihbar formu dosyasında muhafaza edilmektedir. Söz konusu ihbar formunun IMZALI sureti, talep edilmesi halinde ilgili birime ivedi olarak fakslanacaktır.

155 ihbar formu içeriği gereği bölümündeki birimlerce incelenerek suç ve suç unsuruna rastlanılması halinde adli ve idari işlem bu birimlerce başlatılacaktır.

155 ihbar formu içeriği dağıtım bölümündeki birimin görev alanına girmiyorsa gereği için ilgili birime sevk edilerek Muhabere Elektronik Şube Müdürlüğüne bilgi verilecektir.

Yukarıdaki ihbar aciliyetine binaen saat 11.05'de telsiz/ telefonla dağıtımdaki birimlere iletilmiştir.

*Söz konusu 155 ihbarı ile ilgili yapılan çalışmaların sonuçları Excel ortamında liste haline getirilerek her ayın sonunda Şubemize **EBYS Sistemi** Üzerinden **Üst Yazıyla** gönderilmesi gerekmektedir.*

Emniyet Müdürlükleri Acil Çağrı Hizmetleri Yönergesinin 37. maddesi gereği çağrı yapanın (mail gönderen şahsın) kimliğinin GİZLİ tutulması ilkesi e4sastır.

269477   343859
Grup Amiri   155 Polis İmdat Operatörü

DAĞITIM
Gereği:
Terörle Mücadele Şube Müdürlüğü

Bilgi:
Müdüriyet Makamına
İstihbarat Şube Müdürlüğü

HİZMETE ÖZEL

Belge 29: Köyümdeki evin balkonunda çekilen resim kullanılarak yapılan ihbar

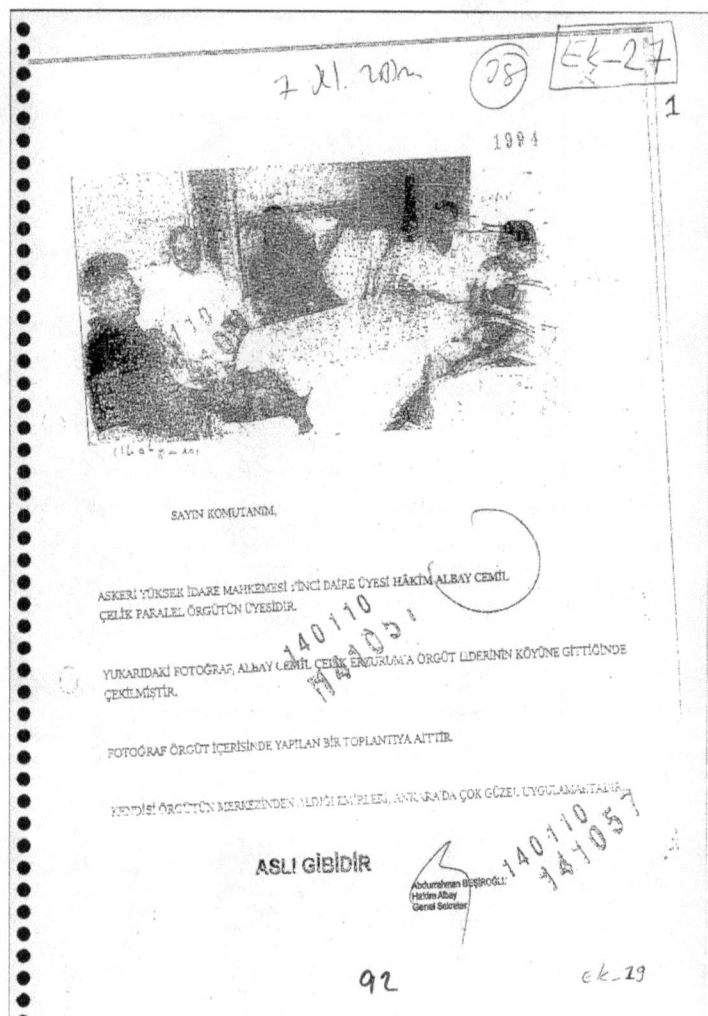

Belge 30: MİT›in balkondaki resimle ilgili cevabı

T.C.
BAŞBAKANLIK
Milli İstihbarat Teşkilatı Müsteşarlığı

SAYI : 12.012.03.051/2246896 sayılı   24/10/2014
KONU : Bilgi İhtiyacı

GENELKURMAY BAŞKANLIĞINA
(İstihbarat Başkanlığı)

İLGİ : 25.03.2014 gün ve 26702250-2200-96913-14/İKK ve Güv.D.Bil.Güv.Ş. 2246896 sayılı yazı

İlgi yazı ile hakkında bilgi talep edilen şahsın Teşkilatımız İştigal konuları itibarıyla sakıncalı durumuna rastlanmamıştır.

Arz ederim.

Mustafa VIRAŞ.
Müsteşar a.
Güvenlik İstihbaratı Başkanı

Belge 31: Genelkurmay Başkanlığının hakkımdaki şikayetler üzerine hazırladığı bilgi notu

BİLGİ NOTU

KONU : Dr.As.Hak.Alb. Cemil ÇELİK (1993-4) hakkında intikal eden ihbar.

AÇIKLAMA :

Fatih GÜZEL ismi ile Eskişehir ilinden 08 Ağustos 2014 tarihinde "Dr.As.Hak.Alb. Cemil ÇELİK" hakkında Sn. Genelkurmay Başkanına hitaben bir ihbar mektubu gönderilmiştir.

2. Söz konusu ihbar mektubunda;

a. Alb. ÇELİK'in paralel yapının üyesi olduğu,

b. Mektupta görev alan resmin Erzurum'da paralel yapı liderinin köyünce çekildiği,

c. Söz konusu resmin paralel yapı içerisinde yapılan bir toplantıya ait olduğu,

ç. Paralel yapıcan aldığı emirleri Ankara'da yerine getirdiği iddia edilmiştir.

3. Yapılan araştırma neticesinde;

a. Mektup ile ilgili olarak;

(1) Mektubun gönderildiği Eskişehir Alpu ilçesinin Bahçeli isimli mahallesinin bulunmadığı,

(2) TSK'da Fatih GÜZEL isminde Eskişehir'de görev yapan veya memleketi Eskişehir olan herhangi bir personel kaydına rastlanmadığı,

b. İhbar mektubundaki resimle ilgili olarak;

(1) İnternette "Erzurum İli İspir İlçesi Kirazlı Köyü" web sayfasında "Kırık köyünden yetişme örnek nemşerimiz Askeri Hakim Albay Cemil ÇELİK – Ağustos 2010" şeklinde isminin geçtiği ve yazının altında Alb. ÇELİK'e ait 5 adet resmin yayınlandığı,

(2) Söz konusu köyün Alb. ÇELİK'in doğduğu köy olduğu,

(3) İhbar mektubunda yer alan resmin de söz konusu köyde Alb. ÇELİK'in babası ve yakınları (Almanya'da çalışan kayınbiraderi, ilkokul öğretmeni ve öğretmenin bir akrabası) ile çektirdiği resimlerden biri olduğu (LAHİKA-1),

(4) Söz konusu resimlerin internet ortamından kaldırıldığı ancak web arşiv programları ile erişilebildiği,

c. Resimlerin yayınlandığı Kirazlı köyü internet sayfasında siyasi içerikli paylaşımın bulunmadığı, köy yaşamı ve köyle ilgili bilgi ve resimlere paylaşıldığının görüldüğü,

ç. Alb. ÇELİK hakkında İsth.Bşk.lığı kayıtlarında herhangi bir olumsuz bilgi bulunmadığı,

d. Alb. ÇELİK'in, ayırma işlemlerine bakan Askeri Yüksek İdare Mahkemesi (AYİM) 1'inci Daire üyesi olduğu,

e. Daha önce CHP milletvekili Atilla KART tarafından da Alb. ÇELİK hakkında ayırma işlemi yapılan personelden kendisine şikayetler geldiğinin Gnkur.Bşk.lığında yapılan görüşmede ifade edildiği,

f. Hakkındaki şikayetlerin, Alb. ÇELİK'in idare tarafından verilen kararların onaylanması yönünde oy kullanması nedeniyle olabileceği değerlendirilmiştir.

SONUÇ :

1. Sahte isim ve adres beyan edilerek gönderilen mektupta örgüt toplantısı olarak belirtilen resmin ailesi, akraba ve komşularıyla yapılan bir yemek esnasında çekilmiş olduğu, ihbar mektubundaki iddiaların gerçek dışı olduğu,

2. TSK'dan disiplinsizlikleri nedeniyle ihraç edilen bazı personel tarafından, Alb. ÇELİK'in idarenin kararlarını haklı bulması nedeniyle hedef haline getirildiği,

3. Aile fertleriyle çekilen resmin, delil gibi gösterildiği, asılsız değerlendirilen ihbarın Alb. ÇELİK'i karalamak maksadıyla yazıldığı değerlendirilmiştir.

LAHİKASI

LAHİKA-1(Kirazlı.org Sitesinde Yer Alan Resimler)

Ahmet Bilgi
Topçu Albay
AYİM Daire Müdürü

Belge 32: Genelkurmay Başkanlığının bilgi notunun doğru olduğuna ilişkin sonraki yazısı

GİZLI

GİZLI

T.C.
GENELKURMAY BAŞKANLIĞI
ANKARA

İSTH. : 26702250-9160-12-(.)) -18/İKK ve Güv.D.Bil.Güv.Ş.

KONU : Bilgi Belge Talebi.

20 Eylül 2016

EK 13

MİLLİ SAVUNMA BAKANLIĞI ASKERİ YÜKSEK İDARE MAHKEMESİ BAŞKANLIĞINA

İLGİ: (a) Askeri Yüksek İdari Mahkemesi Başkanlığının 07 Eylül 2016 tarihli, D.MD.LÜĞÜ:33383914-2200-535-16/İd.Ks. sayılı ve "Hak.Alb.Cemil ÇELİK ve Hak. Alb. Yaşar YÜCE Hakkında" konulu yazısı.

(b) Gnkur.Bşk.lığının 25 Ağustos 2014 tarihli, İSTH.:26702250-2200-96913-14/İKK ve Güv. D.Bil.Güv.Ş. sayılı ve "İhbar Mektubu" konulu yazısı.

(c) Milli İstihbarat Teşkilatı Müsteşarlığının 24 Ekim 2014 tarihli, SAYI.:12.012.03.051/224-60949604 sayılı ve "Bilgi İhtiyacı" konulu yazısı.

1. İlgi (a) yazı ile Hak.Alb.Cemil ÇELİK ve Hak.Alb.Yaşar YÜCE ile ilgili bazı bilgi ve belgeler talep edilmiştir. İlgi (a) yazı tıpkıçekimi EK-A'dadır.

2. Konuyla ilgili yapılan incelemede;

a. Kayıtlarımızda Hak.Alb.Yaşar YÜCE ile ilgili bilgi ve belge olmadığı,

b. Hak.Alb.Cemil ÇELİK hakkında ilgi (b) yazı ile gönderilen bilgi notunun evrak tarihi itibariyle doğru olduğu mevcut kayıtların tetkikinden anlaşılmıştır.

3. İlgi (b) yazıya istinaden Hak.Alb.Cemil ÇELİK hakkında ilgi (c) yazı ile MİT Müsteşarlığı tarafından gönderilen evrakın tıpkıçekimi EK-B'de sunulmuştur.

4. Sonuç olarak, ilgi (a) ile sorulan konuya ilişkin nihai kararın verilebilmesi için Güvenlik Soruşturması ve Arşiv Araştırması Yönetmeliği gereği yeniden güvenlik soruşturması yapılması ve sonucunun AYİM Bşk.lığına gönderilmesi MSB lığının tensiplerine maruzdur.

Arz ederim.

GENELKURMAY BAŞKANI NAMINA

Rafet KILIÇ
Kurmay Albay
İKK ve Güv.D.Bşk.

Abdurrahman BEŞİROĞLU
Kıdem Albay
Şenel Sekreter

ASLI GİBİDİR

EKLER :
EK-A (İlgi (a) Yazı Tıpkıçekimi)
EK-B (İlgi (c) Yazı Tıpkıçekimi)

DAĞITIM :
Gereği
MSB As.Adl.İşl.Bşk.lığına

Bilgi :
AYİM Bşk.lığına (EK-A Konulmadı)

GİZLI
Bağlantı Noktası: Yzb.O.YAZICI (Tel No: 5372056)

45

CPSIA information can be obtained
at www.ICGtesting.com
Printed in the USA
BVHW082323110122
625986BV00001B/258